台湾女性研究の挑戦

野村鮎子
成田靜香 編

人文書院

はしがき

本書は台湾学術界の第一線で活躍する気鋭の女性研究者による台湾女性史およびジェンダー研究に関する翻訳論文集である。

ここに訳出した九篇の論文は、特に注記がないかぎりすべて本書のための書き下ろしである。一部は台湾の学術誌等で発表された論文内容を含んでいるが、日本の読者向けの改稿を経ており、必ずしも中国語版と同じではない。また、訳出論文の研究意義や歴史的背景、現在の研究状況がより明確になるように、各篇の後ろに日本の研究者による「解題」を附した。執筆者のくわしい経歴についてもこちらを参照いただきたい。読者が台湾の事情に通暁していなくとも、論文と解題の両方を合わせ読むことで台湾のジェンダー研究の歴史背景や現況が概観できるように心がけた。

本書出版の基盤となったのは、関西中国女性史研究会が二〇〇七年から二〇〇九年にかけて、台湾から女性研究者を招聘して開催した講演会「台湾女性研究論壇」である。訳出論文は「台湾女性研究論壇」での報告論文がもとになっており、「解題」は、そのときコメンテーターを担当した日本の研究者によるものである。

八〇年代後半、台湾の民主化とともに始まった台湾アイデンティティの高揚は、台湾研究という新分野に市民権を与え、それ以前中国史や中国文学に包括されていたものは台湾史、台湾文学へと名を変えた。台湾のフェミニストたちは行動する学者として女性運動に取り組む一方、台湾女性についての研究にも挑戦し、すでにすぐれた業績をあげていた。しかし、来日して「論壇」の日本人聴衆を前にした彼女たちは、日本では台湾のジェンダー事情がほとんど知られておらず、研究の蓄積もないという事実に遭遇することになる。それはのちに日本人読者向けの入門書『台湾女性史入門』（台湾女性史入門編纂委員会編、人文書院　二〇〇八年）の日台共同編纂プロジェクトへと結実する。本書の執筆者・翻訳者計一九名のうち一七名は『台湾女性史入門』の「婚姻・家庭」「教育」「女性運動」「労働」「身体」「文芸」「信仰」「原住民」の各章の編集責任者である。『台湾女性史入門』の編集は、台湾側にとっても日本側にとっても一からの挑戦であった。その編纂作業を始めたころ、私たちは台湾女性史やジェンダー問題について日本語で読むことのできる文献があまりにも少ないことに愕然とした。計七九項目にわたるトピックごとにそれぞれ研究案内を附すことにしたのだが、項目によっては日本語の文献がまったくなかったり、あったとしても極端に古いものであったりと、研究案内の役目を果たせない頁が続出したのである。わたしたちは『台湾女性史入門』の読者が次のステップに進もうとするときに参照すべき書籍の必要性を痛感した。ないのなら、『台湾女性史入門』を作った自分たちが責任をもって世に送りだすべきではないか、そう考えたのである。

本書は三章から成る。

第Ⅰ章の「変革への道程」では、台湾人女性がどのようにフェミニズムやジェンダーとかかわって、どのような行動を起こし、どのような社会変革を成しとげたかという問題を設定した。

陳昭如「「不孝」の権利――台湾女性の相続をめぐるジレンマ」は、ジェンダー法研究の立場から台湾女性の相続をめぐる問題を考察したものである。娘が相続権を主張することが「不孝」とみなされる社会のなかで、女たちはいかなる策略をとったか、法はどのように変わったか、あるいは一見平等化されたようにみえる法の裏側にどのようなジェンダー・ポリティクスが存在しているかを論じる。林香奈の解題「脱性別化した法は性差別に対抗しうるか――娘の相続にひそむジェンダー不平等への問いかけ」は、背景となる民法相続編や親属編の改正やそれにいたる女性団体の動きを丁寧に解説しており、陳論文を補完する内容となっている。

張晋芬「台湾の女性労働力および職場におけるジェンダー不平等」は、清朝期から日本統治期を経て現代にいたるまでの台湾の女性労働史を概観する論文である。台湾女性の就業意欲は高く、労働力率は近年五〇％に迫る勢いである。台湾女性がどのように自らの労働空間を創出したか、二〇〇二年施行の「両性工作平等法」(二〇〇七年一二月「性別《ジェンダー》工作平等法」に改正)にいたるまでの道程をふりかえっている。大平幸代の解題「働きやすい社会へ——張晋芬氏に聞く、働く台湾女性の現状と課題」は、張氏へのインタビューというかたちで台湾の女性労働をとりまく今日的な問題を浮かびあがらせており、日本との比較という視点を取り入れたことで固くなりがちなテーマが読みやすいものに仕上がっている。

顧燕翎「フェミニズムの体制内改革——台北市女性権益保障弁法の制定の過程と検討」は、大学教授でフェミニズム運動の中心メンバーであった筆者が、台北市長馬英九の招聘で台北市公務員訓練センター主任に就任し、「台北市女性権益保障弁法」を制定するにいたった過程の記録である。身をもって経験したフェミニストの政策参与を客観的に分析するその筆致には、顧氏のフェミニストとしての真骨頂がうかがえる。洪郁如の解題「台湾のフェモクラットとジェンダー主流化」は、台湾のフェモクラット(フェミニスト官僚)の特徴を、政治変動やジェンダー主流化、その背景にある国際情勢とともに解説したもので、台湾のフェミニズムとナショナル・アイデンティティの関わりを理解するうえで大いに助けになる。

范情「台湾女性運動の歴史をふりかえって」は、日本統治期から現代にいたる台湾の女性運動の流れを回顧、分析したものである。近代以降の女性運動、とくに近年の動きを追った日本語文献はこれまでになく、本書での訳出がはじめてである。初稿は二万字、日本語訳で三万三〇〇〇字という長篇であったが、紙幅の関係でかなりの部分を割愛せざるをえなかった。筆者と訳者の寛恕を乞いたい。竹内理樺の解題「政治の民主化とともに——台湾女性運動の歩み」は、台湾の女性運動がたえずそれへの抵抗とそこからの脱却を企てていた国民党指導下の女性運動、つまり体制側の女性政策を丁寧に解説している。体制側のイデオロギーを知ることは、運動史を理解する助けとなろう。

第Ⅱ章「社会進出の道程」では、台湾の女性たちが家から出て、自らの生存空間を社会へと拡げようとした過程をふり返る。日本統治下の女医・看護婦・産婆、仏教の女性僧侶、原住民族女性は台湾全体からみればマイノリティに属する特殊な例ではあるものの、彼女たちの問題は台湾女性全体の社会進出にも通底するといえる。

游鑑明「日本植民体制と台湾女性医療従事者」は、日本統治下の台湾における女医・産婆・看護婦といった女性医療従事者について、当時の養成の方法、資格獲得までの道程、その職業がもたらした社会的地位、婚姻や家庭などについて論じたものである。游氏は自身がおこなった豊富なインタビュー資料に加え、当時の定期刊行物、統計資料、新聞、同窓会史料などの文献資料も使用することによって、制度研究と女性研究のバランスをとっている。坪田＝中西美貴の解題「台湾女性の近代経験とライフ・コースの変容」は、日本統治の下で女性の職業獲得や社会進出が女子教育とつよく結びついていたことを出発点とし、当時の女子教育とこれによって誕生した「新しい女性」について論じている。

李玉珍「出家による社会進出――戦後台湾における女性僧侶の生き方」は、近年、台湾で増加しつつある大学卒の女性僧侶に注目する。学歴の高い女性が出家によって新しい活躍の場を得、社会進出を果たすという状況は、仏教史からみても稀有な例である。李氏はこれを台湾社会全体の変容と関連づけて論じている。李氏が現在の台湾女性僧侶について論じるのに対し、成田靜香の解題「戦後の台湾仏教界における先駆的女性」は、やや時代をさかのぼって、日本統治期および戦後の台湾を生きた妙慧という女性僧侶について考察する。日本仏教による尼僧教育を受け、戦後は中国仏教会から戒を受け、布教と社会事業に生涯をささげた妙慧は、今日の台湾女性僧侶の先駆け的な存在である。

頼淑娟「部落と都会の間――台湾原住民女性の世代間における経済活動の変転」は、戦後台湾の原住民女性の就労や経済活動を年代ごとに分析し、彼女たちがこれまで、そして現在も直面する経済上の周縁性を明らかにする。頼氏は経済の周縁性が家庭機能の低下を招き、次世代の教育や就労にまで影響を与えることに警鐘を鳴らす。野村鮎子の解題「可視と不可視の間――原住民族女性の今日的課題」は、原住民族女性問題がこれまで「原住民族運動」と「女性運動」の狭間で抜け落ちていたことを指摘し、台湾の総人口の一％強にすぎないマイノリティだからこそ、そこには現在の台湾がかかえるさまざまなジェンダー格差の問題が如実にあらわれているとする。

第Ⅲ章「女たちの声を聴く」は、堕胎の合法化にむけた台湾女性の「声」と、台湾ドキュメンタリー・フィルムに登場するサバルタンの女性の「声」に注目して一章を立てた。

呉燕秋「戦後台湾女性の堕胎心性史」は、フェミニズムの視点から、堕胎をとおして台湾女性のおかれた歴史的状況を読みとり、現代女性の心性に迫ろうとする論文である。一九八四年に優生保健法案が可決されるまで、台湾では堕胎は原則として違法とされていた。呉氏は戦後の堕胎事件の新聞報道を丁寧に分析し、人々が無意識のうちに性的汚名と堕胎をつねに関連させて考えていたこと、そのようななかでも優生保健法案を可決させるために声をあげた女性たちがいたことを指摘する。中山文の解題「台湾・中国・日本における堕胎の心性比較」は、台湾が歴史的に中国と日本の影響を大きく受けてきたことをふまえ、三地の堕胎の規範や心性を比較考察したものである。

邱貴芬「女性史研究の方法——ある台湾ドキュメンタリー・フィルムを例として」は、李香秀監督『失われた王国——拱楽社』を例に、サバルタンの女性の発話について考察したものである。邱氏はフィルムの主軸である大衆演劇史の記録と、元団員の語りによるサバルタン女性の生活史という二つの、分裂しながらも絡みあう叙述のなかで作品の解読を試みており、それは読者を深い思索へと誘う。田村容子の解題「「サバルタン」が語る／騙るとき——台湾女性史研究におけるドキュメンタリー・フィルムの可能性」は、主流層によって「語られる」存在だったサバルタンが「語る」ひいては「騙る」ことさえありうるのがドキュメンタリー・フィルムであり、そのとき解釈の権利をもっているはずであった主流層は、サバルタンに「騙られる」側にまわる可能性もあることを指摘する。

この翻訳論文集が台湾女性研究者と日本人女性研究者の「挑戦」であったことはすでに述べたが、本書のタイトル「台湾女性研究の挑戦」には、もうひとつの「挑戦」の意味を込めている。この本を手にとり、台湾のジェンダー研究に興味をもった若い研究者の皆さん、あなたに期待したい。次の「挑戦」者があなたであることを。

二〇一〇年三月

野村鮎子
成田靜香

台湾女性研究の挑戦・目次

目次

Ⅱ　社会進出の道程

Ⅲ　女たちの声を聴く

I　変革の道程

「不孝」の権利
――台湾女性の相続をめぐるジレンマ

陳昭如（林香奈訳）

はじめに

「相続」をめぐる争いは、他人が口出しできない家庭内のもめごとや、土地の名士の仲裁によって解決できるたぐいの身近な問題から、法廷での訴訟やメディアで大々的に報道される社会的な事件にいたるまで、台湾社会において日常的に演じられている。相続争いは、表面上は財産の争奪戦であるが、実際は深層的には家族関係の形成過程にかかわるものである。なぜなら遺産相続――配分を得られるか否か、配分の多寡とその内容――は、財産や利益の分配であるだけでなく、同時に家族構成員の身分とその身分や役割に応じた権利・義務関係をあらわすものだからである。言い換えれば、相続は物質的意義と象徴的意義とを兼ねそなえており、経済的資源の分配のみならず、一種の資格、家族構成員の身分・アイデンティティにもかかわっているのである。

ジェンダーは、家族・社会関係の核心的な問題のひとつである。相続をめぐる衝突は、同時に、一種のジェンダー・ポリティクスでもある。父系相続のジェンダー秩序は、衝突によって確認され、かつ強化され、あるいは挑発、緩和、解体される。（遺産をめぐる）紛争において、女性はその当事者であることもあれば、そうでない場合もあるが、いずれにせよジェンダー・ポリティクスの支配下におかれることをまぬかれない。たとえ紛争当事者が男ばかりの兄弟間の遺産争いであったとしても、彼らの妻子や姉妹たち（仮にいたとすればだが）と母親（通常、奪いあっているのは父親の遺産である）のことも忘れてはいけない。相続をめぐる衝突が生みだすジェンダー秩序の形成過程において、「娘の遺産争い」の現象はとりわけ注目される。かつてセンセーションを巻き起こした「桃園訴訟――六人の姉妹が母親を訴えた事件（桃園六女争産告母案）」（写真1）はそのよい例である。

遺産争いをする娘は、親不孝で、情義を欠き、もめ事を起こすのが好きで、金銭に貪欲な悪女としてしばしば描かれやすい。これに対して、遺産争いをしない娘は、金銭よりも肉親の情や孝道を重視するよい模範例として賞賛される。財産利益の分配・争奪のうちには、孝道や肉親の情と、（家族の一員としての）身分といったアイデンティティとの間の葛藤や、ジェンダー秩序の定義権をめぐるはげしい戦いが組みこまれているのである。「桃園訴訟」において、法律は、他家に嫁いだ娘が父系相続に挑戦するための武器となり、かつ勝利をもたらしたが、その代償として娘は親不孝者とのそしりを受け、実家との人間関係を壊すこととなった。大多数の娘たちが遺産相続しない、あるいはわずかしか相続しないという現象がみられることは、すでに長年の実証的研究によって明らかにされている。

いかなるメカニズム（合法的または非合法的）が、法律により賦与された相続権を娘が行使することを「不孝の権利」とし、法律で認められた相続権を娘が放棄することを、孝道を示す方策とするのか。中性的な相続権制度であっても、孝道の示し方がジェンダー化されている状況下では、相続権の行使は「不孝の権利」となってしまい、相続権

六女爭產告母案 老媽媽獲緩起訴

劉林秀玉釋然：「不坐牢就好」 長子被依偽造文書罪起訴

【記者呂開瑞／桃園報導】桃園縣八德市六個女兒責怪媽媽分產不均、聯名要告到七十二歲的媽媽劉林秀玉坐牢案，桃園地檢署昨天偵結，檢察官認定劉林秀玉構成偽造文書罪，但因年過七旬，六名告訴人都是親生女兒，因此以緩起訴二年處理，但她的長子劉三郎被依偽造文書罪提起公訴；次子劉伯雄獲不起訴處分。

對於檢察官做出的緩起訴，劉林秀玉表示可以接受，「只要沒事、不坐牢就好」，她會好好與女兒協調如何解決分產，目前不動產已登記共同共有，但是如何分法女兒意見分歧，多次協調都沒結果，她將再做努力。

她其中一名女兒表示，她們姊妹一直沒要媽媽坐牢的意思，只是針對幕後運作的人和代書有意見，她們暫時不對檢方偵查結果表示意見，將等收到檢方的資料後再共同研商決定。

檢方調查，住在八德市的劉林秀玉的丈夫在八十七年十二月過世，留有十多筆土地和二幢廠房，價值一千多萬元，劉家有二男六女，女兒都已出嫁，當初劉林秀玉曾要求六個女兒拿印鑑等資料辦理繼承，但各有歸宿的女兒遲未交付印章，八十九年三月間因逾期辦理繼承，被罰鍰十多萬元，劉林秀玉擔心再被重罰，於是偽造繼承系統表，把遺產登記到自己和二個兒子名下，六個女兒都沒分。

六個女兒認為繼承權被侵害，返家爭產，先是聯名控告媽媽民事的塗銷繼承登記，獲得勝訴和辦理繼承登記後，又向桃園地檢署指控媽媽偽造文書，並說出「告到媽媽坐牢也要爭回財產」的話，讓劉林秀玉傷心不已，在偵查期間，母女數度在庭外衝突，還發生媽媽被推倒送醫事件，劉林秀玉擔心坐牢，終日悶悶不樂。

檢察官偵辦七個月後，雖認定劉林秀玉觸犯偽造文書罪，但認為她年逾七旬，六名告訴人又是親生女，不僅情已不堪，且有違民眾對母女親情的看法，其情可憫，劉林秀玉也承諾會公平處理遺產，檢察官因此予緩起訴二年，希望這件女兒告媽媽事件能平和落幕；如果劉林秀玉的六個女兒不服，可以聲請再議。

写真1　『聯合報』2002年5月6日
2002年、桃園県八徳市の劉氏（73歳）が、遺産分配をめぐって、すでに他家に嫁いだ6人の娘たちと衝突。母親が遺産放棄する旨の文書を偽造して、2人の息子にだけ遺産を分け与えたとして、娘たちが連名で母親と弟を告訴し、勝訴した事件。母の日の直前だったこともあり、娘が母親を告訴したこの事件は、メディアで大きく報道され、娘たちの「親不孝」をめぐる議論がまきおこった。

の放棄こそが孝道を示し、〔家族内における〕アイデンティティをかちとる唯一の道となるのであろうか。あるいは、娘の相続権をめぐる社会の実相は、二元区分方式よりもさらに複雑多様で、男女平等を唱える法律と伝統文化との対立、あるいは中立であると単純に解されえないのではないか。これは、いかなるジェンダー・ポリティクスを意味しているのであろうか。

一　息子と同様に――娘の平等な相続権の形成

（一）脱性別化の再生

現行の中華民国民法は、女子と男子に同等の相続権を与えている。民法第五編「相続」では、直系卑属に対して、性による区別をまったくしておらず、相続人が男子、女子、あるいは既婚か否かにかかわらず、形式上は待遇に差を設けてはいない。女子の相続権が法律的に保障されたのは、もとより男女平等の進展によるが、その意義を過大視してはいけない。まず、キャスリン・バーンハートの研究によって明らかにされたように、女性の相続権の発展は、直線的に進化する単行の道をたどるのでは決してなく、得失ともにそなえた複雑な様相を呈している。たとえば、中華民国民法の規定のもとでは、寡婦になってしまうと亡夫の家の財産を相続する権利を失ってしまうのである（Bernhardt 1999）。次に、一九四五年の中華民国民法施行は、女子の相続権が無から有に転じたということと決して同義ではない。なぜなら、清朝統治下の台湾であれ、日本植民統治下の台湾であれ、特定の状況下では、女子への相続（女子の候補式相続）が許容されていたからである。〔女子の候補式相続とは、相続すべき男子がない場合、相続候補者として女子にその権利が回ってくることをいう。〕

性別を特定した候補式の相続から、性的に中立な同等の相続へと、女子の相続権が法律的に保障されたことは、その重要性が過度に強調されるべきではないものの、女性の相続権の形成・発展の一里塚としての意義を依然として有している。この脱性別化の法律改革を探究しようとするならば、民国時期の中国の身分法立法事業から説きはじめるべきであろう。民国時期の中国は、国家形成と西洋近代化の追求とが交錯するなか、男女平等を近代化の一部とみなし、立法の重要な指導原則のひとつとした。一九二六年、軍政(訓政)時期の国民党は「婦女運動決議案」のなかで、男女平等を立法の原則のひとつとすべきであることを表明しており、とくに、女子に財産相続権があることを規定している。(1) この決議案は、民法制定以前、司法機関が女性の訴訟を審理する際の原則とされた。(2) そして一九三〇年、女子に男子と同等の相続権を賦与した民法第五編「相続」が可決され、この法律は、一九四五年国民政府が台湾を接収した後、台湾において発効した。

バーンハートは、立法者が苦心して作りあげた男女平等相続の構造について徹底的に分析を加えている。それによれば、第一に、家督相続と財産相続とを区別し、家督相続を法律規範から除外し、法律上の相続を財産相続に限定している。第二に、父系中心の伝統的五服制(親族に対する服喪形態や期間を五等級に分けて定めたもの)による親族構造や、親族の定義と親等の計算を、性的に中立な、父系・母系を区別しないローマ法の親等制に書き換えている。第三に、財産について定義しなおして、法律上の「家産」を(父親に属する)個人的財産と定義づけ、かつ被相続人の死によって発生する相続と、生前・死後におこなわれる分家とに区別した。第四に、性別の差をなくし、かつ既婚か否かによって相続人の資格・順位・法定相続分を区別しないことを規定している。しかも、扶養義務の規定についても、「親族関係」と「同居関係」とを基礎とし、性別による区別のない扶養と被扶養の権利・義務関係を案出している。このほか、法定相続人を保護するために存在する「遺留分」制度とは、遺言の自由に制限を設けて、遺言による財産分配が法定遺留分の割合を侵害することがないよう、遺言により遺産を処分して法定相続人の権利を奪うことをその制限によって回避するものであるが、これは当然のことながら、女子の法定相続権に対する保護も含むものである。(3) バーンハートはとくに言及していないが、男子と女子が同等に扶養される権利を有し、同等に扶養義務を果たすべきであるという(民法の)あり方は、女性の相続権に正当な基盤を提供しうるものである。

立法者の観点から現行民法における女子の相続権の形成史を考えるならば、相続制度の設計は、男女平等の原則、とくに娘の地位と身分の新たな定義づけと、密接不可分の関係にあることがみてとれる。娘への相続権の賦与は、財産利益を分配する以外に、同時に「よそ者」としての娘の地位（娘は結局他家に嫁ぐのであり、嫁いでいった娘は撒《ま》いてしまった水と同じである）を、「身内」という承認された身分に変えることでもある。しかしながら、バーンハートが指摘しているように、立法者たちは、祖先祭祀の継承、父系親族、家産の観念が女性相続権の三大障害であるとみなし、これらの障害を取り除いた民法こそが歴史的な進歩を女性たちにもたらし、こうした制度設計が、男女平等と西洋の個人財産・遺産相続の観念との間に必然的な関連性を構築すると考えた。そしてまた、西洋の個人財産の概念を全面的に採用することによってのみ、はじめて男女平等を実現することが可能になると考えた。しかし、結果はさまざまな面において、ことごとく立法者の期待とは相反する道を進むこととなったのである（Bernhardt 1999: 116–118）。

（二）国家に対する遺産争い

前述のごとく、民法上、相続についての規定には、直系卑属である相続人が男子か女子か、既婚か未婚かという区別はない。ただ、相続規範の脱性別化の改革は未完成なままであった。なぜなら、民法以外の法律においては、相続に関連する男女の差別的待遇が依然として存在したからである。そのなかでも女性運動団体の注目を集め、かつそれによって憲法解釈の申請が提起され、最終的に一九九八年の司法院大法官会議第四五七号解釈というかたちになったのは、農場員の土地と建物に関する使用・貸借の権利相続についての、行政院国軍退除役官兵輔導委員会（以下、退輔会）の規定であった。この争議は既婚の女子の相続権にかかわるもので、大法官会議解釈の結果、相続権はさらに一歩進んだ脱性別化をうながされることとなった。

憲法解釈の申請書のなかで指摘されているが、退輔会は、「再婚した者、結婚した娘は、いずれもその夫に頼って生活すべきである」ということを理由に、再婚した亡き農場員の元妻や既婚の娘に耕作権を与えることを、再三拒絶した。退輔会の所長はまた、「『夫に嫁すれば夫に従う』というのが社会的に公認された概念である」とも公言していた（『中時晩報』一九五五）。たしかに、依存性（dependency）というのは、つねに女性（とくに既婚女性）を資源分配の外に排除する合理的な口実とされる。前述した「平等な相続権誕生の陣痛期」において、民国時期の中国最高法院

写真2　『中国時報』1995年7月5日
行政院国軍退除役官兵輔導委員会の設置する屏東農場の農場員で、退役軍人である藍藻善の養女となった王月碧（のちに藍月碧と改名）は、1979年に陳添発氏と結婚した。藍藻善の養女となったのは88年だが、正式に養女になる以前から養父の世話をし、共同で農場での耕作にあたっていた。91年養父が他界すると、退輔会は彼女に家屋を壊して土地を返還するよう求めたが、藍月碧はこれを不服とし、耕作の継続を求めて国を２度提訴して棄却され、民事訴訟においても三審で敗訴した。

もこの理由によって既婚の女子の相続権を排除する解釈をしたことがある。（4）最終的に第四五七号解釈では、「性別と既婚か否かとを、特定の女性に対する差別的待遇の理由とすることは、男女平等の原則に違反する」との解釈が示され、六カ月の期限をきって、主管する機関に、関連する規定を検討・措置することを求めた。退輔会も期限内に関連規定に修正を加え、性別にもとづく差別的待遇を削除している。各種法律においては、依然として既婚女性に対する「夫に従う」ことを前提とした差別的な規定が少なくないとはいうものの、第四五七号の解釈は相続権の脱性別化をさらに一歩前進させるものであった。

（農場員の娘である）藍月碧が財産を争った相手は兄弟や父母、あるいはその他の家族構成員ではなく、国家であった（写真2）。しかも彼女の遺産争いの行動は、最終的には法規範の改変をもたらした。ちょうど憲法解釈をめぐって成功したその他のいくつかの事案と同じように、既婚女性が住所決定権や夫婦の財産分配、子女の監護権を獲得しようとする行動は、憲法上の男女平等の保障に具体化され、同時に法規範の脱性別化をもうながしたのである。

二　法律の裏側での協議——排除・棄権・遺産争いのジェンダー・ポリティクス

（一）娘の相続を排除しようとする策略

中華民国民法が施行されたことで、法規範上、女子には男子と同等の相続権（相続順位と法定相続分を含む）が明確に賦与されたが、大法官会議第四五七号解釈は、さらに一歩進んで女子の相続権に対する制限を取りのぞき、憲法上の男女平等の保障が女性の相続権に対する保障を含んでいること、また性別および婚姻状況を差別的待遇の基礎としてはならないことを明確に表明している。しかしながら、実証的研究によって明らかにされているとおり、大多数の娘は法定相続権の法定相続分をいまだに獲得できないだけでなく、遺留分の保障すらも侵害される状況にある。では、いったい、いかなるメカニズムが、娘の相続を排除するのであろうか。法律はそのような状況のなかで、いかなる役割を果たすのだろうか。

まず我々はバーンハートの説を検討してみよう。彼女は、遺言の自由・生前分与（財産処分の自由）および特別受益に関する規定は、女子の相続権を合法的に排除することを可能にしていると鋭く指摘した。まず、生前の分家は贈与であり、相続ではないとされるため、父母は生前に財産を息子たちに「贈与」し、娘たちから相続するすべを奪うことができる。民法第一一七三条に特別受益に関連する規定があり、相続人が相続開始前に「結婚や（独立のための）別居あるいは事業経営」によって贈与された財産を得た場合、その贈与額は分与されるべき財産の総額に必ず含めれなければならないことを相続人に要求している。しかしながら、被相続人が贈与時に、当該贈与分を特別受益の範囲から除外することが許されているのである。このほか、遺言によって遺産分配が決定される場合も、遺留分を侵害しない範囲内で女子の相続比率を低くすることができるのである（Bernhardt 1999: 117-132）。

ただ、バーンハートの分析は、二つの重要な側面を見落としている。まず、立法者が、家督相続は時代遅れの「封建的慣習の名残」であり、社会の進歩にともなってしだいに消滅していくと考えているという点である。こうした家督相続と財産相続を分ける法律のしくみは、祖先祭祀が法律の領域外に追いやられて、法の関知しない「文化」領域に帰され、それによって祭祀上での性差別の問題が、法律の管轄から除外されてしまうことを意味している。次に、相続放棄の制度は、もともとその主旨が、被相続人の財産上の権利と義務を受けつぐか否かを決定する自由を相続人に与えることにあるが、それがかえって女子の法定相続権を排除する重要な武器となっている点である。法律上「放棄することができる」相続権も、実際はつねに娘が「当然放棄すべき」権利となってしまっている。民法学者の戴炎《たいえん》輝《き》氏らが司法院の委託によっておこなった台湾民事習慣調査報告のなかで指摘されているが、父母が生前財産分与をしたり、娘によって相続放棄同意書が書かれたりすることは、しばしばみられる現象である（法務部　二〇〇四：五三四）。

実際におこなわれている女子の相続権にもとづく相続は、合法と非合法との間を行くような、法律の裏側でおこなわれる協議である。法律は、一方で女子に平等の相続権を賦与しておきながら、もう一方でこの相続権を剝奪もしくは減損する合法的機能をも提供する。人々の行為が法律の枠を逸脱する可能性もあり、相続を放棄する旨の同意書や遺言を偽造する方法で娘の相続を排除することは、そのよくある例の一つである。法律は、背後にある規則として、協議する双方にひとしく一定の切り札を与えている。娘にとってもっとも重要な切り札は法定相続人としての法定相続分と遺留分とが保障されることであり、これによって「遺産争い」は合法的権利を行使する行為となる。また「娘の遺産争い」を憂慮して、娘に相続させたくないと考えている父母や兄弟は、合法的（法律上の切り札）あるいは非合法的な行為でもって、娘の相続を排除しようとする。合法的な行為とは、たとえば特別受益のかたちをとらぬ贈与によって、財産を息子たちに分け与えてしまうことである。違法行為としては、たとえば、娘の遺留分を侵害する遺言を作成することや、詐欺・脅迫といった手段によって、娘に相続放棄同意書へのサインを強要するといったことである。このような行為は相応の法律上のリスクを負うことになり、また娘に協議の切り札を与えることにもなる。

裁判所の判決を中心とした事案のなかから、以下にあげる三種類のおもな策略を見いだすことができる。この三つの策略からは、それぞれ異なる娘の姿がみてとれる。

①　消えた娘

この策略は、娘を法定相続人のリストから消し去ってしまい、彼女たちが完全に存在していなかったかのように装うものである。しばしばみられる手口としては、「相続人系統表」や関連文書を偽造し、娘の名前を削除するものがある。これは明らかに娘の相続を違法な手段で排除するもので、高い法的リスクを負う。とくに文書偽造は刑法による処罰の対象となる。

たとえば、員林のある老人は、妻が亡くなった後、五人の娘に土地を相続させないよう、戸籍謄本上の娘の名前をすべて削除し、これを根拠に相続登記についての釈明をしたが、結果は文書偽造の罪で、懲役一年二カ月、執行猶予三年の判決を受けた（『中国時報』二〇〇四）。さらにひどい事案としては、兄弟による死亡宣告というやり方で相続人のリストからその名が削除された例がある。たとえば、桃園で発生した事件の場合、廖氏の娘には二人の兄がいたが、その兄（あるいは母親）が、父親の遺産を相続する処理をした際に、幼い頃に養女に出した廖氏の娘がまだ健在であることを知りながら、裁判所に対し死亡宣告を申請している。この死亡宣告された妹は、五年後、戸籍管理機関に改名を申請して、はじめて自分が法律上はすでに死亡していることに気づいたのである。そこで妹は二人の兄を文書偽造で告訴し、あわせて一千万元の損害賠償訴訟を起こした（『中国時報』二〇〇三）。

こうしたやり方による相続からの排除が生みだす傷は、単なる財産利益の損失にとどまらない。とりわけ重要なのは、身分や存在が抹殺され、（家族構成員としての）アイデンティティや肉親の情による家族とのつながりが否定されるということである。

② 権利を放棄した娘

娘の存在そのものを消すことによって娘の相続を排除するのは、法律上かなり高いリスクを負うことになる。そのため、もっともよくみられる手口は、相続放棄同意書や契約書にサインさせることによって、娘の相続を排除するやり方となる。相続放棄の同意書は偽造される可能性があり、文書偽造の刑事告訴によって相手を威圧すること、つまり「刑」によって「民」に逼《せま》ることは、娘の遺産争いの有力な切り札ともなる。

判決例をみても、かなり高い割合で、娘の遺産争いをめぐる訴訟は相続放棄の偽造と関連がある。相続放棄同意書にサインした娘は、「みずから望んで」サインしたかもしれないし、「強要されて」サインしたかもしれない。法律上

「強要」（詐欺や脅迫）に当たる場合には、娘は法律行為の無効を主張することができる。しかしたとえ法律上は娘がみずから望んだ行為であったとしても、こうしたやり方で娘の相続を有効に排除できるという保証は必ずしもない。なぜなら、民法の規定によれば、相続放棄は必ず法定要件に合致することが求められているからである。このため法定要件に合致しない相続放棄、たとえば父母がまだ健在であるとき（あるいは、娘が嫁にいったとき）に相続放棄同意書にサインした場合、あるいは法定期限を越えた相続放棄の場合などは、法律上の効力をもたないので、娘の遺産争いにおける切り札となるのである。たとえば、法定期限に合わせるために、相続放棄同意書はつねに「日付の書き換え」という方法で偽造されるが、裁判所もつねにこれを理由に当該の相続放棄を非合法であると判断している。(5)

ただ、たとえ相続放棄の法定期限を「逸した」としても、臨機応変に娘の相続を排除することが依然としてできるのである。それはつまり、娘が相続したあとに、無償で息子たちに贈与させるというものである。(6)この際、娘によって記された権利を放棄する旨の契約書は、権利の放棄を保障するだけでなく、あらゆる手続を処理する助けともなるので、兄弟や父母は娘の相続放棄と「交換」するために、つねに一定の代価を支払うはずである。「相続の権利を放棄すること」は、娘の相続を排除する策略である一方、娘にとっても協議の切り札となるのである。

③　嫁にいく娘

これは、「嫁入り道具は与えるが、遺産はなし」というやり方で娘の相続を排除するものである。理論上、特別受益の範囲には、「結婚」「別居」および「事業経営」にもとづく贈与が含まれている。男子であれ女子であれこの贈与を受ければ、いずれもこれを相続の対象として特別受益の範囲内に含めなければならない。このため、すでに嫁入り道具をもらった娘は、二度と遺産を取得することができなくなるのである。

しばしばみられる状況として、遺言書のなかに「〇〇には結婚時にすでに別に財産を与えているので、これ以上遺産を与えることはない」と明記し、ひどい場合には、与えた財産が遺留分を超過しているとするものもある。このほか特別受益は、娘みずからが契約書にサインしたことによって、結婚あるいは別居による贈与をすでに得ていることを証明してしまっていることにもなるので、それ以上、相続について、あるいはいかなる補償すらも主張できない可能性がある。かくて、法律上、性によって区別されない特別受益の規定は、実際上は特定の性に対する「既婚の女子を排除する条項」となる可能性があるのである。中性的な「結婚にもとづく贈与」は、実際は娘の嫁入り道具を意味している。娘の嫁入り道具は「すでに得るべき一部を受けとったもの」とみなされているが、息子が（とくに「生前分与」というやり方で）受けとった贈与分は、必ずしも特別受益の範囲に入れられることがないのである。

「嫁入り道具はあるが、遺産はない」という状況では、既婚の女子は嫁入り道具というかたちで財産分与を受けていることになる。とくに、嫁入り道具の価値が法定相続分と同等、あるいは遺留分に劣らぬ場合、相続といかなる違いがあることになるのか。もし相続に財産上の意味しかないとすれば、娘の嫁入り道具と相続分との主たる違いは、金銭的価値によってのみはかられることになる。嫁入り道具の価値は法定相続分や遺留分より低い可能性があるので、既婚の女子はこの場合、財産上の不利益を被ることになる。このほか、男子が得た生前分与が、もし特別受益の範囲に入れられなかった場合、さらに法定相続分の総額が下がることになり、女子が受ける遺留分もこれによって減額され、やはり財産上の不利益となる。かつ、本論の冒頭で提起したとおり、相続のもつ意味は、財産の分配に止まらず、同時に「身分・アイデンティティ」と「伝承」の象徴でもある。「嫁入り道具」は、娘は「撒いてしまった水」というよそ者の身分であることを意味するものであるし、「相続」は「伝承」された実家の身分をあらわすものである。前者は排除であり、後者は受容である。

特別受益の制度は、嫁入り道具とおもに男子に対する生前分家（親との別居あるいは事業経営）とを、いずれも相続財産の一形態とみなしており、これが示さんとするところは「相等」、つまり女子は男子と同じであるということである。しかし、相続の実態は「差異」を示している。女子は嫁入り道具を得て、男子は遺産を得るということ、つまり俗諺でいうところの「娘は嫁入り道具を手に入れて、息子は田んぼを手に入れる」である。訴訟のなかで、つねに聞かれるのは次のような言葉である。「息子は土地を、娘は嫁入り道具を手に入れた」「娘は金銭、息子は家産」[(7)]。これが現今の「既婚の女子に相続権がない」姿である。

「お前には消えてもらう」「おまえには放棄してもらう」「おまえには嫁入り道具をくれてやった」という考え方は、法律のかげで発展してきたものであり、合法的にあるいは非合法的に娘の相続を排除しようとする策略である。娘が将来遺産争いをすることを避けるために、父母や兄弟たちはさまざまな策略を使ってそれを防止しようとし、しかも「遺産争いをした娘」という汚名は、娘たちに相続権を主張することに尻込みさせもする。娘の相続を排除するメカニズムの背後には、「娘の遺産争い」への恐れがあり、大多数の娘が相続しないという現象は、このメカニズムの実効性を説明しているようなものでもある。しかしこれを「〔父権に抵抗する〕行動者」と「〔父権に逆えない〕被害者」と、二元的に単純化して理解すべきでは決してない。つまり、相続しない娘を、自主的に行動し父権支配に対抗して遺産争いをした娘と対比して、伝統父権文化による支配を無批判に受け容れた被害者とみなすべきではない。「権利の放棄」も「遺産争い」も、ともに法律の裏側の協議行動なのである。

(二)「権利放棄」を「アイデンティティの確認」と「交換」する

相続の放棄は、一種の孝道を表明する方法であり、場合によっては、娘が裁判所に対し主体的に放棄を申しでることは、孝道と肉親の情を示し、信任をかちとる手段とすらなる。相続の放棄は、円満な状態を維持するために、あるいは、肉親の情を利用した圧力、さらには脅迫のもとで、つくりだされた策略的選択でもある。権利の放棄は、一種の交換もしくは取引であるともいえる。

一九六〇年代の民事習慣調査報告のなかでつとに指摘されているが、法律上はすでに女性には相続権が与えられているので、相続放棄同意書をめぐるもめごとは却下されることがあり、この場合通常、族長や長老が表に立って調停し、兄弟たちに一定の金額を出させて補償することにより解決している（法務部 二〇〇四：五二四）。これによって女子の法定相続権が実現されるとは思われないが、少なくとも娘に一定の「補償」はもたらされるのである。もし相続を放棄していない娘を断りなく遺産分配の外に追いやった場合、将来きっと「娘の遺産争い」をめぐるもめごと（つまり「娘を消す」という策略による法律上のリスク）が発生するであろう。そのため、父母や兄弟たちは主体的に、あるいは協議を経て、一定の代価を支払って娘の相続放棄同意書を手に入れるのである。

たとえば、娘側が一人一五〇万元を受けとって遺産相続権を放棄していることを、遺産分配の契約書のなかに明記した例がある(8)。前掲の「桃園訴訟」の証人は、「慣例に従って、娘にはそれぞれひと包みの祝儀を、息子には財産を与えた」と証言している。ここでは、相続を放棄する権利は娘にとって協議の切り札である。一定の代価を条件として相続を放棄するのは、「小を大に変える」取引であり、財産利益や家族との融和、肉親の情による繫がりなどをさまざまに考慮した折衷案である。もし娘が本来約束されている相続放棄の代価を取得していない場合、訴訟という手段でこれを主張するであろう。たとえば、ある兄弟が(相続放棄の代価として)姉妹にそれぞれ土地を与えることを了承したので、姉妹がこれによって法定相続分を放棄したところ、結果的に、約束が履行されなかったので、土地の所有権移転の登記を請求する訴えを、姉妹が起こした例がある(9)。

権利の放棄は、キャスリン・エイブラムスがいうところの「部分的エイジェンシー」(partial agency)の展開であり、抑圧的な構造のもとでの能動的・主体的な戦略性を帯びた行動である(Abrams 1995: 3(4))。相続権を行使しないことは、必ずしも権利意識の欠如やあるいは父系相続文化規範への受動的服従を意味するのではなく、ある制約された状況でなされた選択(limited choice)であろう。相続しない娘は、相続放棄を自らの孝道の表明、アイデンティティの追求および肉親の情による絆の強化の手段としたり、あるいはまた相続放棄を利益取引の切り札とし、同時にそれによって肉親の絆を強め、利益に換えることができたりするのである。たとえば、ある相続を放棄した娘は、「協議書に書かれている金のネックレスなどは、みな私の母がみずから私たち姉妹にくれたものだ。……これに私たち姉妹はみな同意している。なぜなら、兄たちは農業に従事して苦労しているだけでなく、台湾人の観念からすれば、息子が田畑を得て、娘が嫁入り道具をもらうものであるからだ。だから当初私たちは、姉妹がそれぞれネックレスを一つずつと土地とをもらって、それを換金して百万元取得することに同意したのだ」と表明している(10)。

もちろん、私たちは権利放棄という協議をロマンチックなものにしてしまってもいけない。「権利放棄」を一種の(娘の)策略とみなすことは、娘の相続を排除することによって生まれる経済的、感情的損害に対する批判を決して妨げるものではない。ましてや相続放棄の取引のなかではいうまでもなく、娘は法定相続権を有しているという切札を盾にして不敗の立場にいるわけでもない。兄弟や父母は、自分たちが偽造した借用証書にサインをさせ、返済できなければ相続を放棄するよう迫るという不当なやり方で、娘の相続放棄を「確保」することもできる。詐欺や脅迫といった手段も、娘に相続を放棄するよう誘惑したり強要したりするために用いられよう。もちろん、詐欺や脅迫の被害にあった娘は、相続放棄という法律行為が無効であることを主張できるし、あるいは訴訟によって本来約束されている相続放棄の代価を主張することもできる。しかし、このとき娘は訴訟のリスクとコストを負わなければならなくなる。法律の裏側での協議では、どちらか一方が必ず勝者となるということはないのである。

(三)「遺産争い」での抵抗と協議

相続放棄の取引が成立しなかった場合、権利放棄の協議は恐らく遺産争いをめぐる訴訟へと転じていくであろう。前掲の「桃園訴訟」の証人は、次のように証言している。「当時、慣例にしたがって、娘たちにはそれぞれひと包みの祝儀をわたし、財産は息子に与えた。○○氏(母親)が彼女たちに一人につき十万元を与えると言って、判をつかせようとしたが、私(証人)がそれでは話にならぬ、一人につき少なくとも五十万元だと言って、○○氏に代わって彼女の娘のところに説明にいったが、彼女たちはそれに応じなかった。[11]」

遺産争いでは、娘は相続を排除する策略に対抗する必要がある。相手のやり方が法律の枠をこえた場合、娘には対抗可能な法律上の切り札がある。もっともよく見受けられるのは、相続放棄に関する争議である。言い換えれば、遺産争いをする娘は、つねに世間一般の「権利を放棄する娘」というイメージと闘わなければならないということである。文書(遺言・相続放棄同意書・相続人系統表・土地の権利書・戸籍謄本・協議区分書・分割協議書・財産処分書等)の偽造はもっともよくみられる手口である。民事上、女子は相続放棄、あるいは財産分割の無効、あるいは遺留分などを主張できるが、文書偽造という犯罪行為に対しては、刑事告訴、あるいは検察官による公訴を提起することができるだけでなく、さらに「刑を以て民に逼《せま》る」ことができるのである。しかしながら、いかなる訴訟にも敗訴の可能性はあり、とくに遺産争いをする側は自分にとって有利な事実を証明する必要があるが、証拠が必ず存在するとは限らず、裁判官の心証によっては提出された証拠が必ず信用され採用されるとも限らないのである。（いわゆる「あげた証拠のなかに、敗訴の原因がある」ということである。）もし、娘の相続を排除するやり方にまったく違法性がなかった場合は、遺産争いをめぐる行動は失敗する可能性がより高い。

遺産争いをする娘は、つねに「伝統」という敵に直面している。訴訟中、娘の相続を排除する側はつねに「伝統的観念」「習俗」「慣例」をその行為の正当性の裏書きとする。娘の相続を排除する側が、これを伝統に訴えるだけでなく、裁判官も時として「習俗」や「伝統」を理由に、遺産争いをする娘に対して不利な認定をする可能性がある。このとき、娘の対抗武器は、自らに相続権を賦与した法律である。彼女は法定相続権を主張すると同時に、伝統や慣例という存在を否定することもできるが、裁判官も時として伝統と法律との対立を心証の基礎とする。「娘の相続を許さない」伝統は、「娘の相続を保障する」法律との間で、あたかも二元対立的な関係をみせている。

遺産争いをする娘は、法律を武器として伝統に対抗する。しかしながら「伝統」は、古より不変の、発掘されるのを待つ動かしがたい既存の事実というわけでは必ずしもなく、人為的につくられ、選択的に築きあげられた一種の結果なのである。女性の祭祀公業（祖先をまつるための、土地などの共有財産）における資格の継承を、「本家の祖先を祀る女子」に限定しているのは、つまり最高裁判所民事法廷会議および各級裁判所の判決がともにこれを「伝統として創造した」結果である（陳昭如 二〇〇四）。絶えず言及され実践されつづけている「娘の不相続」の伝統は、娘が場合によっては相続を許されないということに、わざと目をつぶってきた、その歴史的産物なのである。いわゆる「娘の相続放棄の伝統」は、娘が「放棄しない」という行動に出ることを想定していないだけでなく、相続権がなければ、放棄するものもないという新たな伝統が創出されたことも示している。

法律が、男女平等を保障するという姿勢で、「娘の不相続」の伝統に対抗しているか否かという問題も、検証に値する。中性的な相続制度は、たしかに男子と同じ相続権を形式的に女子に与えており、かつ女子が交渉・協議する際の切り札ともなっている。しかしながら、さきに述べたとおり、娘の相続を排除する策略のなかには、合法的手段もふくまれている。これは、脱性別化した法律が性別化された社会のなかで運用されると、ねじれを生じたり、濫用を招いたりすることが避けられず、それによって伝統の共犯者となってしまうということを意味するのであろうか。我々はさらに一歩踏みこんだ問いかけをしてもよいであろう。脱性別化した法律は、性差別という現実に対抗できるのであろうか。中立で客観的な法律のなかに、男性の基準が埋めこまれているのではないか。

相続と扶養とのかかわりにおいて、我々はさらにより深くこの問題を考えさせられる。女子が「男子と同じ」相続権を取得すると、女子は同時に「男子と同じ」扶養の義務をも担うことを要求される。これは、まるでこれ以上完璧なものはないかのような対等な権利義務関係であり、脱性別化の法律改革の一部分でもある。扶養義務の中性化は、相続権を取得するための正当な基盤を女子に与えている。しかし同時に、義務を十分に果たしていないことが、女子が相続権を主張する正当性を減損させる可能性もある。遺産争いをする娘は、しばしば「扶養義務をいまだ十分に果たしていない」という指弾にさらされ、それを親不孝である証拠のひとつとされ、さらには法定相続権喪失の事由に符合していると相手に主張されるのである。

「親の面倒をみるのは息子であって娘ではない」との推定は、台湾での実際の相続にあらわれている。娘、とくに既婚の娘は通常父母に孝養を尽くさないのであろうか。実証的研究によって的確に示されているように、大多数の父母は息子から経済的な援助を受けており、子どもと一緒に住んでいる場合でも、そのうちの大多数は息子と同居している（Lee *et al.* 1994: 1010）。夫の住居に暮らす、あるいは父の住居に暮らすということが性差別に及ぼす影響はひとまずおくとしても、親のほとんどは息子と暮らし、その援助を受けているということうした見解は、「親の面倒をみるのは息子であって娘ではない」という推定に現実的な基礎を与えてしまう。

しかし、考慮されていないひとつの事実として、父母の世話についてはその大多数が妻の負担によっているということがあげられる。言い換えれば、既婚の娘は老人の世話をしないのではなく、世話をする相手が夫の父母であるということである。しかし、妻は法定相続人には決してならず、せいぜい「生前、被相続人をずっと扶養した人」という立場で遺産分与を請求する権利をもつことができるくらいである（胡幼慧　二〇〇四）。言い換えれば、形式上、性的に中立である法律においては、既婚の娘はつねにどのみち負けてしまう苦況に立たされている。それはつまり、孝養をつくしていない実家の父母に対しては法定相続権を有し、孝養を尽くしている婚家の父母に対しては法定相続権を有していないのである。

娘の遺産争いは、同時に家族の一員としてのアイデンティティと孝道との葛藤でもある。遺産争いという行動はつねに肉親の情に苦しめられる状況に直面する。なぜなら娘が対抗するのは、自分の父母であり兄弟であるからで、遺産争いは彼らに逆らう「不孝」な行いでもある。娘の相続を排除するメカニズムは、相続したければ彼らに逆らう、つまり「不孝」な行動を娘にとらせる。しかし息子であれば、相続は当然のこととみなされ、通常、親にさからう方法をとらなくても相続できるし（兄弟間の遺産争いや分家間の不均衡といった状況をのぞく）、はなはだしい場合には、娘を相続から排除するということで孝道を示す（つまり父母の言に従って、財産を娘に分け与えないという意味）ことまでするのである。ただし、娘の遺産争いも一種の孝道を示す行為となる場合もある。たとえば、ある三人の娘はもともと「娘という身分なので」相続を放棄することを考えていたが、末の弟が母の喪があけぬうちに家産争いをしかけたので、遺産分割の訴えを起こして財産を分け、親不孝な弟を懲らしめようとした例がある(12)（『中国時報』二〇〇五）。

このほか、争っているのが父親の遺産であるという場合、娘と母親（娘に訴えられた母親）との闘いはほぼまぬかれがたい。先にいくつか例をあげたとおり、母の意に従って娘が相続を放棄するというのがよくあるケースだが、時には母親が息子のために証人となり、娘の遺産要求に対抗することもある。遺産争いは母親と息子が一緒になって娘を排除する闘いとなり、「女が女を苦しめる」というかたちで母親は娘の相続を排除するメカニズムにかかわってくるのである。それはちょうど嫁と姑との緊張関係と同じで、父権家庭のイデオロギーによってつくりだされる女性にとっての苦境である。

一九六〇年代の台湾農村を研究対象としたアメリカの人類学者マージャレイ・ウルフが提示した「子宮家庭（Uterine family）」という概念は、この現象を理解する助けとなろう。男性的観点から定義された、（建物としての）家を中心とした家庭に関する研究に対し、ウルフは次のような問いを投げかける。女性はどのように家庭を定義しているのか、と。彼女は、女性を排除しようとする男性イデオロギーのもとで、女性が現実に順応しつつ発展させてきたものは、イデオロギーも正式な組織構造もない、また公的存在でもないものであって、感情と忠誠とが結びつくことによって構築されてきた子宮家庭である、と指摘した。女性は結婚・出産によって自らの子宮家庭をつくりあげるのであり、とくに息子をとおして自らの地位と権力を確保する一方で、他方では家庭内での息子の支配的地位を強固なものとし、擁護するのである。子宮家庭は男性統治への順応であると同時に、挑戦でもある（Wolf 1972: 32-41）。娘の相続を排除することは、子宮家庭の運営方法のひとつである。娘は結婚して子供を産んだ後は、みずからの子宮家庭を創造しようとするが、息子は違う。息子とその妻や生まれた子どもたちは、いずれも子宮家庭の構成員なのである。このため、娘の遺産争いのなかでは、母親は息子の相続を擁護して、彼女がつくりあげた子宮家庭のなかに財産をとどめようとする一方で、息子と自分とのつながりをこれによってさらに強固なものにしようとするのである。そのため、「父権に抵抗する行動者」と「父権に逆えない被害者」との対立という図式でもって、遺産争いをする娘と母親との緊張関係を理解しようとしたり、あるいは行動者の自由な行動を過度に誇張したりすると、被害者の能動性をあまりにも低く見積もることになるのである。

相続は、それが財産分与のみならず、構成員の身分や「伝承」された地位を受け入れるか排除するか、アイデンティティの確認と承認への願望と否認ということにもかかわっている。そのため、兄弟間の遺産争いは、財産だけでなく、「伝承」の秩序、地位の軽重の争いでもある。母親や妻の遺産争いは、財産だけでなく、名分や尊重、生存の争いでもある。そして娘の遺産争いは、財産だけでなく、身分・承認・信任の争いでもある。

相続法の脱性別化による発展は、同時に身分やアイデンティティを再形成する制度改革、とくに娘の「よそ者」という身分を「息子と同様」にするものでもある。しかしながら、事はそう思いどおりにはゆかない。中性的な法律制度は、実際の相続のために その背後に規則を設け、「娘の遺産争い」への憂慮や恐れに対し、この背後の規則のもとで、女子の相続権を排除するメカニズムを生みだすこととなった。このメカニズムのもとでは、大多数の娘は相続をせず、少数の娘だけが遺産争いの行動を起こすのである。

権利を放棄した娘は、無力な被害者になってしまうか、または従順な孝女として称揚され、遺産争いをした娘は、自発的な行動者とみなされるか、または親不孝な悪女として貶められるであろう。しかしながら、権利放棄であれ、遺産争いであれ、いずれも娘の相続を排除するメカニズムにおける娘側の戦略的行為なのである。相続を放棄する娘は、無反省な被害者とも、あるいは利益など毫も気にかけない純真な孝女であるともいえない。権利の放棄は同時にアイデンティティの確認のあらわれであり、協議上の取引だからである。遺産争いをする娘は、後ろ盾となる法定相続権を有してはいるが、完全に自主的な革命家であるとも、あるいは欲に目がくらんだ身勝手な悪女であるとも決していえない。彼女は娘の相続を排除するメカニズムに対抗しなければならず、つくられた伝統と法律との対立、みずからのアイデンティティと孝道との葛藤のなかで、出口を求めて協議をおこなっているのである。

注

(1) 国民党民国十五年一月第二次全国代表大会で採択された「婦女運動決議案」第九点(司法行政部 一九七六:三一八)。
(2) 「審判婦女訴訟案件応根拠婦女運動決議案之原則令」(司法行政部 一九七六:三二〇)。
(3) この分析に関しては、Bernhardt 1999: 101-116, 145-146参照。
(4) 最高法院解字第三四・三五号。
(5) たとえば、板橋地方法院(民国)八八年度重訴六三一号判決。
(6) たとえば、台中地方法院(民国)八七年度訴字第一六五〇号判決、高雄地方法院(民国)九〇年度訴字第八二八判決。
(7) 板橋司法法院(民国)九三年度重家訴字第四号判決。
(8) 台北地方法院(民国)八五年度訴字第四〇四九号判決。
(9) 台中地方法院(民国)八八年度訴字第二二五二号判決。
(10) 板橋地方法院(民国)九三年度重家訴字第四号判決。
(11) 桃園地方法院(民国)九二年度易字第五〇二号判決。

(12) この案件は、嘉義地方法院（民国）九四年度家訴字第七一号判決により、原告である三人の娘の勝訴となった。

参考文献

Abrams, Kathryn. 1995. "Sex Wars Redux: Agency and Coercion in Feminist Legal Theory." *Columbia Law Review* 95 304-376.

Bernhardt, Kathryn. 1999. *Women and Property in China 960-1949*. Stanford: Stanford University Press.

Lee, Yean-ju, and William L. Panish and Robert J. Willis. 1994. "Sons, Daughters, and Intergenerational Support in Taiwan." *American Journal of Sociology* 99 (4): 1010-1041.

Wolf, Margery. 1972. *Women and the Family in Rural Taiwan*. Stanford: Stanford University Press.

胡幼慧　二〇〇四　『三代同堂―迷思与陥穽』台北：巨流。

陳昭如　二〇〇四　「有拝有保祐―従最高法院九十二年度台上字第一二八〇号判決論女性的祭祀公業派下資格」『月旦法学雑誌』一一五：二四九―二六二。

司法行政部（編）　一九七六　『中華民国民法制定史料彙編』司法行政部。

『中国時報』　二〇〇三　「活人被当死人、婦人告胞兄、幼時送人収養改名、豈料遺産之争、遭宣告死七十年、ＤＮＡ証実身分「復活」、她要求償一千万」一月一七日。

――　二〇〇四　「不給女児遺産、偽造文書判刑」五月二日。

――　二〇〇五　「姉不爽争産、弟庭外開扁」一一月一八日、Ａ一八面。

『中時晩報』　一九九五　「針対栄民子女要求已婚女児擁有継承権」七月四日。

法務部（編）　二〇〇四　『台湾民事習慣調査報告書』法務部。

〈解題〉

脱性別化した法は性差別に対抗しうるか
――娘の相続にひそむジェンダー不平等への問いかけ

林　香奈

はじめに――台湾相続法とジェンダーに関する研究の現状

陳昭如氏の論考「「不孝」の権利――台湾女性の相続をめぐるジレンマ」は、脱性別化された法律はジェンダー平等を実現しうるのかという問題を提起する。台湾の法律はその近代化の過程において、西洋の影響を受けつつ、男女平等の実現をはかるための議論が積み重ねられてきたものの、形式上の平等をもたらすにとどまっている。また、その形式上の平等を達成した法律のもとでは、実際の社会生活のなかで依然として存在するジェンダーの不平等を、解決ずみの問題であるかのごとく見すごしている現状がある。何をもって平等とみなすのか。実質的な平等に法はどこまで迫れるのか。陳氏は法と平等という大きなテーマに対し、「娘の相続」という現在の台湾社会がかかえる問題を題材としてとりあげ、ジェンダーの視点から考察を加えている。

法と平等というテーマは、台湾に限らず各国社会のかかえる大きな問題であり、とくに法や制度によってもたらされるジェンダーの不平等は、日常的に見受けられる身近な課題といってよいであろう。しかしながら筆者のような法律の門外漢が、台湾ではこうした問題が具体的にどのような状況にあるのか、その概略を知ろうとしても、日本では関連する先行研究が少ないのが現状である。台湾の法に関する研究は、最近、後藤武秀『台湾法の歴史と思想』（法律文化社、二〇〇九年）が上梓され、また、女性と法の問題を指摘した論考としては、黄馨慧「台湾女性法学の現状と課題」(『日本台湾法律協会雑誌』四、二〇〇四年)があり、個別の各法規・制度についての論考も増えつつある。ただ、中国大陸の法律・制度に関する総合的な研究がいくつかみられるのに比して、台湾についてのまとまった研究はまだまだ少ないといってよい。

陳氏が今回とりあげている相続法、とくに女性と相続の問題についていえば、中国大陸の状況に関する研究として、鈴木賢『現代中国相続法の原理』(成文堂、アジア叢書一四、一九九二年)、何燕俠『現代中国の法とジェンダー』(尚学社、二〇〇五年)などがまずはあげられよう。鈴木氏の論著は、相続権の男女平等は相続法における最大の課題であることを指摘する。さらに、「第三章　法定相続の制度と運用」では、「子女」の相続でとくに問題となるものとして、「(一)嫁いだ娘(出嫁女児)・(二)非婚生子・(三)継子」の三つをあげて論じており、この立項の仕方からみても、いかに娘の相続が難しいかが容易にうかがわれる。何氏の論著においても、「扶養した者が相続において報われるべきである」という中国の伝統的な考え方に依然として支配され、娘が息子と同等に相続を主張することが難しい現状が指摘されている。また、「嫁にいった娘は、生家の財産を相続すべきではない」と考える人々が、全体の四九%を占める(その内訳は、女性は五二・八%、男性は四五・四%)という、一九九三年の全国婦女連による興味深い調査報告もなされている[(1)]。これらの研究により、陳氏が指摘する台湾における娘の不相続現象と同じような課題を中国大陸もかかえていることが知られ、台湾の問題を考える際の参考になろう。このほか、女性の相続をあつかった研究としては、柳田節子『宋代庶民の女たち』(汲古書院、汲古選書三六、二〇〇三年)、板橋真一「宋代戸絶財産と女子の財産権をめぐって」(『中国伝統社会と家族』汲古書院、一九九三年)、滋賀秀三『中国家族法の原理』(創文社、一九六七年)などがある。これらはいずれも旧中国における女性の相続の様相を考察しており、近代法における男女平等実現の障碍のひとつとみなされた伝統的相続観を知ることができる[(2)]。

一方、台湾の相続法に関する日本の先行研究としては、日本統治期の相続法について言及した姉歯松平『本島人のみに関する親族法並相続法の大要』(台法月報発行所、一九三八年。南天書局復刻版、一九九四年)や、同氏の『祭祀公業並びに台湾に於ける特殊法律の研究』(台法月報発行所、一九三四年。南天書局復刻版、一九九四年)がもっとも早い研究のひとつとして、まずはあげられよう。現代の台湾相続法に関する論考には、黄詩醇「台湾法での相続の過程における遺留分減殺請求の機能（一）〜（四）」、劉得寛「中華民国（台湾）の民法親族相続編の改正について」、笠原俊宏「中華民国民法親族編及び相続編の改正」、木棚照一「韓国・北朝鮮・中国・台湾を本国とする者の相続をめぐる諸問題」、増田福太郎「台湾・南方における財産所有と相続慣行」、黄詩醇「台湾における農家相続――農業経営の要請と伝統中国法の相続原則との衝突」[3]などがある。ただ、女性の相続権についての専論はなく、夫婦の財産所有権の帰属に関する民法の改正とその問題点を簡単に紹介する岡村志嘉子「民法親族編の男女平等化」（『ジュリスト』一〇九五「海外法律事情・台湾」、一九九六年八月、一六二頁）などがみられる程度である。

このように台湾の法に関する研究、とくに台湾の法とジェンダーの問題については、日本においては今後の研究のさらなる進展が望まれる段階にあるといってよい。こうしたなか、陳昭如氏は近年、台湾や中国大陸のみならず日本においても、精力的に台湾の法とジェンダーの問題について研究成果を発表している。その成果のひとつは、すでに「台湾における法の近代化とフェミニズムの視点――平等追求とジェンダーの喪失」（高橋哲哉・北川東子・中島隆博編『法と暴力の記憶――東アジアの歴史経験』東京大学出版会、二〇〇七年、一五五―一七七頁）に結実している。このほかに陳氏は、本書収載論文に関連する女子相続をテーマに、二〇〇七年には関西中国女性史研究会、二〇〇八年には北京大学法学院、また二〇〇九年には一橋大学ジェンダー社会科学研究センターにおいて研究発表・講演をおこなっている。

もちろん、法とジェンダーの問題は、陳氏以外の台湾研究者によってもさまざまな角度から検討が加えられている。たとえば親族・相続法とジェンダーにかかわるものに限ってあげれば、王曉丹「台湾親属法的女性主義発展―以夫妻財産制為例（台湾親属法におけるフェミニズムの発展――夫婦財産制を例として）」（二〇〇六）、李立如「婚姻家庭与性別平等―親属法変遷的観察与反思」（二〇〇七）などの論考がある。[4]ただ、法とジェンダーの問題を考えようとするこうした研究は、法学研究の分野ではやはりまだ傍流に属するといわざるをえない。フェミニズム法律史研究、つまり法律と歴史とジェンダーの問題を研究分野をこえて考察しようと試みる陳昭如氏は、この分野における新進気鋭の研究者であり、一連の論考は、台湾の法制度の問題点を新たな視点から見なおすだけでなく、東アジア社会全体に共通する課題を提示しうるものといえる。

一　陳昭如氏の研究とその概要

陳昭如氏は、台湾大学法律学系および法律学研究所を卒業後、アメリカのミシガン大学において法学修士および法学博士の学位を取得し、二〇〇四年、台湾大学法律学院助理教授に着任、現在、同大学で副教授として教鞭をとっている。あわせて台湾の女性運動団体「婦女新知基金会」や「民間司法改革基金会」の理事などをつとめ、法改正を求める女性運動をはじめとするさまざまな社会活動にも参与している。

また、本書収載論文につながる一連の研究を評価され、二〇〇七年に「行政院国家科学委員会若手優秀研究者奨励賞（国科会呉大猷先生紀念奨）」を、二〇〇八年に「行政院国家科学委員会呉大猷先生記念賞（国科会年軽傑出学者培育奨励）」を受賞している。陳氏の弁によれば、いくつかの研究分野や領域にまたがって学際的な研究をおこなう者は、自分がいったいどこに所属しているのかという孤独感をしばしば感じるもので、彼女自身も大学院生の時、フェミニズム法律史研究という自らの選択を難しい分野への挑戦だと感じたという。研究・教育職に従事してからも、自身が戸惑いを感じるだけでなく、周囲も彼女の専門を何とみるかに困るという、また別の窮状に陥ることとなったともふり返る。その意味で、この受賞は女性研究者である陳氏個人だけでなく、従来の枠をこえた研究（とくに広領域法学研究）をおこなう者に大きな力を与えるものであったことがうかがわれる。彼女が台湾大学に入学した一九九〇年当時は、法律系の女性教員はわずかに三名であったという。現在でこそ法律系全教員四〇名のうち女性教員が九名いるが、一九九八年に二名の女性教員が採用されるまで、二六年間女性教員の採用はなかった。法律系に在籍する女子学生の割合が日本にくらべてはるかに多い台湾だが、それに比して法律系における女性教員の占める割合は依然として少ないといわざるをえない。こうしたことからも、ジェンダー視点からの法学研究に対する法学界の守旧的な意識を読みとることができるであろう。

前述したとおり、陳氏の専門は法律史およびフェミニズム法学であるが、同時に氏はポストコロニアル法学研究、とくに植民地時代とポストコロニアル時代において、法律がいかに形成されてきたかというテーマにも取り組んでいる。

陳氏がこのようなテーマを具体的に検証するための素材としてこれまで選択したものに、離婚棒・家庭・娘の相続権の三つがあげられる。「離婚的権利史—台湾女性離婚権的建立及其意識」（一九九七）、「権利・法律改革与本土婦運—以台湾離婚権的発展為例（権利・法律改革と台湾の女性運動——台湾の離婚権の発展を例として）」（一九九九）、「日治時期台湾女性離婚権的形成—権利・性別与殖民主義」（二〇〇〇）[5]などの論考にまとめられているように、陳氏の最初の研究対象は離婚権の問題であった。

これらを基盤として、陳氏の関心は、その後の主要な研究テーマとなるあらたな問題へと移っていく。それはつまり、台湾の法律が脱性別化する過程においても、絶えず父権制度が再生産されつづけ、現実社会の各局面で依然として男性中心の制度や価値観、家庭像の影響を受けている実態とその問題点を明らかにすることである。「創造性別平等、抑或与父権共謀？関於台湾法律近代西方法化的女性主義考察（ジェンダー平等を生みだすのか、それとも父権と共謀するのか。台湾法の近代西洋法化に関するフェミニズム的考察）」（二〇〇二）、「発現受害者或是製造受害者？　初探女性主義法学中的受害者政治（被害者を発見するのか、あるいは被害者をつくりだすのか。フェミニズム法学における被害者政治を探る）」（二〇〇七）などの論考[6]は、男女平等をもたらしたかにみえる脱性別化された法律の陥穽と、それを巧みに利用しつつ展開されるジェンダーポリティクスの弊害を指摘する。前掲論文「台湾における法の近代化とフェミニズムの視点」も、この流れのなかから生まれてきたものである。この論のなかで陳氏は、法律が近代化される日本植民地時代と法体系が整備されるポストコロニアル時代とにおいて、二度ジェンダーが喪失されたことを指摘し、台湾社会のかかえる課題として、「ジェンダーの可視化」の重要性を提示している。

法の形式的平等によって生じるジェンダー不平等の典型ともいえる「娘の相続」の問題は、陳氏のもうひとつの主要な研究テーマである。西洋思想を取り入れながらも東洋の伝統的な意識に支配されつつ整備されていった台湾の法律は、財産相続と家督相続とを分離させたために、娘の相続権を認める一方で、同時に苦しい立場に娘たちを追いこみもした。娘たちは、「娘は相続しない」というつくられた伝統の支配下につねにおかれることになったが、そうした問題点を具体的な判例にもとづきつつ明らかにした論考が「有拝有保佑——従最高法院九十二年度台上字第一二八〇号判決論女性的祭祀公業派下資格（祈ればご加護はある——最高裁判所九二年度台上字第一二八〇号判決から女性の祭祀公業の資格分配を論ず）」（『月旦法学雑誌』一一五、二〇〇四年）である。さらに、実質的には男性と同様の相続権をはじめから約束されていない女性にとって、相続権の主張も、相続権の放棄も、女性をめぐる複雑な状況から生まれるひとつの「策略」であって、前者を「親不孝・悪」、後者を「親孝行・善」と単純に図式化してとらえることはできないことを論じたのが、本書収載論文である。[7]

二　娘の相続権の形成と展開——両性平等相続の陥穽

（一）民法親属・相続編と娘の相続

陳氏は本書収載論文（二〇〇七年一一月執筆）をもとに、二〇〇九年一二月、その内容をさらに発展させた「在棄権与争産之間——超越被害者与行動者二元対立的女児継承権実践（権利放棄と遺産争いとのはざまで——被害者と行動者の二元対立を超越する女子相続権の実践）」なる論考を発表している。以下、その最新の論考に依拠しつつ、中華民国国民法における女子の相続権の形成と展開の概略を、本書収載論文を理解するための前提としてたどっておこう。[8]

法の下での男女平等が明記された中華民国民法が台湾において施行されたのは一九四五年一〇月二五日であるが、陳氏が本書収載論文で指摘するとおり（一五頁）、そこではじめて台湾女性の相続権が無から有に転じたということでは必ずしもない。「旧慣温存」策がとられた日本植民統治時期においては、すでに慣習にもとづいて相続人となるべき男子がいない場合に限って、女子の相続が認められていた。また、国民党は一九二六年、「婦女運動決議案」で男女平等を法の原則とし、とくに女子にも財産相続権があることを規定している。この決議案は、民法制定前の司法機関における女性の訴訟を審議する際の原則とされている。その後、一九三〇年に平等相続規定を含む民法（第五編「相続」）が可決され、戦後の台湾で、施行されたという経緯をたどる。[9] かくて表向きは男子と同様に女子にも相続権が賦与されることになったが、実際の相続においては、ほとんどの娘が相続をしないことが徐々に明らかになってくる。一九六〇年代、司法行政部民事習慣部会の調査報告では、その傾向が台湾社会において一般的であることが指摘されている。

しかし、この財産相続の問題よりも、まず注目されたのが、女性に家督相続権が認められていないという点であった。立法者は、相続権の男女平等実現のためにはその障碍となる家督相続を排除することが必要であると考え、民法では財産相続を家督相続と区別したが、完全に排除するにはいたらなかった。家督相続制を存続させた規定として、指定相続人の規定（一九八五年修正前民法第一一四二条）と、父系家督相続の核心となる父親の姓を名乗る規定（一九八五年修正前民法第一〇五九条）とを陳氏はあげている。[10] この男性に限定されていた家督相続権を女性にも賦与することなどを求めて、一九六七年に民法改正の最初の動きが起こる。結果として、第一回の民法親属編・相続編の改正は一九八五年六月を待たねばならぬが、その間、女性の相続をめぐって、いくつかの改正案が提示され、議論を重ねることとなる。

第一回民法改正にいたるまでの、一九七〇〜八〇年代にまず議論されたのが、子どもの「姓氏」規定の問題（父姓とするか、母姓とするか）と女性の家督相続権を認めることであった。それは、一九七〇年代にはいると、立法院のみならず警察や司法行政部・内政部などの政府機関にまで、母姓を名乗ることを認可するよう人々が陳情するようになったからである。子どもの姓氏の規定は相続編ではなく、親属編に属するものであるので、立法者は、相続をはっきりと家督相続と区別して財産相続に限定することを企図した。しかし世論としては、女性の相続は財産相続しか認められていないとして、逆に女性の家督相続権の名のもとに、母姓を名乗る権利を求める請願を起こす風潮が、七〇・八〇年代に高まってくる。

一九七三年、母姓を名乗る可能性を求めての民法改正がある立法委員（日本の国会議員に相当）から提案され、草案が作成されたが、国民党の同意が得られず、提出を見合わせるよう求められた。その後、司法行政部は民法改正のための研修を開始し、民法研究修正計画を制定、一九七五年五月には、司法行政部民法研究修正委員会が民法研究修正重点を決議したので、国民党中央常務委員会も特別部会を設置して、民法・刑法の改正を審議するにいたった。このとき司法行政部長は民法改正の重点に、子どもの「姓氏」の問題と遺産均等相続に制限を加えるか否かという問題が含まれることを、国民党中央常務委員会に対して報告している。

また一九七四年には台中県議会が、母姓を名乗ることを認める決議書を立法院に送り、台湾省議会でも提案が可決され、子どもは父姓を名乗るという規定を父母によって決められるものに改め、男子がなければ後継ぎがなくなるという男性中心の考え方を払拭しようとした。また、台湾省婦女会も立法院に向けて母姓を名乗ることを認める請願を提出しており、女性に家督相続権を賦与することを要求する動きは盛んになっていった[11]。

これに対しては、「重男軽女」の観念を打ち破るものとして賛同する人がいたが、請願があったことが報じられると、反対派からは家督相続の伝統の意味を書き換えることへの反対意見が唱えられた。女性の家督相続権について、反対派は強硬に「母親に兄弟がない場合（母無兄弟）」という制限を加えることを主張、これに対し、「母無兄弟」の制限を追加することは男女平等に反するとの意見が続出した。共通の認識が得られぬまま、一〇年にわたる論争がつづいたが、最終的に反対派の意見にもとづく民法改正案が可決されてしまった。この民法親属編の改正は、男女平等実現への一大進歩とみる向きもあったが[12]、実際のところは、女性に男性と同等の家督相続権を賦与するものではなかった。

親属編の改正においては、父系に限られている家督相続を母系に従うことも認める点については議論があり、女性が家督相続権を争うことは支持を得られにくい状況にあった。一方、親属編と同時に審議されていた民法相続編の改正案のなかでは、子どもの姓氏を親属編で規定し、相続編の規定する相続を財産相続に限定するという制度設計であったために、子どもの姓氏の継承と財産相続制度改革との関係についてはふれられていないという。親属編の改正にくらべて相続編の改正が順調であったのも、相続編の改正においては、家督相続の痕跡を排除すること（具体的には民法第一一四三条の指定相続人規定の削除を指す）がほとんど共通認識となっており、また請願者の訴えから出たものでもない以上、激論は起こりようもなかったからである。また、陳氏が本書収載論文で指摘する女子不相続の問題についても、相続法の改正において、相続放棄同意書の偽造の弊害を認識しながら、それこそが、女子相続を妨げる主要因のひとつであると指摘するまでにはいたらなかった。

陳氏によれば、一九七七年に民法親属編と相続編の改正案の検討が開始されてから、一九八五年の改正法施行にいたるまでの八年間にわたる民法改正は政府主導の改正で、一九八〇年代初期の女性運動団体は、まだ十分な圧力団体となりえていなかったという。そうした背景もあって、一九八五年に改正された民法には問題点が残されることになったともいえる。

一九八七年に戒厳令が解除されて以後、女性運動団体は本格的に法律改革に取り組みはじめるようになる。なかでも民法親属編の改正は最大の難関であり、二〇〇七年の民法親属編第一〇五九条（子どもの姓氏に関する規定）改正案の可決は、女性運動団体にとって九〇年代以来のもっとも重要な成果のひとつであったと陳氏はいう。ただ、関心はもっぱら親属編にのみ向けられていて、民法相続編の見直しが優先的課題とみなされることはなかった。

二〇〇〇年以降、「婦女新知」などの女性運動団体によって法律の形式的平等の問題点が明らかにされるようになる。その契機となった事件が、本書収載論文にもあげられている二〇〇二年の「桃園訴訟——六人の姉妹が母親を訴えた事件（桃園六女告母案）[13]」である。この事件によって、民法上は女子と男子が同等の権利を有していることになってはいるものの、実際は女子の八割が遺産の分配を受けていない実態が明るみに出、二〇〇四年に「婦女新知」は民法相続編改正部会を設置するにいたった。また一部の裁判官からもこの問題に対する批判が加えられ、法務部も二〇〇四年に相続法の改正を推進、民法相続編改正委員会が成立した。

しかしながら、二〇〇七年に進められた二度目の民法相続編改正（二〇〇八年一月改正）では、女性の相続権をめぐる改革が提唱されることはなく、議論の重点は別のところにあったという。それは、これまでも問題視され、一九八五年の改正時にも議論になった「父の負債を息子が返済する」現象、つまり相続(包括承継)によって親の債務を息子が負うという問題である。民法相続編の改正にともない、この問題に社会の関心が集まったのには、二〇〇六年に、とくに未成年の子女が父親の債務を負う案件が頻発したという社会状況が関連しているという。ただ、二〇〇六年の法務部調査によると、包括承継によって莫大な負債を負う状況はわずかに七・一一%を占めるのみで、毎年約一四万件発生する相続問題のうち約一万件にとどまるという。法務部もこの調査報告を引用しつつ、一方で娘が遺産相続していないという状況は最高で八割に及び、はるかに普遍的な現象であることを立法院で説明している。[15] それでもなお、娘が相続しないという現象が重大な問題であると立法者に認識されるにいたらなかった。[14]

(二) 民法以外の法規と娘の相続

民法相続編の見直しが優先的課題とみなされていなかった時期に女性団体の注目を集めたのが、民法以外の法のもたらす性差別であった。民法相続編以外の規定にも、娘の相続に不利益をもたらすものはさまざまあり、なかには憲法に保障されている男女平等の原則に背くものではないかと、憲法解釈の申請が提出される場合もあった。その代表的事例が、陳氏の論に引かれている行政院国軍退除役官兵輔導委員会(以下、退輔会)による農場員の土地と建物の使用貸借権利の相続に関する規定である。[16]

この規定は、「性別」と「婚姻状態」を形式上の差別待遇の基礎としており、息子は既婚・未婚にかかわりなく耕作相続権を取得するが、娘や妻の場合は、未婚であること、もしくは再婚していないことを貸借権相続使用の条件としている。この規定により相続権を奪われた農場員の養女で、既婚の娘である藍月碧のために、一九九五年、女性運動団体は協力して大法官会議に憲法解釈を要請した。[17] そして、退輔会の規定は「男尊女卑と「嫁いだ娘は撒《ま》いた水」という伝統的価値観を保持するもの」であり、男女平等の保障に違反し、既婚女性を差別視し、娘の婚姻の自由を制限し、かつ憲法第十五条が保障するところの生存権・労働権・財産権を侵害するものである、との主張を展開したという。本書収載論文にもふれられているとおり、退輔会はこれを再三拒絶するが、憲法解釈が申請された三年後の一九九八年、「性別および既婚か否かを、特定の女性に対する差別待遇の理由とすることは、男女平等の原則に違反する」という司法院大法官会議第四五七号解釈が示されるにいたる。

ただ、このように法規範の脱性別化にともなって形成される両性の同等待遇を強調する形式的平等が、かえって現実との矛盾を深刻化させており、その実態を看過しているという点こそを、陳氏は問題視している。

まとめ――台湾女性史研究に与える新たな視点

西洋的な視点がいかにしてフェミニズム対固有の伝統文化という誤った対立を形成し、東アジアの女性に対し「劣った、遅れている」ものという「西洋との違い」をつくりだしたのかを検討すること、また、こうした不平等な権力関係のもとに生みだされた差異を打破することを主張するとともに、東アジアのフェミニズム法学がいかに批判的に伝統にかかわっていくかを考えること、これが陳昭如氏の基本的な研究態度である。法律と実際の社会における行動との落差を、西洋法の進歩性と台湾の落伍性という構図で説明しようとする考え方、つまり、これまで主流であった、伝統社会は権利の平等を阻害し、進んだ法律は権利の平等を保障するという単純な二項対立とみる考え方には限界があるとするのである。

陳氏は「行動者と被害者」という二項対立を超越するキャスリン・エイブラムスの「部分的エイジェンシー」という概念を導入して、この従来型の発想から脱却しようとしている。従来の考え方では、台湾女性について主体性・能動性を欠いた存在として被害者のイメージが形成され、相続をしない娘は伝統文化の被害者であり、遺産争いをする娘は伝統的父権に挑戦する行動者という図式が作られがちであった。「部分的エイジェンシー」とは、女性も「策略的な行動者」でありうるという視点を提示するものである。ポストコロニアル・フェミニズム法学を専攻する陳氏にとって、被害者と行動者という誤った二項対立を検証しなおし、女性の「部分的エイジェンシー」を発掘することは、西洋法にもとづく法律の近代化や、形式的平等理論に対する批判であり、抵抗であるといえる。

こうした新たな視点からの検証は、台湾社会を考える際に有効なだけでなく、東アジア地域の問題を考える際にも共通して求められるものであろう。

注

(1) 何燕俠『現代中国の法とジェンダー』(尚学社、二〇〇五年)第四章第三節「財産相続とジェンダー」八七頁。なお、本書によるとこのデータは、陶春芳主編『中国婦女社会地位概観』(中国婦女出版社、一九九三年)三〇七頁にもとづくという。

(2) とくに女児相続に言及しているわけではないが、中国相続法の問題点についての論考としては、朱曄「中国相続法の現代的課題(一)」(『立命館法学』二八三、二〇〇二年)、同(二)(『立命館法学』二八五、二〇〇二年)、同(三)(『立命館法学』二八七、二〇〇三年)がある。ほかに、鈴木賢「紛争解決基準としての法の構造と中国的運用――財産相続法を素材として」(『比較法研究』五二、一九九〇年)、清水秋雄「中国の「相続法制について」(『二松学舎大学国際政経論集』一一、二〇〇五年)、李珍「近代中国における相続について」(『都留文科大学研究紀要』三七、一九九二年)、大塚勝美「転換期の中国と相続法の制定」(『北九州大学法政論集』一三(二)、一九八五年)、浅野直人「最近の中国の婚姻・相続法――その運用の状況」(『ジュリスト』七五四、一九八一年)などがある。

(3) 黄詩醇「台湾法での相続の過程における遺留分減殺請求の機能(一)」(『北大法学論集』五七(四)、二〇〇六年)、同(二)(『北大法学論集』五七(五)、二〇〇七年)同(三)(『北大法学論集』五七(六)、二〇〇七年)、同(四)(『北大法学論集』五八(一)、二〇〇七年)。劉得寛「中華民国(台湾)の民法親族相続編の改正について」(『法学』五〇(五)、一九八七年)。笠原俊宏「中華民国民法親族編及び相続編の改正」(『戸籍時報』六二五、二〇〇八年)。木棚照一「韓国・北朝鮮・中国・台湾を本国とする者の相続をめぐる諸問題」(『早稲田法学』七六(三)、二〇〇一年)。増田福太郎「台湾・南方における財産所有と相続慣行」(『福岡大学法学論叢』一八(二)、一九七三年)。黄詩醇「台湾における農家相続――農業経営の要請と伝統中国法の相続原則との衝突」(『比較法研究』六九、二〇〇八年)。

(4) 王暁丹「台湾親属法的女性主義発展―以夫妻財産制為例」(『国立中正大学法学集刊』二一、二〇〇六年)、李立如「婚姻家庭与性別平等―親属法変遷的観察与反思」(『政大法学評論』九五、二〇〇七年)。ほかに林鶴玲・李香潔「台湾閩・客・外省族群家庭中之性別資源配置」(『人文及社会科学集刊』九〇、二〇〇三年)、王君茹「家産継承性別偏好的台湾経験―族群・世代・婚姻状況与社会結構位置」（台北大学社会学研究所碩士論文、二〇〇二年）、郭松濤「台湾婦女遺産継承及祭祀公業派下権探討」（『司法周刊』一〇八二、二〇〇二年）、郭棋湧「論台湾婦女之継承権」（『司法周刊』一一二三、二〇〇三年）、陳祥水「分家・継承与双親的奉養—一個南台湾農村的個案研究」（『清華学報』二四（一）、一九九四年）などもある。

（5）「離婚的権利史—台湾女性離婚権的建立及其意識」（修士論文、一九九七年）、「権利・法律改革与本土婦運—以台湾離婚権的発展為例」（『政大法学評論』六二、二二五—七四頁、一九九九年）、「日治時期的台湾女性離婚権的形成—権利・性別与殖民主義」（『台湾重層近代化論文集』二一一—二五四頁、二〇〇〇年）。

（6）「創造性別平等、抑或与父権共謀?:関於台湾法律近代西方法化的女性主義考察」（『思与言』四〇（一）、一八三—二四八頁、二〇〇二年）、「発現受害者或是製造受害者?　初探女性主義法学中的受害者政治」（殷海光基金会編『自由主義与新世紀台湾』三七三—四二〇頁、二〇〇七年）。ほかに「在法律中看見性別、在比較中発現権力—従比較法的性別政治談女性主義法学」（『律師雑誌』三一三、六一—七二頁、二〇〇五年）などの論考もある。

（7）「有拝有保佑——従最高法院九十二年度台上字第一一八〇号判決論女性的祭祀公業派下資格」『月旦法学雑誌』一一五、二〇〇四年。ほかに相続法に関する論考としては、「法律東方主義陰影下的近代化——試論台湾継承法史的性別政治」（『台湾社会研究季刊』七二、九三—一三五頁、二〇〇八年）もある。

（8）「在棄権与争産之間—超越被害者与行動者二元対立的女児継承権実践」『台大法学論叢』三八（四）、二〇〇九年、一三三—二一八頁。

（9）前掲注（8）の「前言」一三五—一四七頁。

（10）民法相続編の平等システムには四つの特徴があることを、キャスリン・バーンハートは指摘している。その詳細は、本書収載論文一六頁および注（8）の第二章第一節「和児子一様—中華民国民法中女児継承権的形成」一四七—一五〇頁、第二章第二節「女人也要宗祧継承権—一九七〇・八〇年代的請願行動与民法修正」一五〇頁参照。

（11）以上は注（8）の第二章第二節「女人也要宗祧継承権—一九七〇・八〇年代的請願行動与民法修正」一五〇—一六二頁。

（12）「中国時報」一九八五年五月二十五日。注（8）の第二章第二節「女人也要宗祧継承権—一九七〇・八〇年代的請願行動与民法修正」所引。

（13）本書一四頁写真1キャプション参照。

（14）法務部が中央警察大学に委託しておこなった「民衆の現行相続制度実施に対する意向調査」（二〇〇六年）。

（15）二〇〇二年中央研究院台湾社会変遷基本調査でも、全体の七割が男子にだけ、もしくは男子に多めに遺産分配しているという調査結果が示されている。これより以前にも、一九七〇年代にはマージャレイ・ウルフによって、女子の家産不相続現象が普遍的にみられるとともに、女子に相続権を付与する法律が軽視されていることが指摘されている。また一九八〇年代の内政部の調査でも、約八割の女性が財産を相続していないことが報告されている。

(16) 「本会各農場有眷場員就医・就養或死亡開缺後房舎土地処理要点」第四点第三項規定。

(17) 本書一八頁写真2キャプション参照。

台湾の女性労働力および職場におけるジェンダー不平等

張晋芬（大平幸代訳）

はじめに

これまでの歴史記述においては、女性の経験は簡単にしかふれられないか、あるいは故意に省略されるのがふつうだった。フェミニズム歴史学者の出現によって、女性の歴史は発掘され、再発見されたが、彼女／彼らはしばしばある難問にぶつかった。すなわち、女性の歴史を新たに増補された一部分とみなすのか、それとも従来の歴史の書き換えとみなすのか、という問題である。前者ならば、女性の経験の特殊性を強調し、歴史記述の不足を補うことになる。一方、後者ならば、従来の歴史への不信任を示すことになり、女性の経験を欠いた記述は一種の歪曲であり、誤った歴史であるという認識にいたる（Scott 2001）。もちろん、増補であれ、再提示・再強調であれ、いずれも人類社会の過去をより全面的かつ正確に描きだそうという試みであることに変わりはない。本稿では、女性の労働参入や経験を真に理解するためには、この両方の観点がともに必要であり、両者相容れないものではない、という認識にたって論を進める。

たとえ経済生産活動が工業化される以前の農業中心の時代であっても、性差による職域分離はすでに存在していた。男は田を耕し、女は機《はた》を織る――これは、前近代における経済活動の図式として周知のものであろう。商工業中心の近代社会になると、女性はよりいっそう欠くことのできない労働力となった。さらに、資本主義の生産パターンが進展するにつれ、労働市場における女性の役割はしだいに脇役的なものから主役へと押し上げられてゆき、また一方でパート（兼職）から正社員（全職）へと身分も変わっていった。ただ、労働市場における性別職域分離は依然として顕著であり、労働条件の男女格差もいまなお存在している。これらの分離や格差は、単なる相違などではなく、不公平感をはらんだ社会現象であり、そこには往々にして男女の権力の不平等が反映されている。格差が生まれる原因を、理性的な選択や個人的な好みに帰すことはできない。それを生むのは、文化、伝統、経済構造、政治環境、政治権力の介入による圧力なのである。そこで本稿では、歴史の回顧と反省をとおして、台湾女性の労働参入の多様性、現代の台湾女性の労働参入の図式、および労働条件の男女格差を明らかにしてみたい。

私的な場であれ公的な場であれ、報酬があろうがなかろうが、個人のためであれ家庭のためであれ、大衆の利益のためであれ、労働というのは本来いずれも価値のあるものである（値段のつけられないものといってもよい）。多くの家庭の「主婦」は、掃除、洗濯、料理、子供の世話、老人の介護などの家庭内労働に対し、正規の労働市場で就業するのと同じように力を注いでおり、心身ともに大きな負担を強いられている。にもかかわらず、いやそれゆえに家庭内労働は女性の労働市場への参入にマイナスの効果をもたらすことが多い。働く女性はペイドワーク（市場労働）にもアンペイドワーク（非市場労働）にも同じだけの心身にわたる負担を負わねばならず、両端から燃えるろうそくのように、双方からさいなまれる苦境に陥っている。これは、大部分の男性が報酬をともなう労働を主とし、たとえ失業しても家事労働を担わないのとは、まったく逆の労働パターンであり、社会的、経済的効果も異なっている。家事労働は女性労働の重要な部分であるので、本論でもこの問題を検討することになろう。

一　台湾における女性労働の歴史的発展

伝統社会においても、女性が市場労働に参入する機会や経験がまったくなかったわけではない。ただし、職種に限りがあり、その数少ない職業のいずれもが社会的評価の高いものではなかった。数多くの女性が外で働くことなど、ほとんどありえなかったのだ。中国古代の「三姑六婆」は、まさしく女性の労働市場参入の代表的な例であり、農業以外に女性に与えられたごく限られた就業機会だった〔衣若蘭　二〇〇二〕。三姑とは、道姑〔女道士〕・尼姑〔尼僧〕・卦姑〔扶乩〔神降ろしによる占い〕・卜卦〔易占い〕〕であり、六婆とは、薬婆〔女医のようなもの〕、穏婆〔産婆〕、媒婆〔婚姻のとりもち〕、師婆〔お札を書いたり呪《まじな》いをする、または収驚〔民間療法の一種〕をおこなう〕、牙婆〔売買の仲介〕、虔婆〔妓楼の女主人〕である。これらの仕事に従事したのは大半が中年女性だったが、それによって彼女たちが大きな富を得たか否かについては古い文献にも記載がない。

　清朝統治時期の台湾はなお農業を主とした社会であった。女性が生産活動や商業活動にたずさわることはほとんどなく、おもな仕事といえば農業または家業の管理、家内手工業、家事労働などで、実際の仕事内容には、刺繍、靴作り、ござ編み、字紙拾い〔文字を敬う習慣があったため、文字の書かれた紙を集め、専用の炉で焼いた〕、茶葉の選別〔茎などを取り除く作業〕、精米、紙貼り〔障子紙貼りや室内装飾用の切り紙貼り〕などがあった〔卓意雯　一九九三、游鑑明　一九九四〕。清代末期になると、清軍が〔アヘン戦争などで列強諸国に〕敗れたことにより、中国沿海部の多くの港が開港を余儀なくされ、外国の商人が進出してきた。台湾でもオランダ人が台南の安平に進駐し、これが本島での国際貿易の濫觴ともなった。淡水港での貿易の発展は、艋舺《マンカ》〔今の万華〕、大稲埕《だいとうてい》〔ともに今の台北市内〕などの地を含む北部地区に繁栄をもたらした〔陳恵雯　一九九九：三九〕。海外貿易における大口の茶葉の輸出は当地の若い女性に新たな仕事の機会を与えた。女性が手工業に従事する場所は、すでに家庭の中だけに限られなくなり、小規模工場へ働きに出る女工もあらわれたのである。台湾の経済歴史学者・林満紅氏は、この変化には画期的な意味があったという。林氏は、陳恵雯『大稲埕査某人地図〔「査某人」は台湾語で女性という意味〕』〔一九九九〕の序文にこう述べている。「……大稲埕で最も特殊な事例である茶葉選別の女工の場合、彼女たちは旧来の農業を主とする家から、都市に仕事に出かけた。仕事の内容は農作業より楽で、労働時間や賃金も一定である。その労働形態からいって、茶葉選別の女工たちは台北市における働く女性の先駆けともいえる……」〔林満紅　一九九九：二―三〕。一九〇〇年の新聞によれば、こういった茶葉加工場の女工のなかには一、二里も離れたところから仕事に来ている人もおり〔陳恵雯　一九九九九：六九）、女性が通勤して働く習慣がすでに生まれていたことがわかる。

日本統治期になると、資本主義経済の発展に応じて、新興産業が増え、女性労働力に対する需要も日増しに拡大した。劉鶯釧と謝嘉雯（一九九七）は、一九〇五年から一九四〇年の国勢調査の資料にもとづいて、台湾女性の労働参入の要因について計量分析をおこない、〔居住地区の〕産業構造、学歴、年齢、纏足《てんそく》か否か、幼児の有無などがみな当時の女性の就業意欲に影響を及ぼす重要な要素となっていたことを明らかにしている。現代の女性はしばしば家庭と仕事の両立ができず正規の労働市場から離れることがあるが、劉鶯釧らの研究によれば、日本統治期の女性の場合、結婚による就業意欲への影響はあまり顕著ではないようである。これは当時の女性の就業機会が、主には農業や家内事業にしかなく、現代的な大量生産型の工場がまだ普遍的でなかったことと関連しているのかもしれない。

日本統治期の台湾総督府はいくつかの政策を推進し、女性の市場労働への参入を増やそうとした。まずは「纏足の廃止」を推進し、女性が纏足を解くこと、纏足をしないことを奨励した。また、日本政府の同化政策に協力するため、さらには新興産業の中に高学歴で専門的技能をそなえた女性を必要とする所があったため、植民地政府も女子教育を推進し、市場の求める人材の育成に努めはじめた。当時、一般大衆は、女性が外に働きに出ることに対して全面的に賛同していたわけではない。しかし労働力の需要に応えることが喫緊の課題となり、また一部の知識人たちが女性の纏足解放や就業を支持するようになると、反対の声も次第に収まっていった（游鑑明　一九九五b：一一—一四）。ただし、実際には、台湾に在住する日本人女性の就業機会を保障するため、総督府の台湾女性に対する政策上の就業奨励はさほど積極的におこなわれなかった。植民地政府ならびに当時の世論はおおむね、依然として、女性が家庭内で副業に従事することを期待していたのである（游鑑明　一九九五b：二一—二二）。

では、女性はどのような職業についていたのだろうか。陳恵雯（一九九九：八八）の引用する資料によれば、一九三七年、台北市の女性労働者の職種はすでに五〇種に達していたという。人数の多いほうからあげると、産婆、教師、看護師、電話交換手、車掌である。女性が教師、助産師〔新式の訓練を受けて免状をもらった産婆〕、医師、民意代表〔議員〕になる機会も増えはじめていた（游鑑明　一九九四）。また、マッサージ師、ピアニスト、理髪師／美容師、新聞記者、アナウンサー、運転手、土木作業員などの仕事につく女性もいた（陳恵雯　一九九九）。しかし、女医、女性教師、産婆など少数の女性を除いて、この頃の大部分の女性の職業は低賃金労働者や店員だった（楊翠　一九九三）。また、使用人の賃金が安かったため、中上流家庭では家事労働をする女性を雇うことがあった。その後、製造業が盛んになり、工場労働の機会が大幅に増えるにつれ、家政婦という仕事はしだいに「顧みられることのない」職業になっていった。

社会学の概念によって上記の現象を概括するならば、農業および工業化以前の社会の労働市場における男女の職域分離はかなり顕著であったといえよう。これも、女性が当時なお少数の「労働力」にすぎなかったことと関連している。また、当時のメディアの報道によれば、日本統治時期の労働市場には女性差別の事例が少なくない。たとえば、賃金の面では、同じ仕事でも明らかに報酬が違っており、女性の賃金はせいぜい男性の半分程度だった（楊翠　一九九三）。職場には、今日いうところのセクシャル・ハラスメントもあった。例えば、茶葉加工業の男性労働者が女性にセクハラをしても、被害者には訴えるところもなく、逆に周りの人から「言動を慎む」よう戒められた（陳恵雯　一九九九）。当時の労働者にはまだ権利意識が芽生えておらず、訴えを聞いて労働者の声を代弁してくれる組織やパイプもなかった。ただ、自ら不愉快だと声をあげる女性が現れたことは、当時においては大きな進歩であったといえるかもしれない。

日本の植民統治者は生産を増やすため、女性の就業を奨励する政策を打ちだそうとした。ただし、基本的に女性は依然として廉価で補助的な労働力であるとみなされていた。資本家の女工に対する搾取は非常に深刻な状態で、女工の側から抗議行動を起こす場合も幾度となくあった。たとえば、楊翠（一九九三）は、『台湾民報』のなかに、劣悪な労働条件への不満から発生した女性労働者のストライキ事件に関する記事をいくつも見つけだしている。例えば、一九二七年の台南の台湾織布会社の女工ストライキ事件、また同年の台北の日華紡織株式会社のストライキ事件などである。游鑑明（一九九五a：一二九）も一九二七年の専売局・嘉義製酒工廠の女工ストライキ、およびその数年後の台北市の印刷工の一斉ストライキに言及している。

第二次世界大戦が始まると、日本政府は本国の経済や軍事上の需要に供するため、積極的に台湾のインフラ整備や工業建設を推進した。この時、台湾の女性も、以前は男性に限られていた職場に進出する機会を得ることになった。一九四〇年代末、中国大陸から台湾に渡った人々は、台湾ではほとんどの職種に女性労働者がおり、建築現場や採掘場で働く女性までいることに、おおいに驚いたという。またバスの女性車掌や製茶工場の女工にも、注目している（游鑑明　二〇〇五：一八〇—一八一）。以上の記述からも、当時、台湾では女性が外で働くことが一般化しはじめていただけでなく、女性がになう職務も多様化していたことがわかろう。

第二次世界大戦が終わると、共産党との戦争で劣勢となった国民党政府は、台湾に拠点を移した。労働力不足を解消し、迅速に資本を蓄積するため、国民党政府は国家経済の振興および将来の戦時徴集への対応を理由に、女性を生産ラインに投入し、「女性の就業機会の増加」政策を党の綱領に入れた（Chen 2000）。客観的な条件としては、一九五〇年代の戦後ベビーブーム、緑色革命〔品種改良や農耕方法の改善による増産〕や農耕器具の機械化による大量の女性労働力の余剰、高学歴化などの社会人口的要素が、多くの女性の労働市場への参入をうながした。これは、前述の日本統治時代の女工の多くが都市の出身で、農村からの労働力を必要としなかったのとは、非常に大きな差がある（游鑑明　一九九五b：二一二）。また、リンダ・アリーゴ（艾琳達）（Arrigo 1985）は、当時の国民党政府の威圧的な統治と多国籍企業による圧力のために生じた労働条件の格差についても詳述している。

一九六〇年代から、台湾は輸出主導型の経済発展の時期に入り、若い女性がおもな労働力資源とみなされるようになった。早期の大口輸出元であった紡織業や縫製業であれ、その後しだいに重要度を増した電子産業であれ、いずれも廉価で、単純な繰りかえし作業に耐えうる労働力を必要とした。そこで、女性労働人口は、急速に農村から都市へと移動してゆき、輸出品加工工場の生産ラインに投入された。女工たちは、その後の「台湾経済の奇跡」のために必死で働いた。また、ゼネラル・エレクトリック（通用）、フィリップス（飛利浦）、ＲＣＡ（美国無線電公司）等の多国籍企業が、次々と台湾に投資し、工場を建設して、電子製品の労働集約型生産をおこなった。一九六六年高雄に始まり、その後ほかの地域にも設立された輸出加工区〔輸出品加工専用の工業特区で、製品の台湾での販売は不可。租税等の優遇措置がある」は、より多くの若い女性を基層労働力として雇用した。夕方、仕事が終わる時刻になると、加工区の正門のあたりは、徒歩や自転車で帰宅する若い女性であふれかえった。その様子は、しばしば新聞や雑誌に掲載され、台湾経済の発展に対する女性労働者の貢献をもっともよく示す証となった。一九七二年には、二五名の女工が渡船で高雄の前鎮区に出勤する途中に事故が起こった。人が多く混み合っていたために船が沈み、乗客の多くが命を落としたのである。現地には、この不幸な事故の犠牲者となった女工を記念して、二五基の「淑女の墓」が立てられた。父系社会の伝統によって、未婚女性は生家の祭祀には加えてもらえないため、「淑女の墓」は人々がこの女性労働者たちをとむらう唯一の場所となっている。

1960年代、高雄の輸出加工区紡織工場の女工たち

増えつづける輸出品の受注に対応するため、多くの電子工場は教育機関〔職業訓練学校〕と協力体制をつくることによって工員を養成することにした。アリーゴの分析〔艾琳達　一九九七〕によれば、一九六〇年代から一九七〇年代に軽工業に投入された女性労働者は、おもに二つに分類される。一方は、若く未婚の、中等教育を受けた女性である。資本家側はこういった女性は比較的従順であるので、やや定着率が低くとも採用しようとする。もう一方は、年齢がやや高い、学歴の比較的低い女性で、子供が学齢に達した後に外で働こうとする場合である。ただし、学者の研究によると、女性が外で働くことによって家庭にどれほど経済的効果をもたらそうが、それによって彼女たちの家庭内における地位が向上することはあまりなかった〔呂玉瑕　一九八〇、一九八二；伊慶春・高淑貴　一九八六〕。小学校や中学校を卒業した女の子は、工場労働者の地位があまり高くないことを知ってはいても、家庭の利益を優先させるため、やはり工場に働きにいった〔Kung 1976, 1981〕。

一九六〇年代の初め、紡織や縫製の業者はより多くの女工を集めるため、社員寮を建設し、通勤バスを準備するなどの福利面を充実させた。一方、生産規模の拡大に対応するため、「紹介奨励金」制度をつくって、労働力の供給源の拡大につとめる雇用主もいた〔周玟琪　二〇〇三〕。エネルギー危機による不景気を経た後、大企業のなかには、コスト節減のため業務を小規模な請負会社に分散させ、さらにそこから家庭に生産を請負わせる代工〔内職〕方式をとるところもあった。その製造の仕事のおもな担い手は女性であった。国民党政府も計画的に「コミュニティ〔社区〕発展計画」を推進し、「客間が工場〔客庁即工廠〕」という方式で、女性が家計に臨時収入を「補塡」することを奨励し、工場の固定コストおよび変動コストを節減した。資本家側も比較的低い賃金でも望んで働く主婦を喜んで雇い入れた〔成露茜・熊秉純　一九九三〕。日本統治期と同様に、大部分の雇用主たちは女性が家族を養う責任を負っていないことを口実に、女工の賃金を低く抑えた。しかし実際には、当時すでに家庭の困窮により、外で働いて一家を養う重責を背負っていた未婚女性も少なくなかった〔艾琳達　一九九七〕。アリーゴの調査はいわゆる「男性が一家を養う」という偏見を突き破るものである。

多くの女性が市場労働に参入してはいたが、権利意識や知識が不足していたため、基層労働者の権益に対する理解には限りがあり、労働行政機関も積極的に指導宣伝してはいなかった。それに加え、経済的に苦しい家庭がほとんどだったため、労働条件よりも労働機会への期待のほうが大きい状態だった。社会全体が、がんばってお金を稼いで財産を築こう、「労使協調」の立場にたち、工場をわが家としよう、という自己搾取の空気におおわれていたので、個人の労働状況の不合理さに疑問をもつことはほとんどなかった。また当時の労働組合は国民党および産業党部〔国民党下の機関〕にコントロールされ、さらに「動員戡乱時期臨時条款」〔反乱鎮定動員時期臨時条項。一九四八年制定、一九九一年に廃止された、中華民国憲法の臨時修正条項〕による規制を受けていたので、法律で保障された争議やストライキの権利は事実上ないも同じで、労働者たちは集団の力を発揮するすべもなかった〔張国興　一九九一〕。よってこの時代の女性労働参入の図式は次のようなものになる。国家が教育や地方の基層組織を運用し、男尊女卑の政策や父権／男権観念〔女性は家庭や母親としての役割を優先すべきであるというような考え方〕を強め、一方で女性労働力の重要性を周縁に追いやりながら、もう一方で女性労働力を労働市場の需要と供給を調節する緩衝材とした〔成露茜・熊秉

純 一九九三)。さらに閉鎖的で高圧的な政治統制、経済成長優先の環境、制度や文化の操作によって、おとなしく従順で、ひたすら苦労を耐え忍ぶ労働者をつくりだした。彼女たちは資本主義の生産や労働の方式に慣れる間もなく、日夜生産ラインに送りこまれた。この時の労働者には後に「労動基準法(労働基準法)」や「両性工作平等法(日本の男女雇用機会均等法に相当)」(以下、両平法とする)ができることなど想像もできなかったであろう。

加工区や工場のブルーカラーの女工以外にも、台湾工業化の初期には多くの女性が家の中での市場労働に従事していた。これは俗にいう「家庭代工」であり、また同時に前述の「家庭は工場」の延長線上にあった。家族の世話や家事のために、工場に働きにいけない多くの女性が、収入を増やそうと、造花、西洋人形、クリスマス・イルミネーションの製作など、家でできる加工の仕事を請け負ったのだった。なかには正式な請負所となり、簡易ミシンを購入し、縫製工場のために基礎的な加工をおこなうなど「影の工場」となった家もあった(謝国雄 一九九七)。謝国雄の研究は、台湾の輸出品工業における上層から末端にいたる分業の流れの輪郭を描きだしただけでなく、請負所、下請け工場、小規模家庭零細工業といった草の根レベルの技術の発展も浮き彫りにしている。これらの特徴やそこにあらわれた活力、柔軟性は、台湾製品が国際輸出市場で揺るぎない地位を築いたおもな原因のひとつであり、女性労働力はこういった下請けの仕事が柔軟性をもって運用されるための鍵であった。たとえ工業化発展の初期であっても、女性はすでに補助的な労働力ではなく、一大労働力の供給源であったのである。

二 現在の女性の労働参入および労働条件

古くからある「相夫教子」という言葉は、わかりやすくいえば、女性があらゆる家事や家族の世話の責任を負うという意味である。良妻賢母という言葉も、女性が家事をし母親としての役割を果たすことを強調している。清朝統治期以来、なかでも日本統治期には、若い女性には相対的に、こまごまとした市場労働に従事する機会もあった。しかし、大多数の女性の労働はやはり、おもに家庭や家族のための仕事に限られていた。一九六〇年代から、製造業の発展につれて、工場労働者になったり、家で簡単な加工をしたり、下請けになったりするほかに、多くの台湾女性が家の事業を担う「頭家娘《おかみさん》」になった。中小企業の多くが夫婦による自営で、業務の分担には明らかに性別による境界があった。妻は、会計や庶務、あるいは店番をし、もし使用人がいれば、使用人管理の役割も兼ねた。また同時に、使用人のために昼食を作ったり〔台湾の個人経営の町工場や店舗では、雇い人に昼食を出す所が多い〕、職場を掃除したりした（高承恕　一九九九）。夫は、生産や外回りの仕事を請負った。工場や店が住居と同じであったり、近隣にある場合、頭家娘《おかみさん》の仕事内容は明確に定義できるものでなく、つねにさまざまな役割を機敏にこなさなければならなかった。生産〔工場または店舗での仕事〕と再生産〔家事〕の労働形態の間には截然とした区分があるわけではなく、労働時間にも明らかな区切りがあるわけではない。そういった頭家娘《おかみさん》たちには、いわゆる出勤や退勤などというものはない。

規模の小さな工場や家族経営の工場の生産過程において、頭家娘《おかみさん》が工場の事務に携わる比率はほぼ一〇〇％に近い。……頭家娘《おかみさん》……が従事するおもな仕事は、庶務、会計、製品検査、生産から、おやつ作り、祭祀、掃除にいたるまで、あらゆることが含まれている……（高承恕　一九九九：五）

この一段にはなお、頭家娘《おかみさん》が妊娠、出産、子供や家族の世話、三度の食事の準備までこなさなければならないことまでは記されていない。たとえ一家の財産形成や次世代の育成に大きく貢献し、ありとあらゆる仕事を背負いこんでいるとしても、だからといって家庭や企業における頭家娘《おかみさん》の発言力が強まるわけではない。呂玉瑕（二〇〇一：一九五）の研究によれば、もし彼女たちにある程度大きな決定権が与えられるとすれば、財務管理関連の事柄であることが多かったが、「ほとんどの場合、彼女たちは相談相手という立場にすぎず、一人で決定できることは少なかった」という。

実際の報酬についていえば、頭家娘《おかみさん》は、要職を兼ね、さまざまな職務に臨機応変に対応しなければならないにもか

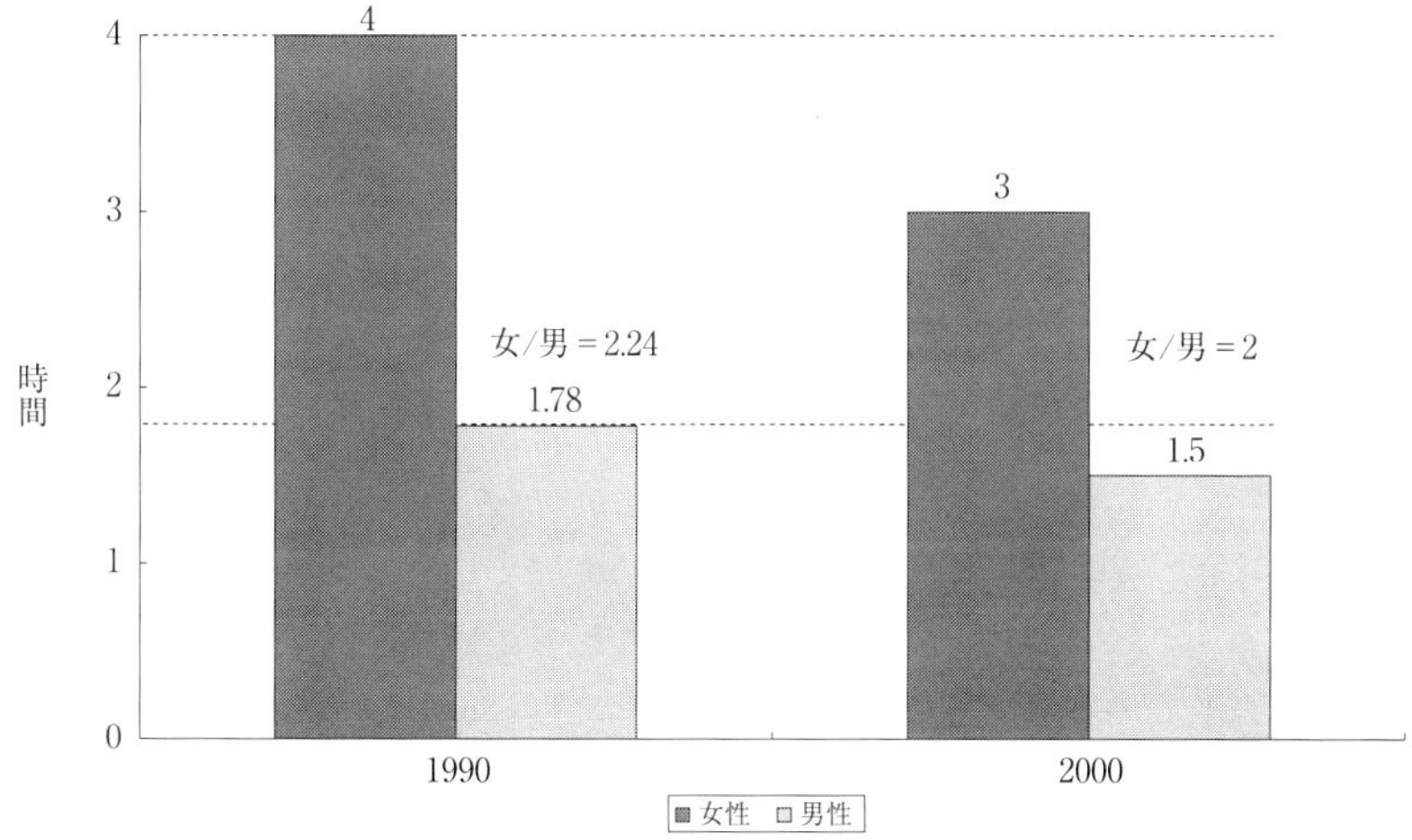

図1　台湾の男女別家事労働時間の変化

かわらず、往々にして低賃金あるいは無報酬で、財産すらすべて夫の名義で登記されていた。女性はふつう実質的な賃金を得ることはなく、「家のため」という利他性（「他」とは、夫あるいは夫の家）が、女性個人が経済的独立を追求する可能性を覆い隠してしまっていた。少なくとも二〇世紀の末までは、必死に働いてお金を稼ぐことが多くの自営業者の最大の目標であり、中小企業における自己搾取はごく普通の状態で、「社長大人（老闆娘）」という立派な肩書きの裏側には、女性のきわめて大きな自己搾取が隠されていたのである（李悦端・柯志明　一九九四）。

このように、頭家娘《おかみさん》が日夜忙しく、内外の仕事をこなしているのに対し、男性は何の憂いもなく、すべての力を職場にそそぐことができる。たとえ夫婦双方がともに正社員として働いているとしても、女性はやはり家事や家族のケアの担い手となる。行政院主計処の「社会発展趨勢調査」（二〇〇四）によると、一九九〇年には、女性が家事・育児に費やした時間は一日平均約四時間であり、男性の一時間四七分に比べて二時間以上も長い。二〇〇〇年の同様の調査では、女性の家事の時間が三時間に減ってはいるものの、男性の時間よりもやはり一時間半も長い（図1）。この一〇年の間の変化から、次の二点がわかる。第一に、女性がフルタイムの労働を始めると、彼女自身が家事労働をする時間は明らかに減少するが、女性の家事労働時間の短縮は、男性の分担増に

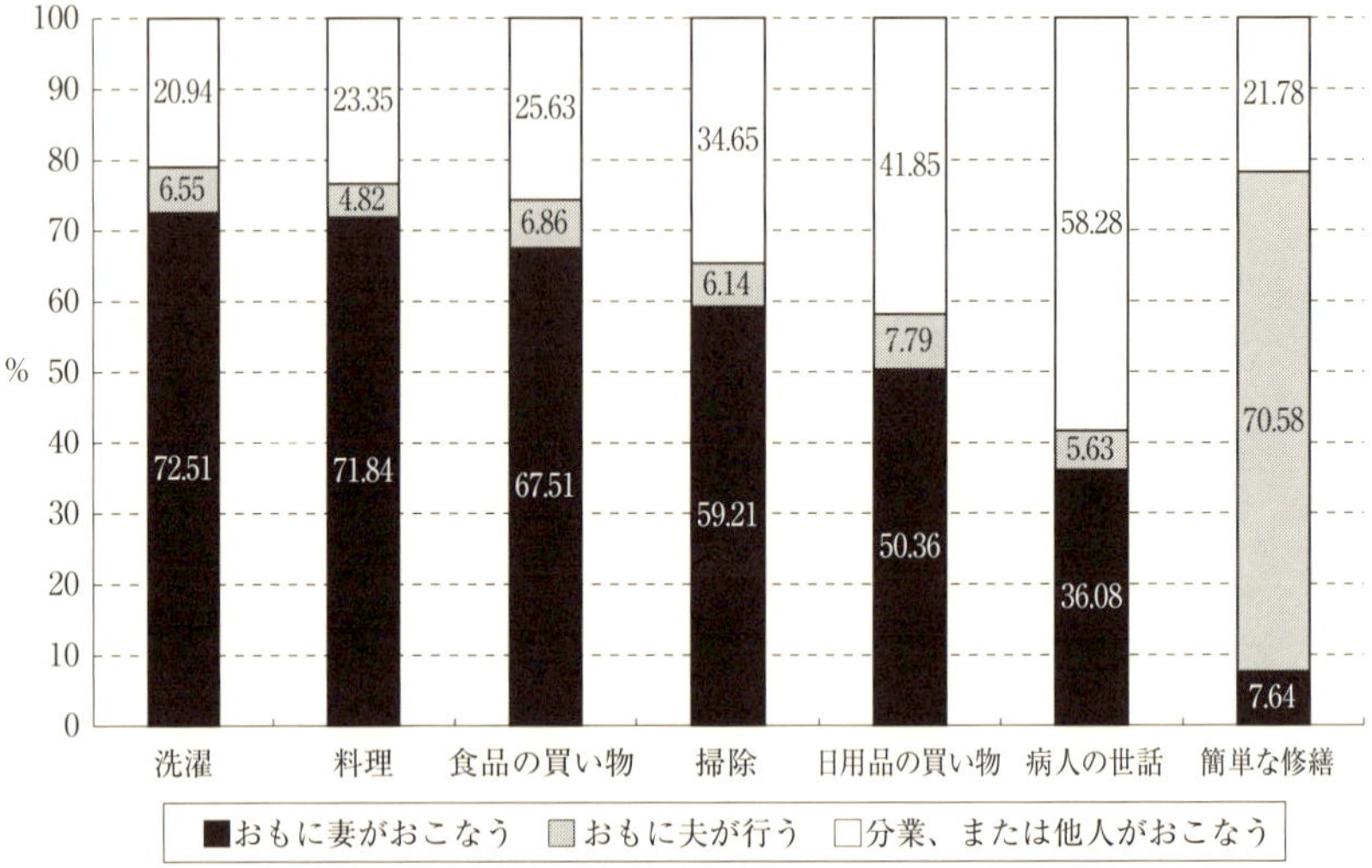

2002年「台湾地区社会変遷基本調査」第四期第三次性別組資料により作成

図2　台湾の７つの主要家事労働における性別役割分担の状況：2002年

よるものではなく、家事労働の平均時間自体が短くなることによる。男性が家事労働に費やす時間は依然として限られており、二〇〇〇年には一〇年前よりさらに減少しているほどである。第二に、家事労働時間の男女差は縮まってはいるものの、その差異の絶対値はやはり無視しがたい。女性の家事労働時間は男性の倍で、一〇〇〇組の夫婦を対象とした調査（唐先梅　二〇〇二）によれば、一〇の調査項目のうち、金銭の管理以外は、すべて妻の労働量のほうが夫を上回っている。なかでも、洗濯、掃除、料理の項目の差がもっとも顕著である。ここから、家事労働は依然としておもに女性が担っており、また仕事の分担にも強いジェンダーバイアスがかかっていることがわかる。具体的な家事労働のほかに、女性がおこなう家人への情緒面のケアも、有形の生産的労働が維持されてゆく鍵となっている。ただ逆に、女性の場合、外で賃金労働に従事するにしても、家の中でさまざまな家事労働を担うにしても、そのお返しに男性から家事や情緒面のケアをしてもらえることはほとんどない。

　繁雑な家事労働、とりわけ育児や老人介護などは、女性が外で賃金労働に従事する場合、障害となりがちである。家庭と仕事の間で選択を迫られる時、女性（その役割が妻、嫁、娘、姉妹のいずれであろうと）は往々にして自分の仕事を犠牲にして、家庭に戻り育児や介護を担うよう求められる。もちろん男性の大多数はこのような苦境にみまわれることなどない（張晋芬・李奕慧　二〇〇七）。全国的な調査によると、洗濯、料理、買い物、掃除など、六割前後の仕事をおもに妻が担っている。二〇〇二年にいたるまで、こういった状況はほとんど変わっていない（図2）。

二〇世紀後半、台湾では「新好男人（新しいタイプのいい男）」という言葉が現れ、急激に流行しはじめた。文字による描写やテレビコマーシャルの画面をとおして描かれる「いい男」は、家庭を大切にするだけでなく、喜んで家事をしたり台所に立ったりする。これまで女性は、たとえフルタイムの仕事についていても、家事労働をするのがしごく当然のことだとみなされてきた。しかし、男性であれ女性であれ、専業で家事労働のみにあたっている場合、その間、家族の誰かが外で賃金労働に従事する可能性をつくりだしていることになる。労働時間の公平性からみれば、家庭の主婦には当然、彼女が提供した家事労働と引き換えに、その間の家人の収益の分け前にあずかる権利がある。もし道徳規範の面からは手の下しようがなく、社会文化もすぐには変えられないのなら、制度によって家事労働者の実質的貢献を評価することも考慮されるべきであろう。婦女新知基金会（以下、婦女新知とする）および晩晴協会の努力によって、二〇〇二年、台湾の立法院（日本の国会に相当）で「民法」親属編の一部条文の修正案が通過した。修正案中の一項として新たに規定されているのは、家事労働に賃金を認める精神である。法案には、家庭生活の費用のほかに、夫婦は協議して、家庭の主婦あるいは主夫に「自由処分金（自由に使えるお金）」を与えなければならないと、明確に定められている。実質的な効果からいえば、これが実行されうるか否かよりも、この条文の宣言や奨励が世間にもたらす意義のほうがはるかに大きいといえよう。

正式に労働市場に参入する女性の増加にともない、女性が従事する産業、職業、職務などもますます多様化していった。さらに、政府の統計や研究調査資料のソースの拡大により、女性労働力に関する研究も一九六〇年代の労働経験の叙述から、給与や職域分離、労働参入を含んだ労働機会や労働成果をめぐるジェンダー間差異の検討や解釈へと移っていった。また分析の要素も、個人や家庭から産業や組織、職業の解釈へと転換した。

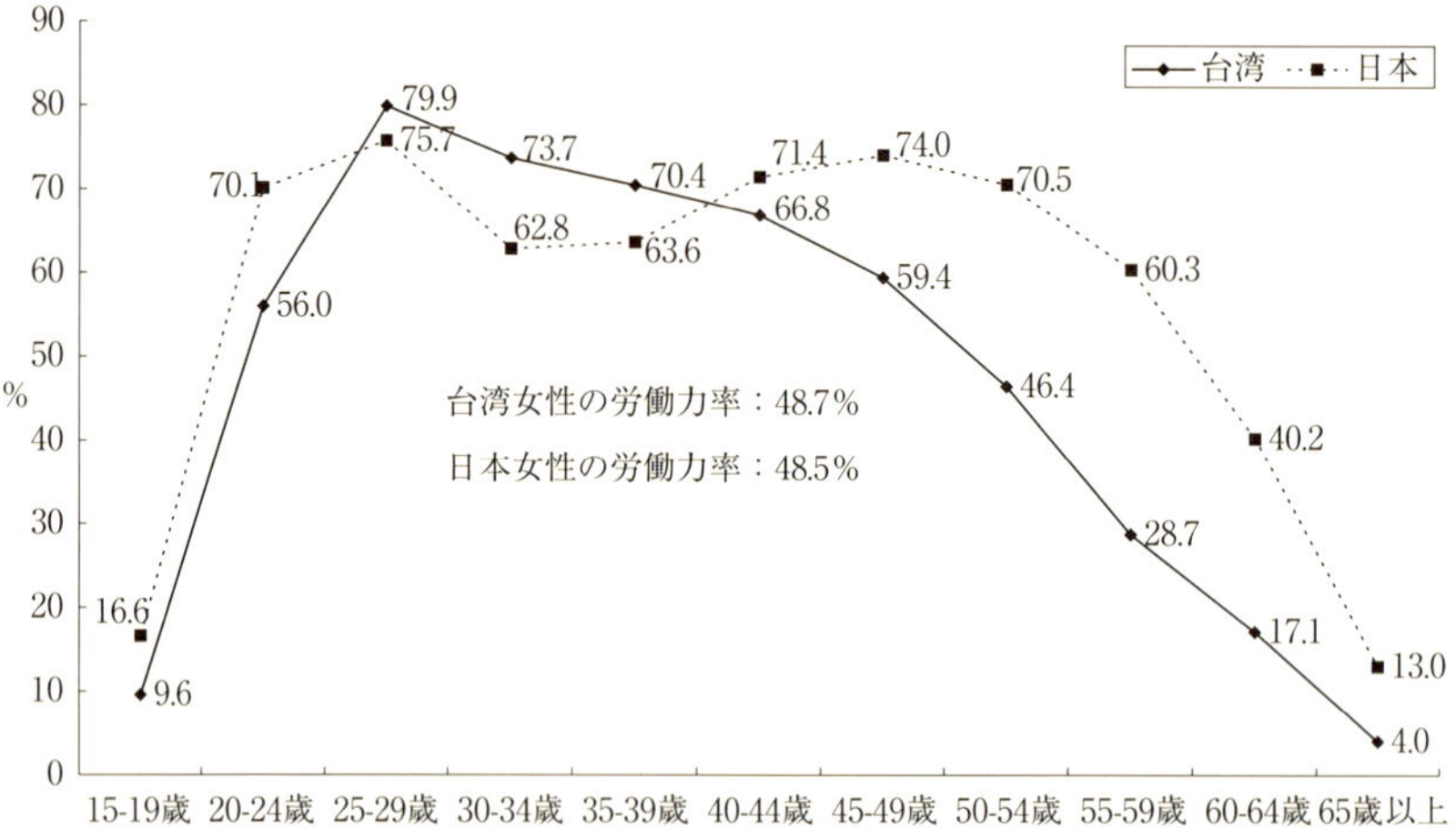

台湾・行政院主計処「人力資源調査統計年報」(2006)、日本総務省統計局「労働力調査」(2006)により作成

図3　台湾と日本の年齢別女性労働力率：2006年

台湾の学者による女性の労働参入についての系統的研究は、一九七〇年代後期から始まった。おもな研究者は経済学者で、時代順にあげると、張清渓（Chang 1978）、劉克智（Liu 1983）、羅紀瓊（一九八六）、蔡青龍（一九八八）、高月霞・陳仕偉（一九九四）、徐育珠・黄仁徳（一九九四）らがいる。次いで社会学者が構造的な観点を加え、研究テーマも、既婚女性の再就職やその活用度の低さの問題などを含む、女性の特殊な市場労働状況に重点をおいたものになった。たとえば、呂玉瑕（Lu 1992）、呂玉瑕（一九九四）、劉梅君（一九九二）、簡文吟・薛承泰（一九九六）、張晋芬（一九九六）、薛承泰・簡文吟（一九九七）などがある。これらの研究結果を合わせると、次のことがわかる。出産率、失業率、賃金率はともに女性労働力率に影響を与える重要な要素である。就業年限、学歴、収入、子供の数、家庭状況、居住地の都市化のレベルなどが、女性個人の労働参入に影響する。また、結婚や出産による退職が、台湾女性の労働力率の上昇を阻害する重大な要因となっている。

一九八〇年、台湾女性の労働力率は四〇％に満たず、その一〇年後に四四％になった。二〇〇〇年には、四六％に近く（四五・八％）、近年（二〇〇六年）の記録では四八・

七％である。この時期、既婚女性の労働力率も上昇の一途にある。図3は台湾と日本の労働力率を対照させたものである。

女性の就業機会に影響する人為的な要素のうち、日本統治時代から存在していた「独身条項（単身条款）」と「妊娠禁止条項（禁孕条款）」（雇用主の定めた内部規定。現在では「性別《ジェンダー》工作平等法」等により、結婚や妊娠を理由に従業員を解雇した雇用主には、罰金が科される）といった女性差別的な措置がある。多くの民間企業、とりわけ信用合作社や一部の金融機関などでは、女性職員に「誓約書」に署名させ、もし結婚あるいは妊娠をすれば、必ず自主的に辞職する、もしくは解雇を受け入れるという承諾をとる。こうした措置は金融業に限ったことではなく、運輸業でもよくみられた。ある女性は自身の体験を次のように述べている。

……苗栗バス頭份ターミナルにも多くの「ママさん車掌」がいる。なかには「三度入って三度出た」（子供を一人産むたびに一度退職した）人もいる。どうしてみんな不満をかかえながら黙っているのかって？　長い間ずっとこんな酷い条件で働いているのも仕方がない。私たちは食い扶持をかせぐため、生きていくためには、子供を産むたびに退職し、産んでからまた会社とあの契約を交わすしかない。内容はだいたい、また妊娠すれば解雇されても異議はありません、といったもの。実際、私たちにはどうする力もない。（王淑芬他　一九九三：九四）

就業の機会を失うことは、女性の経済的自立に影響するだけではない。多くの福利や保険制度は、被保険者が職についていることを前提につくられているので、退職させられた結果こうむる不利益は表面に見えるものよりもさらに深刻である。先に述べた女性車掌は、夫が不慮の事故で亡くなった時、妊娠によって退職させられ労働保険に入っていなかったため、配偶者死亡保険の給付も受けられなかった（同：一九三―一九四）。

次に、いくつかの例をあげて、台湾労働市場における女性蔑視とその後の進展について述べておこう。一九八七年、台北市の国父記念館および高雄市立文化センターでそれぞれ「独身条項」事件が勃発し、はじめて大衆メディアがこの悪習を暴露した。一九九五年の初め、台北市陽明山信用合作社（現在は陽信商業銀行と改称）で、結婚や妊娠を理由に九名の女性職員を解雇するという事件が起こった。女性団体が公開の場でこれを譴責したこと、女性被雇用者自身が女性差別的処遇に対して反発したことにより、労働者の基本的権益を保障する責任を負う行政院労働委員会がようやく腰を上げ、「就業服務法」を援用して、雇用主を処罰した。公権力の介入は一定の効果をもたらしはするが、多くの雇用主はまた別の方法をつかって女性差別的行為を続ける。たとえば、既婚女性や妊娠した女性を重労働や難しい仕事につかせ、辞職せざるをえないようにしたり、不適任という理由で解雇したりする。あるいは、一年ごとの契約という方式をとって女性従業員を採用する雇用主もあり、女性が結婚したり妊娠したりすれば、次の年には業務縮小などの理由をつけて再雇用はしない。

一九九七年六月一九日付『中国時報』第四九面（台北市版）の広告欄に、板橋信用合作社の求人広告が載った。この信用合作社（現在は銀行に昇格）は三～六職等（社内で独自に定めた職階）のそれぞれについて若干名を募集しており、学歴や年齢に対する要求のほかに、通常の求人広告よりもはっきりと性別についての条件を出していた。まず、五、六職等の応募者は、男性に限る。次に、やや等級の低い三、四職等は男女とも応募できるが、女性応募者の年齢制限は男性より二歳若く設定されている。最後に、応募する場合、男性は必ず兵役を終えていなければならず、女性は必ず未婚でなければならない。一見してわかるように、女性がこの信用合作社に応募しようとすれば、すぐさま二つの障壁にぶつかる。第一に、職等の高い仕事に応募できない。第二に、既婚者は応募条件に合わない。この二つの制限は明らかに女性のみを対象としており、形のうえでは性別によって異なる仕事を提供しているかのようにみえるが、実際には女性差別にほかならない。

中華開発工業銀行の前身である中華開発公司は国民党の党営企業のひとつである。二〇〇一年八月、開発銀行の上層部が突然通達を出し、女性職員はズボンをはいて出勤してはならず、違反した場合は一〇〇〇元の罰金を払わなければならないと規定した。この通達が職員によってインターネット上で公表されると、すぐさま大きな反応がわきおこり、連日、ネットや新聞・雑誌の報道や評論の中心的話題となった。報道（『中時晩報』二〇〇一）によれば、女性職員にスカートをはくよう要求した中華開発の幹部は、「女性はスカートをはくほうが礼儀正しい」と考えており、女性職員の多くがズボンをはいて出勤しているのを見て、「仕事はてきぱきしているが、女らしくない」と批判したという。世論の圧力や行政機関の指導によって、中華開発は通達を出した数日後、また別の通達を出し、女性職員のズボン着用による罰金規定を取り消した（『聯合報』二〇〇一a）。しかし、この社内規定は女性にのみ適用されるもので、明かに「就業服務法」（一九九二年可決）に違反していたため、台北市就業歧視評議委員会は中華開発が就業差別をおこなったと裁定し、罰金三〇〇〇元を課した（『聯合報』二〇〇一b）。服装や容貌に対する類似の規定は、通常、すべて女性に対してのものであり、労働市場における女性差別的処遇がいまなお普遍的な現象であることを示している。

女性の就業機会に対する制限や障害は、民間にのみあるのではない。公的機関でも同様に女性差別的処遇がみられる。一般に女性の言語能力の高さはよく知られるところで、商学部や社会科学系学部における女子学生の割合も高い。にもかかわらず、女性が卒業後に経済・貿易や外交など言語能力を必要とする職業につこうとした場合、多くの障害にぶつかることになる。一九九〇年代、台湾中央部会〔部会は日本の省に相当〕が経済・貿易および外交部門の採用試験をおこなった時、女性の応募や採用には人数制限があった。一九九二年を例にとれば、経済部および外交部〔「部」は日本の省に相当〕が特別選抜方式によって駐在員試験をおこなったとき、女性の募集人員はごくごく限られていた。外交の特別選抜試験における女性の募集人数にいたっては全体の十分の一にも及ばず、実際に採用された二五人のうち、女性は三人だけだった。近年、「両平法」の実施や女性団体の抗議、考試院〔日本の人事院にあたる〕の主導的な改善要求によって、外交領事、国際報導、国際経済商務、交通事業、民航、税務などの人員の選考試験では、男女不平等な採用人数の制限が撤廃された。女性の就業を制限する側の理由の大半は、「仕事が危険で、女性には向かない」というものである。過去数十年の間、女性は労働市場に参入し、エンジニアや飛行士など男性中心のさまざまな職業に従事しつづけてきた。こういった経験や重要性をもってしても、なお彼女たちの能力や仕事への意欲を証明できてはいないようだ。とくに公的機関の女性差別は民間の雇用主に最悪の手本を示すことにもなった。この反面教師ぶりは「両平法」の効果や人々の国家への信頼を低下させることになるだろう。

先にふれたように、日本統治時代にはすでに、工場内の女性労働者に対するセクハラ事件が新聞で報道されている。このことから、セクハラは決して工業社会の特殊な産物ではなく、最近になってはじめてあらわれたものでもないことがわかる。たしかに職場では、一種の男女の権力関係のあらわれとして、男性（上司あるいは同僚）による女性へのセクハラが発生しやすい。学者の調査および分析（呂宝静　一九九五）によれば、職場で起こりがちなセクハラ行為とは、「いやらしい冗談を言う」「（女性の）体や性的特徴について品評する」「女性蔑視的な言葉（を述べる）」ことで、ついで多いのは「いやらしい目つき」「言葉による挑発や誘惑」「しつこい誘い」といったものである。呂宝静は結論のひとつとして「女性である以上、職場でセクハラを受ける経験は必ず男性よりも多くなる」と述べている（同：一五五）。身体的なものであれ言葉によるものであれ、セクハラは女性の心身のみならず、女性の労働意欲にも影響を与える。

権利意識が希薄で、法制度が完備されていなかった清朝統治期や日本統治期には、セクハラがあっても、被害者は賠償を得られないばかりでなく、逆に、口外するな、もっと自分の言動に気をつけるべきだ、と言われた。それに対して、現代社会においては、意識の覚醒や女性団体の努力により、セクハラの加害者は法律の裁きを受けるようになった。一九九八年、台湾の裁判所ではじめてセクハラによる権利侵害の判決が下った。ある旅行会社に勤める女性職員が、たびたび上司によるセクハラを受けた。やめるよう求めても効果がないばかりか、そのことで理由もなく解雇された。思い悩んだ被害者はついに裁判所に告訴したのだった。この女性の勇敢な行為は台湾フェミニズム史上重要な一ページとなり、他の女性にとって「勇敢に自分の境遇を語る」お手本にもなったが、このような不愉快な経験をした彼女は二度ともとの職場に戻りたいとは思わず、法律は彼女の労働権の喪失を補うすべをもたなかった。セクハラは往々にして、一人の労働者――女性であれ、男性であれ――に二重の傷を与えてしまうのである。同年、もう一人の勇敢な女性――林口長庚医院の看護師、楊さん――も病院の医師からの度重なるセクハラに遭っていた。婦女新知の協力のもと、苦難のなか、行政と司法による終わりの見えない長い闘いへの支援が始まった。二〇〇二年、ついに、その医師に対し、裁判所の二審で権利侵害の判決が出された。婦女新知は、この案件と、別の女工が同僚の男性に覗き見された事件、女性経営者が同業者の男性に言葉によるセクハラを受けた事件について、陳俊志（ミッキー・チェン）監督による記録映画「バラの戦争（玫瑰的戦争）」を製作した。この映画は、一方では女性労働者が職場で直面する苦難を浮き彫りにし、また一方では、大衆が類似の女性蔑視的行為に気づき、ともにこのような行為に立ち向かっていくべきだと認識するよううながすものである。

女性運動団体の努力により、男女の労働上の平等促進を目的とする「両平法」が二〇〇二年三月八日に正式に施行された。「両平法」の立法主旨は、「両性の労働権の平等を保障し、憲法の性別蔑視をなくし両性の地位の実質的平等を推進しようという精神を貫くため、ここに本法を制定する」（第一条）というものである。準則、救済処置、附則のほか、その他の三章にはそれぞれ、女性差別の予防対策、セクハラの予防と矯正、雇用機会均等促進の措置が定められている。女性差別の予防対策とは、主に被雇用者の募集、雇用、昇進などにおける女性差別の禁止である。このほか、出産休暇、流産休暇、育児休暇、家族のケアのための休暇なども、被雇用者が申請権利を有する特別休暇として規定されており、育児や家族のケアのための休暇は父母ともに申請できる。同法には、より多くの保育施設の設置を、国家が雇用者に奨励したり主導的に推し進めたりすることにより、育児が女性の労働参入に与える諸々の困難を軽減すべきことを明確に規定している。雇用の促進については、中央や地方の労働担当部局が、女性に職業訓練の機会を与え、規模の大きな公的機関や民間企業による託児所設置を奨励することなどが求められている。

三　ジェンダー平等の水準をいかに評価するか

情報の流通や「台湾走出去（台湾よ、外に歩み出そう）」と望む声の広まりにつれて、ここ数年の女性運動の力点や国家のジェンダー政策にも、次々と国際的な人権概念や方法が導入されている。国連が、一九九五年に（北京世界女性会議で）「北京宣言」を採択した後、積極的に推しすすめているジェンダー主流化の概念は、しばしば女性運動の

ジェンダーエンパワーメント指数（GEM）の国際比較：2004年

	GEM		国会議員に占める女性の比率		管理職に占める女性の比率		専門職・技術職に占める女性の比率		男女の推定勤労所得の格差	
	GEM値	順位	%	順位	%	順位	%	順位	%	順位
ノルウェー	0.932	1	37.9	4	29	39	50	43	75	5
スウェーデン	0.883	2	45.3	1	31	32	51	39	81	2
アイスランド	0.866	3	33.3	12	29	39	55	18	71	12
デンマーク	0.861	4	36.9	6	25	58	52	31	73	8
ベルギー	0.855	5	35.7	9	30	36	48	49	63	40
オーストラリア	0.833	8	28.3	26	37	14	55	18	70	16
ドイツ	0.816	9	30.5	18	35	18	50	43	58	60
アメリカ	0.808	12	15.0	79	42	5	55	18	62	46
イギリス	0.755	16	18.5	59	33	26	46	52	65	28
シンガポール	0.707	18	18.9	57	26	54	45	57	51	87
台湾	0.692	20	22.1	39	16	69	44	61	58	60
日本	0.557	43	10.7	117	10	76	46	52	44	119
韓国	0.502	54	13.4	93	7	79	38	70	46	110
香港	-	-	-	-	27	50	40	64	49	101
中国	-	-	20.3	50	-	-	-	-	64	33

出典：行政院主計処「国情統計通報」（2007）

女性学学会が正式団体として政府に登記する前の発起人会議
（2002年４月26日、台湾大学新聞研究所会議室にて）

なかで援用され推進されている。台湾女性学学会、婦女新知基金会、台湾婦女団体全国聯合会などの運動団体は、中央レベルの組織として「ジェンダー平等委員会」を成立させるため、二〇〇三年、「ジェンダー主流化を！　我々は中央一級専門機関の成立を要求する！」というスローガンをかかげた。二〇一〇年には行政院組織法が修正公布されたが、ジェンダー平等に関する事項を専門にあつかう部会〔部会は日本の省に相当〕の設立は採択されなかった。〔新しい行政院組織法により「ジェンダー平等処」が新設されたが、これは行政院の下に置かれた幕僚組織で、女性運動団体の一部が望んでいたような独立機構ではない〕

最後に、国際的比較データを示すことにしよう。右の表〔行政院主計処　二〇〇七〕によれば、二〇〇四年には、台湾のジェンダーエンパワーメント指数（ＧＥＭ）は世界第二〇位で、東アジアの日本や韓国より高く、北欧や西欧の諸国、アメリカ、カナダよりも低かった。だが、個々の項目を見てみれば、女性の労働待遇は総合指数ほど高くない。台湾女性が専門技術〔四四％〕や管理・行政〔一六％〕の仕事に従事している比率は、ともに世界で六〇位以下である。また、平均国民所得の男女差でいえば、台湾女性は男性の五八％しかなく、スウェーデンの八一％、さらには中国の六四％よりも低いが、日本の四四％、韓国の四六％よりはずっと高い。全体的にいって、北欧諸国とくらべれば、台湾女性の労働における地位の向上にはなお努力が必要であろう。

参考文献

伊慶春・高淑貴　一九八六「有関已婚婦女就業之性別角色態度」『中央研究院三民主義研究所専刊』七〇：一—二七。
衣若蘭　二〇〇二『三姑六婆—明代婦女与社会的探索』台北：稲郷。
王淑芬・李建昌・鍾維達（編）　一九九三『台湾工運経験』台北：前衛。
艾琳達　一九九七『激盪！台湾反対運動総批判』台北：前衛。
簡文吟・薛承泰　一九九六「台湾地区已婚婦女就業型態及其影響因素」『人口学刊』一七：一一三—一三四。
行政院主計処　二〇〇七「国情統計通報」一月二三日。
高月霞・陳仕偉　一九九四「台湾婦女労動参与行為之因果関係分析」『婦女与両性学刊』五：一—四五。
高承恕　一九九九『頭家娘—台湾中小企業「頭家娘」的経済活動与社会意義』台北：聯経。
蔡青龍　一九八八「婦女労動再参与的初歩分析」『経済論文叢刊』一六（二）：一四九—一七四。
謝国雄　一九九七『純労動—台湾労動体制諸論』台北：中央研究院社会学研究所。

周玟琪　二〇〇三「紡織成衣業女工与台湾的工業化発展―過去到現在」『両性平等教育季刊』二二：五一―六〇。
徐育珠・黄仁徳　一九九四「台湾地区婦女労動参与綜合分析―理論、成因与対策」『台湾銀行季刊』四五（一）：一七七―二二一。
成露茜・熊秉純　一九九三「婦女、外銷導向成長和国家―台湾個案」『台湾社会研究』一四：三九―七六。
薛承泰・簡文吟　一九九七「再就業婦女的職業流動初探」『人口学刊』一八：六七―九八。
卓意雯　一九九三『清代台湾婦女的生活』台北：自立晩報。
『中時晩報』二〇〇一「開発新規定―女員工禁穿褲装，違者罰千元」八月二四日。
張国興　一九九一『台湾戦後労工問題』（上冊）台北：現代学術研究基金会。
張晋芬　一九九六「女性員工在出口産業待遇的探討―以台湾1980年代為例」『台湾社会研究季刊』二二：五九―八一。
張晋芬・李奕慧　二〇〇七「「女人的家事」、「男人的家事」―家事分工性別化的持続与解釈」『人文及社会科学集刊』一九（二）：二〇三―二二九。
陳恵雯　一九九九『大稲埕査某人地図』台北：博揚文化。
唐先梅　二〇〇一「双薪家庭夫妻在不同家務項目之分工情形及個人影響因素」『生活科学学報』七：一〇五―一三一。
游鑑明　一九九四『走過両個時代的台湾職業婦女訪問紀録』台北：中央研究院近代史研究所。
――　一九九五a「日據時期的職業変遷与婦女地位」『台湾近代史―社会篇』南投：台湾省文献委員会、一〇一―一三七。
――　一九九五b「日據時期台湾的職業婦女」台北：師範大学歴史研究所博士論文。
――　二〇〇五「当外省人遇到台湾女性―戦後台湾報刊中的女性論述（1945-1949）」『中央研究院近代史研究所集刊』四七：一六五―二二四。
楊翠　一九九三『日據時期台湾婦女解放運動―以《台湾民報》為分析場域（1920-1932）』台北：時報文化。
羅紀瓊　一九八六「已婚婦女労動参与的再思」『経済論文』一四（一）：一一三―一三〇。
李悦端・柯志明　一九九四「小型企業的経営与性別分工―以五分埔成衣業社区為案例的分析」『台湾社会研究』一四：四一―八一。
劉鶯釧・謝嘉雯　一九九七「女性労動参与的決定因素―1905-1940年的台湾実証」『経済論文叢刊』二五（二）：一八三―二一〇五。
劉梅君　一九九二「我国女性人力資源低度利用之析探―現況検討与政策発展」『政大労動学報』二：一〇七―一三一。

呂玉瑕　一九八〇　「社会変遷中台湾婦女之事業観―婦女角色意識与就業態度的探討」『中央研究院民族学研究所集刊』五〇：二五―六六。

――――　一九八二　「現代婦女之角色態度的価値延伸現象」『思与言』二〇（二）：一三五―一五〇。

――――　一九九四　「城郷経済発展与已婚婦女就業―女性辺縁化（Female Marginalization）理論試探」『人口学刊』一六：一〇七―一三三。

――――　二〇〇一　「性別、家庭与経済―分析小型家庭企業老闆娘的地位」『台湾社会学』二：一六三―二一七。

呂宝静　一九九五　「工作場所性騒擾之研究―台湾地区案例探討」『政治大学学報』七〇：一三一―一五八。

林満紅　一九九九　「陳恵雯著『大稲埕査某人地図』「序」」、一一―三。陳恵雯の項を参照。

『聯合報』　二〇〇一a　「中華開発取消女員工禁著褲装規定」八月三一日、六版。

――――　二〇〇一b　「就業歧視成立、中華開発罰三千―要求女性員工上班穿裙子引争議、已取消此項規定」一〇月一一日、一七版。

Arrigo, Linda Gail. 1985. "Economic and Political Control of Women Workers in Multinational Electronics Factories in Taiwan: Martial Law Coercion and World Market Uncertainty." *Contemporary Marxism* 11: 77-95.
Chang, Ching-his. 1978. "A Review of Female Labor Force Participation." *Taiwan Economic Review*（経済論文叢刊）8: 285-284.
Chen, Fen-ling. 2000. *Working Women and State Policies in Taiwan: A Study of Political Economy*. London: Palgrave.
Kung, Lydia. 1976. "Factory Work and Women in Taiwan: Changes in Self-Image and Status", *Signs* 2 (1): 35-58.
———. 1981. "Perceptions of Work among Factory Women." In Emily Martin Ahern and Hill (eds.) *The Anthropology of Taiwanese Society*, 184-211. Stanford, CA: Stanford University Press.
Liu, Paul K. C. 1983. "Trends in Female Labor Force Participation in Taiwan: The Transition toward Higher Technology Activities." *Academia Economic Papers*（経済論文）11 (1): 293-323.
Lu, Yu-Hsia. 1992. "Married Women's Informal Employment in Taiwan." *Humanities and Social Sciences*（人文及社会研究彙刊）2 (2): 202-217.
Scott, Joan Wallace. 2001. "Fantasy Echo: History and the Construction of Identity." *Critical Inquiry* 27 (2): 284-304.

〈解題〉
働きやすい社会へ
——張晋芬氏に聞く、働く台湾女性の現状と課題

大平幸代

はじめに

テレビや旅行で見る台湾女性の暮らしは、南国であることを除けば、日本とあまり変わらないように思える。とくに、デパートや雑貨店に並ぶ商品などは、日本風のおしゃれや「かわいい」文化がそのまま引っ越してきたようだし、接客にあたる店員も、みなにこやかで親切だ。だが、どこか少し違う。街には朝食を売る店が多いし、平日の夜でも外食する家族連れの姿が目につく。少なくとも、早起きして家族の朝食やお弁当を作ったり、仕事帰りにスーパーに駆けこんだりしなくてもすみそうだ。また、ひとたび政治や経済、学術の世界に目を向けると、日本より活躍している女性の姿が目立つ。女性が政治・経済において、意思決定に関わっている度合いを示す「ジェンダー・エンパワーメント指数（GEM）」によれば、二〇〇四年、台湾は世界の二〇位、東アジア諸国のなかではトップに位置している。全般的にみても、男女の平均所得の格差は日本より少なく、ジェンダー平等に対する意識も高い。こうしてみると、台湾は単に「かわいい」「フレンドリー」なだけではなく、女性が外に出て積極的に働いている社会のようだ。現在の台湾において、「尽くす女」はおそらく日本以上に流行らないだろう。

ただ、ここにいたるまでには長い道のりがあった。台湾は清朝統治期、日本統治期をへて、国民党戒厳令下の時代がしばらく続いた。民主化、そしてジェンダー平等をめざす運動が一挙に進展したのは、一九八七年の戒厳令解除以

降である。では、それ以前の台湾女性の労働状況はどのようなものだったのだろうか。民主化にともなって、台湾のジェンダー平等意識はどのように高まっていったのだろうか。また、不公平な労働条件の是正のために、女性たちはどのように戦ってきたのだろうか。

これらの問いに答えを与えてくれるのが、張晋芬氏の論文「台湾の女性労働力および職場におけるジェンダー不平等」（以下、張論文とする）である。張論文は、清代末期以来の働く女性の姿を歴史的に俯瞰するとともに、今日的な問題をも指摘する、簡にして要を得た台湾女性労働史である。台湾研究者だけでなく、台湾初心者にとっても、台湾の女性と労働との関わりを広く知るための最適のガイドとなってくれるであろう。なお、張論文の内容は、先に上梓した『台湾女性史入門』（人文書院、二〇〇八年）「労働」と一部重なるが、一方にしか言及されていない部分も多いので、両者あわせてご覧いただきたい。

一　台湾女性労働の過去・現在・未来

まずは、張論文の内容について簡単にふり返っておこう。張論文は、女性の労働状況について述べるにあたり、社会的背景や当時の人々の観念に目を配っている。台湾女性の市場労働とのかかわり方は、それぞれの時代の社会の動き、特に政財界の意向に大きく左右されてきたからである。清朝末期から盛んになった国際貿易、日本統治期における新興産業、戦後の経済振興政策、六〇年代以降の輸出加工区における労働集約型産業、そして九〇年代以降の知識集約型産業への転換等々、産業構造の変遷につれて女性労働力への需要は増し、女性の職種も多様化していった。ただ、その発展の歴史には、女性労働者に自己犠牲を強いる影の部分もあったことを忘れてはならない。

たとえば、二〇世紀後半、輸出加工区で働く女工たちは、輸出品生産を支える一大労働力として、「台湾の奇跡」とよばれる経済発展に大きく寄与した。女性の働く場は増え、教育を受ける機会も増えた。だが、経済成長優先の社会風潮のなかにあって、権利意識をもたなかった女性たちは、従順で安価な労働力として低い地位に甘んじるしかなかった。張論文に言及されている高雄輸出加工区の女工の海難事故は、その象徴として語りつがれ、彼女たちの墓地は現在「労動女性記念公園」になっている。彼女たちの多くは十代半ば、家計を助けるために働きに出、皆勤手当てをフイにしないため、先を争うように定員オーバーの老朽化した通勤用フェリー（定員一三人の船に約一〇〇人の乗客がいた）に乗りこんだという（鄭至慧「労動女性記念公園―高雄廿五淑女之墓」『女人屐痕―台湾女性文化地標』女書文化二〇〇六所収）。高雄前鎮区だけで五万一〇〇〇人いたという女工のほとんどは似たような境遇の女性だっただろう。彼女たちの収入は、男性の三分の二にも満たなかったが、その不公平を訴えでる環境にはなかった。戒厳令下では、組合運動や女性運動を大々的におこなうことなど不可能だったのである。

戒厳令解除後、民主化の波とともに、女性の権益を守る運動も盛んになった。当時、一般に女性の賃金は安く抑えられ、職場にはセクハラもあった。結婚や出産で仕事をやめなければならないという規定もあった。この「独身条項」「妊娠禁止条項」が廃止されたり、裁判でセクハラが認定されるようになったのは、女性団体のさまざまな活動をおこなってきたためである。このような雇用条件の不平等解消をめざす一連の動きのなかで、特記すべきは、二〇〇一年に成立、二〇〇二年に施行された「両性工作平等法」であろう。これは、一九八九年に婦女新知基金会が草案を作成し、一九九〇年に立法院に提出されてから、長い年月をかけてようやく成立したもので、日本の男女雇用機会均等法に相当する。だが、もちろんこれでジェンダー平等が実現されたわけではない。

現在、人々のジェンダー意識には明らかな変化が生じているが、まだ課題は残っている。男女の仕事の分担には強いジェンダーバイアスがかかっており、女性はたとえ外で働いていても家事労働の多くを担わねばならない。女性が外で働くことが当たり前の社会にはなったが、それが個人の頑張りによって支えられているとすれば、女性のキャリア形成の影には、今もなお自己犠牲が隠れているといわざるをえない。両性工作平等法は、二〇〇七年一二月に「性別《ジェンダー》工作平等法」に名称変更するとともに、一部条文が改正され、二〇〇八年一月に公布・施行された（ただし、育児休暇に関する第十六条の施行は、二〇〇九年五月）。より働きやすい環境にするための法整備は、今も続けられているのである。

なお、台湾では、近年、女性研究者によって、女性文化の足跡を明らかにしようとする著作が相次いで出版されている。先に引いた『女人屐痕』やその続編の『女人屐痕Ⅱ』のほか、張論文に引用されている陳恵雯『大稲埕査某人地図』など、写真や当時の新聞記事を大量に盛りこんだ書物によって、われわれは過去の台湾女性の暮らしぶりの一端をよりリアルに知ることができるようになった。また、張論文が参考文献としてあげている游鑑明『走過両個時代的台湾職業婦女―訪問記録（二つの時代を生きた台湾の職業婦人―インタビュー記録）』等によって代表的な職業婦人の歩んだ道をたどることもできる。張氏の描きだした台湾女性労働史は、それらの専著を参照する際の手がかりとしても、非常に有効であろう。

二　張晋芬氏について

ここで、張晋芬氏について簡単に紹介しておこう。張氏は、台湾大学経済学系を卒業。その後、アメリカに留学して社会学を専攻し、アイオワ大学で修士、オハイオ州立大学で博士の学位を取得。現在は、台湾の中央研究院社会学研究所研究員の任にある。労働市場、社会階層化についての研究のほか、女性の就業問題についても数多くの論著がある。単著に、『台湾公営事業民営化―経済迷思的批判（台湾公営事業の民営化―経済神話《ミュトス》への批判）』（中央研究院社会学研究所、二〇〇一）、共著に、張晋芬・蔡瑞明『労動力与労動市場（労働力と労働市場）』（国史館台湾文献館「台湾全志・社会志」系列専書、二〇〇六）、瞿海源・傅仰止・伊慶春・章英華・張晋芬『台湾民衆的社会意向―地震、族群、SARS、色情和政治信任（台湾民衆の社会意識―地震、エスニックグループ、SARS、風俗、政治信頼）』（巨流、二〇〇五）など多数。また、近年の論文に、陳昭如・張晋芬「性別差異与不公平的法意識―以労動待遇為例（ジェンダー差異と不公平な法意識―労働待遇を例として）」（『政大法学評論』一〇八、二〇〇九）、張晋芬・李奕慧「「女人的家事」、「男人的家事」―家事分工性別化的持続与解釈（「女の家事」、「男の家事」―家事分業のジェンダー化の持続と解釈）」（『人文及社会科学集刊』一九（二）、二〇〇七）などがある。

張氏の活動の場は研究室にとどまらない。大学でジェンダーに関する講義を担当するほか、婦女新知基金会、台湾女性学学会の活動にも参加。研究・教育・女性運動の各方面で活躍している。そのすべてを紹介することはできないので、ここでは、ご自身の口から研究活動内容や台湾女性の労働状況に関する見方を語っていただくことにしよう。なお、インタビュー内容は、私も含め台湾の労働事情に不案内な日本人が基本的な理解を得ることを目的とし、日本社会との比較に重点をおいている。多様性を受け入れ、そこに生じた問題を正面から見据えようとしている台湾社会の様子が少しでも伝われば幸いである。

〈張晋芬氏へのインタビュー〉

1　労働問題——格差の所在

大平：張先生は女性の労働問題について研究されていますが、このテーマに注目されたのはなぜでしょう？

張：じつはきっかけは、とても単純なんです。社会学の領域のうち、私がおもな研究対象としてきたのは社会階層化の問題でしたし、労働条件についても以前から興味がありました。そうして自分自身の研究を進めるうちに、また他の学者の著作を読むうちに、両性間の労働条件には今なお大きな格差が存在していると気づくようになったのです。そして、この格差というのが、なかなか満足のいく解釈が得られない難問でした。これが、私がジェンダーと労働条件の問題について研究している理由ともいえるでしょう。

大平：ご著書を拝見して、台湾の労働問題には、ジェンダー間格差だけでなく、族群（エスニック・グループ）や新移民など複雑な要素がからんでいるということがわかりました。そういった族群間の格差などは、ジェンダー格差よりも大きな問題なのでしょうか？

張：私の理解によれば、台湾の労働問題には、深刻なジェンダー格差以外に、階級という大きな格差があります。そして、それに次ぐのが族群、なかでも、漢族と原住民との格差です。原住民は経済基盤が安定していないことが多いのですが、それが彼らの生活レベルを低くしているだけでなく、次の世代によい教育を受けさせる条件や文化的な基盤までも揺るがしているのです。この影響は軽視できません。また近年、外国人家政婦の労働条件の劣悪さや差別的待遇を問題視する研究もあらわれています。

大平：外国人労働者の問題についても伺いたいのですが、まずは、それ以外の部分についてお尋ねします。いわゆる本省人と外省人（おもに一九四九年以前から台湾に居住する人を本省人といい、それ以降、国民党政府に従って台湾に移り住んだ人を外省人という）との間に違いはあるのでしょうか？　たとえば、上級管理職とか、一般事務職や単純肉体労働などに従事する人の比率に差はあるのでしょうか？

張：台湾の総人口の八五％は閩南人《びんなん》（福建系）です。ですから、数でいえば、「一般事務職や単純肉体労働」の従事者もおのずと閩南人が多数を占めるということになります。ただ、比率でみた場合、公的機関では、外省人の割合が、全体の人口比率よりも高くなっています。また、公的機関の上級管理職についていえば、誰が、あるいはどの党が政権をとっているかによって変わってきます。李登輝や陳水扁が総統だった時には、閩南人が政府の要職につく機会も多かったのですが、現在の馬英九政府では外省人が政府高官につく比率が高いようです。民間では、はっきりした族群間の差異はみられません。一方、政府機関であれ、民間企業であれ、高い地位についている女性は少数です。その点で、ジェンダー格差は族群間の差異よりずっと大きいといえるでしょう。

2　国際結婚・外国人労働者

大平：日本でも国際結婚が増えています。台湾では、東南アジアからの外国人花嫁が多く、国際結婚で生まれる子供の数も増えていると聞いていますが。

張：外国人配偶者に関する法令は次第に緩やかになっていますが、公民権や労働権についてはまだ多くの制限がありますから、この部分での努力を続けていかなければなりません。また、台湾では、外国人妻に対してなお保守的な態度をとる家庭もあります。その場合、外国人妻は、女性として、妻や母として、多くの負担や蔑視を受けなければならないうえに、社会的ネットワークがないために、往々にして外からの救いの手さえ期待できない状態に陥ります。ソーシャルワーカーや近隣の地区の長が責任をもって、法律の面でも精神的な面でも、彼女たちがより多くの援助を得られるようにしなければなりません。また、外国人妻の嫁ぎ先が経済的に恵まれておらず、文化的環境に著しい欠陥がある場合には、子供の教育にも不利な影響を与えることになるでしょう。教育や福祉関連の機関が実質的なサポートをしていくことが必要とされます。

大平：日本では、外国人介護労働者の受け入れが始まったばかりで、これから様々な問題を解決していかなければなりません。日本よりも早く受け入れを始めた台湾で、現在一番問題とされていることは何でしょうか？

張：外国人介護労働者は、高齢化の進んだ台湾社会の発展にとって本当に重要な存在です。目下のところ、最大の問題は、台湾では彼女たちの長期の居留が認められていないことです。また彼女たちが雇用主を変えることも制限されています。これらの規定は、彼女たちの人権や経済権に大きな制限を与えるもので、彼女たちが雇用主や仲介業者の搾取の対象にされやすい状況をつくりだしています。わたしはこれらの点が、関連する法令のうちもっとも修正の必要なところだと思っています。一般的にいって、台湾の社会は彼女たちにとてもいい印象をもっていますし、彼女たちの必要性を十分に認識しています。

3　研究と運動

大平：台湾の研究者には、研究活動だけでなく、実際に女性運動に参加されていらっしゃる方が多いようですね。両者を並行して行うことにメリット、あるいはデメリットを感じられることはありますか？

張：はい。これまでの経験から、プラスの面としては、運動に参加することによって、自身の学問をより社会に役立てられるようになると感じています。まず、自身の研究成果にもとづいて、問題解決の可能性を示すことができます。そして、運動をとおして政策に影響を与え、ジェンダー間の不平等を改善することができるのです。また、これを逆の面からみれば、こうして決まった政策の執行によって、自分の研究成果が実際の政治や社会とどの程度符合しているのかを測ることができる、ともいえます。マイナスの面として考えられるのは、個人の特定の見方に囚われすぎて、運動の方向を変に捻じ曲げてしまう恐れがあることです。しかし、運動はふつう議論を重ね合議制で進められますから、個人のこだわりによる悪影響はさほど大きくないと思われます。もうひとつのマイナスは、時間配分の問題です。活動に参加していると、個人の研究や余暇の時間がぐっと少なくなりますからね。

大平：張先生は、婦女新知基金会や女性学学会に参加していらっしゃいますが、会員には、法学者や社会学者が多いのでしょうか。

張：ここ数年は、この二つの団体の董事会や監事会のメンバーには入っていないのですが、私が婦女新知の董事（理事）だったときには、学者の比率が多かったですね。また、董事会・監事会には弁護士の比率も低くありませんでした。なお、社会科学系の学者が多いのは確かですが、社会学者が中心というわけではありません。私が当初、婦女新知に参加したきっかけは、婦女新知が「男女工作平等法」（のちの「両性工作平等法」の草案）を提出しようとしていると知ったことでした。私は労働市場に関する研究をしているので、董事になったのです。

大平：婦女新知では、実際にどのような活動をされたのですか？　政府に対してだけでなく、一般市民に対する啓蒙活動などもおこなわれたのでしょうか？

張：工作平等法の法制化の推進を例にしましょう。当時、婦女新知の董事会・監事会および工作室（具体的な仕事を担当する部署）は、静・動あわせて非常に多くの活動をしました。「静」というのは、おもに立法化にむけた討論会や女性学関連書籍の出版を指します。「動」の活動はさまざまで、立法委員（国会議員）や政府官僚への説得やロビー活動、公聴会への参加、記者会見、街頭での行動劇（寸劇）などです。台北駅でも乗降客に、職場でのセクハラを拒絶しようと呼びかける活動をおこないました。また、時には、一つ二つの条文をめぐって政府機関や立法委員と何度も討論を繰りかえしたこともありました。

大平：婦女新知は条文の細部にまで直接かかわっているのですね。では、女性学学会のほうはどのような活動をされるのでしょう？　学術的な活動に重点があるのでしょうか？

張：女性学学会は学者、大学院生、一般の人からなる団体です。学者の比率はとても高いのですが、社会科学系の学者あるいは社会学者が中心というわけではありません。この学会も静・動両面の活動をおこなっています。静のほうは、学術、政治、社会などの問題についての討論、概念の明確化、研究や教育のなかでの成果の紹介などを含みます。動のほうでは、署名活動、街頭アピール、新聞への投稿などをしばしばおこないました。また、女性学学会では、定期的な活動のひとつとして、毎年三月八日の国際婦人デー、九月二八日の前後に、座談会や検討会をおこなっています。

4　女性の生き方と労働

大平：本文中にも示されていますが、台湾の女性労働力率が逆V字型なのに対し、日本ではM字型を呈しています。これは、日本では出産・育児などで離職する女性が多いことを示しているのですが、このような女性のライフスタイルは、社会・経済の影響を大きく受けています。たとえば、個人的な印象ですが、男女雇用機会均等法が施行され、その後バブル期に入ると、人材確保のため、女性を「総合職」に採用する企業が増えました。と同時に、結婚・出産が、以前ほどの比重をもたなくなってきた、キャリアを優先する生き方も認められはじめたように感じました。ところが、それから約二〇年後の現在、経済状態が悪化し、失業率が上昇するなかで、女性労働力は以前のように注目を浴びなくなっています。若い女性自身の考え方にも、結婚や出産といった「家庭」を中心とした生き方への志向が強まっているような気もします。台湾でも、社会状況の変化にともなう女性のライフスタイルや意識の変化はあるのでしょうか？

張：台湾の趨勢は比較的直線的な発展だということができます。近年においても、婚姻率は低下し、初婚年齢はますます高くなり、出生率も下がってきています。結婚年齢でいうと、二〇〇四年、女性の初婚年齢は二十七歳、男性は三十一歳でした。さらに、二〇〇七年には、女性が二十九歳、男性が三十三歳になっています。また、それと同時に、女性の労働力率も上昇しつづけています。他の多くの工業先進国と同じように、有償労働（ペイドワーク）への参与と教育水準（学歴）の高さが台湾の婚姻率や出生率を左右する大きな要因になっているのです。

大平：日本ほど世相に振りまわされにくいということでしょうか。ところで、台湾の若い女性にとって、モデルとなるような女性、あるいはあこがれの職業といったものはあるのでしょうか？　日本では、芸能人やアナウンサーなどがある種、お手本のようなかたちで存在しているように思います。やや古くなりますが、結婚後家庭に入った山口百恵のようなタイプ、結婚後も家庭を感じさせない松田聖子のようなタイプというのがその一例です。また、最近では、「母親」や「主婦」を前面にだしてテレビ・雑誌で活躍するタレントなどが少なくないようです。こういった芸能人や世相を反映したテレビドラマが女性の考え方に与える影響は少なくないと思うのですが。

張：テレビはあまり見ないので、ドラマについては詳しくないのですが、その他の情報などを合わせて考えてみると、台湾の女性は自分のキャリアをますます重視するようになっているようです。これはまた同時に妻となったり母となることを妨げるものではありませんが。憧れの職業というのは、おもしろい問題だと思います。私の知っている限りでは、テレビのアナウンサーに興味を持っている人は多いようですね。そのほかにも、金融業、メディア、デパート業界なども人気上位の職種です。起業するなら、一番人気があるのは喫茶店。またインターネット販売、洋風の小さなレストランの経営なども流行っています。

5　家庭と労働

大平：日本では、正規雇用の労働者以外に、派遣労働者やパート労働者という働き方があります。正社員になれず、派遣社員やパート勤務をせざるをえない場合もありますが、主体的に後者を選ぶこともあるようです。特に既婚女性は、キャリアより家庭を重視し、パートによる収入を家計の補助程度の金額に抑えることも少なくありません。配偶者控除や保険料のことを考えて、年収一〇三万円あるいは一三〇万円の範囲に収まるよう、労働時間を調整するのです。

張：女性が「主体的に派遣社員やパート勤務を選ぶ」ということについては、ちょっと私の理解と違っているようです。日本女性の労働参与について研究しているメアリー・ブリントン（Mary Brinton：ハーバード大学教授）によれば、多くの日本女性はじつは正社員になることを望んでいるのだが、日本の企業の多くが正社員になる機会を男性にばかり与えるのだ、ということですが。

大平：たしかにパート勤務には、正社員と同じ労働をしているのに、収入が異なるという場合もあります。ただ、短時間勤務や、休みをとりやすい仕事をあえて選ぶ女性も一定数いるようです。女性の働きやすい勤務形態の正社員の職があればいいのでしょうが、現実にはごく限られていますから。ところで、台湾には、日本のパートのような短時間の労働はないのでしょうか？「全職」「兼職」という場合の「兼職」は、労働時間の長さとは関係ないのですか？

張：「全職」「兼職」は、仕事の時間や内容ではなく、おもに契約期間の差です。台湾では、男性であれ、女性であれ、労働時間の短いパートタイマーという働き方はあまりありません。派遣労働は台湾でも増えています。とくに、下層のホワイトカラーやブルーカラーに多くみられます。なお、台湾では、公務員や学校の先生以外は、企業が従業員に長期の雇用を約束することはあまりありません。暗黙の了解として長期の雇用が認められていることはあるでしょうが。

大平：日本のように終身雇用が基本の社会ではないのですね。ところで、台湾の女性には専業主婦という選択はないのでしょうか？　結婚や出産で仕事をやめる人は少ないようですが。

張：結婚したら家庭に入るというのは、古臭い考え方というイメージがありますからね。ただ、育児や介護などで仕事をやめざるをえない場合はあります。

大平：日本では、以前から専業主婦について「三食昼寝つき」とか「永久就職」という言い方がありました。現在でも、経済的にゆとりのある家庭では、カルチャースクールに通ったり、外でお茶やランチを楽しんだりという優雅なイメージがあります。また、主婦向けのテレビ番組、商品開発など、「主婦」は社会で一定の位置を占めています。それに加え、近年では、料理や掃除、節約のコツなどを教える「カリスマ主婦」とよばれる人たちがメディアで活躍するようにもなっています。

張：台湾でも、雑誌や新聞で専業主婦についての報道をみかけることがあります。おもには自分で子供の世話をしたいとか子供の教育に力を入れたいとかいう人です。もちろん、その前提条件として経済的に恵まれた家庭でなければなりません。また、子供が母親よりも子守役の外国人女性になつくのを見て、これではいけないと、自分で子供の面倒をみることにしたという家庭もあります。ただ、これらはメディアの報道の主流とはなっていないようです。「料理や掃除、節約」などの知識・技術については、台湾のメディアでも紹介されていますが、その場合でも、単に紹介したり意見を述べるだけで、主婦という立場が強調されることはありません。専業主婦を否定する人はいませんが、かといって主婦であることをウリにしている人は皆無といっていいでしょう。

6　家庭内労働

大平：男女の家事負担時間を見ると、やはり女性に負担がかかっているようですね。

張：実際には、掃除や料理等の家事の負担というのは、比較的簡単に解決できる問題なのです。〔洪郁如「女性たち」（若林正丈編『もっと知りたい台湾（第二版）』弘文堂、一九九八年所収）によれば、台湾では食事・洗濯・掃除の負担は日本より少なく、家事を完璧にこなす女性が必ずしも賞賛されない、という。〕もっと深刻なのは、育児や託児所の問題です。費用、距離、質などについて全面的に考慮しなければなりません。しかし、こういった問題に頭を悩ませているのはふつう女性の側だけで、男性は主体的にかかわろうとしません。家事を分担したり子供の面倒をみる父親もいますが、まだ少数です。これは個人の問題以外に、仕事上の必要や労働時間の長さも関係しています。女性はもし適当なベビーシッターや託児所が見つからなければ、しばらく職場を離れるのが普通です。台湾の女性労働力率から見て、一度離れると職場に戻る確率はかなり低くなります。

大平：家事の手抜きをしたり、家政婦・ベビーシッターを雇うことに対して、女性が精神的な引け目を感じたり、経済的負担が過重になったりすることはないのでしょうか？

張：家事は、伝統的に、女性に適した仕事、あるいは女性が担うべき仕事とされてきましたし、現在でも女性が主な担い手となっています。ある調査によると、台湾人のジェンダー意識は、女性の役割に多元化を求める方向にむかっているようです。外にでてお金を稼がなければならない一方で、伝統的な母親の役割も担わないといけないということです。それに対し、男性の役割についての要求は比較的単純です。お金を稼いで家族を養う、ということにつきるのですね。

大平：日本では、家庭と仕事のバランスを重視すべきだという考え方が広まってきているようです。また、数は多くありませんが、家事や育児と両立できる働き方、フレックスタイム制や在宅勤務などの方法を取り入れている企業もあります。台湾にも、このような傾向は見られますか？　産休や育児休暇はとりやすい環境なのでしょうか？　制度と実際の状況にずれはないのでしょうか？

張：「性別《ジェンダー》工作平等法」（二〇〇二年可決、二〇〇七年に「両性工作平等法」から改称）第十六条には、「被雇用者は在職期間が一年以上であれば、子供が三歳になるまでは、育児のための無給休職を申請できる。期間は子供が三歳になるまでとし、二年を超えることはできない」と規定されています。育児休暇は男女ともに申請できます。ただ、行政院労働委員会の資料によれば、育児休暇を申請する人は少なく、申請者の多くは公的機関で働いている人だそうです。また、申請者の大部分は女性です。二〇〇七年の規定によれば、育児のために在職のまま無給になっている労働者（母親あるいは父親）は、その期間、毎月一万一六一一元の特別手当を、最長六カ月間もらえます。ただし、現在、台湾の最低賃金は、月一万七二八〇円ですから、特別手当の額は実はかなり少ないといえるでしょう。

大平：台湾では出産直前まで働き、出産後すぐ職場に復帰するのが普通だと聞いたことがあります。収入の減少、もとの職場に復帰できるかという不安など、クリアーしなければならない問題はまだ多いのですね。台湾の働く女性の現状や意識について、理解が深まったように思います。ありがとうございました。

おわりに

家事・育児・介護は、女性の労働を考える際に、避けて通れない問題である。日本と同じく台湾でも、多くの女性が外で働きつつ、家事・育児・介護の大部分を担っている。台湾では、このように内と外の両方からさいなまれていることを「ろうそくの両端に火がついた（蠟燭両頭燒）」状態とよぶ。肉体的な面だけでなく、精神的な面での負担も大きい。男も女も外で働くことが当たり前の社会で、平等意識に目覚めた台湾女性は、現実と理想のギャップにもさいなまれているのである。作家の廖玉蕙のエッセー「女人需要感激涕零嗎？（女は涙を流して感謝しなければならない？）」（『中国時報・人間副刊』二〇〇三年一二月一七日）には、家事を手伝ってくれる夫に対して妻が感激の涙を流すという図式の理不尽さが指摘されている。男性にも、夫の家事参加はよいことだと考える人は多い。問題は、実際にはまだ、家事分担を当然のつとめとしておこなう男性が少ないことである。

張氏には、李奕慧・張晋芬「誰在做家事？──台湾已婚者家務参与的性別差異（家事をしているのは誰？──台湾の既婚者の家事参加とジェンダー差異）」（前掲『台湾民衆的社会意向──地震、族群、SARS、色情和政治信任』所収）、張晋芬・李奕慧「「女人的家事」、「男人的家事」──家事分工性別化的持続与解釈」（前掲）という家事分担に関する論文がある。張氏は、家事労働について、「女の家事」「男の家事」という分業意識の存在を指摘する。家の修繕や電気製品のとりかえといった「男の家事」をする男性でも、炊事や洗濯、掃除などの「女の家事」をすることは男の沽券にかかわると感じる。外で働いていない男性のほうが、共働き家庭の男性よりも家事をしないのはこのためである。逆に、「女の家事」をすることに抵抗が少ない男性の傾向としては、若い、外省人（台湾での地縁的血縁的しがらみが少なく、家族関係における旧弊から比較的自由な立場にある）、高学歴、被雇用者であるなどの要素があげられる。また、家庭環境の影響も大きく、母親の学歴が高い男性ほど家事をする比率が高まるという。張氏はさらに、時代を追った変化にも注目する。女性が外で正社員として働くことに批判的な男性の数は明らかに減っている。ジェンダー平等の意識が人々の間に根づいてきたといってもよいだろう。鍵はそのような思想の変化をいかに実践に移すか、すなわち積極的に「女の家事」をする男性をいかに増やすか、にある。以上の調査結果から、張氏はこうも指摘する。女性の高学歴化は進んでいる。その母親のもとで育った男性が増えていくのだから、未来は明るい、と。

ジェンダー平等にむけ楽観的な予測をたてられる台湾、海外からの配偶者や労働者を迎えてより多元化してゆく台湾。この開かれた社会は自然と出来あがったものではない。矛盾に気づき、自ら改善のために行動した人々がいて、今も活動を続けている。張氏によって著された台湾女性労働の歴史には、そういった女性労働者を支えてきた人々の姿が垣間見える。もちろん、張氏もその一人である。

フェミニズムの体制内改革
——台北市女性権益保障弁法の制定の過程と検討

顧燕翎（羽田朝子訳）

序言

フェミニズム運動が国家や官僚権力体系と連携することについては、フェミニズム運動の陣営では長いあいだ多くの議論をよんできた。多くの研究は、内／外の二分法によって体制とフェミニズム運動をイデオロギーの対立する二陣営とみなしており、ファーガソンは『フェミニストの官僚体制に対する批判』で悲観的に次のように述べている。体制内に入り、その資源と言論によって体制に反対しても、けっきょくは必ず体制に吸収されてしまい、徒労に終わるのだ（Ferguson 1984: 152）と。しかしアイゼンシュタインはオーストラリアの経験から希望を見いだした。オーストラリアでは、フェミニストが政府に入って大衆の態度や政府の施政における優先順序を大きく転換させ、立法に今までにないフェミニズムの課題を取り入れさせたのである。しかしアイゼンシュタインも「フェモクラット（＝フェミニスト官僚）の成果は脆弱で、長く続かない」と予想した（Eisenstein 1995: 81-82, 153）。実際、その後一〇年足らずで政府は財政困難のため予算を削減し、続く政権交代により関連する部門とプログラムが縮小された。そして政策が後退したことにより、資源と専門的人材を失ってしまったのである（Donaghy 2003）。

しかし世界のフェミニストは絶えず機会を探求／期待しつづけ、様々な方法によって改革を追求している。スパルター＝ロスとシュライバーは、社会が保守的であった一九八〇年代のアメリカにおいて、多くのフェミニスト団体が体制内におけるロビー活動によって、急進的で構造的なテーマを推進するのに成功したとしている（Spalter-Roth and

Schreiber 1995: 125)。スウェーデンのフェミニズム運動もその影響力をうまく運用し、政府に買春者を処罰する法律を制定させている（Ekberg 2004）。メイザーとステットソンは、国家フェミニズムをテーマに、一四カ国の先進国の女性政策機構（一四カ国中、ポーランド以外はすべてフェミニズムの立場に立っている）について研究し、ポーランド以外の国々が女性の地位向上やジェンダー階層化に対する挑戦において何らかの成果をあげていることを発見した。彼女たちは国家フェミニズムを実現する前提条件は次の二つであると主張している。一、国家に構造的な力があり、平等に関する要求を制度化できること。二、社会において持続性があり、ひろく支持されているフェミニズム運動組織が、外部から急進的な手段でジェンダー階層化に挑戦し、さらに労働組合や政党の内部で改造を進めること（Mazur and Stetson 1995: 272-273, 290)。つまり体制外では持続的な挑戦が、体制内では代々継承され、かつ実行力のある機構が必要なのである。たとえば、香港では反差別法と機会均等委員会が制定されたが、その機能を充分に発揮できなかった。なぜなら政府が任命した委員は専門家と企業の管理職が大部分で、男女差別への認識を欠き、ジェンダー問題に鈍感であったためだ。女性の地位向上のため、政府はさらに幅広い階層から婦女委員会を組織したが、メンバーは依然として商工業者や専門家が大部分であった。そのため、キャサリン・ウーとイブリン・ウーはその研究において明るい先行きを見いだしていない（NG and NG 2002: 16)。ランキンとヴィッカースはカナダの各レベル・各地方の女性政策機構の推進モデルを比較検討し、類似する考察をおこなっている。それらは名目上では女性のために設置された機構であり、たしかに女性に機会を提供し変革を促進するのに努力しているものもある。しかしなかには単なる形式にすぎず、政府に女性代表がいること、女性に配慮していることを対外的に宣伝するだけの機構もある、としている。彼女たちはさらに「カナダ女性の地位に関する諮問機関」の委員が政府から政治的報酬を受けた後、委員会が政治的な影響力を失ったことを指摘している（Rankin and Vickers 2003: 3-11)。

バナスザックは体制内のフェミニストについて研究し、体制内／外を区別する必要があるかどうかについて疑問を呈し、次のようにいう。いわゆる「鉄の三角同盟」の概念とは、体制内の改革は必ずフェモクラット・民意代表・女性運動家の三者の固い結束を基礎にするというものである。しかし往々にして体制外の運動家は体制内の官僚をフェミニズム運動の外部の人間とみなしてフェミニズム運動を歪め、フェミニズム運動の活動範囲を縮小してその多様性を失わせ、体制外の活動にしか目を向けない（Banaszak 2005）と。それに対しオーツホーンの研究は、女性政策の「鉄の三角同盟」は決して多くの成果をあげておらず、男女平等の実現についていえば、政策決定に参与するためのネットワークの発展は必要条件ではあっても十分条件ではないとしている（Outshoorn 1995: 182-183）。

本論は、政策参与者の立場から台北市の内部で実施されたフェミニズム行動(1)について記録し、さらに台湾の女性運動におけるフェミニストの政策参与という戦略について検討するものである。まずフェミニズム行動研究と行動者としての自らの立場を大まかに述べ、次に台湾の女性運動の特色と戦略、台北市の組織構造と「女性権益保障弁法」を制定するにいたった政治的機会について簡単に紹介する。そして制定の過程、そのなかでの議論や妥協、重点がおかれた内容や執行成果、とくに革新的な部分や論議をよんだ部分について分析する。最後に、この行動の成功の要因と、フェミニズムのアカウンタビリティの必要性を検討する。筆者はこの行動の主要な発動者であるため、以下、一人称を用いることにする。

フェミニズム行動研究

フェミニズム研究と行動は不可分であり、「フェミニズム研究の目的は新しい人間関係や、より良い法律、より完全な制度を創造することを重視し」（Reinharz1992: 175）、意識改革や政策作成者・メディア・政策機構との連携により社会変革することにある（Reinharz 1992: 251; Levin 1981）。多くのフェミニズムの参画型行動研究において、共同参画と対話はよくもちいられる方法である（Gatenby and Humphries 2000: 89-90）。研究者の役割はもはや分離された、中立的な学者として他者を理論化するのではなく、共同研究や協力提携をとおして人々とともに社会平等を追求することにある（Sommer 1987; Reinharz 1992; Reason 1994; Gatenby and Humphries 2000; Reid 2006）。組織管理の観点からいうと、行動研究は実状に即した計画的な参画と、実際の参画に対する研究を含んでいるので、その研究成果は未来の参画モデルに影響を与えるだろう。管理者でもある研究者がさまざまなレベルの管理部門の学習と改変に立ち合うことから、彼女の機会に対する評価や組織における役割、組織内の政治操作における手腕が、行動プログラムをいかに選択し構築するかに決定的な影響を与える（Coghlan 2001:49）。

本論はおもに私が二〇〇〇年五月から二〇〇二年三月にかけて、台北市で主導した行動研究プログラムにもとづく。その目標は局処〔台北市には局・処・委員会など計三二の部局が設けられている〕の区分をこえて女性市民の権益を保障する法令を制定し、二〇〇二年の国際婦人デーの前に可決・公布することであった。目標を達成するために、私たちはさまざまな戦略をもちいた。一方では体制内で法律を制定し、そのなかで直面した困難を克服した。それと同時に体制外の運動手法ももちいた。たとえば女性解放運動がよくもちいる意識改革、リベラル・フェミニストがよく使う政策当局者へのロビー活動などである。私たちはこのプログラムに参画する女性公務員のためにワークショップを開いた。彼女たちは大多数が市の公務員試験に合格した典型的な官僚で、ジェンダー教育を受けた経験がなかった。そのため私たちはフェミニズム研究者を招聘し、討論や対話によって彼女たちのジェンダー意識をよびさまし、自分たちの位置する体制がいかに女性の実際の生活を左右するか、自分たちがいかに改革の可能性をもっているのかを理解させた。同時に、私はあらゆる機会を利用してロビー活動をおこない、各局処の長に法案の決議を支持するよう要請した。

行動者／研究者の立場

私は一九七〇年代中期から台湾の女性運動に身を投じた[2]。一九九八年当時、私は国立交通大学の女性学研究の教授であり、同時に婦女新知基金会理事長を兼任していた。そして台北市長に新しく当選した馬英九によって市に招かれ、公務員訓練センター（以下、公訓センター）を統括することになった。これは市長に対して直接的に責任を負う職位であり、私は台湾初のフェモクラットとなった。個人的にいって、これは実に難しい決断であった。なぜなら私は大学だけでなく婦女新知基金会の職も辞さなければならなかったからである。婦女新知は一九九六年に、メンバーが政府機構に入る場合は退会しなければならないと決議していたのである。

台湾の女性運動

多くの研究が、台湾のフェミニズム運動は一九七〇年代中期に始まったとみなし、拓荒者出版社をその代表としている。当時はまだ戒厳令下にあり、民間団体の組織が許されず、政治や社会改革の理念と行動は出版社や雑誌をとおしてしか表現することができなかった。それで出版社は書籍を出版するほか頻繁に大規模な活動を企画開催したのだ。一九七七年に拓荒者出版社が解散した後、小規模な女性専門家グループが会合を続け、一九八二年に雑誌『婦女新知』を出版しはじめ、一九八八年に婦女新知基金会（以下、婦女新知）を結成するにいたった。

一九八七年に戒厳令が解除されると、威圧的統治がゆるんで社会運動が盛んになり、女性団体は急激に増加し、それぞれ核とするテーマをもって活動した。たとえば、女性研究を目的とする台湾大学婦女研究室、離婚女性を支援する晩晴協会、雛妓《すうぎ》（買春の対象とされる少女）を救済する婦女救援協会、環境問題に取り組む主婦連盟、DVと性暴力の防止をめざす現代婦女基金会などである。しかし当時すべての団体がフェミニズムの自覚をもっていたわけではなく、大衆に与えるイメージのために「女性団体」としてみられることを回避しようとする団体もあった。そのため一九八二年から十数年にわたり、婦女新知は台湾で唯一のフェミニズム団体として、主要なテーマを提唱し、テーマごとに関連する個別の団体と協力して行動した。二〇〇〇年までに決議・改正されたジェンダー関係の法律は次のとおりである。優生保健法は堕胎を合法化し、民法親属編は数度の改正の後、既婚女性の財産権を保障する条項が加えられた。その他DV防止法、性暴力防止法がある。

社会状況

台湾の女性運動は新興工業国の特色を呈している（Ku 1989a: 427）。まず第一に、国土が狭く人口が密集しているので、多くの政治・経済・文化活動が台北市に集中しており、そのため台北を基地とする女性運動は政府、立法院（日本での国会にあたる）やメディアに近接しており、それらに対する影響力が強い。また他の社会運動団体との相互作用が密接である。次に、一九七〇年から八〇年代の高度経済成長と八〇年代以降の政治の自由化によって社会や政治の改革がはやまり、また中産階級が勃興したことにより、フェミニズム発展のための土壌が準備された。これにより女性運動は法律の制定や改正を主要な戦略とするようになったのだ。

しかし、儒教の伝統は個人の自由と男女平等の発展に不利であったし、世界的な第二波フェミニズムが国連を媒介として制度化の段階にはいった時、台湾は加盟国でないため国連女性の地位委員会（CSW）の監督を得られなかった。政府は窓口となる女性政策機構（women's policy machinery）を設立せず、「女子に対するあらゆる形態の差別の撤廃に関する条約」や一九九五年の北京世界女性会議の「北京宣言および行動綱領」にも署名する必要がなかったのである。国際的な庇護の外にあって、台湾の女性運動は粘り強く人々の女性意識を育成する必要があり、政治的機会を注意深く待ち、十分な数の女性が声をあげるのを待たなければならなかった。

フェミニズムと政治

一九八〇年代後半、台湾の女性運動は制度化に向かい、女性問題を政治化していった。選挙の機会を利用して女性政策を提出し、候補者のために女性政策の公開弁論会を開催し、また現職の立法委員〔日本の国会議員にあたる〕の実績の評価をおこなった（Ku 1989a）。国民党は戦後の長いあいだ、女性政策に保守的であったため父権文化の象徴となり、女性運動の攻撃の対象ともなった。この過程で、一部のフェミニストは当時の政権の反対勢力となり、また野党の民進党は社会運動団体を吸収するため、党内に社会運動部を設立した。そこで、フェミニストは民進党と手を結び、一九九四年の台北市長選挙では、民進党の候補者・陳水扁を応援した。そして当選後の一九九六年、陳市長は婦女権益促進委員会（以下、婦権会）を台北市に設立して、(3)すべての局処における女性関係の政策と事業を監督させ、またその主任委員は市長が担当することとした。このような推進モデルは政府や他の自治体に模倣され、(4)地方自治体による「上から下への女性運動」を切り拓いた。しかし多くの先進国と異なるのは、婦権会は市の正式な機構ではなく、委員も正式な行政職員ではないことである。その権力は完全に市長個人の裁量によって与えられたもので、市長をとおして局処の施政に関与したのである（Stetson and Mazur 1995: 10）。それに対し、女性運動家の施寄青と王清峰は直接参政の手段を選び、同年（一九九六）の総統選挙に、無所属でそれぞれ総統、副総統に立候補した。

定員保障制度

一九四七年制定の憲法は女性の定員保障制度を規定しており、すべての民意代表選挙における一定比率の女性定員を保障している。これは施行から長い時間を経て、一九八〇年から九〇年代にフェミニストのあいだで議論の対象となった。統計資料によると、初期の一九五〇年代において女性の選挙参加への意欲は低く、個人的条件も概して男性に及ばなかったため、定員保障制度はたしかに女性の参政の機会を大きく増加させた。郷鎮代表選挙では当選率が〇・二％から八・六％に上昇した。しかし一九七〇年代以後、定員保障に頼らず当選する女性が増え、さまざまな選挙で女性の当選人数が保障定員を超えるばかりか、高得票あるいは最高得票で当選する女性も現れた。それとともに、女性候補者は定員保障制度が各政党の指名において実際には女性に対する保障ではなく、制限になっていることに気づいた。なぜなら政党はたとえ条件が男性競争者より優れていても、保障定員を超える女性を候補者に指名したがらなかったのである。一方で女性団体は女性運動の歴史的成果に固執し、また定員保障制度がなければ、選挙によっては女性の当選人数が極端に減少しかねないのを懸念した（Ku 1989b: 22-23）。このため、誰も定員保障の廃止を公然と主張しようとしなかった。

一九九五年、アメリカのフェミニズム政治学者／弁護士／女性運動家であるフリーマンが台湾を訪れた時、婦女新知協会（婦女新知の姉妹団体）は女性の参政をテーマとする講演会に彼女を招聘した。それに出席した女性は各政党から来ており、なかには後に副総統、地方議会議員、立法委員、国民大会代表となった者もいる。フリーマンはクリティカル・マスの概念を打ちだし、ある組織内で改革を推進するには、少なくとも四分の一の共同理念をもつメンバーが必要であると指摘した。民進党の婦女部主任はこの概念を採用し、党内で「四分の一代表制」を推進しはじめた（Huang 2005: 289）。国民党の婦女工作会もヨーロッパに倣い、民意代表選挙において女性の候補者を四分の一にまで増やしていくよう、党内で提起した〔梁双蓮　一九九五：一〇九―一一一〕。民進党は四人の候補者のなかに必ず一名の女性を含めることとし、国民党は女性の候補者が全体の四分の一以下にならないようにすることとした。その実施方法は異なるが、両党とも「四分の一代表制」を採用するようになったのである。一九九九年に女性団体はさらに「男女比率三分の一の原則」〔男女どちらかが候補者全体の三分の一以下になってはいけないとする〕を打ちだした。現在のところ、台湾における中央および地方レベルの議員の女性比率は二〇％を超えており、台北市では三二・七％にまで達している。閣僚への任命においては格差が激しいが、毎回の選挙のたびに女性閣僚の人数がメディアに注目され議論をよんでいる。

台北市役所

台北市の人口は約二六〇〇万で、市長は四年ごとに選ばれ、一回に限り再選が認められている。市長は副市長二名、各局処長三二名〔一九九八年では三〇名〕を任命し、市長と局処長は市議会の監督を受ける。全市は一二の行政区に分けられ、それぞれ区長一名が置かれている。市全体の公務員〔教員や警察も含む〕は一九九八年に八万人、二〇〇六年には削減されて七万人になった。市政会議〔日本の市政連絡会議に相当〕は毎週一回開かれ、市長が議長を務め、局処長が参加し、区長と参議は毎月一回出席する。会議では行政事業案、予算配分および各種の法規を決議する。市長は最高責任者であり、すべての施政に責任を負っている。

一九九八年の市長選は、熾烈な選挙戦を経て国民党の馬英九が当選した。馬市長は当選後、積極的に女性や研究者、社会運動家を招聘し、女性運動からは私が、労働運動と環境保護運動からは二人の男性が招かれた。三〇名の局処長のうち六名が女性であったが、フェミニストは私一人であった。

政治的機会

台湾の女性運動は急進的な一九八〇年代を経て、二〇世紀末には次第にゆるやかになっていった。成果を検討してみると、女性団体はいくつかの法案を成立させたが、商工団体の圧力により、両性工作平等法〔日本の男女雇用機会均等法にあたる〕はこの時点では依然として決議されず〔婦女新知基金会などからの働きかけにより、一九九二年に行政院労工委員会が法案の作成を開始し、二〇〇一年に公布〕、ジェンダー・イクォリティ教育法もいまだ起草段階にあった。すでに可決された法律、たとえばDV防止法は、婦女新知基金会の一九九八年の調査によれば、台北市以外では確実には執行されていなかった。その原因のひとつは、大部分の公務員がジェンダー問題に鈍感であり、重要性を感じていなかったことにある。台北市においてもジェンダー意識はきわめて低く、全体からいえば女性公務員の数は男性より多いにもかかわらず、管理職の男性は女性より多く、地位が高いほど女性が少なかった。一九九九年、公訓センターは中・上層管理職の女性を対象とした「女性と仕事」座談会を開催し、多くの参加者が職場で受けた差別を明らかにした〔台北市政府公務人員訓練中心 一九九九〕。しかし、結局は個人的な問題とされ、構造的な原因を見いだすことはなかった。婦権会は成立当初、DVおよび性暴力防止センターの設置や公娼制廃止を強く推進し、ジェンダー問題に強い影響力をもった。しかし一部のメンバーが体制に対しあからさまに敵意を表し、また会議中に十分な準備なしに矛盾した発言をしたこともあり、それが市職員たちのこの問題に対する拒否につながった(5)。

写真1 台北市公務員訓練センター主任（第2期）の就任式（2005年）。

公務員訓練センター主任の職によって、私は市のすべての階層の公務員に幅広く接触する機会を得ることができ、またジェンダーの視点を業務管理の課程に取り入れることができた。そして一九九九年に女性公務員のために女性リーダー養成講習を創設し、指導者としての人材を育成した。毎週参加した市政会議もときとしてジェンダー問題を提起する場となった。二〇〇〇年五月三〇日の市政会議では公衆便所の女子トイレの比率について討論した。

これは市長が重視した公共政策で、彼は女性が公共活動に参加する際に不便がないように、十分な女子トイレを提供するべきだと考えたのだ。また法規会の主任委員（男性）が市の各局処の関連する政策を整合して、女性権益保障自治条例を制定することを提案した。私はすぐさまそれに賛同し、ロビー活動を始めた。

以下の理由から、私はこの機会に自治条例制定を推進することにした。短期的な効益についていえば、計画的でよく整備された法規は女性の地位向上のための政策の青写真となり、また執行状況を検証する拠り所にもなる。長い目でみれば、法規を起草すること自体、女性運動への動員の過程であり、そのなかで私たちは女性に開かれた空間を開拓できる。その空間で女性公務員はともに関心を寄せるべき女性問題を模索し、さまざまな政策の可能性を議論し、女性に有益な政策を進めることができる。さらにこれによって彼女たちの女性意識を高めることができるのだ。彼女たちがフェミニズムに共感し、お互いの間に連係が生まれると、彼女たちの専門的な経験と行政における能力は、女性に友好的な政策体系を創造するだけでなく、官僚体制を改造する潜在力ともなるのだ。さらに女性権益を保障する法規は、女性問題に焦点をあてており、社会の注目を引く手段にもなる。馬市長はかつて一九九八年の選挙戦において女性権益の保障を公約していたため、この案を支持した。しかし市政執行部の他のメンバーは男性にとって不公平になることを懸念し、さらには予備会議では最初にこの構想を提案した法規会の主任委員でさえも態度をぐらつかせた。彼は「女性はすでに平等な地位を享受しており、さらに特権を要求するべきではない」と考えたのである。

制定過程

市役所内の管轄は厳密に分けられており、女性権益については社会局が管轄している。なぜなら社会局の婦女科が女性権益に関するすべての業務の責任を負っているからで、その業務には関係する法令の執行、各局処の女性に関する業務の調整、婦権会の運営などがある。残念なことに、当時の社会局局長（女性）にはこの法規の制定というノルマ外の業務を担うつもりがなく、責任を婦権会に引きわたすことを主張した。しかし婦権会は市政府体制内の機構ではなく、その委員は専任の職員ではないので、もし婦権会が引き受けることになれば、委員を外部委託しなければならなくなる。これは他に新しい予算を必要とし、しかも時間のロスや、市政に対する不案内といった問題が発生する。そこで婦女科の幹部職員が私に助けを求め、私は公訓センター主任の身分で社会局の代わりにこの任務にあたることを志願した。はからずも他人の領域を侵すことになり、ヨコの人間関係を傷つけたため、私は後の仕事のなかで個人的にこの代償をはらわなければならなくなった。

私はこの法規を二〇〇二年三月八日に公布・施行するには、二〇〇一年末以前に中間報告をする必要があると考えた。本来、法制定の手順において中間報告は必要ないのだが、私は以下の三つの理由からこれを決めた。一、あらかじめ各局処長に草案の内容を理解させ、心の準備をしてもらう。二、各局処長から最終討論に代表を派遣する約束を取りつける。三、各局処長に自分が管轄する業務と関連する条文を点検させ、早期の意思疎通をはかることで、最終的な討論の際に問題が起きるのを避ける。草案が完成すると、まず法規会に提出されて審議・公告され、その後社会局にまわされ、社会局から市政会議に提出される。市政会議で決議されると、市によって公布・施行され、これで全過程が完了する。

二〇〇〇年九月一一日から、公訓センターは一連のワークショップを計画し、フェミニズムの専門家や研究者と市の職員とがさし向かいで討論をおこなった。女性問題に関連する局処や人事処、法規会にはすべて科長以上の幹部職員を派遣してもらい、また私たちも女性団体、婦権会委員、フェミニズム研究者、芸術家、建築士、編集者、弁護士を招いた。公訓センターは全運営の責任を負い、討論綱要を起草した。ワークショップはおもに女性運動が得意とする討論による意識改革の手法をもちいた。それによって公務員（大部分は女性）の女性意識を高め、公務員が女性の視点から問題を思考し、内部解決の道を自発的に見いだし、さらにヨコの連係とサポートにより、女性にとって有益な政策と事業案を推進するようになることをめざした。

私たちが最初にぶつかった障害はイデオロギーに起因するもので、同じ問題はワークショップの討論だけではなく、後の各段階において絶えず現れつづけた。それは「憲法はすでに男女平等を保障しているのに、どうしてさらに女性に特権を与えるのか？」というものだ。そしてワークショップのなかで、公務員たちはしばしば困惑して次のようにいう。「これは専門的な問題で、ジェンダー問題ではない。私たちは両性に対し中立であり、男女に平等に対処しなければならない」と。また中央と地方、あるいは市役所内の部署間における政策領域の管轄権やアカウンタビリティにかかわる問題もあった。たとえば、「両性工作平等法がすでに制定されようとしているのに、どうしてそのうえさらに我々が女性の労働権を保障しなければならないのか?」というものだ。そのほか、市の各部門はそれまで互いに責任逃れをすることが長年の習慣となっており、ジェンダー問題はさまざまな局処の職責と業務にかかわるため、責任者がはっきりしないグレーゾーンに陥った。こうした問題には、女性の行動の自由、安全、女性に対する性暴力などがある。しかしそれぞれの局処、また民間団体もみな同じような問題を取りあつかった経験があるので、共通認識を築くのは比較的容易であった。たとえば、かつて女性虐待を取りあつかったことのある参加者は、テレビドラマでDVシーンを放映することを禁止し、市が社会道徳を守るために検閲をおこなうことに賛成した。ただし、実際にはテレビ局の多くは政府に開設の届けを出すのであり、市に管轄権があるわけではない。その一方、各局処における特殊な問題も浮上した。たとえば、教育局の公務員は「婦女」の定義について次のような疑問を提出した。一般の法規では、「婦女」は十五歳から六十五歳の女性をさすので、「婦女教育」は学校教育ではなく成人教育に属することになる。それに対し中小学生の未婚の妊婦は「婦女」ではないので、「婦女の保護」の対象に含むべきではない、と。

個人的には、草案制定の過程は困難をきわめたものの、そこから大きな充実感を得た。公務は繁多で、各局処の代表はときに更迭されたため、討論はいつもフェミニズムの基本から始めなければならなかった。幸いにも公務員たちが任務の重要性を理解すると、十分な意思疎通をすることが可能になり、各自の専門分野で自発的に力を発揮し、外部の者が為しえない成果をあげた。私はフェミニズム管理の長所は、個人や組織の下層部門に十分な権利を与えることにあると信じている。そして、いったん共通認識が築かれると、個人が十分に能力を発揮する機会を得ることができ、集団の力はいかなる個人の努力、あるいは上から下への命令よりはるかにまさるのである。

数回にわたる全体討論の後、私たちは次の点について合意に達した。一、地方法規は中央と矛盾してはならず、執行面を重視し、中央の不足を補うべきである。そのうえで新機軸を打ちだし、中央や他の地方に模範を示すこともできる。もし中央が将来、地方の法規に矛盾する新しい法規を制定したなら、それに応じて改定する。二、「婦女」という言葉によって起こる法律上の問題を避けるために、投票で選んだ「女性」という言葉を用いることで、すべての年齢の女性個人をさすことにする。三、より多くの人に受け入れられるように、現段階では男女平等と女性の安全に重点をおき、論議をよびやすい「女性解放」という言葉を避ける。四、条文は具体的で実行可能なものであることを原則とし、ただ宣揚するものであってはならない。また煩雑であってはならず、執行者にとって融通が利き、改革の余地があるものにする。また複数の局処の業務にかかわる場合は、その責任は市にあることと定め、そのうえで行政単位が内部の協調をはかることにする。五、これは市の自律的な立法であり、また議会の審査が長びくのを避け、そして大衆への心理的なショックを弱めるために、この規範を自治条例ではなく自治規則とする。今後、その執行成果をみてから自治条例に格上げすることにし、そのため名称を「台北市女性権益保障弁法」とする。

私たちは局処の代表、女性団体代表、フェミニズム研究者や専門家、法律顧問とともに条文を検討し、さらに市政会議で報告し、法規会や市政会議での審査で質疑・弁論などに応じた。そしてついに台北市女性権益保障弁法案は二〇〇二年三月五日に市政会議で可決され、三月八日に公布・施行されたのだ。

内容と執行成果

台北市女性権益保障弁法は、「総則」・「一般女性の権益保障」・「特殊な境遇にある女性への保障」・「附則」の四章に分かれている。「特殊な境遇にある女性への保障」については、特殊身分の規定や複雑な補助金の計算方法が記載されるため、単独の一章とした。この弁法が実効力をもつよう確実に保障するため、附則において「市は毎年、女性権益保障の執行成果を対外的に公開しなければならない」と規定した。これにより各局処にその成果をしっかりと点検させるほか、定期的な評価をすることによってメディアの注目を引いたり、大衆を教育する効果が得られるのだ。

総則（一〜四条）

市は委員会を設置してこの弁法が実行されているかを監督するため、既存の婦権会と合併するかたちで、女性権益促進委員会（以下、女委会）を編成することにした。これについてはすぐに合意に達したが、もともとの婦権会委員たちはその細部を見落としていた。それは議事と作業の効率を上げ、課題達成を重視（task oriented）するため、委員会の総人数（正副委員長は含まない）を二七名から一一〜一五名に削減したことである。婦権会委員たちを討論のたびに招聘し、事後に記録を送付したにもかかわらず、彼女たちはそれに気づかなかったのだ。弁法の実施後、女委会に改組されてはじめて、一部の委員が定員の削減に気づいて不満を表明し、元の人数に戻すよう要求した。最終的に二〇名で妥協し、二〇〇五年に弁法は改訂された。

一般女性の権益保障（五〜十二条）

この章はすべての年齢と階層の女性に適用され、公共空間における安全権・労働権・教育権・健康権・環境権（環境政策の決定に参与する権利）・文化権・政策決定および公共事業参与権を保障している。以下、そのなかでも論議をよんだもの、革新的であったものについて検討する。

①　労働権

女性権益保障弁法制定に着手した当時は、両性工作平等法案がまだ可決されていなかったが[10]、市はすでに就業差別評議委員会（就業服務法にもとづく）を設立しており、企業における託児所設置を援助し、低収入の女性に職業訓練期間中の生活補助と育児補助を提供していた。この女性権益保障弁法はさらに女性に職業訓練の機会と実情を訴えでるルートを与え、女性保護の規定と男女雇用平等の処理にかかわる労働法令を毎年の点検項目に入れた。さらに女性の労働の場や条件に対する点検の実施を強化し、これらにより適正な労働環境を確実に保障した。

そのほか市の女性管理職が極端に少ないという問題に対しては、「台北市に属する各機関において管理職に欠員があった場合、同等の実績がある者については女性を優先的に昇任させなければならない」とした。この条文は男性公務員の激しい反発を招いたため、私たちは条文に「配慮する」の二字を付け加え、「優先的に昇任させるよう配慮しなければならない」とし、その強制的な意味合いを軽減させた。市政会議はそれでも受け入れず、ある管理職は「しなければならない」に不満で、男性差別だとした。このほか、彼らは毎年の成果報告にも強く反対した。この会議に市長は出席しておらず、副市長が代理を務めたが、副市長も反対の立場だった。毎年の成果報告は法条の実行を確実に保障するための重要なシステムであり、このシステムがなければこの女性権益保障弁法は実体のない形式的なものになりかねない。私はこの最低限のラインを堅守するため、協調を受け入れて「しなければならない」から「するように努める」に変更した。「配慮しなければならない」も「配慮するように努める」も実質的に大きな差はなく、感情のうえで幹部たちに配慮したにすぎない。

検討会のなかで、毎月一度出席していたある古参の女性参事は、この草案を支持すると自発的に発言した。数年後、私たちは友人となり、彼女は次のように言った。その発言は彼女が市政会議に参加してから唯一のもので、後にも前にも公に発言したことはない。自分をフェミニストだとは思っていないが、その時の議論のなかで根深いジェンダー階層の問題を目のあたりにし、これをとりのぞくべきだと考え、義に駆られて発言をしたのだ、と。

人事処の統計によれば、市の女性管理職は二〇〇四年には四七・一六％にまで増加し、全職員に対し女性職員が占める割合は四三・六％をこえ、一九九九年とくらべると五・三五％増加した。同年の昇進名簿では、女性は上層管理職では四〇％、中層では四一・八％、下層では八三％を占めた。過去とくらべると、女性の職位は次第に高まっている。持続的な監視がそれをもたらした要因のひとつである。

② 健康権

台湾社会の度を過ぎた医療化の現象（over-medicalization〔健康に関する問題をすべて医療で解決しようとする医療過信の現象。具体的には、病気の早期発見や予防に関して注意を払わず、発症後に施す医療だけを重視する傾向である。たとえば台湾は人工透析や子宮切除手術を受ける女性の割合が世界でもっとも高い〕を正すために、私たちはとくに健康と女性の自主を強調し、医療についての条文を先にあげる慣例を破った。第一に女性健康促進プロジェクトチームを設立すること、第二に健康保健に関するさまざまな支援を提供すること、第三に女性を医療・保健の政策決定に参与させること、そして最後に優良な医療環境を提供すること、としたのである。

③ 社会や政治、文化への参加

女性の観点を政策決定に盛りこむことを保障するため、第六条で「本市の任務編組委員会〔必要に応じて専門的な人材を招聘し、暫定的に編成する委員会〕は、招聘委員を任命する際に、原則として男女どちらかが委員全体の四分の一以下にならないようにする」と規定した。二〇〇三年にはわずか四二％の委員会しかこの基準を満たさなかったが、二〇〇四年には七六％に増加した。多くの参加者は、たとえ女性権益の向上を目標とする女委会であっても、定員の四分の一は必ず男性のために確保し、それにより平等の原則を守るのだと強く主張した。二〇〇五年に女委会メンバーははじめて次のような決議をおこなった。女性の地位向上を主旨とする委員会に男性の定員を保障する理由はない。それに市の委員は男性が多数を占めており、すでに十分な代表を有するのだから、市の機構外の委員会でさらに保障するべきではない、と。

長い間、芸術家や文化事業の従事者には女性が多いにもかかわらず、展示されるのは男性の作品が大部分であった。女性の人生観や経験を重視するために、女性芸術家たちは各コンクールで女性の審査員が三分の一以下にならないようにすること、定期的に女性芸術祭を開催することを要求した。しかし文化局は行政権を守る立場に立ち、ただ原則的な公示をすることに同意し、「女性は文芸活動に従事するうえで性別による制限を受けない」ことを保障しただけで、具体的な誓約をしようとしなかった。

しかし二〇〇四年の年度報告において、私たちは次の点に気づいた。文化局による女性芸術家へのサポートや活動経費は明らかに増加し、一年の間に一四の女性団体と芸術家を援助し、二二の活動を開催した。そして国内外の女性芸術家を招いて女性や青少年のためにワークショップを開催し、さらに元「慰安婦」のための展示会をおこなった。これにたずさわった同僚は、これは女性からの申請が増加したことによる当然の結果で、もともとの政策、組織構造やメンバーは何ら変わっていないと述べた。

特殊な境遇にある女性への保障（十三〜二四条）

政府は二〇〇四年に「特殊境遇婦女家庭扶助条例」を決議し、寡婦、離婚女性、性暴力の被害者、シングル・マザーを補助の対象とした。この女性権益保障弁法では、新しい基準を設定し、貧困線を引き上げ、補助の対象を新移民女性や転職を望む性風俗労働者にまでひろげ、住民戸籍による制限を緩和し、台北市に居住するすべての市民の申請を受け付けた。同時にソーシャルワーカーに大きな権限を与え、それぞれのケースに応じて援助を与え、社会扶助の条件に合わない女性にも配慮できるようにした。

結論と感想

制度化は社会運動の重要な目標であり、女性学研究者は体制内の改革や国家フェミニズムを研究する際に、往々にして組織内の女性部門を対象とし、これを改革の動力とみなし、あるいはそうであるように期待をいだく。批判と反省はフェミニズムの基本精神であり、父権への批判以外に、自己に対する反省もフェミニズムの大切な財産である。しかしフェミニズム運動が資源を蓄積できる制度化の段階になると、運動に参加する動機は複雑で多元的になり、さらに主流化によって、早期の純粋さや素朴さを失ってしまう。あるフェミニズム研究者（Staggenborg 1995; Disney and Gelb 2000）は社会運動団体にとって成功の定義とは何かを検討し、次のように指摘している。運動団体とは要求を提出し目標が達成されると、政治における存在価値を失う。そのため組織の一新、ひいては消失でさえも、運動の活力がまだ残っていることを意味しうる。反対に、同じ目標をもった団体が永遠に存在することはかえって運動資源を消耗し、足手まといとなるだけである（Disney and Gelb 2000: 48）、と。類似した状況は体制内にも起こりうる。ただ体制内の規則や制度は安定しており、利害関係は複雑で、自己の目的実現はさらに難しい。台湾の女性運動は、一九九〇年代後期に政府や自治体など各レベルの公共団体においてさまざまな委員会を設置し、女性の権利の提唱や施政の監督を推進した。しかし体制にいったん取りこまれると、それらは官僚化して自己の存続を目的とし、ただ拡大を求めて縮小を望まず、メンバーの職位もますます多く高くなっていくだけであった。台北市を例にすると、市長、副市長、秘書長、局処長によって召集されるジェンダー関係の委員会は少なくとも七つあり、さらにその他の委員会の下にもジェンダー班がある。それらの役割は重複することがよくあり、次のような副作用を生んでいる。一、積極的に活動を推進する団体や精力的な研究者は数が限られており、もし彼らが本当に真剣に推進したなら、各機関の間、ひいては部署間において競争が生じ、合理的な分業ができなくなる。委員たちは東奔西走に疲れ、本来の力を発揮できなくなってしまう。それにもかかわらず、私が女委会を縮小しようと試みたときには、既得権を侵害することから、猛烈な反対を受けた。二、委員の招聘が政治的な打算や私情によるもので、フェミニズムへの共感からではないことがある。三、多くの委員会が重複することで、行政上の負担となって、かえって行政部門の積極的な行動力を弱めてしまう。四、委員会そのものに監督システムを欠いており、関心を払う点が人によって変わりやすく、質を保つことが難しい。つまり制度化しても監督や規制がなければ、能率があがらず、責任追及もできないのだ。

台北市女性権益保障弁法の制定は、従来とは異なる方法と方向をめざした改革であり、行政当局はフェミニズム研究者や運動団体と直接的に協力関係を結んだ。過去の研究において体制内の改革に不可欠とみなされてきた要素、たとえば外部の法令、外的圧力、十分な数のフェモクラット、女性政策部門、協力する女性議員など、これらすべてが存在しない状況で目標を達成したといえる。主管の社会局は法制定の責務こそ負わなかったが、そのなかの重要な章である「特殊な境遇にある女性への保障」の策定に寄与し、市政会議への提案、法制定後の監督、年度報告作成の責任を負った。また議員や婦権会委員は制定に参与しなかったが、何人かはこの報告にもとづいて市の女性政策を理解し執行の成果を点検したため、執行のうえでおおいに力を発揮した。

法規の起草から決議までは何度も難関にぶつかり、イデオロギーと制度に起因する問題を克服しなければならなかった。このためリーダーの政治的意志が重大な影響力をもった。『双月刊　発現台北（*Discover Taipei Bimonthly*）』のイギリス人ベテラン記者ケヴィン・ラックスは、二〇〇二年、私にインタビューをしたときに、台湾の官僚体系に対する彼の理解によれば、このような法案ができたことは信じがたいと述べた。彼は馬市長と私が決定的な役割を果たしたとし、とくに馬市長の支持によって一部の局処の反発を克服したのだと結論した（Lax 2002）。しかしリーダーの政治的意志はその実、長期にわたって蓄積された女性運動の社会的影響力に起因している。市長は権力の中心に身をおいており、相互に競争し衝突するさまざまな社会運動や利益団体が、彼の政策決定や資源分配に影響力を行使しようとする。そのなかで市長が女性運動を選択するかどうかは、社会全体がそれをどれだけ受け入れているかによって決まるのだ。そのため体制外の女性運動が高い可視性と社会的影響力を維持できるかどうかが、体制内でのフェミニズムの正当性や改革の成敗の鍵を握っているといえる。

写真２　「女性リーダー養成講習」第一期生との記念写真。前列左から４人目が著者、その右隣が馬英九市長（1999年）。

　公訓センターは市の女性政策機構ではないが、訓練機構という総合的な性質をもっており、長期にわたって各局処やその職員たちと互いに交流し、信頼関係を築いてきた。各局処が女性権益保障弁法の制定のために派遣した者のうち何人かは、かつてセンターの女性リーダー養成講習に参加したことがあり、さらに強い連帯意識があった。またフェミニズム陣営では、私は長いあいだ運動に参加してきたことにより信頼と友情を築いていた。このような女同士の連帯によって体制内／外の境界を取り除き、意識改革をとおして認識を共有できたのだ。全過程を通じて、私はさらに多くの優秀な市職員と知りあい、彼女たちは後のフェミニズムの活動のなかで私の盟友となった。大部分の市職員は自らをフェミニストと考えてはいなかったが、多くが女性運動に感化され、リベラル・フェミニズムの平等理念を受け入れた。オーツホーンは男女同権政策部のフェモクラットは他の政策部門に影響を与えることが難しいことから、「鉄の三角同盟」理論の実用性を疑った（Outshoorn 1995: 182）。それと比較してみると、公訓センターは部門間の協調という点でとても有利だったのである。

フェミニズム運動が権力と資源を獲得するには制度化の追求が必要だが、制度化は主流に同化される危険をともなう。このためアカウンタビリティの問題を考慮しなければならない。結局のところ誰に対し責任を負うのか？　何の目的のために？　私たちはつねにフェミニズム運動の最終的な目的について内省し、それから逸脱してはならない。フリーマンは次のように述べている。「女性に権利を与えること自体はフェミニズムではない。フェミニズムに反対する多くの女性は権力を享受している。コミュニティに奉仕するためだけに女性に権利を与えることもフェミニズムではない。他人に奉仕することは女性の伝統的な役割であり、女性全体の境遇を改善するとは限らないのだ。しかしフェミニズム運動はすべての女性に権利を与える可能性を創造するのであり、それはフェミニズム運動に反対する者やフェミニズム運動をまったく知らない者も含んでいる。フェミニズム運動の目的は、個別の女性ではなく、女性という集団に権利を与えることにあり、これこそが責任を負うべきことである」（Freeman 1995: 408）と。香港の例によって、形式だけ整えてもフェミニズムの精神や理想を欠く政府内機構は、いわば虚名の存在であることが証明されている。以上の台北市の実例においては、女性全体の権益を部分的に保障するという目的を達成したのである。ただし、その効果を維持し不断に進歩させていくかどうかは、将来の執行者たちが努力しつづけ、女性運動団体が高い可視性と社会的影響力を維持していくことができるか否かにかかっている。将来においてどのように発展していくかは、なお注意深く観察する必要がある。

注

（1）　将来の行動と比較研究のため、さまざまな国の女性の境遇と改善の成果を記録することは、女性研究において優先的な位置を占める（Morgan 1984; Reinharz 1992）。

（2）一九七〇年代中期、私は拓荒者出版社に加入した。これはフェミニズム運動を目的とする出版社として台湾で最初のものであった。八〇年代から九〇年代には婦女新知基金会（最初のフェミニズム団体）、台湾大学婦女研究室（最初の女性研究機構）、女書店（最初のフェミニズム出版社であり、かつ書店でもある）の設立者の一員となった。また一九八五年、大学にはじめてフェミニズムの課程を開設した。

（3）婦女権益促進委員会の初期の構成は、市長・副市長各一名、局処長七名（警察局、衛生局、教育局、労工局、都市発展局、社会局、新聞処）、研究者・専門家各六名、女性団体代表九名であった。局処長はもともと市長に仕命され、また民間からの代表も市長によって招聘・任命された。

（4）台北市は台湾の政治・経済・文化・社会の各方面において指標的な地位にあり、政策をリードする役割を担っている。台北市のいくつかの革新的な政策や措置は、その成果が現れると、往々にして中央や他の地方自治体によって模倣された。たとえば婦権会、就業差別評議委員会、DVおよび性暴力防止委員会、女性リーダー養成講習などである。台北市のいくつかの施策、たとえばDVおよび性暴力防止センターの設置は中央の法律の決議よりも早かった。

（5）個人的に市職員と接したとき、性別や職階の違いにかかわらず、同じような不満を耳にした。婦権会の委員でさえも、このために会議に出席したがらず、あるいは退出する者があった。

（6）公衆便所のほかに討論されていた政策は、特殊な境遇にある女性の保護、女性管理職の昇進などがあった。

（7）当初の構想は条例を制定することであった。地方政府〔日本の地方自治体に相当〕組織法によれば、条例と規則では前者のほうが高位にあり適用範囲が広い。また自治体と民間どちらの部署も規制でき、罰則を定めることができる。しかし議会で三回議決される必要があり、さらに罰則を設ける場合、関係する条項は中央の主管部門の同意を得てはじめて実施することができる。その過程は繁雑であり、そのうえ市議会は他に審議を待つ法案が数多くあるためスピードも遅い。もしある期の議会（任期四年）で決議できなければ、次の議会で最初から始めることになり、時間を無駄にすることになる。それに対し規則は地方自治体が独自に制定・公布し、議会に提出して審議を受け、中央主管機関に報告するだけであるが、市の部門しか規制できず、罰則もない。行政法の専門家と協議した結果、私は規則でもよいから早いうちに施行し、その後で条例に改定するかを再検討すればよいと考えた。そこで台北市女性権益保障弁法は規則に属することになったのである。

（8）これらの局処には、民政局・教育局・工務局・交通局・都市発展局・社会局・労工局・警察局・文化局・新聞処がふくまれる。

(9) 招聘された団体は、婦女新知基金会・台湾大学婦女研究室・晩晴協会・現代婦女基金会・婦女救援会・女性芸術家協会などである。

(10) 両性工作平等法案は二〇〇一年一二月二一日に可決された。

参考文献

台北市政府公務人員訓練中心　一九九九「婦女与工作座談会」会議記録。

台北市政府　二〇〇〇―二〇〇二「台北市女性権益保障弁法」研究討論協議の各会議記録。

――　二〇〇二「台北市女性権益保障弁法」〈http://www.law.taipei.gov.tw/taipei/lawsystem/〉

梁双蓮　一九九五「婦女政治参与白皮書研究与建議」台北：二十一世紀婦女参政研討会。

Banaszak, L. 2005. “Inside and Outside the State: How Feminist Activists inside the Federal Bureaucracy Changed Policy.” Paper presented at the annual meeting of the American Political Science Association, Marriott Wardman Park, Omni Shoreham, Washington Hilton, Washington DC

Coghlan, David. 2001. “Insider Action Research Projects: Implications for Practicing Managers.” *Management Learning* 32 (1): 49-60.

Disney, Jennifer Leigh and Joyce Gelb. 2000. “Feminist Organizational ‘Success’: The State of U.S. Women's Movement Organizations in the 1990s.” *Women and Politics* 21 (4): 39-76.

Donaghy, Tahnya Barnett. 2003. *Gender and Public Policy Making in Australia: The Howard Government's Big Fat Lie*. Refereed paper presented to the Australasian Political Studies Association Conference, Hobart.

Ekberg, Gunilla. 2004. “The Swedish Law that Prohibitsthe Purchase of a Sexual Service: Best Practices for Prevention of Prostitution and Trafficking in Human Beings.” *Violence against Women* 10: 1187-1218. (updated in 2005)

Eisenstein, Hester. 1995. “The Australian Femocratic Experiment: A Feminist Case for Bureaucracy.” In Myra Marx Ferree and Patricia Yancey Martin (eds.) *Feminist Organizations: Harvest of the New Women's Movement*, pp.69-83. Philadelphia: Temple University.

Ferguson, Kathy E. 1984. *The Feminist Case against Bureaucracy*. Philadelphia: Temple University.

Freeman, Jo. 1995. "From Seed to Harvest: Transformations of Feminist Organizations and Scholarship." In Myra Marx Ferree and Patricia Yancey Martin (eds.) *Feminist organizations: Harvest of the New Women's Movement*, pp. 397-410.

Gatenby, Bev and Maria Humphries. 2000. "Feminist Participatory Action Research: Methodological and Ethical Issues." *Women's Studies International Forum* 23 (1): 89-105.

Huang, Chang-ling. 2005. "Strength in Numbers: Increasing Women's Political Participation in Taiwan." In Wei-hung Lin and Hsiao-chin Hsien (eds.) *Gender, culture & society: Women's Studies in Taiwan*, pp. 273-299. Seoul: Ewha Woman's University.

Ku, Yenlin. 1989a. "The Feminist Movement in Taiwan, 1972-87." *Bulletin of Concerned Asian Scholars* 21 (1): 12-22.

———. 1989b. *Political Under-representation of Women in Taiwan*. Paper presented at the International Symposium on Women and Elections, Seoul.

Lax, Kevin. 2002. "One Giant Step for Women's Rights in Taipei." *Discover Taipei Bimonthly* 30: 16-23.

Levin, Gloria. 1981. *Making Feminist Research Policy Relevant*. Paper presented at the Annual Meeting of the American Psychological Association, Boston.

Mazur, Amy G. and Dorothy McBride Stetson. 1995. "Conclusion: The Case for State Feminism." In Dorothy McBride Stetson and Amy G. Mazur (eds.) *Comparative State Feminism*, pp.272-291. Thousand Oaks, CA: Sage.

Morgan, Robin. 1984. *Sisterhood is Global: The International Women's Movement Anthology*. New York: Anchor.

Ng, Catherine W. and Evelyn G. H. Ng. 2002. "The Concept of State Feminism and the Case for Hong Kong." *Asian Journal of Women's Studies* 8 (1): 7-37.

Outshoorn, Joyce. 1995. "Administrative accommodation in the Netherlands: The Department for the Coordination of Equality Policy." In Dorothy McBride Stetson and Amy G. Mazur (eds.) *Comparative State Feminism*, pp.168-185.

Rankin, L. Pauline and Jill Vickers. 2003. *Women's Movements and State Feminism: Integrating Diversity into Public Policy*. Status Women Canada. 〈http://www.swc-cfc.gc.ca/pubs〉

Reason, Peter. 1994. "Three Approachesto Participative Inquiry." In Norman K. Denzin and Yvonna S. Lincoln (eds.) *Handbook of Qualitative Research*, pp.324-339. Thousand Oaks: Sage.

Reid, Colleen. 2006. "Seduction and Enlightenment in Feminist Action Research." In Bill Cooke and Julie Wolfram Cox (eds.)

Fundamentals of Action Research, volume III, pp.265–286. London: Sage.
Reinharz, Shulamit. 1992. *Feminist Methods in Social Research*. Oxford: Oxford University Press.
Sommer, Robert. 1987. "An Experimental Investigation of the Action Research Approach." *Journal of Applied Behavioral Science* 23: 185–199.
Spalter-Roth, Roberta and Ronnee Schreiber. 1995. "Outside Issues and Inside Tactics: Strategic Tensions in The Women's Policy Networkduring the 1980s." In Myra Marx Ferree and Patricia Yancey Martin (eds.) *Feminist Organizations: Harvest of the New Women's Movement*, pp.105–127. Philadelphia: Temple University.
Staggenborg, Suzanne. 1995. "Can Feminist Organizations be Successful?" In Myra M. Ferree and Patricia Y. Martin (eds.) *Feminist Organizations: Harvest of the New Women's Movement*, pp.105–127. Philadelphia: Temple University.
Stetson, Dorothy McBride and Amy G. Mazur. 1995. "Introduction." In Dorothy McBride Stetson and Amy G. Mazur (eds.) *Comparative State Feminism*, pp.1–21. Thousand Oaks: Sage.

〈解題〉台湾のフェモクラットとジェンダー主流化

洪郁如

はじめに

顧燕翎論文は、台湾フェミニストが体制内＝国家機構に入り、意識的におこなった「政治実験・実践」の貴重な観察と記録である。女性官僚が必ずフェミニズム意識をもっているとはかぎらない。一九九八年に台北市公務員訓練センターの主任に任命された顧氏は、局処長三〇名のなかの女性六名のうち、「私は唯一のフェミニストだった」と述べている。その画期的な意味は、顧氏自身の言葉によれば、「台湾で政治任命を受けた最初のフェモクラット（フェミニスト官僚）」である点にある。本論文は顧氏の記録を手掛かりに、台湾フェモクラットの特徴について、フェミニズム運動、台湾政治変動との連関から分析したい。

フェモクラットとは、フェミニスト（Feminist）とビューロクラット（bureaucrat）を合わせた造語であり、オーストラリアのフェミニストの実践行動から生成された概念である。(1) しかしながらフェモクラットの主体は官僚なのか、フェミニストなのかについて、人々の解釈は必ずしも一致していない。官僚システム内部（公部門）において女性の権益を追求するフェミニストをさす場合もあれば、(2)「影響力のある女性公務員または政治家、とりわけフェミニストの観点で著名である者」と定義されることもある。(3) フェモクラットの特質は、フェミニストとしてのアイデンティティと、官僚としての国家機構の一員といった二重性にあるとされている。(4) 語義に対する微妙な解釈のズレは、ある意味では、国によるフェモクラット生成過程の差異を反映しているともいえる。

台湾におけるフェモクラットの生成は、一九九〇年代後半から現在にいたるまでの間に、二つの重要な方向性がみられる。一つ目は「フェミニストから官僚へ」(feminists turn bureaucrats)という方向で進行してきたものであり、それを維持しながら、次段階である二つ目の「官僚をフェミニストに(官僚システムの内部からフェモクラットを育成していく)」(bureaucrats turn feminists)という方向である。(5)このような特質は、顧論文のなかにも確実に読みとれる。詳細は後述するが、結論からいえば、顧氏自身の経歴は、台湾における「フェミニストから官僚へ」の過程を物語っている。一方で、フェミニスト官僚になってからの、「台北市女性権益保障弁法」(6)の法制定によるジェンダー主流化概念の制度化、制定過程において、訓練センターを通じて積極的に公務員にジェンダー意識を普及させる試みは、まさに「官僚からフェミニストへ」の人材育成にかかわる重要な土台作りであった。

一 「フェミニストから官僚へ」と台湾フェモクラット

本節はまず、「フェミニストから官僚へ」に焦点をあてる。この動きは一九八〇年代以降のフェミニズム運動を供給源とし、民主化実現後の政権交代によって政治機会が獲得されたことによっている。つまり台湾のフェモクラットは、社会運動の経験が豊富なフェミニストが国家機構に参入することによって誕生したのである。以下、一九八〇年代以降の台湾フェミニズム運動がなぜその供給源になりえたのかについて説明する。

まず台湾フェモクラット第一号であった顧氏の経歴をふりかえってみよう。顧氏は台湾大学文学部外国語文学学科の出身である。大学卒業後、アメリカに留学し、クレアモント大学院大学で修士号を取得した。その後、インディアナ大学で教育システム工学の短期研修を終えて、台湾に帰国した。一九七五年から二〇〇二年までの二七年間、国立交通大学の通識教育(教養教育)センターにおいて女性研究・ジェンダー教育にたずさわってきた。顧氏は七〇年代からの台湾フェミニズム運動の中心メンバーである。婦女新知基金会、台湾大学婦女研究室、さらに女書店などの設立にたずさわった経歴からわかるように、彼女の活動範囲は草創期の台湾フェミニズム運動団体から研究機構、フェミニズム関係の出版経営にまで及んでいる。その頂点となるのは、一九九七年の婦女新知基金会の理事長への就任である。一九九八年には台北市長馬英九の要請を受け、公務員訓練センターの主任に就任すると同時に、フェミニズム運動団体の役職をすべて辞職することになった。その後の二〇〇二年に台北市社会局局長に昇任した。二〇〇四年に退任後、台北市の顧問として招聘され、二〇〇五年にはふたたび公務員訓練センターの主任となった。二〇〇八年には台北市女性権益促進委員会の委員に任命され、フェミニズム研究者として社会活動、政策提言をおこないながら、大学でもフェミニズムと社会運動理論を教授している。(7)

写真１　顧氏の台北市公務員訓練センター主任への就任式（第２期目）。左は馬英九市長（当時）、2005年。

EUを対象とするジェンダー研究者のウッドワードは、ベルベット・トライアングル（velvet triangle）の概念を提案し、「国家（フェモクラットまたは議員）」「学者専門家（学識経験者）」「民間女性団体」の三者による政策参加ネットワークの存在が、ジェンダー主流化の推進に重要な役割を果たしていると指摘する。(8) 顧氏はまさにこの三つの部門を遍歴した人物ということになる。

「フェミニストから官僚へ」という動きを理解するには、第一に、台湾のフェミニズム運動の特質を把握しなければならない。アメリカ留学ブーマーのUターンは、八〇年代以降の台湾のフェミニズム運動を活発化させた。台湾に帰国した女子留学生たちが、欧米各国でおこった第二波フェミニズム思潮を持ち帰ったのである。(9) 従来、同時期のほかの社会運動にくらべると、フェミニズム運動は社会資源の動員力が弱かったとされ、発展の見通しについては決して楽観視されていなかったが、(10) 彼女らの参入により、フェミニズム運動は新たなエネルギーを得ることになった。

高学歴であるという構成員の共通性が、運動自体の方向性を規定したという側面は重要である。フェミニズム運動の主要メンバーの半数以上は修士、博士の学位保持者であり、全員が大卒以上である[11]。中産以上の階級出身で、生活経験が都市部に限定され、専門職に就くものが多いという特質により、フェミニズム運動は全島規模での草の根の大衆動員よりも、政治中心地である台北を戦いの場として、政策制定、立法院へのロビー活動の戦略をとってきた[12]。民主化以降の政治機会がみえてきた際にも、そのエリート性と専門性は、それまでの運動過程で蓄積した社会的資源に加え、フェモクラットとしての実際の政治参加を可能にする強みとして作用した。

こうした特質の存在は、フェミニズム運動団体とフェミニズム学者（学識経験者）の間にみられる高い同質性と重複性をも説明できる。さらに、フェモクラットとして国家機構に身をおく際に、体制外のフェミニズム運動団体と学識経験者の間にも、密接な連携を保持することができたといえよう。別の視点からいうと、前述のベルベット・トライアングルという政策参加ネットワークが、ジェンダー主流化の推進に有利な環境条件であるならば、台湾の場合は、これが比較的整っていたのだ、とはいえよう。

二　政治構造の変動と国家フェミニズム

本節は、政治構造の変動に着眼し、台湾フェモクラットの「フェミニストから官僚へ」の足跡をたどり、台湾のフェミニズム運動がいかに政治機会を把握し、政策決定への参与を実現したかについて説明する。

近年、日本の霞が関にもフェモクラットが登場してきているとされる[13]。しかし日本のフェモクラットの生成は、台湾の「フェミニストから官僚へ」型と異なる様相を呈している。日本の場合、婦人問題担当室ないしその後身である男女共同参画室、のちの男女共同参画局といった女性政策を担当する部署の存在が、その部署で勤務する女性官僚の「フェモクラット化」において重要な役割を担いうる点が指摘されている[14]。第二次世界大戦後、初期の労働省婦人少年局に戦前から婦人運動に携わっていた山川菊栄や藤田たきが勤務していたが、あくまでも例外であったという[15]。現在でもなお、日本はフェモクラットの「原始蓄積」段階にあるといわれるが[16]、フェモクラットの「官僚制度からの内部生成」という形態は、台湾との比較においてじつに興味深い。

国際政治の次元からみれば、国際ネットワークからの直接の「外圧」の不在により、台湾のフェモクラットの生成、ひいてはジェンダー主流化の進展は、日本のように国家システムの内部からではなく、フェミニズム運動団体と学識経験者をふくむ民間部門から生ずることになった。これは注目に値する特徴であろう。国際ネットワークの存在がナショナル・マシーナリー設立の起因であったとするならば、台湾の状況はひとつの例外である[17]。国際ネットワークの指導的な地位にあるのは国連の世界女性会議である。しかし一九七一年以降、台湾は国連加盟国の身分を失い、NGO組織以外はここに参加できなくなった。そのため、台湾政府も国際ネットワークからの直接の監視を受けることがない。国連を土台とする国際ネットワークは、台湾政府のジェンダー事業の推進には直接の影響を与えておらず、関連性もみられない[18]。政府にかかる直接の国際的「外圧」の不在は、台湾における女性政策の中央レベルの専門部署となるナショナル・マシーナリーの不在をもたらすと同時に、台湾フェミニズム運動の方向性をも決定づけた。

台湾女性団体の運動目標は、比較の観点からみれば、まさに国家フェミニズム（state feminism）、あるいは、国家フェモクラット（state femocrat）の構築そのものである[19]。国際ネットワークからの外圧がジェンダー議題をめぐる政府の自主的な改革に結びつかないなか、台湾のフェミニズム運動は政治的変動のなかにあって政治的機会を掌握し、制度化の実践をはからなければならなかった。一九九〇年代中葉以降の台湾フェミニストの政治参加は、（一）個別に任命された政務官としてのもの、あるいは（二）諮問機関の婦女権益促進委員会の委員としてのものの二つのパターンがある[20]。顧氏の経験は、（一）に属する事例である。以下では、国内の民主化過程と政治変動に沿いながら、この二つのタイプの政治参加をみてみよう。

フェミニズム運動は戦後台湾の民主化運動と密接な関係をもっている。とくに権威体制下の国民党に対抗する運動の過程において築かれた「党外」とフェミニストの協力・信頼関係が重要であろう。戒厳令の解除後、政治構造が大きく変化するなか、これまでの国家と社会の対立関係も次第に変化をみせた。地方および中央レベルにおいて民進党が次々と政権を獲得すると、一部の社会運動出身者が民意代表や政務官になる機会が与えられた。一九九四年の台北市長選の過程では、一部のフェミニズム運動団体が民進党の陳水扁を支持した。当選後、陳氏は選挙公約に盛りこんだフェミニズム団体の提言を実行に移し、部局を横断する組織―台北市婦女権益促進委員会（以下、「婦権会」）を一九九六年に設立した（二〇〇五年に「台北市女性権益促進委員会」に改称された）。同委員会成立の歴史的意味については「台湾のジェンダー主流化の道標」と表現されている。[21]一九九七年に台湾社会内部からの強い圧力により、中央レベルでも国民党政権は婦権会を手本として、行政院のもとに婦女権益促進委員会（以下、「行政院婦権会」）を設置した。

台北市婦権会の誕生の意義とは、台湾の政治学者の言葉を借りれば、それは民主化以降、国家をフェミニズム運動に引きこみ、フェミニズム運動を国家システムに引きこんだ最初の組織であった点にある。[22]その後、これは「婦権会モデル」とよばれ、他の行政レベルでも援用された。婦権会は市長を委員長とし、フェミニズム運動団体代表、学識経験者、市の各部局長などが委員となり構成された。フェミニズム運動団体代表と学識経験者が委員の六割以上を占めることが特徴である。制度上は市長の諮問機関であるが、市長の支持を得て、その実質的な権限は規定の範囲を超え、政策決定にまで及んだ。ちなみに国民党執政時期に発足した行政院婦権会についていえば、台北市の婦権会のように制度以上の権限が付与され、強化されたのは、陳水扁が総統に就任して以降のことであった。

民主化以降の台湾においては、「民意」の有無が政権の正統性の要件となった。とりわけフェミニズム運動団体の要望、女性政策に関する選挙公約の実現など、女性の「民意」を取り入れることは、いずれの政党にとっても無視できないものとなった。国民党政府にもそれを意識して、フェミニストを体制内に取りこむ動きがみられた。一九九〇年代にはいると、国民党執政の地方自治体も、自らの多元的な支持基盤を強化するためにつねに社会運動経験者を行政職に任命した。たとえば一九九八年に馬英九が台北市長に当選した際、女性運動界の顧燕翎とともに市の局処長に任命されたメンバーには、労働運動の鄭村祺、環境保護・都市改革運動出身の林正修らがいた。[23]

一九九八年の台北市長選で二期目をめざした陳水扁は国民党の馬英九に敗れたが、二〇〇〇年の総統選には陳が当選し、戦後の台湾ではじめての政権交代を実現した。民進党政権の下では、フェミニズム運動団体の代表的なリーダーたちが次々と政府部門に任用された。当時の副総統の呂秀蓮《りょしゅうれん》、国策顧問（総統府に属する顧問）の李元貞、考試院（日本の人事院に相当）委員の呉嘉麗、青輔会（青年輔導委員会、行政院に属する青少年行政を担当する行政機関）主任の林芳玫などは、いずれもフェミニズム運動団体のリーダー格であり、彼女らは、国民党が政権にあった時期に任用されたフェミニズム運動の経験をもたない女性らとは一線を画していた。[24] こうしたフェミニズム運動団体出身の女性のほとんどは、個人の身分で政府に入る場合、顧氏の事例と同様、フェミニズム運動団体のポストを辞職したが、依然として運動団体との密接な関係を保持していた。フェミニズム運動団体が政府部門にロビー活動をする際に、フェモクラットの官僚という身分が有利な資源となった点は注目される。[25]

かつて台湾の官僚システムのなかに、フェミニストはあまりみられず、ジェンダー主流化（gender-mainstreaming）の初期過程ではほとんど「外から内へ」のかたちでフェミニストたちが推進と監督の役割を演じていた。そのため、官僚システムのなかにおけるジェンダー主流化の実績と問題点は、多かれ少なかれ婦権会委員と官僚の間の相互関係にかかわるものだと指摘されている。[26] 中央レベルの行政院婦権会は、非正式編成、諮問機構的組織形態にとどまっているため、一般にナショナル・マシーナリーの役割からはほど遠いと認識されている。[27] しかしながら、台湾のフェミニズム運動団体が推進するジェンダー主流化政策のために設けられたこの機構についてみれば、その権限はジェンダー政策と措置の制定、ジェンダー関連法令の審議、周知、ジェンダー予算と決算の監査などを含めて幅広い。[28] 行政院婦権会がその機能面で、政策決定の領域にまで影響力を及ぼしていることを考えれば、行政院婦権会委員がもつフェモクラット的な側面も見逃すことができない。フェミニストたちが民間団体代表や学識経験者の委員身分で行政院婦権会に多数登用されることにより、[29] 行政院婦権会自体は行政システムの内部からフェモクラットの質と量を強化していく重要な場となっている。これは台湾のフェモクラットの重要な特質だと論者は考える。

三　「官僚をフェミニストに」と台湾フェモクラット

「官僚をフェミニストに（bureaucrats turn feminists）」という現象は、台湾においてどのように展開されているのであろうか。それは、前節の「フェミニストが官僚になる（feminists turn bureaucrats）」に対応するかたちで、ひとつは政務官として任命されるフェモクラットを中心として、もうひとつは参与式の政策決定機構（たとえば、多くのフェミニストたちが委員として招聘される婦権会）を中心に展開されるという二つのパターンが存在している。

（一）政務官として参政する場合の影響力

顧氏自身の歩みは前者の政務官パターンの「フェミニストが官僚になる」であったが、市での彼女の施政は、「官僚をフェミニストに」する最初の試みといえよう。この実験の場、つまりフェミニストの顧氏が政務官として任命された部門は、女性官僚がつねに配属される女性政策部門ではなく、公務員訓練センターであったという点が興味深い。そのようになった理由は二点ある。ひとつは、台北市の行政システムのなかに、いわゆる女性政策機構（women's policy agency）が存在していないという背景がある。前述の台北市婦権会は市長の諮問機関であり、政務官として任命される場合の配属先にはならない。もうひとつの公務員訓練センターは、「教育機構」の色彩をもつ部門であり、ここで「受講生」となるのは公務員である(30)。顧氏がここに配属されたのは、それまでの大学教授としての経歴が考慮されたためだろう。顧論文からはこのポストをとおして市の公務員にジェンダー教育をおこない、ジェンダー概念を官僚システムに普及させようとした顧氏のフェモクラットとしての意欲がうかがわれる。具体的な内容としては、まず公務員のジェンダー教育・研修の実施がある。顧論文のなかでは、台北市の中級、上級の女性公務員を対象とする座談会、研修コースなどを開催したことが触れられている。また顧氏は「台北市女性権益保障弁法」という部局横断的な行政規則の制定にもかかわった。

この法制定の取り組みは、フェモクラット生成について三つの意味をもっている。

第一に、立法過程においてフェモクラットが意識的に果たした実践的な「教育」効果である。言い換えればフェミニズム運動の手法を生かすかたちで、実際の法案をめぐる議論と条文の作成、関連部署間の調整事務などを通じて、ジェンダー間の不平等に気づかせ、公務員（とくに女性）のジェンダー意識を喚起する狙いがあった。その際、行政のプロとしてのフェモクラットたちを育成する射程には、伝統的な女性政策部門だけではなく、すべての部局が入っていた。

第二には、フェモクラットとしての経験の蓄積、とりわけ行政プロセスへの理解と部局間の調整能力を高める作用である。顧論文は、法案制定の技術面での問題克服や行政部門内の根まわしと折衝経験について触れている。類似の経験は、日本の均等法の制定過程においてもみられ、とくに男女雇用機会均等法の制定の中心人物である労働省婦人少年局長の赤松良子の回想は重要な記録である。[31] 両者を比較すれば、日本の「フェミニストとしての官僚」と、台湾の「官僚としてのフェミニスト」との違いが明らかになるであろう。

第三には、法そのものの意義である。ジェンダーの視点を盛りこんだ基本法が政府レベルにおいても存在していないため、首都の台北市という自治体レベルの動きは、モデルとしての意義がある。とりわけ論者がもっとも興味を引かれた点は、「ガラスの天井」を破り、市の女性公務員に上級管理職への昇進の道を保障するために、「同じ成績であれば女性を優先的に昇任させるように配慮」するよう努力すべき旨を書きこんだことである。雇用におけるジェンダー間の不平等をなくす「両性工作平等法」（のちの性別《ジェンダー》工作平等法）が国家レベルで制定される以前にあって、台北市における顧氏の試みは、体制内におけるフェモクラットの積極的な法的実践といえよう。この台北市女性権益保障弁法は日本の行政規則に類似しており、行政機関に対してのみ拘束力をもち、罰則も設けられていない。だが、市政会議の場で決定されるため、難易度の高い市議会での議決は不要である。議会を避け、ひとまず行政部門の部局間の折衝、調整を通じて制度化しておき、社会に拘束力をもち罰則も可能な「条例」への改正については次の政治機会を待つ、という戦略である。

（二）参与式の政策決定機構――「婦権会」のかたちで参政する場合の影響力

婦権会の委員として政治参加するパターンについては、中央レベルの行政院婦権会に即してみてみよう。行政院婦権会におけるフェミニストと官僚の協力経験は、ジェンダー主流化の関連事業の推進をめぐって蓄積されたものである。一九九〇年後半以降に体制外のフェミニストが政治への参入をおこなう以前、台湾の政府機構内のフェモクラットとは、「内政部社会司婦女科」に限定されたごく少数であった。[32]前述のように、国際ネットワークから孤立した台湾政府は、国連加盟国の日本のように、女性政策に関する条約批准、ナショナル・マシーナリーの設置などのような「外圧」を受けていなかった。女性政策不在のために、関連部門の整備や、フェミニスト官僚の質の成長と量の拡大が遅れたことは、日本と比較すれば明白であろう。

女性政策部署に配置される職員のアイデンティティについて、日本の場合は、「質的にみて、これら職員をそのまま〈フェモクラット〉と位置づけることは難しい。労働省婦人局は伝統的に労働問題の観点から〈婦人の地位の向上〉を担当してきたが、設置当初に山川菊栄らが運動の側から組織に入っていったのとは異なり、現在の彼女／彼らは、一般に女性運動家ではなく、行政職員としてのアイデンティティをもっているからである」とされる。だが、「第一に、坂東〔坂東眞理子〕、名取〔名取はにわ〕はともに、……他省からの出向者よりも調整業務の経験が豊富である。そして第二に、……審議会等で女性学者や女性運動家と接触する機会が多い」ことから、「〈フェモクラット〉に近づく可能性が高い」と指摘されている。[33]

日本と異なり、台湾の場合、フェミニストたちには婦権会を通じて、政府機関内の官僚の内部にフェモクラットを育成していく姿勢が強くみられる。とくにジェンダー主流化の視点にもとづく政策基準を正式に行政システムに反映させる施策が始まってから、ジェンダー主流化のさまざまな事業を中心に、婦権会委員と官僚システムの共同作業が密接におこなわれるようになった。二〇〇五年七月に行政院婦権会の第二一回委員会議でジェンダー主流化政策の推進に関する決議が可決され、引きつづき一一月には婦権会は行政院の二七の部会〔日本の府省に相当〕に対し、二〇〇六～二〇〇九年の四年間におけるジェンダー主流化実施計画の提出を求めた。[34]ジェンダー主流化が始動して以来、行政院婦権会委員またはジェンダー学者と行政官僚の関係は、徐々に「敵」から「友」に転換し、ジェンダー主流化の概念の受容、事業の遂行など公務員養成の制度面の設計も次第に安定化していったという。その内容は、ジェンダー主流化の意義、ジェンダー意識の涵養をはじめ、実務にかかわるジェンダー統計、ジェンダー分析、ジェンダー・インパクトの評価、ジェンダー予算などにまでわたる公務員のジェンダー・トレーニングである。(35) 訓練と監督の実行を各部会レベルに定着させるために、各部会に「ジェンダー平等プロジェクトチーム(性別平等専案小組)」が設置された。

「ジェンダー平等プロジェクトチーム」の役割として想定されていたのは、各部会レベルにおける「ミニ婦権会」としてのものである。その運営は婦権会の参与形式に倣い、民間のジェンダー学者専門家あるいは女性団体の代表が外部招聘委員として各部会に入り、当該部会の長(内部委員)とともに会議を開き、ジェンダー主流化のための事業をおこなうのである。部会の委員はそれぞれ専門領域にくわしいだけでなく、ジェンダー意識を合わせもち、ジェンダー主流化の各種の事業遂行について、当該部会を支援する役割を演じることが期待されている。行政院婦権会委員への聞き取り調査では、一部の委員は自分が「啓発」した部会のジェンダー人材に満足しているようであり、部会のジェンダー連絡係の多くも、三カ月に一度の会議が行政官僚のジェンダー意識の涵養に有用であろとして肯定的な態度を示している。(36) さらにこうしたフェミニストと官僚の協力関係により、より多くのフェモクラットの誕生が期待されていることが分かる。

おわりに――国家フェミニズムの憂慮とナショナル・アイデンティティ

台湾のフェミニズム運動は政党に協力する段階に入ると、必然的にナショナル・アイデンティティの問題に直面することになる。(37) なぜなら、ナショナル・アイデンティティの問題は今日の台湾政治の主たる争点だからである。フェモクラットとジェンダー主流化の発展にあたって、今後もっとも憂慮されるのは、まさにナショナル/政党・アイデンティティ問題が台湾のフェミニズム運動の内部分裂を引き起こすような事態である。フェミニズム運動と政党の関係に関する議論は、近年、台湾の政治変動と共振するかたちで発生した。第一波は前述の一九九六年、フェミニストが台北市の民進党政権と協力し、はじめての体制入りが達成された時期から、引きつづいて二〇〇〇年、総統選における民進党の勝利にともない、多くのフェミニストが中央レベルの委員に登用されるまでの時期であった。その後の八年間は相対的に沈静化していた。第二波は、二〇〇八年にふたたび政権交代が起こり、民進党が野党に転じ、勝利を得た国民党の馬英九が総統になった時期であった。

「国家」とフェミニズム運動の関係に対する第一波の議論は、厳密にいうと「民進党政権」との関わり方が焦点となっていた。一九九七年の台北市の公娼制度廃止問題[38]で、反「民進党/台湾化」の政治勢力のひとつ「新反対運動」が「性権」解放運動と同一戦線に立ち、国家フェミニズム路線と称される「婦権派」を批判した。この論争は台湾フェミニズム運動の「性権派」と「婦権派」の「お家騒動」ともいわれている[39]。政党と協力する場合、どうしても選挙を重要視しなければならない。そのため、「婦権派」とよばれる国家フェミニズム路線のフェミニストたちは、より大衆的な中間路線に傾斜する傾向が指摘され、「性権派」とよばれる「ラディカル・フェミニズム」の主張が次第に排除される点が危惧されている。また、「新反対運動」は、社会運動の自主性を強調し、政治との間に明確に境界線を引くべきだと主張している。フェミニズム運動と国家の接近は、すなわち自主性の喪失とみなされるのだ。国民党強権体制の「中華」言説に取って代わり、主流になりつつあった民進党政権の「台湾人論」の言説に対し、新反対運動は激しい攻撃を加えると同時に、自身の周縁性を意識的に強調していた。その場合の仮想敵は、台湾化された政府とその協力者であった。研究者によれば、この論争は、セックスワークをめぐるフェミニズム運動路線の対立という狭い問題として限定的に解釈すべきではないという。その背景には台湾のナショナル・アイデンティティおよび政党政治の分裂がおおいに影響している側面が無視できないからである[40]。

第二波の議論は、政権再交代の後の不安定感に由来するものである。とくに、民進党政権時期に運営の組織形態の制度化を経た行政院婦権会が、新しい与党との関係をどのように変化させたのかが議論されはじめた。つまり、国家フェミニズム路線への批判が主であった第一波の論議とは異なる様相を呈していた。国民党はコーポラティズム（corporatism）の理念を維持し、フェミニズム運動者／団体の政治姿勢を問わずに広く登用することができるのか。軌道に乗りつつあったジェンダー主流化とフェミニズム理念が政党の立場と一致しない場合の対応はどうなるのか。婦権会の委員は総辞職して抗議するのか。それともフェミニズム運動の大局的見地に立ち、職務を継続するのか。婦権会は正式な機構に転換、あるいは機能を拡充できるのか。スタッフと予算、ジェンダー主流化の指標と制度は継続できるのか。学識経験者が憂慮するのは、フェミニストの政治参加や登用が特定の政党支持に左右されることによる、婦権会とジェンダー平等プロジェクトチームの機能衰退である。一部のフェミニストが政府機構から身を引くことにより、体制外のフェミニズム運動のエネルギーがふたたび強化されるのだが、同時に、婦権会についてこれまで疑問視されてきた責任性、多元性、正当性の問題が、政党政治によってさらに深刻化する点が危惧されている。[41]こうした政治変動に対する憂慮は、政務官の任命はもちろん、諮問機関としての枠を超える権限の獲得は、婦権会の設立当初から与党の政治トップの認可と支持によって可能になってきた事実があるからであろう。

これに対し、顧氏の見通しは楽観的である。フェモクラットとして台北市で法制定に成功した事例について、トップ（市長）の政治的意志（political will）の決定的な影響力は認めながらも、逆に政治トップの意志はフェミニズム運動の社会的影響力に左右されるという点も強調している。

ナショナル・マシーナリーの設置形態について、これをいかに法的に強化しながら、政府内部での横断的な決定調整機能を維持するかは、ひとつの難問である。[42]二〇一〇年一月に行政院組織法の改正案が立法院で可決され、二月には総統府により発布された。新しい組織法の第一三条および追加決議のなかには、行政院における正式な組織編成として、ジェンダー平等処を新設することが明記されている。留意したいのは、ジェンダー平等処は、ナショナル・マシーナリーとして想定されるよりも、従来の行政院婦権会をバックアップする、行政システムにおける正式な業務執行機構として位置づけられる点である。府省間での横断的な決定・調整機能を有する婦権会は、処の新設に合わせて「行政院ジェンダー平等促進会」への改称が予定されているが、その機能が上述のジェンダー平等処という業務執行機構の新設によって強化されることが期待されている。今日の段階では、台湾は、韓国の女性省のような、独立した形のナショナル・マシーナリーを選択しなかったといえる。台湾のナショナル・マシーナリーがいかなるかたちで変わるのか。こうした新しい動きのなかで、ジェンダー主流化におけるフェモクラットの役割はどのように変化していくのか。今後の動向が注目される。

注

(1) 田中洋美「ステイト・フェミニズムと女性官僚――女性官僚はフェモクラットか」『国際ジェンダー学会誌』第六号、二〇〇八年、一五〇頁。

(2) 彭渰雯「婦運与政治」黄淑玲・游美恵編『性別向度与台湾社会』台北：巨流、二〇〇七年、一八七頁。

(3) *Oxford English Dictionary* (2009) を参照。英文はAn influential female civil servant or politician, especially one noted for feminist views.

(4) 牧原出「日本の男女共同参画の制度と機構――「フェモクラット・ストラテジー」の視点から」辻村みよ子・稲葉馨編『日本の男女共同参画政策――国と地方公共団体の現状と課題』仙台：東北大学出版会、二〇〇五年、五四頁。

(5) 台湾大学法学部政治学科教授の黄長玲はある非公式な会談のなかで、以下のような見解を述べている。オーストラリアのフェモクラットは「フェミニストが官僚になる」が、現在の台湾は「官僚がフェミニストになる」歴史を歩もうとしている（彭渰雯「当官僚遇上婦運―台湾推動性別主流化的経験初探」『東呉政治学報』第二六巻第四期、二〇〇八年、一―五九頁）。この指摘に論者はおおいに示唆を受けた。ただ、二者を単純に類型化するものよりも、ある意味では段階的な特徴ではないかと思われる。二者が同時進行的、または交錯しあう場合もあるのであろう。また、日本の場合は、どちらかといえば「官僚がフェミニストになる」場合は「フェミニストが官僚になる」場合よりも比較的多数みられるようである。

(6) 同法については、顧論文を参照。

(7) その経歴については、おもに世新大学性別研究所ホームページの教員紹介を参照。〈http://cc.shu.edu.tw/~gndrshu/teacher_goo.htm〉二〇〇九年九月二七日にアクセス。

(8) cf. Alison E. Woodward, "Building Velvet Triangles: Gender and Informal Governance," in T. Christiansen and S.

Piattoni, ed. *Informal Governance in the European Union*, Northampton, MA: Edward Elgar, 2003, pp. 76-93.

(9) 黄齢萱「台湾女性運動の軌跡——売春児童保護運動から〈妓権〉労働運動へ」『技術マネジメント研究』六、二〇〇七年、九—一〇頁。

(10) 一九八〇年代後半の各種の社会運動について、蕭新煌（「台湾新興運動的分析架構」徐正光、宋文里編『台湾新興社会運動』台北：巨流、一九八九年、二一—四六頁）と張茂桂（『社会運動与政治転化』台北：財団法人張栄発基金会国家政策資料研究中心、一九八九年）は資源動員論にもとづいた分析をおこなったが、フェミニズム運動の資源動員力は原住民運動と同等に低く評価されている。洪郁如「初探台湾新興社会運動的理論脈絡」（『政治学刊』創刊号、一九九〇年九月、一一〇—一二三頁を参照。

(11) 台湾フェミニズム運動の変遷について、范雲（「政治転型過程中的婦女運動—以運動者及其生命伝記背景為核心的分析取向」『台湾社会学』第五期、二〇〇三年六月、一三三—一九四頁）は、運動者の「自伝的バックグラウンド（biographical background）」アプローチによる先駆的な研究をしている。

(12) この部分の実態分析は、范氏の研究に負うところが多いが、筆者が補足したい論点は以下のとおりである。すなわち、「高学歴」という要素からみれば、一九九四年以降、構成員の政治アクセス能力は依然として高く、ジェンダー主流化の動きの中で、むしろプラスに機能している。「階層」「省籍」の面では変化が生じたが、構成員の「学歴」だけは相変わらず高学歴化の進行が止まらない。構成員の高学歴が、一九九四年以前、そして以降も相変わらず政治参加の重要な条件であることは、本節でとくに強調したいところである。

(13) 男女共同参画審議会委員の大沢真理の上野千鶴子との対談を参照。上野千鶴子編『ラディカルに語れば…』東京、平凡社、二〇〇一年、五一—五三頁。

(14) 田中洋美「ステイト・フェミニズムと女性官僚」前掲書、一四九—一六三頁。

(15) 同書、一四九—一六三頁。

(16) 牧原出「日本の男女共同参画の制度と機構」前掲書、六三—六四頁。

(17) 楊婉瑩「婦権会到性別平等委員会的転変—一個国家女性主義的比較観点分析」『政治科学論叢』第二一期、二〇〇四年九月、一三一—一三四頁。

(18) 同右。

(19) 同書、一一八頁。

(20) 台湾の社会運動団体の政治参加のルートには、個人単位での社会運動者のリクルートや本人の立候補と、団体の代表が「参与式の政治決定機構」に入ることの二つがあるといわれている。杜文苓・彭渰雯「社運団体的体制内参与及影響―以環評会与婦権会為例」『台湾民主季刊』五巻一期、二〇〇八年三月、一二四―一二五頁。本文が注目する台湾フェモクラットの場合も、フェミニズム運動を供給源としたため、このような二つの参政形態が観察できる。

(21) 林芳玫「性別主流化在台湾―従国際発展到在地化実践」台湾新世紀文教基金会主催「台湾、聯合国与婦女地位的提升」座談会、二〇〇九年三月七日。

(22) 黄長玲「彼此鑲嵌、互相形構―転変中的国家与社会関係」『自由主義与新世紀台湾』台北：允晨文化出版、二〇〇七年、八頁。

(23) 杜文苓・彭渰雯「社運団体的体制内参与及影響」前掲書、一二四頁を参照。

(24) 楊婉瑩「婦権会到性別平等委員会的転変」前掲書、一三八頁。

(25) 同右。

(26) 彭渰雯「当官僚遇上婦運」前掲書、一二頁。

(27) 楊婉瑩「婦権会到性別平等委員会的転変」前掲書、一三二―一三四頁。

(28) 松井直之「行政院婦女権益促進委員会」台湾女性史入門編纂委員会編『台湾女性史入門』京都：人文書院、二〇〇八年、九〇頁。

(29) 社会運動団体からの集団的ネットワークの存在が、政府の参与式委員会における「影響力を有する参与」の要件のひとつとしてあげられている。つまり最初から互いに知っている人たちが同時に政治システムにいると、気持ちが通じあっているため、歩調を合わせて政府に圧力をかけることができる。婦権会はまさにその好例である。杜文苓・彭渰雯「社運団体的体制内参与及影響」前掲書、一三二―一三三頁。

(30) 公務員訓練センターについての説明は、筆者の質問に対する顧氏のメールでの返答による。二〇〇九年九月一八日。

(31) 赤松良子『均等法をつくる』東京：勁草書房、二〇〇三年。日本のフェモクラットの関連文献について、一橋大学の木本喜美子教授の助言に感謝したい。

(32) 彭渰雯「当官僚遇上婦運」前掲書、一六頁。

(33) 牧原出「日本の男女共同参画の制度と機構」前掲書、六三―六四頁。

(34) 黄淑玲「性別主流化―台湾経験与国際的対話」『研考双月刊』三二巻四期、二〇〇八年八月、四頁。

(35) 彭渰雯「当官僚遇上婦運」前掲書、一二、一四―一六頁を参照。
(36) 同書、一六―一七頁。
(37) 范雲「政治転型過程中的婦女運動」前掲書、一三七頁。
(38) 一九九七年九月、台北市は陳水扁市長のもと、公娼制の撤廃に踏みきった。市の措置に対して、女性身体の商品化と抑圧の視点から公娼制に反対するか、性の自己決定権を強調する視点からセックスワークを認めるかについて、台湾フェミニズム運動が「婦権派（道徳派）」と「性権派（権利派）」に分かれて対立した。
(39) 性の議題をめぐる論争としてとらえるのは、たとえば黄韜萱『現代台湾における女性運動の動向――〈性権派〉と〈婦権派〉の対立を中心に』（『ジェンダー史学』第三号、二〇〇七年、八七―九三頁）がある。「婦権派」「性権派」と名づけた卡維波の論文「〈婦権派〉与〈性権派〉的両條女性主義路線在台湾―為〈亜洲連結会議〉介紹性／別研究室而写」（『文化研究月報』第五期、二〇〇一年七月一五日）は、台湾の学界では大きな議論になった。前引の范雲（「政治転型過程中的婦女運動」一三三―一九四頁）が、世代論にもとづき論争の原因を分析したが、張毓芬・張茂桂論文「従公娼事件看台湾反対運動与国族問題」（張茂桂・鄭永年編『両岸社会運動分析』台北：新自然主義公司、二〇〇三年、一七五―二三四頁）は、ナショナル・政党アイデンティティ、エスニック・グループ背景などの問題を避けた范雲のアプローチに疑問を呈した。
(40) 代表的な研究として張毓芬・張茂桂「従公娼事件看台湾反対運動与国族問題」（前掲書）がある。
(41) 政権再交代後の婦権会およびフェミニズム運動に関する体系的な予測と分析は、黄淑玲「建制国家女性主義―台湾婦女運動与国家機器之互動ppt.」（台湾社会学年会報告、二〇〇八年一一月一三日、中央研究院社会学研究所）を参照。
(42) 民進党政権時期には、婦女新知基金会、女性学学会および全国婦女連合会などから、行政院のもとに部会（日本の府省）レベルの「ジェンダー平等委員会（性別平等委員会）」を設置する提案があり、当時の行政院長がこれを組織改革草案に取り入れることを受諾した経緯がある。二〇〇八年の国民党への政権交代の後、ナショナル・マシーナリーの設置問題について、行政院の研究発展考核委員会は、学者・専門家と民間フェミニズム運動団体の代表を招き、二〇〇八年一〇月から二〇〇九年一月の間に三回座談会を開催し、さらに台湾各地で四回の公聴会をおこなった。その結果、以下の二つの案にまとめられた。甲案は、行政院の下にジェンダー平等処（性別平等処）を新設すると同時に、婦権会を従来どおりに維持することである。行政院の委託を受けた顧氏らが二〇〇九年に作成した提言書は、甲案を支持している。詳しくは、財団法人婦女新知基金会（研究代表：顧燕翎、研究協力者：范情）「政策建議書 RDEC-REC-097-033 性別平等専責機制之研析」（行政院研究発展考核委員会編印、二〇〇九年六月）を参照。乙案は、部会レベルの独立機構型として「ジェンダー平等委員会」を新設し、機能が類似している既存の行政院婦権会は廃止するというものである。これは、上述した民進党政権時代からの旧案を反映したものである。二〇一〇年の組織法改正案は、顧氏らの提言どおりに甲案を受け入れたものといってよい。このような結果に対し、乙案を支持する一部のフェミニズム団体からは反対の声も出ている。

台湾女性運動の歴史をふりかえって

范　情（竹内理樺訳）

女性運動の歴史的な過程は、段階・分野および特殊性の面から、いくつかのとらえ方がある。本論では女性運動を、女性の自覚や主張、改革を求める集団行動と定義する。また、段階と分野については、運動意識と政策の変遷を重視し、比較的広範囲にわたる社会・政治参与を含むものをおもにとりあげたい。

この観点からみた台湾の女性運動の歴史は、日本統治期の一九二〇年代までさかのぼることができる。(1)

一　日本統治期に文化、民族、労働運動とともに勃興した女性運動

日清戦争後の一八九五年、台湾は日本の植民地となった。植民地政府は同化と近代化をはかり、台湾社会の指導者層が推進する纏足《てんそく》解放運動の力を借り、すみやかな風習改革のため纏足解放運動を推進し、女性のための基本的教育制度を設立した。政府当局は女性を解放しようとしたのではなく、女性を経済活動に参加させ、その力を利用しようとしたのであった。しかし纏足解放と女子教育の振興は台湾女性の心身の健康に役立ち、台湾女性が新しい知識を吸収し、さまざまな役割を果たして社会に参与する契機となった。一九二〇年代には日本や中国に留学した多くの男子・女子学生が、中国の辛亥革命や、民族の自覚など世界のさまざまな解放思想の影響を受け、台湾で新文化運動や民族自覚運動、労働運動を推進し、台湾に男女平等の思想を持ちこんだ。

当時、この思想を宣伝するため創刊された出版物には、一九二〇年創刊の『台湾青年』や、二三年に誕生した『台湾民報』があり、おのおの女性運動を提唱する役割を果たした。それらは日本内地や中国大陸および他国家の女権思想を紹介するだけでなく、恋愛の自由や婚姻の自主性を提唱し、蓄妾制〔家の中で正妻以外に複数の妾を持つこと〕や売買婚、女性を商品や付属品とみなす男女不平等の婚姻制度を批判・攻撃した。また女子教育を奨励し、教育は家を助け国を振興し、女性の知識を増やすだけでなく、女性の地位向上と女権獲得にもつながることを示した。さらに、経済的に独立し、家計を助け、自身を解放するよう女性たちを鼓舞した。しかし参政権については、中国や日本など他地域の女性の政治運動を紹介するにとどまった。当時台湾では男性も政治に参与できず（男性の議会設置請願運動はいまだ成功していなかった）、女性の参政権問題は民族不平等の一端にすぎず、男女はまず団結して帝国主義の侵略に抵抗する必要があると考えられていたからである（游鑑明　二〇〇〇：四一六）。多くの進歩的女性は著述活動だけでなく、社会運動団体主催の講演会で、女性にかかわる議題や社会的議題について講演した。当時活躍していた台湾文化協会も、講演活動の中でしばしば「女性解放」や「家族制度」などについて論じていた（楊翠　一九九三：三二五―三二六）。

一方、女性がみずから組織する団体も生まれた。一九二五年に彰化の知識人女性、楊詠絮らが創設した彰化婦女共励会は、「陋習《ろうしゅう》改革と文化振興」をかかげた。しかし植民地政府から危険視され、また一部の会員がさまざまな恋愛騒動を起こしたことから、倫理道徳を重んじる人々が彰化婦女共励会の提唱する「自由恋愛」に反発し、組織の運動は挫折した。二六年には、許碧珊が諸羅（嘉義）婦女協進会を設立し、「家庭改革、陋習打破、自由提唱、道徳修養」以外に、「女性の地位向上」をかかげた。しかし、諸羅婦女協進会の幹部が民衆を組織化して資本家・植民者に対抗する社会運動を優先させたため、諸羅婦女協進会はそれに協力する役割にとどまり、独自の活動をすることは少なかった。

この二つの女性組織は大きな成果を上げることはなかったものの、女性に集会結社の経験を与え、その後も台湾各地で次々に読書会が組織された。台湾文化協会や台湾農民組合、工友協助会（労働者互助会）など大型の社会運動団体のなかにもそれぞれ婦女部があり、民衆党と台湾共産党も女性政策を有していた。台湾農民組合では、大甲支部婦女部部長であった葉陶と女性幹部たちが、「女性と無産階級運動」、「女性の使命」、「女性問題」などの題目で講演をおこなった。台湾共産党の創始者である謝雪紅（謝阿女）は、女性解放における四つの要求[2]をみずから実践したが、コミンテルンの原則に従って女性を非抑圧階級の一部とみなし、階級の解放がすなわち女性の解放にもなると考えていた（楊翠 一九九三：三四八―三五一）。当時、女性解放問題はすでに台湾社会から重視されていたが、多くは意識の啓発にとどまり、具体的な行動や戦略はなく（游鑑明 二〇〇〇）、その他の運動に従属するものにすぎなかった。

二 戦後における短期的な本省人女性の自主的主張

一九四五年に日中戦争が終結すると、台湾はひとつの省として中華民国に所属するようになった。各界の女性は女性運動を切望し、女性組織の設立準備を始めた。まず、国民党台湾省党部に属し、台湾の女医であった謝娥《しゃが》が、四五年に女子青年座談会を主催して女性問題を論じ、婦女会を組織し女性運動を推進することを提起した。翌四六年一月三日には高雄で台湾婦女協会が、一月二〇日には台北市婦女会が成立した。嘉義の許世賢、許碧珊ら日本統治期の女性エリートや女性運動家も、ただちに嘉義婦女協会を設立し、台中の余麗華、謝雪紅、葉陶らは台中婦女会を組織した。当時国民党に重用され活躍していた謝娥は、積極的に台北市婦女会を運営した。彼女は戦後初めての国際婦人デーを祝うため、「台湾女性同胞に告ぐ書」を発表し、女性の境遇がいかに不自由で不平等かを訴え、女性たちは自立するべきであり、その人権は確実に保障されなければならないと呼びかけた。謝娥はまた、台湾全島レベルの婦女会組織の設立を提唱し、同年五月一六日に台湾省婦女会を成立させた。この会の理事の多くは地方の婦女会の代表であり、謝娥が理事長に就任した。台湾省婦女会は県市レベルの婦女会を通じて女権思想を伝え、女性の職業訓練や女性の教育、幼稚園の運営や貧民救済のための募金をおこなった。また、公娼廃止と参政権獲得を二大議題とし、成立大会で即座に可決した。

台湾省婦女会成立大会は、「公娼廃止と酒場における女性接待者雇用の制限を政府に要求することで女性の人権を向上し、社会の風気を改善させる案」を決議し、それを受けて行政長官の陳儀〔竹内解題一五九頁参照〕も女権を辱めるような女性の職業をただちに取り締まることを命じ、「旅館待応生管理弁法（旅館接待者管理法）」を発布した。しかし全面的な取締りに対しては各方面から拒絶や反発が起こり、働く権利の回復を求めて婦女会に助けを求める者や、生計が維持できないことを恐れ、自殺や抗議に走る者が現れた。高雄では風俗産業に従事する女性たちがデモをおこなって旅館待応生管理弁法に反対し、救済を求めた。しかしこの「弁法」では補導の成果はあがらず、管理方法も不適切であったため、かえって悪弊がはびこることになり、世論の攻撃にあって一年後には公娼制度がふたたび復活することになった。

戦後の台湾では、民意代表選挙の実施も進んだ。一九四六年三月から四月に台湾ではじめての各県市議会議員が選出され、謝娥、許世賢、邱鴛鴦ら三人の女性が当選した。しかし同年四月一五日の省議会議員選挙では女性は一人も当選しなかった。婦女会はこれを問題視して女性参政権の獲得を積極的にめざすようになり、女性が参政しなければ女性問題は解決できないと主張した。省婦女会は成立時に、「台湾省における国民代表の定員総数のうち三分の一以上を女性が占めることを政府に要求する」ことを決議した。その結果、定員枠の保障は実現したが、女性候補は女性定員のなかで戦うため、四八年の立法委員〔日本の国会議員に相当〕選挙では、女性当選者として謝娥の次点となった林慎が、得票数ではむしろ男性当選者よりも高いという事態が発生した。このように、当時の政治参与者のなかには実力ある女性もいたが、選挙は婦女会内部の不和を明るみに出すことになり、婦女会の女性運動推進に影響を及ぼした（游鑑明　二〇〇〇：四四九）。

三　党国意識の提唱下における女性団体

日中戦争終結後、一九四六年に国民党は全国レベルの女性組織である中央指導委員会を台湾に派遣し、中央婦女指導委員会台湾省工作委員会を設立した。その委員には各省籍の女性、婦女会の理事長、理事、各級の長官夫人や女子校の校長、教師が含まれていた。二・二八事件〔竹内解題一五九頁参照〕後、前節であげた台湾省婦女会は勢力を失い、会内部で職位の争いや不和、分裂が生じたため、組織の資源が比較的安定していた国民党の中央婦女指導委員会台湾省工作委員会が婦女会に取って代わることになったのである。

一九四九年末になると、国民党中央政府が中国大陸から台湾に移った。中国大陸の共産党と対峙する情勢にあって、宋美齢は女性団体を団結させて国家の大業を果たそうとし、五〇年に各界のエリートを率いて中華婦女反共抗俄聯合会〔「反共抗俄」とは、共産党とソ連への反対・抵抗をさす〕を創設した。その中心となったのは、党・政府・軍の指導者層および外交官の夫人であり、当時の台湾で最大の民間女性団体となった。その主旨は軍への奉仕であり、軍服縫製工場の設立や軍人の家族や遺族の世話など、救国「後方勤務」の役割を演じた。また、各県市に分会を設立し、学校や民間にも進出していった。

一九五三年、国民党は中央婦女工作指導会議を設立した。宋美齢を長とする同会議は、党が政治を指導する党国体制のなかで、女性を指導する最高組織であった。その下には行政の任務を負う中央婦女工作会〔以下、婦工会〕がおかれた。婦工会は地方、産・職業、知識青年、前線の四つの範囲の組織から編成され、膨大な地方レベルの各婦女会を連携・組織し、政府に協力した。

これらの団体連合は党国政策の基層執行単位となり、宋美齢による上から下まで一元化された指導に従い、女性という資源を掌握し、女性を動員して反共復国建国〔反共産党と国家復興・国家建設〕政策に協力させた。「平等」については語らず、「婦女工作を以て女性運動に取って代わらせる」ことで、女性たちには工作を通じた地位向上をはからせようとした。

当時、外には中国共産党の脅威があり、内に対しては政権を掌握して支配を強化する必要があったため、政府は戒厳令を発布して言論と思想を統制した。またみずからの政権の正統性を示して日本統治の残滓を払拭し、中華民族のアイデンティティを打ち立てるため、中華復興運動を推進した。五〇年代以降、中国大陸では人民公社化や文化大革命が推進され、国民党政府はこれに対抗するため「家庭」と「伝統」の擁護を強調し、儒教思想や家庭倫理が当時の重要テーゼとなった。いわゆる中国的伝統と美徳なるものは、女性たちに理想的な「母親」役割を求めた（Ku 1989; 張毓芬　一九九八）。婦工会は「幸福家庭」運動を呼びかけ、「模範的母親」を表彰した。多くの母親が、子どもをたくさん養育していることや、子どものため自分を犠牲にしているという理由で表彰された。当時の女性は家庭の世話をする責任のほか、母性愛を家と国のための愛にまで拡大させる必要があったのである。このような傾向と論調は五〇年代から七〇年代まで続き、「斉家報国運動」（竹内解題一六三頁参照）となった。儒教の伝統においては、「和諧」（調和がとれていること）という倫理も強調される。この「斉家」、「和諧」のため女性や子どもの権益は往々にして失われ、あるいは男性の利益に従属させられた。いかなる「対抗」も、早期の中国女性が勝ちとった投票権も、一時は台湾にも出現した女権思想とその活動も、この時期にすべてかき消されてしまった（Ku 1989）。ただ反共復国の目標の下で、養女保護運動[3]だけは過去の女権の発展を継承したものであり、台湾の女性の問題に直接関係する政策であった。

国民党政府は台湾に撤退した後、国共内戦の敗因を検討し、共産党が婚姻改革に尽力し、強制的な売買婚の廃止や童養媳《トンヤンシー》（成長後、子孫の嫁にするためにあらかじめひきとって養う女児）の禁止などを主張して、青年や女性の支持を獲得したのに対し、国民党は基層をおろそかにしたのがその一因であるとした。そこで国民党政府は、基層女性の立場に立って改革し、養女保護事業を展開しなければならないと考えたのである。一九五一年に国民党と党外人士（国民党員ではない人々）は、台湾省保護養女運動委員会を設立した。主席の呂錦花[4]は台湾語を話すことができたうえ、党・政府・軍との関係も良好で、毎年このための資金を割り当てられた婦工会も、運動の推進に協力した。五六年には「台湾省現行養女保護弁法」が発布され、女性の虐待や売買、譲渡、女性を抵当に入れることや女性に対するわいせつ行為を禁じたほか、養女の婚姻の自由をうたい、当時の女性にまつわる問題の解決をはかった（游千慧　二〇〇八）。

国民党女性団体のメンバーには、中国大陸において民族解放運動に身を投じ、女権思想を提唱した進歩的な女性もおり、「女性も男性と同じ」、「自立自強（self-invention）」といった欧米に由来する自由主義の思想に賛同していた。これらの思想はナショナリティのため奮闘努力することに援用されたが、都市化や工業化、小家族化、教育の発展、経済発展など、時代が変化するにともない、強権政治体制が転化し、女性が独立するための契機もそこにひそんでいた（張毓芬　一九九八）。

四　民主化の中の衝突と妥協

（一）「ニューフェミニズム」の出現

一九七〇年代の台湾では工業化と中産階級の勃興により、教育の機会が増加し、女性が大量に労働市場に参入した。北米やヨーロッパ、日本に留学した多くの学生は、民主主義とフェミニズム思想の影響を受け、社会正義を追求し、党国統治下の政治・社会の改革を強く求めるようになっていた。一九七一年に台湾は国連を脱退し、七二年には米ソ対立の情勢が緩和しはじめた。さらに、台湾内部では石油ショックが起こり、国民党は党国統治の正統性の危機に直面する。「ニューフェミニズム（新女性主義）」はまさにこのような時代背景のもとに出現したのである。

桃園の保守的な農家に生まれた呂秀蓮は三人めの娘で、末っ子であった。学業は優秀で、両親は彼女が男に生まれなかったことを惜しんだ。台湾大学法律学部を卒業後アメリカに留学し、一九七一年の夏に修士課程を終えて台湾に戻った。父親はすでに亡くなっており、母親に引きとめられたため、アメリカで博士課程に進むことを断念したのだが、その結果彼女はその後、台湾の女性たちに影響を及ぼすことになった。

呂秀蓮はかつて、「社会が改変の必要性と可能性を意識し、集団行動による解決を求める時、運動が生まれる」と述べた（Ku 1989）。七一年、台湾では女子学生の大学統一試験合格率が年々上昇していたことに対し、「大学統一試験では男子の定員を保障し、女子学生が増えすぎることを回避しなければならない」という声があがっていた。これに対して呂秀蓮は「伝統的な男女役割」という文章を発表し、公平な競争を主張した。また七二年、台湾に妻を残してアメリカに留学していた男性が、浮気をした妻を殺害するという事件が起こると、社会は夫に同情したが、呂秀蓮は公平な審判を要求した。呂秀蓮の評論は多くの反響をまきおこし、講演依頼や、『中国時報』でのコラム執筆が始まった。そして七二年の国際婦人デーに、彼女の「ニューフェミニズム」が正式にかかげられたのである。

「まず人であれ、男や女になるのはそれからだ」、「左手にフライ返しを、右手にペンを持て」は呂秀蓮の「ニューフェミニズム」の核心思想を示すものであり、自由主義精神に呼応し、女性の公領域における平等と参与を要求している。しかし、彼女は私領域における男女の役割にまで挑戦していたのではなかった。

呂秀蓮は、男性の覇権や父母による女児軽視、性別による二重の道徳規準、子どもの姓や国籍は父親に依るといった家庭法や国籍法における不平等を公然と批判し、法改正と家族計画の必要性、託児センターやその他の支援組織の設立、家事の分担を呼びかけた。だが同時に、ステレオタイプの「女性」の美徳、すなわち温かさや優しさ、優雅さ、思いやりを賛美してもいる。また、婚姻や家庭の正当性を疑うことも少なく、同性愛や性の自由を支持することもない。妻が全面的に夫の職責に気を配ることを含め、男女が家庭内で異なる役割を果たすことをも受け入れている。しかし彼女は社会における男女役割の差は排除されるべきだと強調し、個人としては非婚を選択した（Ku 1989）。呂秀蓮はまた欧米化する社会気質に反対し、「ニューフェミニズム」とは西洋の「女権運動」ではなく、「女才運動」であると定義した。そのため一部の開明的な男性の支持を勝ちとり、穏健的改革者とみなされている。

しかし呂秀蓮の論調は、当時にあっては確実に「世間を驚かせる」ものであった。七四年に幼獅出版社は呂秀蓮の『新女性主義』を出版したが、性の解放を鼓吹しているとして発売停止となった。七六年には内政部が、この書籍は「フリーセックス」と婚姻の乱れを招くものであるとして、著作権の申請を却下した。

呂秀蓮は、七二年以降、「開拓者の家」、国際有職婦人クラブ〔IFBPW、現BPW International〕の台北支部、「あなたを守る」と題する電話相談など、女性のための活動を相次いで始めたが、つねに批判や妨害にさらされた。

一九七六年、彼女は数名の著名な女性作家とともに拓荒者出版社を設立〔戒厳令下では団体の設立がきびしく制限されたため、この時代、社会団体の多くは出版社あるいは雑誌社の名目で設立された〕し、一年間で二冊のハンドブックと一五冊の書籍を出版した。[5] 国際婦人デーに開催した男性の料理大会は、多くの参加者を得て、メディアでも報道された。出版社はその後、呂秀蓮が七七年にアメリカのハーバード大学に留学したことと、経営難により営業を中止した。

呂秀蓮の「ニューフェミニズム」運動はわずか六、七年ではあったが、彼女の出版や言論は多くの女性を啓蒙し、その後の台湾女性運動の発展の基礎を築いたといえよう。

(二) 運動の継承と戒厳令の解除

呂秀蓮は帰台後、一九七九年一二月一〇日に高雄でおこなわれたデモと演説(台湾の国民大会代表選挙が米中国交回復により中止されたことに抗議するため、雑誌『美麗島』が世界人権デーに主催した。国民党政権の弾圧を受け、主催者が逮捕・収監された。「美麗島事件」とよばれる)に参与したため、懲役一二年の判決を受け収監された。以後、呂秀連は政治活動に全力を注ぐようになり、女権向上の志は、大学教授の李元貞が率いる雑誌『婦女新知(*Awaking*)』に受け継がれることとなった。

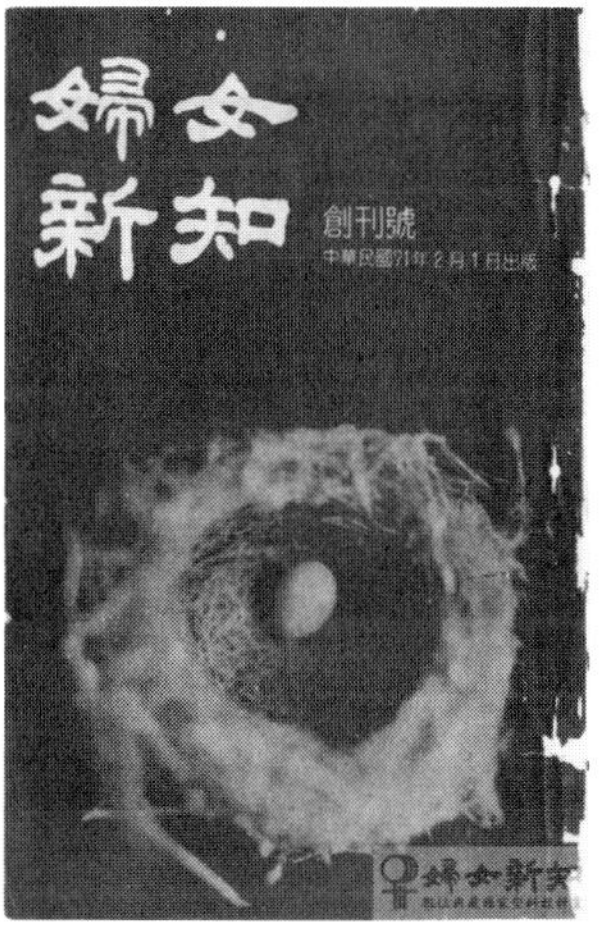

写真1 1982年に創刊された雑誌『婦女新知(Awaking)』(婦女新知基金会提供)

① 婦女新知雑誌社の設立

李元貞は台湾大学中文系を卒業した後、アメリカに渡り演劇を学んだ。帰台後は教職につき、反政府運動や郷土文学運動に参加していた。

民主化運動のなかでの男女および上下の構造に不満を抱いていた李元貞は、民主化運動の同志たちが女性問題や女性の尊厳をおろそかにしていることから、女性運動を提唱する必要性を感じていた。八二年に彼女は働く女性たちのグループとともに、雑誌『婦女新知』を出版した（写真1）。その主旨は、「女性の意識を高め、自我の成長を励まし、女性の意見を表明する」ことであった。

月刊『婦女新知』の内容は、初期には「自覚」を求めるというよりはややソフトな調子で「成長」をうながすものであったが、トピックは豊富で、家事から女性史にまでわたっていた（Ku 1989）。雑誌社は毎年、年間テーマを定め、討論を提起した。八三年の穏健な「女性発展年」から、八四年の「女性保護年」、八五年の「家庭主婦年」、八六年の「両性対話年」、八七年の働く権利の獲得を唱える「職業女性年」まで、これらのテーマはほとんどがメディアに報道され、議論を巻き起こした。

一九八七年七月一五日に戒厳令が解除されると、それまで抑圧されていた社会の力が解き放たれた。女性運動にたずさわる者は、以前は多くが文学部の教師であったが、次第に弁護士の参加が増え、婦女新知雑誌社は改組されて基金会となり、多くの資金の獲得が期された。一方、一つの課題に特化した女性団体や、働く女性の団体も次々に成立したことから、それらと共同のテーマを設け、相互に援助することで組織の可視性は高められた。

② 連合、妥協から女性主体の堅持へ

堕胎の合法化は、七〇年代にはすでに民間団体によって提唱されていたが、成立にはいたっていなかった。一九八一年、国民党主席の蔣経国は人口政策の必要性に鑑み、衛生署が七一年に起草したのち棚上げとなっていた「優生保健法（優生保護法）」案をふたたび検討し、八三年五月に立法院に送った。その審議期間中には宗教や道徳上の問題、胎児の生命保護、性行為に対する女性の自己責任を含め、多くの議論が起こった。当時、成立してようやく一年ほどの婦女新知は、ＹＷＣＡ、『婦女雑誌』のメンバーらと連合して一五四名の女性による請願を立法院に上書し、さらに立法院におもむき傍聴して法案を可決成立させた。これは台湾の女性団体が法律制定のための連帯行動においてはじめておさめた成功であった。

しかし、この法案は広く女性の支持を獲得するため、実際は伝統的な父系イデオロギーに迎合しており、意見書ではとくに、未成年の少女がみずからの意志にもとづかない性行為のために妊娠するなど、堕胎を許可しなければ個人の不幸と多くの社会問題を生むということが列挙されていた。すなわち無知な少女、抑圧されたかわいそうな女性というイメージが作られたのである。女性の個人の自由や、人間としての自主権の意識は故意に回避され、家父長の意識に救助と保護、承認を訴えかけようとした。また、「堕胎」という言葉を「人工流産」や「優生保健」に置き換えることで、家父長たちの抵抗感を軽減し、かよわい女子を保護し社会を守る責任を喚起した。このため堕胎の合法化は、父系のイデオロギーを少しも傷つけることがなかったのである。

運動の面からいえば、台湾での「優生保健法」案可決による堕胎合法化は、西洋において堕胎合法化の推進が多くの女性を動員し、女性運動を強化し女性の集団的自覚を生みだす作用をもったことには及びもつかない。また「優生保健法」は、女性の堕胎には夫か法定代理人の同意を必須要件としており、依然として女性の身体の自主権を妨げ、女性の出産や堕胎を国家・社会の発展の必要性に対応させていた。しかし法案の通過によって利益を得たのは医者だけではなく、あらゆる女性が堕胎の合法的権利を獲得し、低所得の女性は生命の保障をも獲得したのである（Ku 1989、顧燕翎　一九九五）。

写真2　1987年1月、「人身売買を正視しよう——雛妓保護」デモ。（簡扶育氏提供）

一九八五年一一月、台湾キリスト長老教会が主催したアジアキリスト教女性大会は、「観光と売春」をテーマとするシンポジウムを開催した。また、八六年に設立された彩虹婦女事工中心（レインボープロジェクトセンター）は、逃亡した雛妓《すうぎ》（買春の対象とされる少女）を庇護するものであった。八七年一月に彩虹婦女事工中心は婦女新知と連合し、その他三〇の人権、宗教、女性団体とともに、「人身売買を正視しよう——雛妓保護」デモ行進をおこなった（写真2）。デモ行為は戒厳令に挑戦する意味をもったことから、多くの反政府人士

写真3　11年の努力を経て、2002年に「両性工作平等法」が可決された。（婦女新知基金会提供）

がこれに加わり、台湾ではじめての、異なる多くの団体によって組織され、しかも女性問題の中でも特定のテーマに焦点をしぼった最大規模の街頭デモとなった。その後、この潮流は一万人署名運動と監察院への請願を経て、八七年八月二日に台北市婦女救援会を設立させた。指導者は新進の女性弁護士沈美真で、彼女は婦女新知のメンバーでもあった。一方、警政署も「風俗矯正プロジェクト」を設立し、人身売買の査察・粛正と性風俗業の取締り、風俗業者に抱きこまれた警察官の処分をおこなった。このようにして四〇年来の雛妓問題は、はじめて台湾全島の注目を集めることになった。

一九八七年、婦女新知は男女雇用均等法法案小組（男女雇用機会均等法法案ワーキンググループ）を設置し、三年の歳月をかけて「男女平等工作権法草案」を策定した。この法案には憲法における平等精神の確実な実行と、母性や弱者に対する特別な保護が含まれており、九一年に国民党と民進党の三九名の立法委員による連名で立法院（日本の国会に相当）に送られた。これは立法史上はじめての、民間団体による法案の連名提出であり、その内容は女性の主体意識にもとづくものであった。また、異なる党派が一致して支持した民生法案でもあり、このようなものが行政部門から提出されたことはいまだかつてなかった。しかしその後、経営者側の反発により法案の審議は一時延期となった。女性の労働力が国家の経済建設に貢献していることは認められたが、この法案は経済発展の優先にこだわる経営者側の反対にあい、二〇〇二年三月になってようやく「両性工作平等法」として可決された（二〇〇七年一二月に「性別《ジェンダー》工作平等法」と改称）。

一方、婦女新知は戒厳令解除後の各種選挙や政治の革新に積極的に関与した。たとえば、民意代表が政治に対する評価を問えば、「女性十大連合政見」を発表し『女性与政治参与（女性と政治参与）』（梁双蓮ら　一九八九）を出版した。また、憲政改革に対する声明を発表し、政治迫害反対デモに参加して、女性運動にたずさわる女性を国民大会の代表に立候補させた。

五　深層的なジェンダーメカニズムへの挑戦と多元的論争

一九八〇年代中期以降、女性運動のメンバーはジェンダー社会のメカニズムによる圧力を体験し、女性運動の必要性を再認識した。また、西洋でフェミニズムの薫陶を受けた多くの若い研究者が帰国し、九〇年代の女性運動の中核をになった。そして民主的政治の発展とメディアの開放という追い風を受け、多くの議論が展開されるようになり、女性運動はますます動員力を増した。運動を通じて女性は主体性を発揮するようになり、平等の観念も公領域から私領域へと広がり、身体の安全や婚姻・家庭、情欲の探求などにまで踏みこむようになったのである。さらに、女性がよりよい進学の機会を得るようになると、教育体系内にはびこる父権の問題も点検されるようになった。女性運動は深層的なジェンダー体制に挑戦し、女性に共通の境遇に配慮するだけでなく、異なる立場の女性の要求や、女性運動内部の背景、政略、イデオロギー、世代の違いなどから生じる異なる声にも注目するようになった。

(一) 深層的なジェンダーメカニズムへの挑戦

① 女性の身体の安全——貞操と暴力の「被害者」から自主権の奪取へ

身体の安全という問題は一貫して女性問題のテーマのひとつであった。しかし以前は女性の保護という観点を重視し、「被害者」のイメージによって社会の同情と支援を得るのみで、父権文化のメカニズムこそが性暴力を生みだし、ドメスティック・バイオレンス（DV）の温床となっていることを追及するまでにはいたらなかった。また、伝統的な貞操観念が被害者を二重に傷つける原因となっていることも、それまで問題にされていなかった。婦女新知は一九九一年から、中華航空キャビンアテンダントによるセクハラ反対活動を支援し、「セクシャルハラスメント（セクハラ）」に関する議論をうながした。九三年には鄧如雯《とうじょぶん》が夫の暴力に耐えかねて夫を殺害した事件に対し、これをDVの特徴を示す事件とし、支援をおこなった。また九四年に台湾師範大学教師によるセクハラ事件が起こると、婦女新知、女性学学会および各校の女性研究コミュニティは、「女性連合戦線反セクハラデモ」をおこなった。これは政治および社会運動団体の手を借りずに、純粋に女性の問題のためにおこなわれた、はじめての大規模な街頭活動であった。台湾の女性運動はすでに十分な政治意識と影響力を示していたが、セクハラや性暴力など過去には個人的プライバシーにかかわる領域とみなされていた問題も、こうして公共の政治的論述のなかに組み入れられたのである（梁双蓮・顧燕翎　一九九五）。

一九九六年一一月三〇日に高雄において、女性運動の推進者である民進党婦女部主任の彭婉如《ほうえんじょ》が、夜、タクシーに乗車して殺害されるという事件が起こった。女性たちは女性の身の安全が政府に長年重視されてこなかったことに対する累積した怒りから、「一一二一女権の火は夜道を照らす」という夜間デモ行進を組織して「夜行権（夜間に女性が安全に外出する権利）」を要求し、「権力がほしい、暴力はいらない」と主張した。また、行政院に女性の安全問題に対する回答を求め、全国女性人身安全会議を開催した。一方、立法委員や現代婦女基金会などの尽力により、九四年四月に提出された「性侵害犯罪防治法（性暴力犯罪防止法）」草案は、九六年末の立法院による審議ですみやかに可決された。九七年には白暁燕誘拐殺害事件（有名な女優を母にもつ女子高生アイドル白暁燕が誘拐され、マスコミに情報がもれたために身代金の受け渡しに失敗し、犯人グループに蹂躙され殺害された事件）が起こり、世論の高まりを受けて行政院は婦女権益促進委員会の設立を発表した。婦女新知は二〇〇〇年にドキュメンタリー映画『バラの戦争（玫瑰的戦争）』を製作し、台湾で四回にわたって起きたセクハラ事件の抗争過程を記録した。

さらに一九九八年、「DV防止法」が公布され、虐待を受けている女性が保護命令を申請できるようになった。被害女性が家から逃げて保護を求めるのではなく、加害者の方が接近してはならないと定められたのである。九九年には刑法に、性の自主性を妨害する罪状が追加され、性暴力が、ポルノや父権的貞操観念を基準にしたわいせつ罪（妨害風化罪）から切り離された。女性が性暴力と貞操観念によって二重に傷つけられないよう、「性の自主権への妨害罪」が新たに規定され、女性の身体の自主権が強調されたのである。これらの法改正によって、性暴力は親告罪から非親告罪へと改められた。

② 民法親属編の改正——女性間の差異の超越と父権家庭への挑戦

一九七五年から八五年の間、政府は世界の潮流に鑑み、専門家を召集して民法親属編を改正したが、両性の平等が真に保障されるにはいたらなかった。女性団体、たとえば晩晴婦女協会は離婚にかかわる問題の解決を支援するなかで、女性が家庭や婚姻制度に関する法律によっていかに抑圧されているかを実感していた。同協会は九〇年に婦女新知基金会、台北市弁護士分会女性問題研究委員会とともに合同会議をおこない、民間団体民法親属編修正委員会を組織した。

民間で作成した「民法親属編修正草案」は、九五年三月八日に各党派にまたがる計八六名の立法委員の連名で、正式に立法院に提出された。各女性団体の代表は立法院の前で順番に宣伝カーに乗り、女性を抑圧する法律には妥協しない、全面的・徹底的法律改正を要求する、と宣言した。法改正の過程は長く険しかったが、かえって男権社会がいかに女性を抑圧しているかを露見させることになり、女性の被害意識をよびさました。いいかげんな、一部のみの、段階的な改正は求められなかった。この過程は女性運動の戦略面での進化の結果であったばかりでなく、女性運動をさらに急進化させる作用をもっていた（梁双蓮・顧燕翎　一九九五）。その後、「おんなの遊説団」が組織され、立法院に赴いて立法委員に対するロビー活動をおこない、法改正の進度を監視した。その結果、子どもの監護権、夫婦の財産、子どもの姓などの項目がすべて次々に改正され、「家事に対する報酬」の問題までが議論されて、法律の制定にいたった。

③ ジェンダー・イクォリティ教育——大学・専門学校の教師・学生の連携と父権を継承する教育体系の転覆

a　大学・専門学校の教師・学生による学校をこえた組織化と、女性・ジェンダー研究室の設立一九八〇年代末から九〇年代初め、大学・専門学校の学生が次々に女性研究コミュニティを設立した。九〇年に婦女新知は「大学・専門学校女子学生キャンプ」を開催しはじめた。女子学生も結集して全国大学専門学校女子学生行動連盟をつくり、キャンパスにおけるジェンダーの問題を探求した。また、女性運動団体とも協力し、各校に続々と女性あるいはジェンダー研究室を成立させた。九三年には女性学学会が成立し、大学・専門学校の女性教師（多くは西洋でフェミニズムの薫陶を受け、帰国後に教職に就いた）を結集し、フェミニズムの理論と実践について深く検討した。九六年末、多くの大学の女性研究コミュニティの代表が教育部に対して、大学でジェンダーの科目を必修課程とする、キャンパスにおけるジェンダーの問題を申し立てるパイプを作る、といったことを公開要求した。かつて研究と運動は区別されていたが、これらの学生は大学内に勢力を築き、両性平等教育の推進に力を発揮した。彼女らは九〇年代の台湾の女性運動にも活力をもたらし、二〇〇〇年以降の女性運動における新世代となった。

b　教科書の全面的点検と政府による両性平等教育政策の促進

女性の就学率はしだいに向上したが、教育体系における男女の区別と相互関係によって、不平等な観念はむしろ強まっていた。婦女新知は八八年に教科書におけるジェンダー不平等のイデオロギーについて、女性運動団体によるはじめての全面的な点検をおこなった。また、『両性平等教育ハンドブック』を作成し、ジェンダーの視点に立った教育改革を開始した。九〇年に婦女新知は小中学校の教師に対する「両性平等教育研修キャンプ」を実施し、九〇年代初期にはさらに多くの教材についての検討と研究がおこなわれた。そして適当な教材の不足を補うため、みずからあるいは政府の委託を受けて、補助教材を出版・発行した。

九五年以降、民間、政府および政党組織は、両性・女性教育について次々に報告書を提出した。たとえば国民党中央婦女工作会編の『女性政策白書』や、林美和が一九九五年に発表した「女性教育政策」、同年に女性学学会が開催した「台湾女性の境遇討論会」、謝小芩「父権の複製から女性解放まで」は、両性平等教育の実施を提起したものである。九六年には行政院の教育改革審議委員会が作成した教育改革計画に、両性平等教育の推進がもりこまれた。こうして、二〇〇四年にジェンダー・イクォリティ教育法案の可決にいたったのである。

④　政治参加による改革

a　女性運動による政治の気風改造の促進

女性運動は、政党とその女性機構にも衝撃を与えた（梁双蓮・顧燕翎　一九九〇）。たとえば国民党は一九八八年から、国民党政綱に取り入れられている女性と女性労働者の福利に関する一部の条文を通じて宣伝をおこなった。また婦工会は、八九年に組織を改組したのち、地方の幹部と連携し、積極的に女性運動団体と接触した。九六年には中華婦女反共連合会（旧称は中華婦女反共抗俄聯合会）が改組された（竹内解題注（9）参照）。一方、八六年に創設された民進党においては、女性運動に取り組んできた彭婉如が婦女発展委員会の執行長を担当した。九〇年代以降、女性団体は選挙のたびに女性の意見を提出し、立候補者はそれにおおむね賛同あるいは採用し、女性運動団体はますます積極的に政治関係者、とくに女性の民意代表と協力して、多くの法案や議題を推進させた。このほか、政党側も女性運動家を政府に任用しはじめた。たとえば、九八年に台北市の馬英九市長は、当時婦女新知基金会の理事長であった顧《こ》燕翎《えんれい》を、台北市公務員訓練センターの主任に任命した。二〇〇〇年に民進党が政権をにぎると、女性学学会理事長の林芳玫が行政院青年輔導委員会（青少年行政を担当する行政機関）の主任委員を担当し、李元貞は総統府の国策顧問に、呉嘉麗は考試院（日本の人事院に相当）委員となった。彼女らは国家の政策決定の領域に入り、ジェンダー意識を国家の公共政策の領域に持ちこんだのである。

b　立候補による女性運動

一九九一年に女性団体は、原住民女性牧師で「雛妓」問題に取り組んできたラヤ・ナモハ（陳秀恵）を国民大会代表の候補に推薦し、選挙を通じて人々を啓蒙し、女性の政見を広めようとした。九五年に台湾ではじめての総統直接選挙がおこなわれると、施寄青は母の日に立候補を宣言し、「家の奴隷からの解放」と「女性が国を治める」というスローガンを示し、中傷誹謗を受けながらも、スローガンを通じて国家の政策に女性の観点が必要であると説いた。またこの「女性が国を治める」というスローガンによって、二〇〇〇年の総統選における呂秀蓮の「両性が共に治める」というスローガンは、穏健なものとして抵抗なく受け入れられることになった（黄長玲　二〇〇二）。

c　女性の定員保障枠の拡大とジェンダー比の原則

八〇年代から九〇年代の女性運動では、女性の定員保障の問題が検討された。九六年以降、民進党と国民党は相次いで「四分の一代表制」を採用し、さらに九八年には地方の民意代表における女性の定員保障の比率が四分の一にまで引き上げられた。また同じ頃、全国婦女連戦は「男女比率三分の一の原則」を憲法にもりこむことを要求した（この問題については、本書、顧燕翎「フェミニズムの体制内改革」を参照）。ジェンダー比の原則はその後、女性の参政を推進するうえで原則的な考えとなった（黄長玲　二〇〇三）。

⑤　女性の文化・芸術と出版

ジェンダーの問題を考える女性の文化・芸術・映像も盛んになり、九四年に多くの人の出資によって、中国語圏ではじめての、また現存唯一のフェミニズム専門の出版書店である「女書店」が設立された。同年、台北市の女性影像学会が成立し、女性監督を結集し、毎年女性映画祭を開催するようになった。二〇〇一年以降は広く全台湾を巡回し、各大学・専門学校のキャンパスや地方の市町村において、映像芸術をとおして女性の問題を議論している。そのテーマのなかには、公領域から、身体、心理、情欲の探求など私領域の問題も含まれている。

（二）女性運動のテーマの多元化と論争

この時期には女性運動内部においても、主張の多元化と論争が起こった。九一年には、外国人家政婦を異なる階級の女性の観点に取り入れるかどうかが議論されたほか、台湾大学婦女研究室の数人の研究員が、研究と女性運動は区別すべきだという意見を堅持し、女性運動と女性研究の関係について論争が起こった。これに対し、雑誌『婦女新知』もこれに関する論文を掲載し、女性研究はフェミニズムや女性運動と関連づけて検討すべきだとした。九三年には女性研究者を中心とする女性学学会が成立し、学術と運動の結合を主張し、九〇年代の女性運動の主流となった。このことはメディアの注目を引き、現在にいたるセクシャル・ポリティックスとジェンダー・ポリティックスに関する言論と行動にも影響を与えている。

①　被害者の客体 vs 情欲の主体

八〇年代の初め以降、当時の社会に堕胎権の獲得や雛妓の救済を訴えるために現実的な妥協がはかられ、「セックス」について語ることは避けられ、「ジェンダー」の観点も提示されていなかった。また、ポルノや美人コンテスト、性産業に対する抗議は、女性を商品化することへの反対を強調し、女性を男性の欲望の対象、被害客体としてしまった。女性運動の立場はこの点では基本的に一致していた。しかし九〇年から反省の声があがり、反ポルノの議題や娼妓問題における女性の主体性が考慮されるようになり、女性運動内部にもこれらの問題について異なる見解と戦略が生まれた。その後、『婦女新知』は次第に女性の日常生活に関する主体的欲望を探求しはじめた。九二年からは、男性の性研究者、医師、作家らによるセックスに関する論議に台湾のフェミニストも加わるようになり、女性の情欲が正面から取りあつかわれ、女性の「異なる種類の情欲」が開発された（顧燕翎　一九九七a）。しかしジェンダーの情欲の自主性を強調することや、九四年以降に発展した「性解放」論、九〇年代から始まったレズビアン論は、「性批判」と「性解放」の論争を引き起こし、女性運動内部のセクシュアル・ポリティックスに異質化と分裂をもたらした。

②　性批判 vs 性解放

一九九四年のセクシュアルハラスメント反対デモにおいて、研究者である何春蕤《かしゅんずい》は、「セクハラはいらない、オーガズムがほしい」と叫び、メディアの注目を浴びた。また、何春蕤が同年に出版した『豪爽女人』は、性の解放に関する論争を巻き起こした。九五年の「台湾大学の女子学生がポルノグラフィーを見る」活動は、性問題における主流論者からの反発を受けたため、ポルノグラフィーを見るという「情欲の開発」の始まりを「性批判」論に転化させた。ポルノグラフィーは女性を玩具へと貶めるものであり、それを見ることは「ポルノ文化が女性を物体化することを監視し、男女同権の情欲文化を追求する」ためであるとしたのである。一方、「性解放」を主張する論者は「ポルノグラフィーを楽しむ」という論述を展開し、「女性の強い主体性の発展を導くには、被害者の役割に甘んじるのをやめ、進んでポルノグラフィーのなかに喜びを見いだす」のだと主張した。これらによって女性運動界は改めて、ポルノに対する立場や「情欲の開発」という問題に直面し、これを検討するようになった（顧燕翎　一九九七ａ）。

「性批判」と「性解放」派の論争や、セクシュアル・ポリティックスにおける戦略や見解の相違は、女性運動陣営全体の分野、資源、路線、戦略、政治的イデオロギーからみれば、「性解放」運動が階層制とジェンダー・アイデンティティに挑戦しているという点で、女性運動と組織の運営に確実に衝撃を与えた。たとえば、「良家の婦女でない者」はセクシュアルハラスメントの被害者としての支援対象者から排除されているのではないかという疑問や、民法親属編修正草案には同性愛の観点が欠如しているのではないかという疑問、九七年の公娼制廃止をめぐる問題や代理母に関する論議、いわゆる婦女新知の「内紛」における組織メンバーの関係（理事・監事と一般メンバー、あるいは新旧世代間）、女性運動の戦略とそこに内包される議論（たとえば性的指向や廃娼反対）は、いわゆる「婦権派」[6]と「性権派」の衝突として白熱化した。

③「婦権派」vs「性権派」——廃娼、代理母と階級に関する弁論

一九九七年に陳水扁が市長となった台北市当局は、公娼制の廃止を宣言した。また、衛生署長は立法院において、「代理母」を支持すると宣言した。これらは政府の政策と民衆の要求に関連するものであったため、女性運動界におけるさまざまな観点が世間の注目を引いた。むろん、あらゆる女性運動関係者がこの問題に関与したわけではなく、帰属する派閥によって立場は異なり、一方の問題に賛同してももう一方の問題には同調しない者もあり、それぞれの関わり方は異なっていた。ただ、立場が明らかな性解放派と性権派は、公娼自身による廃娼への抵抗運動を公的に支持し、「代理母」についても支持していた。

廃娼か否かという議論の論点には、次のようなものが含まれている。性産業は「職業」か。搾取への反対がすなわ

ち娼妓反対なのか。娼妓は搾取される被害者なのか、あるいは性産業の主体なのか（林芳玫　一九九八）。また、新興の科学技術によって生殖の欲望を達成する「代理母」は、女性の生育の機会を増やす資源なのか、あるいは逆に女性を抑圧し父権的価値観を複製する手段なのか。医療技術は便利さをもたらしたのか、あるいは過度に女性の身体に侵入し傷つけるのか。なぜ「代理母」だけがあって「代理父」はないのか（呉嘉苓　一九九九）。

「代理母」と娼妓制度の反対者は、身体の自主権を回復することは父権の資本主義社会においてもっとも困難な闘争であるとし、「不妊」が治療を要する疾病とみなされることに対して疑問を投げかけた（呉嘉苓　一九九九）。また、不妊の「苦しみ」は、社会が女性に対して「後継ぎを産む」というジェンダー役割を要求することから生まれたものだと指摘し、父権がつかさどる家庭が女性に「後継ぎを産む」という天職を与えつづけることに反対した。「女性の自主権は自己の身体を売ることによって始まるのではなく、自己の身体や才能を尊重し、進んで他人の身体を尊重することから始まる」と主張した。さらに、「代理母」は娼妓と同じく弱い立場の女性であるため、彼女たちは果たして「ベストの選択」ができるのかどうか、と問いかけた。さらに、異なる階層の女性はそれぞれの異なる境遇に配慮すべきであり、ともに構造上の改変を求め、弱い立場の女性に機会を与えるべきだと主張した（顧燕翎　一九九七c）。

また「性権派」は、廃娼も代理母反対も、いずれも中産階級の女性運動のリーダーが、異性愛の父権家庭と社会を中心にしておこなった配慮と道徳的判断だとみなした（丁乃非・王蘋　一九九八）。また、娼妓と「代理母」にひそむ父権を転覆させるエネルギーは、「「女性の身体の道具化」であり、……別の面では解放の意義をもち……、身体がもはや家族の血脈の集まるところではなく、切り離して売ることのできる物体とみなされる時、女性はようやく外に出て働き、労力と知力を売り物にして、みずからの中に独立自主の物質的基礎を形成することができる」とした（何春蕤　一九九七）。そして、（同性愛、独身などを含む）母親になりたいあらゆる人にその願いを叶えさせるべきだと主張し、男性にも代理妊娠者になることを奨励し、「代理母」の議論は父権社会における「母親は三つの役割（遺伝子、妊娠出産、養育）を兼ねるものである」という概念を覆すと指摘した（陳美華　一九九九）。

女性運動内の支持陣営も反対陣営も、「代理母」と公娼の権益への現実的な対処として、それが保障され彼女たちが搾取されないようにするべきだと主張した。しかし、運動路線や戦略、政治イデオロギーの正確性については非難しあった。二〇〇四年に開催された代理母公民共識会議（代理母コンセンサス会議）において、条件付きで「代理母生殖法草案」を検討・制定する方向で決着した。しかし、性権派が疑問を呈した異性愛と父権の問題はそのまま据えおかれた。一九九九年に二年間で廃娼を緩やかにおこなうという政令が公布され、その後の対話・討論では、性産業を処罰するかどうか、売春者を罰するべきか買春者を罰するべきか、どのようにして施策や政策などを調整して策定するか、などが議論された。二〇〇九年に行政院は人権保障推進委員会において、セックスワークを犯罪化しないこと、「セックスワーク特区」を設定し、特区の中では売春者も買春者もいずれも罰しないことを決定した。また、娼妓の権利を支援する諸団体はセックスワーク労働権保障連盟を設立し、二年以内に社会秩序維持法第八〇条罰娼条款を廃止し、性労働従事者の意見を取り入れるよう要求した。さらに反性搾取連盟は、性を売る者を処罰しないことには賛成したが、性を売ることを合法行為とするのには反対し、性産業や歓楽街の設置に反対した。一方、婦女新知は両者の間でまた異なる見解を有していた。娼妓問題については、すでに一二年の研究と政策・議論があり、女性団体の立場は二つの派閥の間で、さらに多元化し細分化している。

八〇年代から九〇年代初めの超党派の思想とは異なり、九〇年代中期以降には台湾の特殊なナショナリティの政治環境により、女性運動関係者のジェンダー認識と政党、ナショナル・アイデンティティは、どちらが優先されるか定まらなくなった。ナショナリティの議題はジェンダーや性の議論に大きく影響し、これらをさらに複雑化させた。

六　ジェンダー主流化――台湾の女性運動が体制内に参与することの苦境と突破

（一）婦女権益促進委員会――体制外での抗争から体制内参与へ

女性運動は政治の気風の変化をうながしたが、台湾の政権政党が交代したことで、台湾の女性運動には異なる様相があらわれるようになった。九四年の台北市長選で当選した民進党の陳水扁は女性運動家の提起に応え、「台北市婦女権益促進委員会」と「両性平等教育および性教育委員会」を設立し、女性問題を上から下に提唱する新たなモデルを開いた。フェミニストが国家のメカニズムに参与し、女性運動が目標とする運営方法を執行するのは、まるで国家をフェミニズムに取りこみ、フェミニズムを国家体制にもちこむようなものであった（黄長玲 二〇〇七）。

続いて九七年に政府は教育部の下に両性平等教育委員会を設立し、女性団体の要求に応じて、行政院の下に各部会（日本の府省に相当）をまたぐ業務組織である行政院婦女権益促進委員会（以下、行政院婦権会）を設立した。また翌年には内政部が資金を募って財団法人婦女権益促進発展基金会（以下、婦権基金会）を設立し、民間と政府の対話の窓口を開いた。

行政院婦権会の運営モデルは台北市婦権会に似ており、それぞれ首長である行政院長と台北市長が主任委員をつとめる。最初の数期には、身体の安全に関わる法の制定や、各項における女性権益事業の重点に関する行程表の確立、各項についての白書と政策綱領の策定が重視された。次に、中央と地方の女性関連予算の編成と執行、外国人配偶者の生活に配慮する計画の強化、コミュニティーによる託児保育サービス体系の検討などをおこなったのち、第三、四期には全面的な「ジェンダー主流化」の推進に着手し、高レベルの女性・ジェンダー政策と国家機構の設立をうながした。

（二）「ジェンダー主流化」の推進と中央におけるジェンダー機構設立の促進

台湾は一九七一年に国連を脱退した後、国際政治のなかで孤立して三〇年近くになる。九五年に国連第四回世界女性会議の北京会議で推進された「ジェンダー主流化」の重要決議は、台湾に対しては強制力をもたなかった。二〇〇三年に行政院婦権会の委員が政府を代表してアジア太平洋経済協力機構（ＡＰＥＣ）に参加し、国際間でジェンダー主流化を推進する「ＡＰＥＣにおける女性の統合のためのフレームワーク」と接触した。婦権基金会は二〇〇三年三月からジェンダー主流化国際女性論壇と、各地域の「現地女性の機会と行動――ジェンダー主流化ワークショップ」

を開催した。行政院婦権会の民間委員も、積極的にジェンダー主流化に関する各項目の制定を進めた。女性団体とジェンダー研究者・専門家もその過程で体制内に大きく踏みこみ、政策に影響を与えた。これは民間の女性団体が婦権会をとおして、体制内で女性運動を推進した国家フェミニズムの実験とみなされた（黄淑玲 二〇〇八）。その影響は行政院の三八の部会とその附属組織に及び、「各部会がみな動きだした」（彭渰雯 二〇〇八）といわれ、また部会からは「ショック療法」といわれた。

行政院婦権会のジェンダー主流化推進によって制定された制度には、以下のものが含まれている――各部会はジェンダー関係の世話役と責任者を設ける。各部会に所属する五〇〇あまりの委員会は、期限内に「いずれの性別の比率も全体の三分の一を下回ってはならない」という原則を達成すること。各部会は四年を一期とする「ジェンダー主流化実施計画」を提出し執行する。三八の部会はジェンダー平等委員会（後に「ジェンダー平等プロジェクトチーム」と改称）を設立し、民間委員が参与する方式の政策決定モデルを通じて、各単位でジェンダー主流化を推進する。二〇〇七年九月には部会を横断するジェンダー主流化支援ワーキンググループを組織し、その取り組みの重点をジェンダー統計、ジェンダー予算、ジェンダー分析、ジェンダー・インパクトの評価、ジェンダー意識の育成力、各部会のジェンダープロジェクトチームの運営などにおき、各部会が協力して確実にジェンダー主流化を進めていくことが決議された。中央の婦権会のほか、各県市にも婦女権益促進委員会とジェンダー平等教育委員会が設置された。前者は事業評価に組みこまれ、後者はジェンダー・イクォリティ教育法にもとづき成立したが、その成果は地域によって異なっていた。

中央にジェンダー機構を設立することも、ジェンダー主流化のひとつである。二〇〇〇年に政府が組織の改編を企画した際、民間の女性団体は中央レベルのジェンダー平等機構の設立を要求した。二〇〇三年と四年に、婦権基金会は多くの女性団体とともに全島で公聴会を開催し、女性団体はジェンダー平等委員会機構のモデルを提案して、総統選で候補者に受け入れることを求めた。二〇〇八年に民進党から国民党に政権交代すると、政府組織の再編が議題に上り、独立の部会を設けるのか、それとも婦権会を存続させるのか、行政院の処のひとつとしてジェンダー平等処を設けるのかについて、女性団体の間でも意見が分かれていた〔ジェンダー平等処の設置を含む「行政院組織法」が二〇一〇年に改正公布された〕。

(三) 批判、苦境と突破

フェミニズム運動関係者が体制内に入ってすみやかに効果をあげたことについては、賞賛の声もあれば疑問を呈する声もある。たとえば、委員の権力の執行は妥当かどうか。新しいテーマは共通認識を得られているかどうか、女性の需要に合致しているかどうか、どのような女性の需要にもとづいているのか。誰によって決定されているのか、などである（彭渰雯　二〇〇八）。また、迅速さを求めて上から下に圧力をかける「過激な手段」をとれば、人と人は平等であるというフェミニズムの基本原則に反することにもなる（顧燕翎・范情　二〇〇九）。

フェミニズム運動が体制に入ることによってもたらされた新たな課題については、本書、顧燕翎「フェミニズムの体制内改革」にくわしい。今後体制内外の女性運動関係者が相互に信頼と支持を有しうるかどうかは、女性運動の最終目標が個々の権力掌握ではなく、女性大衆の保護にあることを認識するかどうかにかかっている。それこそが体制に組みこまれたことによって生まれた、台湾の女性運動の試練なのである（顧燕翎　二〇〇八）。

七　結　び

台湾の女性運動は、声をあげることから出発して、強く明快な主張をおこなうようになり、また妥協的改革から妥協なき改革へ、共通の課題から個別の多元的な課題までへと経験を重ね、豊富な成果を蓄積してきた。女性運動が制度化に向かうなかで、今後の努力の方向は、いかにしてジェンダー意識を各地域で深化させるか、いかにして台湾の女性問題を発見し、真に解決するか、いかにしてすでに制定された女性のための法律や政策を確実に実行していくか、ということにある。体制への参与は、女性運動の制度化に資源と権力の機会を与えた。女性運動は台湾の特殊な政治状況のなかで、いかにして党派の意見や見解の対立から距離をおき、異なる執政党と対話するのか。フェミニズム運動内部のエスニシティ、政党、階層および対立するナショナリティのアイデンティティは、信頼と支持に影響するのか。わたしたちは多くの課題に直面している。

注

（1）女性運動をフェミニズム運動と定義するものは、一九七〇年代の呂秀蓮の「ニューフェミニズム」を始まりとするものが多い（Ku 1989）。それに対し、台湾女性の自覚的な集団活動は日本統治期から始まったとするものもある（楊翠 一九九三、游鑑明 二〇〇〇）。また、原住民の母系文化や西洋のキリスト教宣教師による台湾の女子教育に言及するものもある（李元貞 二〇〇三）。本論では、日本の読者に台湾女性集団の社会参与や政治運動を十分に理解してもらうため、日本統治期から論を進めることとする。

（2）婚姻と恋愛の自由、教育を受ける権利、経済的自立、政治参与を指す。

（3）養女は、結納を節約し、家庭内の労働力を増やすためのものとして、家庭の貧困と男尊女卑によって生みだされる。養女、童養媳および婢女の問題は、人身売買と虐待という女権の問題に関係している。

（4）呂錦花は養女出身だが、養父母にかわいがられて教育を受け、後に台北市婦工会主任委員、台湾省婦女会理事長、中華婦女反共抗俄連合会副総幹事を歴任した。

（5）再版された『新女性主義』を含む。一七冊中、四冊はアメリカの女性運動に関するベストセラーを翻訳したものであり、ほか七冊は両性、専業主婦、農村女性、女性労働者を含む台湾の女性問題について検討したものである。

（6）卡維波の分類による。大衆路線または体制内改革をおこなう「主流フェミニスト」を「婦権派」とよんだ（卡維波 二〇〇一）。

参考文献

卡維波 二〇〇一 「「婦権派」与「性権派」的両条女性主義路線在台湾―為「亜洲連結会議」紹介性／別研究室而写」『文化研究月報』第五期。

何春蕤　一九九七「代理孕母―身体的新抗争―回応顧燕翎「出租身体的新旧行業」」『中国時報』九月一七日。
顧燕翎　一九九五「婦女運動与公共政策的互動関係―堕胎合法化和平等工作全策略分析」徐正光、蕭新煌編『台湾的国家与社会』台北：東大図書。
――　一九九七a「台湾婦運組織中性欲政治之転変―受害客体抑或情欲主体」『思与言』三五巻一期。
――　一九九七b「出租身体的新旧行業―代理孕母与妓娼」『中国時報』九月五日。
――　一九九七c「誰的身体、誰的香火―身体自主権的艱苦奮戦」『聯合報』九月一〇日。
――　二〇〇八「女性主義体制内変革―台北市女性権益促進辦法制定之過程及検討」『婦研縦横』第八六期。
顧燕翎・范情　二〇〇九「行政院性別平等専責機制之研析」台北：中華民国行政院研究発展考核委員会。
呉嘉苓　一九九九「生殖自主篇」『一九九九台湾女権報告』台北：婦女新知基金会。
黄淑玲　二〇〇八「建制国家女性主義―台湾婦女運動与国家機器之互動ppt.」『台湾社会学年会』一一月一三日。
黄長玲　二〇〇三「婦女与政治参与」財団法人婦女権益促進発展基金会『台湾婦女権益報告書』台北：財団法人婦女権益促進発展基金会。
――　二〇〇七「彼此鑲嵌、互相形構―転変中的国家与社会関係」殷海光基金会編『自由主義与新世紀台湾』台北：允晨文化。
張毓芬　一九九八「女人与国家―台湾婦女運動史的再思考」国立政治大学新聞研究所碩士論文。
陳美華　一九九九「物化或解放―女性主義者関於代理孕母的争論」『月旦法学雑誌』五二期。
丁乃非・王蘋　一九九八「優勢婦運与弱勢女性―従公娼到代孕者」『性工作―妓権観点』一・二期合刊。
彭渰雯　二〇〇八「当婦運遇上官僚―性別主流化中的協力治理経験」人事行政局「従性別観点看公務人力資源管理的現在与未来」学術研討会。
游鑑明　二〇〇〇「台湾地区的婦運」鮑家麟ほか『近代中国婦女運動史』台北：近代中国出版社。
游千慧　二〇〇八「台湾二次大戦後的保護養女運動」『女人屐痕Ⅱ 台灣女性文化地標』台北：国家文化総会・草根出版社。
楊翠　一九九三『日據時代婦女解放運動―以『台湾民報』為分析場域』台北：時報。
李元貞　二〇〇三「台湾婦運―百草千花的躍動」『国史館館刊』三四期。
梁双蓮・顧燕翎　一九九五「台灣婦女的政治参与―体制内与体制外的観察」『台湾婦女處境白皮書――一九九五年』九五―一四三頁、台北：時報。

林芳玫　一九九八「当代台湾婦運的認同政治—以公娼存廃争議為例」『中外文学』二七巻一期。

Ku, Yenlin. 1989. "The Feminist Movement in Taiwan, 1972-87." *Bulletin of Concerned Asian Scholars* 21 (1): 12-22.

ウェブサイト

行政院婦女権益促進委員会　〈http://cwrp.moi.gov.tw/index.asp〉

財団法人婦女権益促進発展基金会　〈http://www.womenweb.org.tw/wrp.asp〉

〈解題〉

政治の民主化とともに
——台湾女性運動の歩み

竹内理樺

はじめに

范情氏の論文は、日本統治期から現代にいたる台湾の女性運動の流れを回顧、分析したものである。一七世紀に清朝の版図に入った台湾では、中国大陸から漢民族の移民が次第に増加し、移民を通じて儒教的価値観と伝統的家父長制度も台湾に入り、女性の行動を束縛していた。しかし、一八九五年に始まった日本の植民地統治は、多くの台湾女性に自立と教育の機会をもたらした。戦後の急速な経済成長と、それに続く政治の民主化を経て、現在では台湾女性の社会進出は格段に進み、その状況はアジアの女性たちのなかでも突出している。単に職業をもち、社会活動に参与するだけでなく、高い能力やキャリアをもつ女性も多く、実業界における女性企業家の活躍もいちじるしい。また、政界への進出もめざましく、国会議員のなかで女性が占める割合は二〇〇八年では約三〇％にのぼり、アジアでもっとも高い比率を示している。

台湾の著しい経済発展は、戦後の冷戦構造のなかで台湾がアメリカと密接な関係にあったことにその一因がある。しかし、一九七〇年代に入って冷戦体制が崩れはじめると、国際社会における中国と台湾の位置関係は逆転し、台湾は外交面では国際的に孤立し、その後内政面では政治の民主化が進んだ。このような情勢のなかで女性がめざましい社会進出を遂げ、その地位向上が実現したのは、女性たちのたゆまぬ努力と積極的な活動の賜物であろう。范論文は、とくに現代の女性運動が歩んだ紆余曲折の道程を詳らかにしており、私たちはこの論文から、台湾女性の努力が結実していく過程を概観することができる。

一　范情氏について

范情氏は国立政治大学コミュニケーション学部ジャーナリズム学科（伝播学院新聞学科）を卒業後、アメリカに留学し、アイオワ州立大学ジャーナリズム・マスコミュニケーション研究科で修士号を取得した。専門はジャーナリズムとマスメディアであり、新聞社に勤め、報道にかかわった経験もある。大学時代に呂秀蓮がかかげた「ニューフェミニズム」の洗礼を受け、女性とジェンダーの問題に興味をもちはじめた。アメリカ留学時にはフェミニズムに傾倒し、修士論文では、戒厳令解除前後の台湾メディアにおける「雛妓《すうぎ》」（買春の対象となる未成年少女）反対運動に関する報道を分析・検討した。(1) 一九九〇年に台湾に戻った後は、台湾の女性運動に参加し、活躍することになる。そして、婦女新知基金会の秘書長、台中市婦女新知協会理事長、台湾女性学学会理事、台湾性別平等《ジェンダーイクォリティ》教育理事・常務理事、台湾女性影像学会理事、全国婦女団体聯合会芸文委員、台中市性別平等教育委員会委員などの要職を歴任した。現在は、教育部性別平等教育委員会や台中市婦女権益促進委員会の委員、教育部『季刊 性別平等教育』副編集長などをつとめながら、東海大学通識教育センターの非常勤講師として教壇に立っている。すなわち范氏はこの二〇年近くの間、台湾のおもな女性運動機関の中枢で女性運動に深くかかわってきたのであり、本論文は台湾女性運動の当事者の立場から、女性運動を概観したものだといえるだろう。しかし、范氏はただ女性運動に深くたずさわるだけでなく、ジャーナリズム・メディア研究という自身の専門性を生かし、世論に照らして女性運動を外から見つめ、問い直し、分析するという客観的な視点ももっている。范氏の業績としては、修士論文や「現代の社会主義とフェミニズム」(2)、「ジェンダー平等の責任と規制に関する研究と分析」（顧燕翎と共同執筆）(3)といった研究論文のほか、『婦女新知』雑誌などの雑誌や新聞に発表した、女性運動に関する評論がある。(4) また、『台湾日報』の女性欄で一時期コラムを担当したこともあり、(5) 最近では、一般読者向けに台湾女性の歴史的・文化的な歩みを紹介する書籍『女人屐痕—台湾女性文化地標』（女書文化／文化総会、二〇〇六）の執筆に参加し、二〇〇八年にはその続編『女人展痕Ⅱ―台湾女性文化地標』（女書文化／文化総会、二〇〇八）が出版されるなど、業績は多岐にわたっている。現在は東海大学でメディア論とフェミニズムに関する講義科目を担当しており、ここでも研究と実体験にもとづいた范氏の二つの専門分野が生かされている。

二　戦前の女性運動とその時代背景

次に、台湾における戦前までの女性運動と、その時代背景として、台湾が歩んできた近代の歴史を確認しておきたい。

一七世紀初め、台湾はオランダの統治下におかれていた。その後、明の遺臣鄭成功の一団が「反清復明（清に抵抗し明を復興させる）」の旗を掲げ、勢力の基盤を求めて台湾に渡り、一六六二年にオランダを駆逐した。鄭氏集団はまもなく清朝の進攻によって滅ぼされ、一六八三年からは清朝による台湾統治が始まり、台湾は正式に中国の勢力下に入る。清朝は国防上の観点から台湾を編入し、福建省台湾府として版図に加えたが、台湾にふたたび反清勢力が結集することを恐れ、台湾への移住を制限した。しかし、台湾に新天地を求めて渡航する漢民族の移民・開拓はあとを絶たず、台湾の人口はこの時期急激に増加した。台湾の住民は、オランダ統治以前はオーストロネシア語族に属する複数の原住民族が大半を占めていたが、オランダは東インド会社機構による統治の下で原住民への布教と貿易をおこない、一方で米とサトウキビ栽培のため、対岸の福建地方から漢民族の農民を移住させた。清朝の統治下に入ると、福建省や広東省から移住する漢民族が激増し、一九世紀末にはその数約二五〇万人に達したといわれている(6)。

清朝政府は一八七四年の日本による台湾出兵を経て、台湾の本土への統合と海防の強化をはかり、福建省から独立させ、八五年に台湾省とした。しかし日清戦争の結果、九五年に台湾は下関条約により日本に割譲され、ふたたび中国大陸と切り離されることになる。日本は台北に台湾総督府をおき、一九四五年の敗戦まで約五〇年の長きにわたり、台湾の植民地支配を続けた。台湾総督には行政権のみならず、立法権、司法権も与えられ、軍隊が派遣された。総督府はまず平地・丘陵地に住む漢民族社会の抵抗を抑え、次に山地の原住民地域を平定し、一九一〇年代半ばには全島にわたる統治を確立した。また、一八九八年からは「国語」(日本語)教育に重点をおく「公学校」制度が施行され、初等教育の段階から日本語を習得させ、日本の文化を押しつける「同化」政策がとられた。しかし、台湾の住民は「同化」を強いられながらも、市民的権利・義務の面では差別を受けつづけていた(7)。

一方、日本統治とともに台湾に流入した近代的な社会システムは、新たな知識層と中産階級を生みだした。日本の近代的教育制度で学んだ知識人たちは、一九二〇年代からさまざまな政治・文化・社会運動を推進し、日本の統治による抑圧と差別に抵抗する民族運動を展開した。大正デモクラシーの影響を受け、政治意識と民族意識を高めた日本留学生を中心に、一九二一年から三〇年代半ばまでおこなわれた台湾議会設置請願運動は、議会を設置するよう求めた、台湾ではじめての近代的政治運動であった。運動に参加した元留学生や弁護士、医者などの知識人は台湾文化協会を結成し、文化啓蒙の推進のため台湾各地で講演会をおこなった。この台湾文化協会には多くの女性知識人も参加しており、設立初期から「女子の人格の尊重」が重要な目標としてかかげられ、二七年の改組にあたっては、「婦女部」も創設された。その他、台湾民衆党、台湾農民組合、台湾共産党などの組織・結社が設立され、日本語教育に対抗するため、中国語の「白話文」(口語文)による『台湾民報』も創刊された。

女性たちはこれらの団体にも参加して重要な役割を担い、女性の啓蒙に努め、その一方で、彰化婦女共励会、諸羅婦女協進会など女性独自の団体を組織し、女性を抑圧する「陋習《ろうしゅう》」や家庭制度の改革を目標に、女性の啓蒙と地位向上をめざした。しかしこれらの女性団体の活動は振るわず、いずれも短期的なものに終わる。また三〇年代になると、民族運動全体が台湾総督府の弾圧により、次々に崩壊に追いこまれた。三七年に日中両国が全面戦争に突入すると、台湾では総督府による「皇民化運動」が展開され、台湾住民は日本式氏名への改名や神社参拝、神棚設置など、日本の文化を強制され、新聞などで中国語を使用することまでもが禁止された。やがて太平洋戦争が勃発すると、陸軍・海軍への「志願兵」制度が始まり、四四年には台湾でも徴兵制が施行されて、台湾住民は戦争への動員を余儀なくされたのである。

一九四五年八月、日本の無条件降伏により台湾は連合国の一員であった中華民国に復帰し、中華民国台湾省となった。当時、蔣介石を指導者とする国民党が実権を握っていた中華民国政府は、陳儀を台湾省行政長官兼警備総司令として派遣し、台湾省行政長官公署と軍が日本の統治機構と日本人の財産の接収をおこなった。翌四六年一月、台湾の住民は国民政府行政院訓令により、四五年一〇月二五日の「光復」（祖国復帰）をもって「中華民国の国籍を回復した」ものとされた(8)。日本の統治から解放され、この時に中華民国国籍を回復した台湾住民は、後にみずからを「本省人」とよび、戦後、国民党政府とともに中国から台湾に移住した者を「外省人」とよぶようになる。

本省人はこの祖国復帰を歓迎し、台湾の再生に大きな希望をいだいていたが、陳儀は「祖国化」政策を強いて台湾住民のすみやかな「中国化」をはかり、「国語」（中国語の標準語）普及のため、日本語の使用を厳しく規制した。五〇年間にわたった日本統治の下で日本語を公用語として強制されていた本省人にとって、この言語政策は非常に厳しいものであった。彼らは積極的に「国語」学習に取り組もうとしたが、陳儀は「国語」の能力不足を理由に政府機関や官営部門に本省人を登用せず、本省人による県・市長の直接選挙も認めなかった。また、戦後のインフレと陳儀の強引な政策のもとで台湾の社会・経済は混乱し、本省人の不満は高まる一方であった。このような状況のなかで、四七年二月二七日に台北で発生したタバコの密売取締り事件を発端に、翌二八日に民衆と政府が衝突する二・二八事件が起こったのである。事件の後、政府と一部の本省人知識人は事件の処理委員会を作って政治改革を要求したが、陳儀は南京の国民政府に援軍の派遣を求めて武力でこれを鎮圧し、多数の犠牲者を出した。四九年一月、蔣介石は陳儀を台湾省主席兼台湾省警備総司令に任命し、台湾に戒厳令を布いて共産党関係者のみならず、本省人エリートをも弾圧した。

その後、大陸における国共両党の内戦で国民党政権は共産党に敗れ、中華民国の政府機構と国民政府軍を台北に移転させた。それ以降、戒厳令は八七年まで解除されず、国民党政府は「大陸反攻」（大陸の奪還）をスローガンに台湾海峡を挟んで共産党政権と対峙しながら台湾内の反対勢力を厳しく取り締まることになる。戒厳令によって集会、結社、デモ・ストライキなどあらゆる政治活動は禁止され、出版物の刊行も統制を受けた。人々は夜間の外出まで禁止されて、厳しい政治弾圧である「白色テロ」の恐怖下におかれ、言動ばかりでなく自由な思想の発露さえも封じこめられたのである。

三　国民党指導下の女性運動

国民党政権の戒厳令下では、いかなる集団活動も制限を受けたため、女性運動は体制側からの「官製」の運動にほぼ限られることになった。戦後初期には、謝娥や邱鴛鴦らが一九四六年に台北市で台湾省婦女会を設立したが、この団体は国民党の政治運営に協力するものであり、そのため国民党から支援を受けていた。また、謝娥や邱鴛鴦、許世賢らは国民党の政治に積極的に参与していたことから、同年実施された民意代表選挙に立候補して国民大会代表や各県市会議員に当選し、政治にも参加した。一方、国民党による女性の組織化もはじまり、蔣介石夫人の宋美齢を中心に、政府体制側の女性運動が展開されていった。

国民党はまず一九四六年に、大陸における全国レベルの女性組織である中央婦女指導委員会の台湾支部を設け、宋美齢が指導し、それに陳儀の妻古月芳らが協力して、同年一二月に中央婦女指導委員会台湾省工作委員会を設立した。また、国民党政府が台北に移転した翌年の一九五〇年には、台湾全島の女性を一致団結して国民党の「大陸反攻」に協力させるため、中華婦女反共抗俄聯合会（以下、婦聯会）[9]が設立された。婦聯会も宋美齢を長とし、「宣伝」、「慰労」、「組織訓練」の三つのグループに分かれ、女性を組織して反共産党・反ソ連の宣伝工作や、軍隊の慰問や軍人遺族への援助活動などをおこなった。これは形のうえでは民間の女性団体となっていたが、中心にいたのは国民党および軍、政府の指導者層や外交官の夫人であり、実質的には体制の影響下におかれた団体であった。五〇年四月一七日の婦聯会成立大会で宋美齢は、「国家の善し悪しは政府の責任にかかっているが、民主国家においては、政府の善し悪しは民衆の努力にかかっている」と説き、女性も社会に出て自らの義務と責任を果たすべきだと呼びかけた。[10]

また、女性は一人の現代女性として「良妻賢母となり、国家と民族をまもり、よい公民である」ことをめざすべきだと主張した。[11]

一九五三年になると、宋美齢が指導長を勤める中央婦女指導委員会下の中央婦女工作会（以下、婦工会）は、台湾における女性政策の最高指導団体と位置づけられた。婦工会の活動目的は、全島のさまざまな階層に属する女性を組織・動員し、国民党政府の反共産党政策に協力させることであった。宋美齢は、「運動」とは「臨時的で短期的」なものであるが、「工作」は「永久的で長期的」なものであり、いまや国民党の「女性運動」は「婦女工作」へと発展し、「民衆のために奉仕する」ものになったと述べた。[12] こうして「婦女工作」が女性運動に代わるものと定められ、女性の指導の一元化がはかられた。台湾の女性は一様に国民党の体制下に組み入れられ、慰問、救助活動や教育、慈善活動に動員されたのである。女性団体はその他にも存在したが、[13]養女保護運動や学術文化、外交、職業、社会サービスなどの性質をもつものに限られ、すべてが婦工会の指導の下におかれ、政府の厳しい規制を受けた。

一方、大陸では五〇年代後半から共産党が急速に社会主義化を進めており、五七年に始まった大躍進運動では、重工業化を下支えする農業の増産をはかるため、農村で人民公社化を推進し、共同食堂や託児所を設けることで女性を家庭から引き離し、労働生産に投入していた。また、つづく文化大革命では儒教的価値観が批判され、家庭や私生活の徹底的破壊がおこなわれた。これに対して国民党政府は、共産党が家庭の倫理を破壊していると攻撃し、婦工会を中心に「幸福家庭」運動を推進して、模範的な「良妻賢母」像を宣伝した。これは、台湾における国民党政権の正統性を示す目的もあり、台湾住民の中華民族としてのアイデンティティ強化のため、中華復興運動が提唱された。

かつて国民党は大陸において、一九三〇年代中頃から国家建設と民族復興をとなえる「新生活運動」を推進していた。新生活運動は三四年に南昌で始まったが、三五年からは南京に運動の拠点を移し、同時に全国の女性による新生活運動を指導するため、宋美齢を指導長とする新生活運動促進総会婦女指導委員会（以下、婦女指導委員会）を設立した。この運動は、しだいに激化する日本の中国侵略に対して、外敵（日本）を防ぐにはまず国内の安定（共産党との内戦）が先決だとする「安内攘外」政策をかかげる蒋介石が、抗日を要求する民衆の反発を抑え、みずからの権威確立を企図したものであった。宋美齢は「物資的繁栄をはかるには、まず民族的道徳を高め、相互協力の精神を打ちたて、人々の無気力で乱れた風習を正すことが急務」だとし、「礼・義・廉・恥」の伝統的儒教道徳を重んじ、これを日常生活で実践することを強調した[14]。また、「知識と才力ある女性は、公的活動のなかで、男性と同様の責任を負うことができる」としたが、しかし「もっとも重要なことは、女性は依然として家庭を管理する責任があり、あわせて社会のために尽力すべき」であるということだと述べた[15]。つまり、新生活運動が提唱する理想の女性像とは、「良妻賢母」であった。女性は、国家・民族の発展に貢献するための最優先課題として、まず家庭の職責を尽くすべきであり、能力があればそのうえで社会に進出し、職業や公的活動につくことができるとされていたのである[16]。

一九三七年に盧溝橋事件が勃発し、日中全面戦争に突入すると、国内の抗日要求はますます強まり、共産党の呼びかけに蔣介石が応えるかたちで「抗日民族統一戦線」が成立し、全面抗戦と国共合作が実現した。共産党は「統一戦線」の方針を女性運動にも適用し、各階層の広範な女性大衆を組織、団結させ、抗日戦争への動員をはかった。一方、宋美齢は翌年五月、個人の名義で各党、各派、各地区の女性指導者を招聘して盧山で婦女談話会を開催し、婦女指導委員会を拡大・改組し、「女性の抗戦建国の総機構」とすることを決定した[17]。これによって婦女指導委員会は、すべての女性を抗戦と建国に動員するための、女性界における統一戦線組織へと発展した。だが、宋美齢が依然として指導長の地位にあり、女性によるさまざまな抗戦活動を指揮した[18]。

一九四一年、婦女指導委員会の設立三周年を記念して宋美齢は、「中国女性の抗戦の使命」という演説をおこなった。ここでも彼女は、「兵士の戦闘力は健全な家庭組織によって維持される」ことを強調し、女性たちに忍耐強く努力し、感情的にならず「道徳精神」を保ち、団結して抗日戦争の支えとなる女性の労働生産を強化するよう呼びかけた。また、この抗戦の時期において、女性運動とは「国家に対して女性の権利と地位平等を要求する」ことではなく、「国家に貢献し奉仕する」ことだとし、女性はただ「個人や女性界の自由平等と解放のためだけに努力」するべきではなく、「全国の女性が結集して男性と同じラインに立ち、ともに努力し、われら中国民族の自由平等と独立を勝ちとる」ことこそが女性の「使命」なのだと述べた[19]。

しかし四〇年代以降、国共両党の対立はふたたび激しさを増すようになり、婦女指導委員会の内部でも、国共両党が女性運動に対する主導権を争い、分裂した。共産党勢力はしだいに弱体化されて、国民党の指導力が増大し、女性運動の統一戦線としての機能は失われた。日中戦争が終結すると、婦女指導委員会は四六年三月に国民党によって南京に移され、その後は、児童福祉や生産事業、社会福祉などがおもな活動内容となった[20]。そして国民党政府の台湾への移転にともない、すべての女性に理想的な「良妻賢母」像を要求し、「礼・義・廉・恥」を中心とする道徳精神を称揚する新生活運動の指針は、大陸からそのまま台湾へと移植されたのである。戦時期の国共合作下における「抗日」の目標は、国民党の「大陸反攻」へと置き換えられたが、党の政策推進のために女性を動員することをもって「女性運動」とする方針は変わらず、また国民党政権の正統性を維持し、台湾の人々に中華民族としての意識を植えつけようとする運動は、五〇年代以降もますます強化されることになった。この風潮はその後も続き、七七年には婦工会によって、家庭の幸福を強調することで社会の風潮を正し、国家建設の基礎を固めるよう提唱する「斉家報国運動」が推進された。むろん、このような政府・体制側による一貫した上からの女性運動と、一面的な女性観に対しては反発も強く、それが七〇年代の呂秀蓮による「ニューフェミニズム」の出現を招く一因にもなったといえるだろう。

四　政治の民主化と「統独問題」

戦後の冷戦構造のなかでアメリカの支持を受けていた「中華民国」は、日本をはじめとする西側の資本主義諸国と国交を保ち、国連の代表権を維持していた。しかし七〇年代に入ると、アメリカがソ連に対抗する戦略から中華人民共和国と接近しはじめた。国連においても、中国の代表権交替を求める声が年々高まり、七一年一〇月に中華人民共和国の国連加盟が実現すると、「中華民国」政府はみずから国連を脱退した。一方、米中の関係正常化は七二年のニクソン訪中を機に加速し、まず日本が七二年九月に中華人民共和国と国交を回復し、台湾と断交した。七九年一月には米中の国交正常化にともない、アメリカ政府が「中華民国」との国交を断絶し、台湾はついに国際社会で孤立することになった。

七〇年代初めにはこのような対外関係の危機とともに、第一次石油ショックによる経済の大打撃があった。こうした情勢のなか、老齢の蔣介石に代わり、七二年に行政院長に就任した息子の蔣経国に政治の実権が移った。蔣経国はこの危機を乗り切るため、本省人の登用を増やし、改革を求める言論を容認するなど懐柔策をとったが、そのため七〇年代から八〇年代にかけて本省人を中心とする反体制勢力が急成長し、政治の民主化を要求した。この勢力は「党外人士」と呼ばれ、雑誌の出版などを通じて戒厳令下の言語統制に挑戦し、しだいに勢力を拡大・結集して、八六年に民主進歩党（以下、民進党）を結成した。こうした「党外人士」の台頭は、国民党政府が称揚してきた「中国意識」、「中国ナショナリズム」に対抗する「台湾意識」、「台湾ナショナリズム」を形成することになる。蔣経国も民進党の成立を容認せざるをえず、八七年七月には戒厳令を解除して、新聞発行の自由を認めるなど、政治の自由化に踏み切った。蔣経国の死後は、その後任として総統兼国民党主席に就任した李登輝が、民進党の要求を取り入れながら憲法の改正に取り組み、国民大会および立法委員の改選と、省長・市長の直接選挙を実施した。また、九六年には総統の直接選挙が実現し、李登輝がみずから立候補して当選した。しかし李登輝による政治の民主化は国民党内の分裂を生み、その一方で民進党は確実に勢力を拡大し、「台湾独立」の要求を強めていった。

一九四九年に台湾に移った「中華民国」政府は、政府機構と国民政府軍を台北市に移したが、その実際の統治領域は、台湾本島と澎湖諸島、金門島、馬祖島などわずかな大陸沿岸諸島のみであった。しかし、イデオロギー上では「中華民国」の国体をそのまま維持しており、「中国の統一」と「大陸反攻」をかかげていた。一方、北京を首都に四九年一〇月一日に誕生した共産党を中心とする新政権は、「台湾省」を中華人民共和国の一部とみなし、「中華民国」政府とは別の意味での「中国の統一」を主張して、台湾の「武力解放」を唱えた。すなわち、四六年に全面衝突に入った大陸における国共両党の内戦が、四九年以降も台湾海峡を挟んでそのまま継続されたのである。

アメリカは朝鮮戦争勃発後、台湾海峡の中立化を宣言して蔣介石の「大陸反攻」を封じこめ、こうした中ソ対立の冷戦構造のなかで、中台の「内戦」状態はそのまま維持されることになった。中台双方はそれぞれ「一つの中国」を主張し、台湾ではそれが、台湾住民に「中国人」としての意識と「中国ナショナリズム」を植えつけようとする国民党政府の「中国化」運動につながって、六〇年代まで続いた。国民党政府の厳しい政治的・文化的抑圧を受けた本省人はこれに反発し、七〇年代の国際情勢の変化に乗じて次第に勢力を伸ばし、さらに八〇年代の政治的民主化の潮流のなかで、台湾に独立した国民国家を形成しようとする「台湾ナショナリズム」が醸成された。これが范論文でも取りあげられている台湾の「ナショナリティ（国族）」の問題である。

「ナショナリティ」の問題は、それぞれの「中国人」、「台湾人」という意識だけでなく、「中国との統一」と「台湾独立」のどちらの立場を支持するか、という政治的な「統独問題」に直結している。台湾にはそれまでにも、「省籍矛盾」の問題と、「エスニシティ（族群）」の問題があった。「省籍矛盾」とは、本省人と外省人の政治的勢力関係を意味しており、戦前から台湾に居住していた本省人は、数の上では多数派であったが、政治と社会参与の面では冷遇されており、戦後台湾に移住した外省人は、数の上では少数であるにもかかわらず、党、政治、軍および官僚部門で要職を独占していた。しかし、政治の民主化によって本省人は次第に政界や重要な公職に進出し、「省籍矛盾」の構造は崩れはじめた。また「台湾ナショナリズム」の勃興により、台湾の住民は本省人／外省人としてのアイデンティティだけでなく、中国との関係において、どのような政治的立場をとるのかが問われるようになった。

一方、「エスニシティ」は、台湾の住民を単に本省人と外省人の二項対立としてみるのではなく、文化的相違やアイデンティティの観点から、本省人を原住民族と漢民族に分け、さらに漢民族を移民前の大陸における出身地と方言から分けて考えたものである。台湾では一般に、原住民族、「閩南人《びんなん》」（福建省南部出身で閩南語という方言を話す人々）、客家《ハッカ》（おもに広東省梅県から移住してきた客家語を話す人々）と外省人の四つのエスニシティにも、「統一」か「独立」か、という政治的要素を持ちこむことになった。また、戦後半世紀以上を経て「族群」や「省籍」の意識をもたない新しい世代も出現し、「エスニシティ」間の通婚も進んで、人々の帰属意識は複雑化している。さらに、中国大陸のみならず、東南アジアなど他国からの移住者も増えて、台湾社会はますます多様性をみせているのである。

民進党はその後、立法院選挙で多数の議席を獲得して、最大野党に成長した。一九九四年には台湾省、台北市、高雄市で首長の直接選挙が実現し、民進党の陳水扁が国民党候補を破って台北市長に当選した。政権の交代をめざす民進党はその後「台湾独立」の立場をやや軟化させはじめ、二〇〇〇年の総統選挙で、陳水扁は他の二人の候補――李登輝がみずからの後継者に指名した国民党の連戦《れんせん》、李登輝と対立して国民党を離党し無所属で立候補した宋楚瑜《そうそゆ》――を破り、総統に選出された。こうして台湾の政権は、国民党から民進党に移ったのである。しかし近年、民進党はふたたび「台湾ナショナリズム」の方向に移行しており、総統候補の後継者争いや陳水扁の汚職問題のスキャンダル[21]などの影響もあって支持率は低下し、二〇〇八年の総統選では国民党の馬英九が総統に選出され、国民党がふたたび政権を奪還した。このように今日では事実上、国民党と民進党が台湾の二大政党となり、政権争いを繰りひろげている。

民進党は発足後、婦女新知基金会の秘書長であった彭婉如《ほうえんじょ》を婦女部の主任に登用し、女性の政治参加を中心に、党内で女性政策を推進した。また、陳水扁が総統に選出されると、呂秀蓮《りょしゅうれん》が副総統に就任し、多くの女性運動の関係者が政権に参与することになった。一方、一九九八年の台北市長選で陳水扁を破って当選した国民党の馬英九は、当時婦女新知基金会の理事長であった顧燕翎《こえんれい》を台北市公務員訓練センターの主任に任命した[22]。このように国民党と民進党は政権を争うなかで、広範な女性の支持を獲得するために党内で女性運動を重視しはじめ、女性運動を体制内に取りこんだ。一方、政党間の競合と「ナショナリティ」や「省籍」の問題も女性運動のなかに持ちこまれることになり、すでに多様化の様相を見せていた女性運動も、ますます複雑化することになった。

五　範情論文の意義と特徴

台湾の女性運動に関する研究は、台湾本土では、楊翠『日本統治期における台湾女性解放運動』、王雅各『台湾女性解放運動史』、游鑑明「台湾地区の女性運動」などがある[23]。しかし、日本では台湾女性に関する研究が総じて少なく、いくつかの各論はあるものの、女性運動についての全般的な研究は皆無に等しい。近代以降の台湾の女性運動を総括した研究論文としては、范論文が日本ではじめて発表されるものだといえるだろう。

　范論文に述べられているように、台湾の女性運動に関する研究にはさまざまな視点があるが、范氏は女性運動を、女性を啓蒙し、改革を求める女性の主張と集団活動と定義している。またこの論文では、とくに女性の社会参与と政治運動に重点がおかれている。台湾における女性運動の開始時期についても、研究者間で観点が分かれるところだが、范論文は日本統治期をその始まりとしており、この点では楊翠、游鑑明らの研究の流れをくむものといえる。楊翠は、台湾の女性問題は中国の伝統的な社会システムである家族制度に根ざしつつ、移民社会や植民地統治など台湾の歴史的経験と強く結びついているとして、台湾における女性解放意識の萌芽が日本統治期に芽生えたとする。また游鑑明は、台湾では清末の中国とほぼ同時期に、西洋の宣教師による纏足《てんそく》反対と女子教育振興の主張が始まったが、これは女性を解放するものではなく、女性を改造するための運動であったと位置づけ、日本の植民地統治下における女性の主体的な運動の出現とその背景から論を進めている。范論文はこれらと同じ観点にもとづいており、日本統治期から戦後の国民党政権下における女性運動の流れを概観し、さらに現代における女性運動の変遷とその問題点を指摘している。一方、王雅各は、女性解放運動を「社会における女性の境遇や地位、女性に対する一般的な観念や考え方を群衆の力で改善する」ことと定義し[24]、おもに八〇年代以降の女性運動の経緯を、「社会学的、歴史学的（および歴史社会学的）」に紹介する[25]。そして、女性運動を八〇年代以前と八〇年代、九〇年代の三つの部に分け、八〇年代と九〇年代について、それぞれ四つの女性団体を取りあげ、そのリーダーへのインタビューを中心に記述している。しかし王氏の著作については、八〇年代と九〇年代をあえて分ける理由が明らかでない、この二つの時期が分断され、さらに各団体の記述がそれぞれ独立した「小伝」となっているため、女性運動全体の歴史的な流れがみえにくい、などの批判の声もある[26]。

　冒頭で述べたように、范論文は、現代の女性運動を叙述している部分にその特徴がある。范氏はみずから運動にたずさわった立場にありながら、きわめて客観的なまなざしで台湾の女性運動をとらえており、女性運動がおこなってきた具体的な活動や、女性に関する個々の問題についての主張と議論をふりかえりながら、女性運動の全体的な潮流をも明らかにしている。さらには、近年の女性運動を再検討しながら、しだいに複雑性を帯びてきた運動の今後の方向性を見すえようとしているのである。

おわりに

近年、台湾の女性運動がめざしてきたジェンダー主流化[27]は、女性運動の体制への参画を経て加速したが、逆に女性運動が政治性を帯び、複雑化するという問題も発生した。勢力の拡大と安定した支持基盤を求める民進党と国民党は、それぞれフェミニズム運動の指導者を党の要職に登用し、党内で女性の政治参加を促進し、女性の権利を保障する政策を推進した。フェミニズム運動の関係者が政党や政権・体制に入ったことで、女性運動は発展し、目標の実現と安定した制度を獲得したが、一方で政党の政権争いに巻きこまれ、本来の目的から離れ、政治的に利用されるという危険性をはらんでいることも否めない。范氏は論文の最後にこのような問題点を指摘し、体制内・体制外双方の女性運動にさまざまな疑問を投げかけている。ここにはむろん、女性運動に長年深くかかわってきた当事者としての、自省の念が込められているのであろう。台湾の女性運動は、台湾独自の複雑な政治性と相まって、今後ますます多様性と多面性を示すことになると考えられる。そのなかで、それぞれが立場と主張をこえ、相互に協力と批判を重ねていくことの必要性を、范情氏は改めて示唆しているのである。

注

（1） 范情「報禁解除前後、『中国時報』与『聯合報』報導雛妓問題之差異分析」Iowa State University, U.S.A、一九九〇年五月。

（2）范情「当代社会主義女性主義」『女性主義理論与流派』女書出版、一九九六年。
（3）顧燕翎・范情『性別平等専責規制之研析』中華民国行政院研究発展考核委員会、二〇〇九年。
（4）范情氏が雑誌や新聞で発表した評論には、以下のようなものがある。「給女大学生的一封信」（『婦女新知雑誌』一〇一号、一九九〇年一〇月）、「台湾的女性生育控制権」（『中国論壇』三六六号、一九九一年三月）、「簡介婦女運動WLD策略」（『婦女新知雑誌』一一五号、一九九一年一二月）、「女性主義者来了！——這一次她們以選票支持婦女的自由選択権」『自立早報』地球村、一九九二年四月一四日）、「女人和電影」（『自立早報』読書版、一九九四年一一月七日）、「我們要女性基本工作権」（『中国時報』時論広場、一九九五年三月八日）、「城郷、階級、「非台北」—尋找台中婦運」（『騒動季刊』四号、一九九七年六月）など。また、書評としては、「離婚外一章—施寄青的「走過婚姻」」（『中国時報』人間副刊、一九九六年一月二一日）、「寧為情婦？」（『中国時報』開巻版、二〇〇一年一〇月七日）、「尋找順婦？」（『中国時報』開巻版、二〇〇二年一月二〇日）がある。
（5）『台湾日報』の「婦女版」で、一九九八年九月一七日から二〇〇〇年二月一〇日までの約一年半にわたって、「婚姻随身包」というコラムを連載した。
（6）天児慧・石原享一ほか編『岩波現代中国事典』岩波書店、一九九九年、七二七頁。
（7）若林正丈『台湾——変容し躊躇するアイデンティティ』筑摩書房、二〇〇一年、四七頁。
（8）若林正丈『台湾の政治——中華民国台湾化の戦国史』東京大学出版会、二〇〇八年、四一頁。
（9）婦聯会はその後国際情勢の変化にともない、一九六四年に中華婦女反共聯合会、一九九六年に中華民国婦女聯合会と改称して現在にいたり、台湾で最大規模の女性団体となっている。くわしくは、同会のウェブサイト（http://www.nwl.org.tw/）を参照されたい。
（10）宋美齢「中華婦女反共抗俄聯合会成立大会致詞」一九五〇年四月一七日、陳鵬仁主編『蔣夫人宋美齢女士言論選集』近代中国出版社、一九九八年、二四七頁。
（11）中国女性史研究会編『中国女性の一〇〇年——史料による歩み』青木書店、二〇〇四年、一三七頁。
（12）宋美齢「中央婦女工作会第二次工作会議開幕式致詞」一九五六年四月二六日、前掲『蔣夫人宋美齢女士言論選集』二五九頁。
（13）范情論文、注（3）参照。
（14）宋美齢「中国的新生活」一九三五年、前掲『蔣夫人宋美齢女士言論選集』一二頁。
（15）宋美齢「新生活運動」一九三六年、前掲『蔣夫人宋美齢女士言論選集』一四頁。

(16) 末次玲子『二〇世紀中国女性史』青木書店、二〇〇九年、二八九頁。
(17) 陳鵬仁主編『中国国民党党務発展史料―婦女工作』中国国民党中央委員会党史委員会、近代中国出版社、一九九六年、五二七頁。
(18) 前掲『中国女性の一〇〇年』一二九―一三二頁。
(19) 宋美齢「中国婦女抗戦的使命」一九四一年、前掲『蔣夫人宋美齢女士言論選集』一三七―一四一頁。
(20) 段瑞聡『蔣介石と新生活運動』慶応義塾大学出版会、二〇〇六年、二三五―二三六頁。
(21) 総統を退任した後、陳水扁は二〇〇八年一一月に逮捕された。二〇〇九年九月、台北地裁で無期懲役、終身公民権剝奪、罰金二億台湾元（約五億六千万円）の実刑判決が下ったが、陳水扁はこれを国民党政権による「政治的迫害」として無実を主張し、高裁に控訴している。
(22) 本書には顧燕翎が当時の経緯について語った論文、「フェミニズムの体制内変革」を収録している。くわしくはそちらを参照されたい。
(23) 楊翠『日據時期台湾婦女解放運動―以《台湾民報》為分析場域（一九二〇―一九三二）』時報出版、一九九三年。游鑑明「台湾地区的婦運」『近代中国婦女運動史』近代中国出版社、二〇〇〇年。王雅各『台湾婦女解放運動史』巨流図書有限公司、一九九九年。
(24) 前掲『台湾婦女解放運動史』二〇頁。
(25) 同前、一七頁。
(26) 王秀雲「評介王雅各―『台湾婦女解放運動史』」（『女学学誌―婦女与性別研究』第一八期、二〇〇四年一二月、一九七―二〇八頁）、范雲「評介王雅各―『台湾婦女解放運動史』」（同前、二〇九―二一四頁）など。
(27) 台湾における国家戦略としてのジェンダー主流化への転換については、金戸幸子「台湾の「両性工作平等法」成立過程に関する国際社会学的考察――多様化社会建設に向けた国家戦略としてのジェンダー主流化をめぐって」（『日本台湾学会報』第七号、二〇〇五年五月）にくわしい。

Ⅱ　社会進出の道程

日本植民地体制と台湾女性医療従事者

游鑑明
（坪田＝中西美貴訳）

はじめに

日本による五一年間の植民統治期において、台湾は政治上の大きな変化があっただけでなく、経済、社会、文化の面でも変化がみられた。この間、日本と中国はともに転換期にあたり、そのことは台湾の各方面の変化にも深い影響を及ぼした。とりわけ経済と関係する就業方面で大きな変化が起き、就業空間、就業人口、職種ともに多元化の方向にむかった。それまで周縁に置かれていた台湾女性も、男性が主権を握る労働市場に進出する機会を得た。

長らく家の中にこもっていた台湾女性が、「男は外、女は内」という伝統的観念を打破し、家庭を出て社会的な仕事に参入するには大きな勇気を要した。それと同時に、社会が女性に就業環境を与えるかどうかが就業に対する女性の願望のあり様にも強い影響を与えた。政治的、社会的、文化的背景の違いから、各地域によって女性の就業に対する人々の考えは異なっていた。また植民地政策が高度に支配を及ぼしている台湾では、女子の就業は家庭だけではなく、明らかに植民地政府のコントロールを受けていた。

台湾人に日本国民としての自覚をもたせ、植民地政策のもと各種経済活動に従事させるため、植民地政府は台湾人を日本人に同化させる政策と近代化政策とによって台湾を統治した。そこで採られた方法は、台湾の陋習を廃しつつ、その一方で新式教育を実施するというものだった。つまり、台湾で伝統的におこなわれてきた纏足《てんそく》や女性を教育の外におく観念の排除に着手したのである。公的権力と台湾の地方エリートの影響力を通じて、植民地政府は女子教育を推進するとともに纏足を解く放足運動をおこなった。繰りかえしおこなわれる宣伝と強制の結果、多くの女性が活動空間を拡大し、自らの意思によって行動し知識を得る自由を獲得していった。彼女たちの足跡は家庭から学校、社会、国外へと広がり、その能力を発揮する空間はもはや家庭内の瑣事に限定されなかった。社会運動に従事し、街頭演説に立つ女性や、労働市場に進出する女性、専門知識をもつ女性もあらわれた。このような環境の下、医療関係の仕事に従事する女性たちもあらわれたのである。

日本統治期以前にも台湾には女性漢方医と産婆がいたが、医学的訓練を受けた経験がない彼女たちについては、本論の対象としない。本論であつかう女性医療従事者とは、近代医療に従事した女医、産婆、看護婦である。これら女性医療従事者たちは個々人の専門的技能によって台湾の医療衛生事業を推進し、家庭以外の場で能力を存分に発揮し、男性と同様に尊敬を受ける社会的地位を獲得した。しかしながら彼女たちが専門家となる以前、植民地政府はどのような姿勢でこれらの人材を養成したのだろうか？　女医、産婆、看護婦たちにはそれぞれ異なる養成方法がとられたのではないか？　また、彼女たちが専門的訓練を受け仕事を得る過程で困難に遭遇しはしなかっただろうか。あるいは家庭における責任は、彼女たちの職務に影響を及ぼさなかったであろうか。彼女たちの医療技術は、個人、家庭、そして社会に対しどのような影響をもたらしたであろうか。これらは検討に値する問題である。これらの課題に対する考察を通じ、日本統治期の女医、産婆、看護婦が生きた歴史を描きだすことができるであろう。

一　女性医療従事者の誕生

一八九五年、下関条約締結後、日本は統治者として台湾を占領し、台湾総督府は統治体制を確立するために、一連の改革をおこなった。そのなかでも医療衛生の改革を重要視し、医療従事者の養成が改革の重要項目のひとつとなった。一八九七年、植民地政府は台湾にはじめて公立病院、すなわち現在の台大医院（台湾大学医学院附設医院。もとの名は台湾病院。その後数度にわたって名称変更した）を設置、同時に各種医事講習所を付設して、医療従事者養成の重要な拠点となった。しかし統治初期の植民地政府は男性医療従事者の養成に傾き、女性医療従事者の専門訓練は一九〇七年に講習所が設けられたことでようやく始まった。それら講習所で養成されたのは看護婦と産婆であり、医療においてより重要な役割を果たす医師の養成にあたり、女性がその対象とされることはなかった。したがって日本植民地体制下において、看護婦と産婆は植民地政府の意図によって誕生した存在であったが、女医は体制が養成したものではなかった。

（一）植民地体制による人材養成の枠外にあった医療従事者――女医

植民地政府が女医を養成しなかったことは、偏った女子教育政策と関係がある。台湾占領後、植民地政府はたしかに女子教育をおおいに宣伝し、教育機関を設置して女子の就学に供したが、それは初等、中等教育が中心で、高等教育にまで発展することはなかった。そのため、高等教育機関によらなければ養成できない女医は生まれようがなかった（游鑑明　一九八八：二五四）。

当時、女医は台湾での医学教育によってではなく、日本への留学によって生まれていたため、医師になることを希望する台湾人女性は留学の道を選ぶしかなかった。ただし、留学の費用は非常に高く、一般の家庭で負担できるようなものではなかった。そのため子女に留学する機会を与えられるのはほとんど上流の家庭に限られ、なかでも医師の子女が多くを占めていた。当時の紳士録を見ると、娘を医学校に留学させている名士は約一八名、そのうち自身が医師である者は七名を数える[1]。娘が出世したり一門の名をあげたりすることに対する彼らの熱意は、娘は所詮嫁にやる者、勉強をさせる必要のない者という旧来の観念とは大きく異なっている。医学を志す女性は植民地政府からの支援がない環境のなかで、別の面から学業を奨励されたのである（游鑑明　一九九五：一〇六）。

女医を志すには出身家庭にかかわる条件以外に、個人的な資質や学業に対する姿勢も非常に重要であった。「良妻賢母養成」をかかげる植民地教育政策が長きにわたって続くなか、台湾から内地に向かった女子留学生の多くは家政や音楽、美術といった学科を選んだ。医学を学ぼうとする留学生は、通常数学を得意としなければ、教育課程を修めることが難しかった。有名な東京女子医学専門学校を例にとると、本科に入る前にまず一年間予科で学ばなければならなかった。この一年のカリキュラムは、留学生たちが台湾で受けた女子教育のものとおおむね同じだったが、物理化学の比重が増え、ドイツ語が加わった。本科入学後の修業年限は四年間で、一、二年目は有機化学、微積分、動植物学、組織学、細菌薬剤学、解剖学などの、医学的知識を習得することに重点がおかれた（Gibson: 26）。

医学課程を修めるには大変な努力を要したため、女子医学生の多くは不退転の決意を抱いて学んでいた。東京女子医学専門学校を卒業した蔡阿信によると、女子医専で学ぶ生徒はみなまるで男子のようで、彼女たちは学問を生涯続けることだけを求めた（Gibson: 26）。医学課程においては、専門理論を履修した後、さらに試験に合格して初めて臨床課程に入ることができるのだが、試験が非常に難しいため、留年する者も少なくなかった。幸いにして進級できた者でも、臨床課程にはさらに強固な覚悟で臨まなければならず、絶えざる刺激と緊張のなかで解剖実習と病院実習に明け暮れる毎日だった。

厳しい医学教育は中退や留年をまねき、順調に卒業することができない学生も多かった。たとえば蔡阿信と同期に入学した学生は一二七名いたが、そのなかで同じ年に卒業したのはわずか七八名であった（Gibson: 26）。言い換えると約四分の一の学生は修学年内に医師となる資格を得ることができなかったことになる。実際、三校の女子医専〔東京女子医学専門学校、帝国女子医学専門学校、大阪女子医学専門学校の三校〕の資料によると、医師になることができた台湾女子留学生は約二二七名であった(2)。一九四二年までに、台大医院では合計一六六一名の台湾人男性医師を養成しており、一方日本内地では、東京女子医学専門学校は一九二〇―一九二六年の間に、六八一名の女性医師を養成している（陳君愷　一九九二：三〇、村上　一九八四：二七六）。これを考えれば同じ時期の、台湾人女性医師の数は非常に少ない。

しかし台湾の女医誕生にいたる苦難を考えれば、この人数でも評価に値する。そもそも、植民統治下にあって、彼女たちは勉学開始の時点から不利な環境にあった。植民地政府には女性に勉学を奨める意思がなかったため、医師をめざす女性たちは台湾で医学教育を受けることができず、異郷の地に留学し勉学の機会をみずから探さなければならなかった。医専への留学は費用がかかり、希望をかなえることができない女子学生も珍しくなかった。以上のように内在、外在するさまざまな困難が、台湾における女医の誕生を阻んだのである。さらに、この時期の台湾の女医は、植民地政府ではなく、完全に民間の力によって生まれたのであって、それは他の職業の誕生過程と比べてみても、きわめて特殊だったという事実は特筆しなければならない。

(二) 植民地体制の計画下での医療従事者――産婆および看護婦

日本統治期の看護婦と産婆は、キリスト教教会の病院や私立病院での育成を除き、その多くが植民地政府によって養成された。植民地政府は幼児死亡率を低下させるために産婆を育成し、また台湾人の患者の看護のために看護婦を養成した。そこで二〇世紀の初頭の台湾にこの二つの医療従事者が誕生したのである。しかしながら育成過程においていくつかの矛盾があらわれた。植民地政府は産婆と看護婦を養成する意志はあったものの、専門学校を設立しなかったため、産婆や看護婦の質に問題を残した。また台湾にやってきた日本人女性の利益を守るため、訓練対象の大半が日本人女性となっていた。

産婆・助産婦についていうと、植民地政府は台湾統治の初期には台大医院の日本人看護婦に訓練をおこなうのみであったが、徐々に初等、中等学校を卒業した女子学生を募集するようになり、台湾人女性も講習を受けるようになった。しかしその人数は日本人女性に及ばず、一九一一―一九二二年の間に受講した台湾人女性はわずか一四名で、一九三九年以後にようやく台湾人女性が日本人女性の数を超えるようになった[3]。産婆志望の女性は非常に多く、講習をうけるための選抜試験は熾烈を極めた。一九二五年には二〇名の定員に対し、一〇六名もの女性が応募した(『台湾日日新報』一九二五)。そのほか、植民地政府も一九〇七年に台湾人のための短期産婆講習科を開き、無料で訓練をおこなった。講習を受ける生徒はおもに初等教育を受けた女性で、講習期間はわずか六カ月から一年であった。訓練を経て、一九〇八年から一九三八年の間に短期講習科を修了した台湾人産婆は七〇七名、年平均で二三名の産婆が誕生

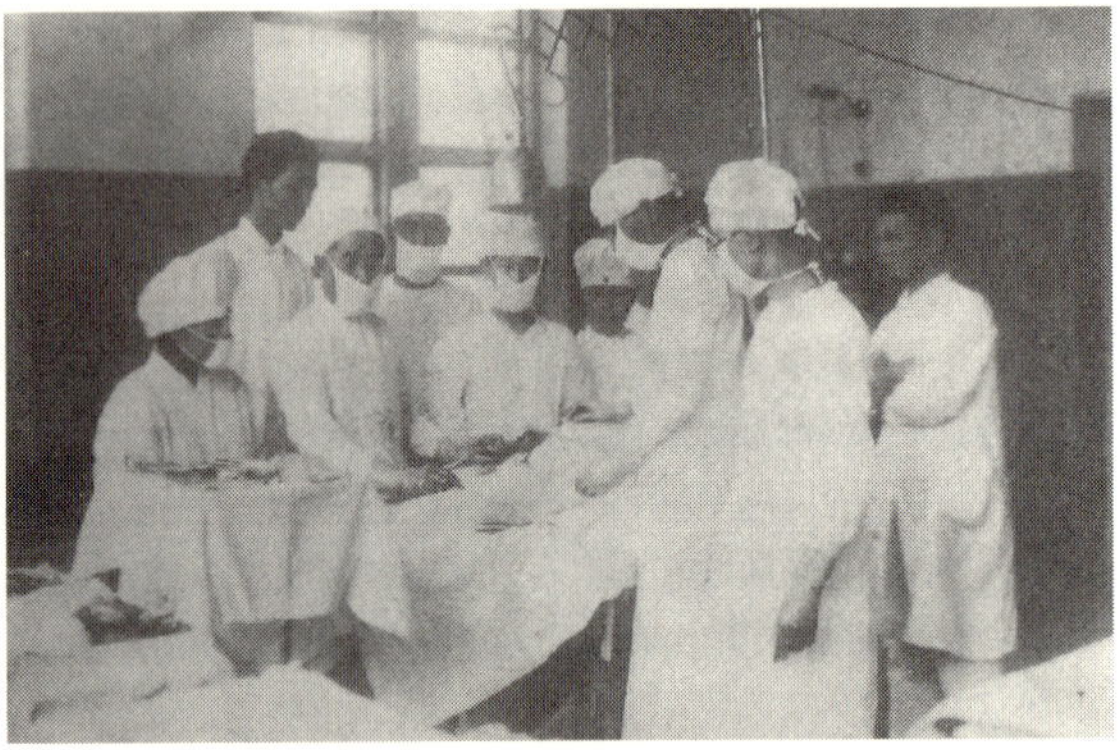

写真1　植民地時期、台北の日本赤十字医院の看護婦が、胃癌患者の手術の補助をしているところ。

した（游鑑明　一九九五：一三六）。短期講習科で養成された産婆の質は低く、人数にも限りがあったが、それが台湾人産婆養成のおもなルートであった。

植民地政府は近代的な新式産婆を養成しただけでなく、伝統的な産婆に対しても正確な助産技術を指導することに努めた。伝統的な産婆は台湾各地に分散していたため、植民地政府は各地に短期の産婆講習所を設立した。しかしながら植民地政府の公的権力は基層にまで完全には入りこむことができていなかったため、少なからぬ地域のリーダーたちも産婆の近代化に取り組んだ(4)。つまり、台湾の近代産婆の誕生あるいは助産技術改良の過程において、植民地政府と地域社会のリーダー層は緊密な連携をみせたのであった。

看護婦についていうと、産婆の訓練と同じく、植民地政府は日本人看護婦の養成を優先させた。一九〇七年以後ようやく台湾人看護婦の養成を始め、台大医院から徐々に台湾全島の各公立病院へとひろげていった。訓練を受ける生徒の資格は、初等、中等教育以上の学歴が必要で、入学試験も受けなければならなかった。試験科目の多くが日本人の女子生徒向けの教材から出題されたため、当然のことながら台湾人には不利にはたらき、結果として合格者の大半は日本人生徒であった。呂連紅甘の回顧によると、彼女が試験を受けた一九三一年、受験者数一〇〇名に対して合格者は二五名、そのうち台湾人はわずかに六名であった（游鑑明　一九九二c）。台大医院で修業した看護婦数を見てみると、一八九八年から一九三九年の間に養成された台湾人看護婦は、年平均一〇名に満たず、合計でわずかに一〇三名であったのに対し、この期間に養成された日本人看護婦は九三一名であった(5)。植民地政府が女性医療従事者の養成上、公平を欠いたことは疑いがない。このような現象は一九三七年の日中戦争勃発後、大きく様相を異にするようになる。戦時下で医療従事者増員の必要が生じたことから、台湾人女性に産婆や看護婦といった職業に従事する機会が増えたのである。講習所に入った生徒たちは、そこで学ぶことをもとより喜びとしたが、入所後は学科、臨床、生活教育などの訓練を受けなければならず、特に生活教育は非常に厳しかった。病院は全生徒を寮に住まわせ、生活規則を定め、少しでも違反すると厳しく処分するなど、まるで軍事教練のようであった（游鑑明　一九九五：一三七）。このほか、日本式教育は上下関係に厳しく、若い看護生はすべての人に敬意を払わなければ、叱責された（游鑑明　一九九四：二四）。

こうしたさまざまな束縛をともなった訓練は、一部の看護生の不満を引き起こした。一九二五年日本人看護生は集団逃亡によって待遇の改善を求めた。この事件は世論の同情を引いたが、ある論者はもし不満を表明したのが台湾人生徒だったなら、世論はきっと彼女たちを非難しただろうといっている（剣如　一九二五）。このことは当時の台湾人生徒の地位の低さを示すだけでなく、たとえ自分たちが受けている差別を認識していたとしても、その自覚を発信することはできなかったことを示している。しかし植民地政府がおこなう医療訓練を受けることができた台湾人女性たちは、仕事の資格を得て正式な医療従事者となるため、それら不合理な訓練をあえて受け入れたのだった。

二　職業の獲得と仕事の状況

(一) 女　医

資格を獲得した後、これら女性医療従事者は彼女たちの職業生活をスタートさせた。女医は植民地政策の産物ではないため、内地での学業を終えて帰ってきた後も、みずから道を切り開かなければならなかった。当時、公立病院で要職にあった医師の多くは日本人であり、台湾人医師の職位は低く、また待遇も低かった(6)。そこで台湾人医師は開業することによって自らの能力を発揮した。このような気風に影響を受け、日本留学から帰ってきた多くの台湾人女医もまた、自分で開業する道を選んだ。当時医師の開業は非常に簡単で、植民地政府が規定した正規の医学教育を受けていれば、検定試験を受けずに開業資格を得られた。

女医の多くはまず病院で無給の助手となって医療経験をつんだ。大型病院で働くには人脈が必要であったため、医師の家系の出身者や裕福な家庭出身の女医には大型病院で働く機会が多かった。(7) 病院の各科の人員には枠があり、助手の期間中、自分の専攻してきた科で実習することができない女医も少なくなかった（游鑑明　一九九五：一一一）。また、臨時実習の機会を得るため、助手のあいだではつねに緊張関係があった。指導にあたる医師の多くが、ある種の職務は女性に向かないと考え、それを理由に男性の助手に任せたため、女性は実習の機会をしばしば奪われるなど、明らかな性差別も存在した（游鑑明　一九九五：一一二）。

実習終了後、みずから開業した少数の例を除くと、女医の多くが医師と結婚し夫とともに開業している。女医の出現は医療界のジェンダーバランスに変化をもたらしたとはいえ、女医の数は非常に少なく、男性医師を脅かすほどではなかった。(8) また、女医の多くは眼科、歯科、小児科に従事したが、男性医師の目にはそれらは取るにとらない医療とみなされ、彼らの競争相手とはみなされなかった（游鑑明　一九九五：一一一）。一方で、女医は特定の患者を対象としていた。男女の関係がいまだ開放的でなかった日本統治期、保守的観念をもつ女性の多くは男性医師による診察を望まなかった。これは性別の違いが逆に女医の成長に有利にはたらいた点である。

女医同士の関係についても、そもそも女医の数が少なく、しかも各地でそれぞれに開業したため、互いに競争相手とはならなかった。日本人女医の数は台湾人女医より多かったが、言語と文化的習慣の違いから、患者は同じ民族の医者に見てもらうことを望んだ。(9) 競争が起こりうるのは産婦人科であったが、そもそも当時一般の家庭では産婆を呼んで自宅で出産することが多く、病院で出産することはまれだった。その一方、産婦人科医には婦人病の患者を診るという仕事があり、産婆と真っ向から競合することはなかった。つまり、性別、民族、あるいは同性間の競争においても、女医の活躍を妨げるものは意外に少なく、女性が就いたその他の職業と比べても、女医は比較的たやすく個人の職業空間を作ることができた。

台湾初の女医の開業は各界からの注目を集め、新聞メディアは競って女医の事跡を報道した。女医の親切さと細やかさは確かに診察に訪れる患者をひきつけ、少なからぬ患者が女医をあらゆる病から救ってくれる力能の存在とあがめ、女医に頼った。患者の期待に応えるため、ある女医は日本で研修を受けて、医療知識を高めた（游鑑明　一九九四：二三二）。患者の女医に寄せる信頼は、女医と患者の間に友好的な関係をうちたてた。田舎や貧しい家庭から来院した患者は、病気が治れば、医療費を払えなくとも自分のできるだけのことや贈り物をしようとし、女医もまた半額または無料でこのような患者を治療したのであった（Gibson n.d.:37; 游鑑明　一九九四：二三五）。

女医はこのように人々に歓迎されたため、つねに仕事に追われた。しかし開業医の場合は他の職種と比べて自己裁量の範囲が広いだけでなく、高収入が得られた。農村部で開業している女医の毎月の収入は二〇〇円ほどであったが、これは初等学校で教える教師の六倍以上であった（游鑑明　一九九三ｂ）。開業医の仕事は厳しいものであったが、多くの医師はそこにやりがいを感じていた。

(二) 産　婆

産婆は植民地政府が自ら積極的に育成しようとした医療従事者である。産婆の質をあげ専門性を高めるため、植民地政府は産婆資格の取得に厳しい規定を設けた。公立病院で産婆講習を受け、修了証書を得た者を正式な産婆と認定した他、産婆検定試験をおこない、講習を受けていない人々にも資格を取得する機会を与えた。産婆検定試験は筆記試験と実技試験の二科目であった。試験内容からすると、医学的専門知識か見習いの経験がなければ、合格することは難しかったが、それでも多くの女性がすすんで試験を受けた(10)。そのため産婆試験合格者は年々増加し、一八九七年には資格をもった産婆がわずかに九名だったのが、一九二四年には九三二名に増え、一九三八年には一七九六名の産婆資格所持者がいた（游鑑明　一九九五：一四六）。

植民地政府は産婆の資格を厳しく定めたが、民衆に近代的産婆を受け入れさせるため、社会と地方勢力を通じて絶えず近代的な出産を宣伝したので、産婆検定合格者には広い就業空間があった。ある産婆はみずから開業を選択したが、当時の規定では満二十歳以上で産婆検定合格証書をもつ者であれば、地方の衛生課で開業登記することができた

（『台湾総督府府報』一九二三）。いったん開業資格を取得すると、産婆は看板を出すことができた。日本統治期、産婆が助産をおこなう場所は妊婦の家で、自分が開業している場所ではなかった。そのため看板を掲げる場所に規定はなく、普通は自宅に掲げたが、商店や薬局、病院など人目につきやすい場所に看板を出す産婆もいた[11]。開業産婆は開業女医と同じく、仕事の上でも経済的に自立した存在であった。仕事のうえで彼女たちは助産を拒む自由や妊婦の家を選ぶ権利をもち、同時に仕事の合間に自分の家族の世話をすることもできた。

またある者は地方行政機構に雇用されて公設の産婆となった。公設産婆は貧しい人々の出産習俗改善のために設けられ、無料で助産をおこない、民衆に正しい助産を受けるよう勧めた。公設産婆の仕事には保障があるだけでなく、固定収入もあったが、拘束も多く、助産対象と助産件数は所属機関からの指示によるものだった。また公設産婆は地方での衛生指導にも協力する必要があった。このように独立性が低く不自由な面があるため、長く務める女性は少なく、公設産婆は流動性が高かった。さらに、病院に残って助産にかかわる産婆もいたが、その多くは産婆資格をもつ看護婦で、彼女たちが受ける制限はさらに多く、みずから新生児をとりあげることができないだけでなく、医師の指導のもとでしか助産をおこなうことができなかった。しかし日本統治期の産婦人科医は出産指導や難産の処理をするだけであり、仕事の多くは彼女たちにまかされ、医師をサポートするという名目ではあったものの、彼女たちは豊富な助産経験を積み、その経験は後日みずから開業する際に大きな助けとなった（游鑑明 一九八八：一五一）。

産婆の仕事の領域は一様でなかったが、仕事の手順はほとんど同じであった。彼女たちは訓練によって旧式の産婆とは異なる技術や理念を身につけていた。その仕事には助産や臍の緒を切る等の分娩作業だけではなく、産前、産後の看護も含まれた。そのため熟達した助産技術のほか、公衆衛生や妊婦と幼児の衛生に関する知識も必要であった。さらに、いかにして古い風俗や慣習を改め、旧来の出産・育児文化を改善するかについても理解している必要があった。たとえば伝統的には、妊婦の多くはしゃがんで分娩桶や分娩筵の上で出産したが、産婆の勧めで、多くの妊婦がベッドで出産をおこなうようになった（新 一九〇二：三五）。これは近代の産婆の特徴であるとともに、植民地政府が徹底をはかったものでもあった。

産婆の働き口は多かったため、多くの台湾人女性が産婆となることを希望した。一九三〇年を例にとると、この一年に教師となった女性は四三七名だったが、産婆は七九四名であった[12]。しかしながらそのために同業者間の競争が激しくなり、多くの産婆が親戚や友人を介して仕事を獲得しようとしたり、広告を出したり、同業者を中傷する者さえ現れてきた（『台湾新民報』一九三一a）。言うまでもなく、産婆の競争相手は同性で、しかも同じ民族が競争相手であることが多かった。というのも、台湾人産婦には出産前後の事柄に対するさまざまな迷信やタブーがあり、文化を異にする産婆では理解が難しかったからである。ことに重要なのは、妊娠期の妊婦の不安や陣痛には、助産者からの励ましを必要とするということであり、もし言葉や観念のうえで障碍があれば、妊婦の症状に適切な判断を下すことはできないし、順調な分娩を導くことも難しい。そのため台湾人の産婦は台湾人産婆に助産を依頼するのが常であった。

他の職業とくらべて産婆は就業機会に恵まれていたが、彼女たちの仕事は決して簡単なものではなく、出産前、分娩中、産後の女性に対してこまやかな世話をするほか、毎回の出生記録を市町村の管轄部局に届けなければならなかった[13]。もし難産であれば産婆は速やかに産婦人科医の処置を求めなければならず、万一自分の判断で対応した結果、問題が起これば、罰金を支払わなければならなかった（游鑑明　一九九五：一五一）。そのほか、産婆の仕事は危険に満ちていた。出産は日中に始まるとはかぎらず、その場所も遠近さまざまであるなか、産婆は毅然と助産の現場におもむいたが、時としてその行き帰りに産婆が襲われる事件も起こった[14]。

(三) 看護婦

看護婦養成を担う機関は多様で、各機関がそれぞれに看護婦を育てて送りだした。公立病院が養成した看護婦を例にとると、二年の修業期間を終えると看護婦としての資格を得られたが、一年間はその病院に勤務する義務を負っていた。この期間、彼女たちは病院の正式な人員ではなく、所定の期間を終了後、ようやく正式に看護婦として働くことができた。養成機関が就職先を斡旋することはないため、世に出た看護婦は自分で仕事を探さなければならなかった。講習期間に優秀な成績を修めた者でなければ就職は難しく、しかも日本人の患者が多い病院では、日本人看護婦を優先的に採用したため、台湾人看護婦はきわめて少なかった[15]。そのため台湾人看護婦の多くは、公立私立を問わず規模の小さな病院か、台湾人看護婦を多く受け入れる病院に職を求めた。

病院の規模によって、看護婦が従事する仕事の内容は異なり、外来の診察しかおこなわない病院の仕事は比較的単純であった。彼女たちの仕事は診察受付、注射、医療器具や薬を手わたすなどの医療補助、医療器具の洗浄などであり、医師からの指示に従ってさえいればよく、病院の厳格な規定にしばられることはなかった（游鑑明　一九九三b）。それに対し、大病院の看護婦には難しい業務が課せられたうえ、人事組織も複雑で、医師や患者以外にも多様な医療スタッフがかかわる複雑な人間関係のなかで職務に携わらなければならなかった。

規模の大きな病院の看護婦はそれぞれ異なる科に所属し、おおむね三カ月ごとに別の科に移動した。各科は外来、手術室、病室に分かれ、外来と手術室の看護はひと続きのものだった。担当の看護婦は、毎日午前中に医師につきそって外来の患者に対応し、週に三日、午後に、医師と手術室に入った。手術の助手を務める時間は時に八時間にも達し、夜中に及ぶこともあった。外来の診察と手術室では、看護婦はすべて医師に従って職務を遂行したが、その過程で看護婦たちは絶えず実地の観察と学習を体験でき、医療知識や技術も向上させることができた。とくに産婦人科の看護婦が医師に託されておこなう助産の仕事は彼女たちの助産技術を高めた（游鑑明　一九九五：一八三）。

病室を担当する看護婦の場合は、独立した仕事内容が多く、責任も大きかった。彼女たちは通常の業務として患者を看護しながら患者の状態を医師に報告するほか、患者の身体を清潔に保つことにも責任を負った（游鑑明　一九九三d）。病室の整頓と管理、患者が早く回復するよう手助けし、患者に自信をもたせるのも看護の一貫とみなされた。思いやり、忍耐、温和、謙虚で丁寧かつ礼儀正しい態度は、この仕事に求められる基本的な資質であった。日本統治期の看護婦は看護生時代、修身の課程を通じ病院から絶えずこの精神を教えこまれた後、看護の現場では日本人看護婦長の厳しい監督の下でこの看護精神を体得し、看護婦に求められる穏やかで謙虚な態度を身につけたのだった（日本赤十字社　一九一〇：游鑑明　一九九二b）。

このように病院看護婦はつねに緊張と多忙のなかで職責を担っていたが、日中戦争が始まると、その環境はますます厳しくなっていった。怪我人や病人の増加にともない、看護婦は過酷な勤務に疲弊していった。看護婦のなかには病院の医療隊とともに台湾の外の戦地で医療救援活動を命じられた者もあり、戦地での生活で辛酸をなめた（游鑑明　一九九四：四〇—四四）。事実、看護婦のストレスは仕事のうえだけでなく、仕事以外の時間の生活も融通がなかった。看護婦は病院の規定で一律に寮に住まなければならず、その生活はほとんど完全に病院によってコントロールされた（游鑑明　一九九五：一八五—一八六）。そのようなことから、病院看護婦の入れ替わりは激しかった。このほか、病院側の民族差別や結婚したならば退職しなければならないという規定なども、台湾人看護婦が長く勤められない要因となった。かつて台大医院で看護婦をしていた尹喜妹によると、台湾人看護婦はいかに優秀であっても不公平な昇進制度に阻まれて看護婦長になることができず、彼女たちをまとめるのはいつも彼女たちより経験の浅い日本人看護婦であったという（游鑑明　一九九四：四〇）。転業も看護婦の異動の一要素であった。彼女たちの多くは産婆へと転業したが、産婆資格をもつ看護婦であれば、むしろ自由開業の道を選んだ。それはまた、開業産婆であれば結婚しても仕事を失う心配が無かったからでもある（杜聡明　一九八九：一二六—一二七）。

とはいえ病院だけが看護婦の唯一の働き口というわけではなかった。地方行政機構や学校、工場などの医務室も、選択肢のひとつであった。当初、これらの機関が専門の保健衛生担当者を雇うことはなく、多くの学校では教員が兼任していた。しかし生徒数の増加と植民地政府の指導により、看護婦の資格をもつ担当者を雇用する学校が増

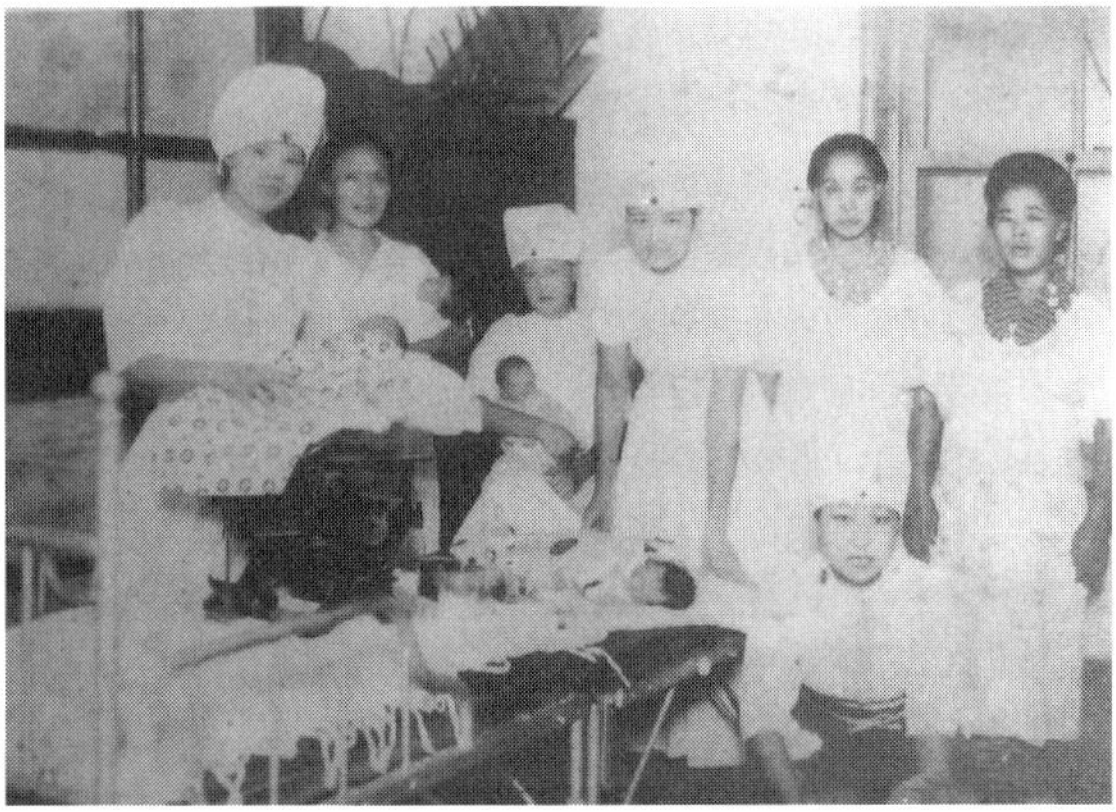

写真２　台北にあった日本赤十字医院の看護婦尹喜妹（左から一人目）と看護婦や産婆たち

えていった。しかし台湾人の生徒が多くを占める公学校は、日本人生徒が多くを占める小学校とは異なり、看護婦の資格をもつ者を配置することが少なかったため、台湾人看護婦の就職の機会は、日本人看護婦よりはるかに少なかった(16)。

病院の看護婦とくらべれば、地域の保健衛生にかかわる仕事の業務内容は単純だった。彼女たちは疾病治療ではなく、植民地政府が重視した、衛生宣伝や予防注射、近代的助産観念の普及といった公共衛生の推進を担った。同時に彼女たちは地域住民や生徒への身体測定にも協力した(台中州方面委員連盟　一九三九)。彼女たちの仕事は補助的なものではなく、独立性が高かった。しかしいったん病院以外の職場に出ると、病院看護婦のように次々に導入される新しい医療観念や技術を随時吸収することができなかったため、在職者教育の実施が非常に重要だった。そのため各地域や学校で短期の看護講習会が開かれることもあった(游鑑明　一九九五：一八七)。ともあれこれらの仕事は勤務時間が決まっていて、職場に複雑な人間関係もないことから、既婚の看護婦にとって魅力的であった。

四　医療従事者の社会的地位とその影響

これら完全には近代化していない社会における職業婦人にとって、医療に携わることは単に個人にとって大きな出来事であっただけでなく、それぞれの仕事の内容による差はあるものの、彼女たちの生活にも影響を及ぼし、同時に、その生き方も仕事や一般市民に影響を与えた。

(一)　医療従事者の社会的地位

①女医

前述の三つの職業のなかで、女医の社会的地位は他よりはるかに高かった。女子に対する高等教育が存在しなかった台湾において、女医は留学した高学歴者であったので大変重んじられた。医学という専門技術は、彼女たちを同時代の女性リーダーとし、男性の職業世界へ進出させ、男性と対等にふるまう機会を与えた。家柄が女医の社会的地位の助けとなったことも見逃せない。女医の出身家庭の家長の多くは社会的リーダーであったため、その家族の中から女医が出ると新聞で大々的に報道された。このような報道は女医になることがいかに難しいかを物語っているが、女医の育った家の家柄を際だたせようとするものでもあった(17)。

とはいえ女医の仕事上での業績は、彼女たちの地位をさらに引きあげる要素となった。患者は一般に男性医師の技術を受け入れ、男性医師は安心感を与えると考えたが、抜きんでた技術をもつ女医も少なくなかった。たとえば蔡阿信と陳石満(写真3)はそれぞれ産婦人科と眼科の権威として名を馳せた(台湾新民報調査部　一九二四)。女医の、親身で丁寧な態度は患者の信頼を得、それはしばしば男性医師が及ばないところであった。さらに重要なのは、長期医療のため病院に寝泊りすることの積み重ねが、女医に威厳を与え、患者に畏敬の念を起こさせたことである。男性患者でさえ女医を尊敬し、不謹慎なことを考えたりしなかった。蔡阿信は自伝のなかで、医者として医療行為にあたることが女性によいイメージをもたらし、神のように尊敬されるようになったと述べている(Gibson n.d.: 37)。

写真3　1931年、東京女子医学専門学校を卒業したばかりの陳石満

学業成績や家柄、業績は、女医の社会的地位を高めたが、その他の職業とくらべても、物質的に富豪や地主以外に医師の高所得を超える存在はなかった。精神的には、医師は比較的自由で、植民地政府のコントロールをあまり受けなかった。それにもまして、医師の仕事は人々の健康にかかわり、社会に大きな影響を与えたことから、医師に与えられた社会的地位は非常に高かった。(陳君愷　一九九二:一七五―一八四)。日本統治期に頭脳労働に携わる女性は少なかったため、女医はよりいっそ

う社会の注目を集めた。日本統治期に編纂された二冊の名士録に掲載されたエリート女性の多くは女医である。たとえば『台湾紳士名鑑』には、二〇名の傑出した女性が載せられており、そのうち一七名が女医である。[18] ここからも、日本統治期の職業女性の中で、女医の地位に並ぶものはいなかったことが明らかである。

② 産 婆

産婆は中下層家庭出身者が多く、また多少の職業経験がある女性が多かった。そのため彼女たちがさらに訓練を経て産婆となろうとしたのは、職務に対する関心に加え、自分の現在の経済状況と社会的地位を向上させようという動機によった。たとえば看護婦から産婆に転じる場合には、収入や仕事の内容のほか、産婆の社会的地位もまた転業を考えるひとつの要因となった（游鑑明　一九九二b）。

確かに産婆は伝統社会においては周縁的な存在であったが、近代的な産婆の登場は彼女たちの地位を大幅に変えた。それはひとつには近代的な産婆が若くて知識もある清新なイメージであったこと、もうひとつには職業それ自体が産婆に大きな影響を与えたことによる。助産は一人の人間が単独でおこなう仕事であり、分娩時のさまざまな状況に対処するため、産婆は決断力をもって手早く正確に処置をおこなわなければならない。その修練が、彼女たちを知性に富み腕もよい産婆にしたのである。それは産婆に女性教師や女医のような専門的権威をもたらしたが、これは明らかに当時その他の職業女性には望みえないものであった。

そしてなにより、出産という、まさしく世代の継承を意味し二つの生命をつなぐ営みにかかわることが、産婆に使命感を与えた。こうした産婆には自己犠牲を厭《いと》わず奉仕の精神にあふれる者が多く、またそれが人々の産婆を評価する基準ともなった。当時の新聞報道からもその一端をうかがうことができる（『台湾新民報』一九三〇、一九三一b）。

③ 看護婦

看護婦の地位は女医や産婆と比較することが難しい。少なからぬ看護婦の出身階層が産婆より高かったにもかかわらず、医療体制と仕事の性質のため、彼女たちは高い社会的地位を得ることができなかった。仕事の環境が複雑で、昇進が制限されていたほか、病院が看護婦に支払う給料も、不合理なものであった。たとえば大病院の看護婦の給料は女性教師と同じくらいであったが、同じ職位の日本人と台湾人看護婦の間には、一円ほどの差があった。また長期無欠勤の「皆勤賞」は、日本人看護婦にだけ与えられ、台湾人看護婦にはその機会が与えられなかった（游鑑明　一九九四：三二）。このようなことは小さな医院ではさらによくみられたことであり、彼女たちの給与は往々にして大病院の半分であった（游鑑明　一九九五：一九〇―一九一）。

看護婦の人格が尊重されなかったため、一九三七年高雄病院の看護婦はストライキを起こした。しかしわずか二時間でストライキは終了し、大きな成果を得ることもなかった（『台湾日日新報』一九三五b）。不当に低い看護婦の地位に対し、一九三四〜一九三九年の間、台湾人医師が医師協会を組織して業績優秀な看護婦を表彰する大会を開き、看護婦の士気を鼓舞することもおこなわれた[19]。そのような動きの一方で、当時台北病院（現在の台大医院）の院長は次のように述べている（『台湾民報』一九三〇）。「一般の人の看護婦の仕事に対する理解は充分でない、しかし西洋国家では看護婦の資質も待遇もかなり高い。東洋の諸国も看護婦の地位改善に努めるべきである。」この発言は台湾人看護婦の地位の低さの原因が、社会全体の認識不足にあったことを示している。

仕事の性質から地位向上が難しかったこと以外に、伝染病やセクシャルハラスメントなど仕事そのものがもたらすさまざまな傷害も看護婦に不安を与えた（『台湾婦人界』一九三七）。戦争期にもたらされた危険は、看護婦にとってよりまぬかれがたいものであった。たとえ戦況が逼迫しても植民地政府の規定で、医療従事者は勝手に避難することができず、辞職しないかぎり、看護婦は戦争期間中も引きつづき、病院の指示に従って各種の救護活動等にあたらなければならなかった（游鑑明　一九九五：一九五）。

（二）医療従事者の婚姻と家庭

①女医

非常に高い地位を得ていたからといって必ずしも女医が伴侶選択の自由をもっていたわけではなかった。女医は就学から開業にいたるまで、たゆまず励み、多忙を極めたので、配偶者については多くが家長や親友、仲人が代わりに間を取りもった。そのため女医の結婚は自主的な選択でおこなわれたのではなかった。しかしながら多くの女医が、このような婚姻方式に賛同していた。「家柄がつりあっている」ことを重んじた時代、婚姻後の生活に憂いがないようにと年長者が彼女たちのために選んだ相手は、おもに上流家庭の男性であった。同業結婚も多く、医療技術上互いに足りないものを補充しあえるだけでなく、医師の地位を強固にし、代々医師を生む家を作りあげた（陳君愷 一九九二：一〇五―一〇六）。そのため、日本統治期の中後期に自由恋愛が流行しても、近代高等教育の洗礼を受けた女医たちは相変わらずお見合いのような調整婚にこだわり、流行の影響を受けなかった。

伴侶の選択方法は伝統的なものであったが、婚姻の儀式についてはかなりモダンで、新式の結婚式を挙げた者は数えきれない。たとえば陳石満は結婚の際、伝統的な衣装ではなく、日本で仕立てた白のウェディングドレスを着た。伝統を破る彼女のこの革新的な行動は、当時、羅東地区（現在の宣蘭県羅東鎮）に大きな影響を与えた（游鑑明 一九九四：二三二）。

女医は婚姻、出産と子育てにおけるさまざまな責任も負った。子孫繁栄という観念に影響され、仕事が忙しいからといって避妊をすることはなかった。なかには陳石満のように多くの子どもを産んだ者もいた[20]。出産後は子どもの世話を家の年長者や雇い人に任せたが、女医の家と病院とは隣接していることが多く、診察時間以外は多くは家にいて子供の様子を充分に把握し、その他の家事をおこなうこともできた。つまり女医は仕事と家庭とに責任を負わなければならなかったものの、普通の職業婦人ほどには両立の問題が大きくなかった（游鑑明 一九九四：二五一―二五二）。

重要なことは、女医の仕事が家族の生活に多かれ少なかれ影響を与えた点にある。彼女たちは、跡を継がせるため、子どもたちに医療に従事することを勧めた。筆者がおこなったインタビューによれば、彼女たちが意識的に教育した結果、ほとんどの女医の家には医療に従事する子どもが一人はいた。このことは医師の家系を拡大させただけでなく、結果として少なからぬ医師を誕生させるという役割も果たしたことになる（游鑑明　一九九五：一二二）。

②　産　婆

結婚は産婆にとって必須の経験であった。というのも若い未婚の産婆は出産や育児の経験がないため、人々の信頼を得ることが難しかったからである。そのため未婚の産婆は非常に少なかった。しかし異性との接触の機会が限られていたため、産婆もまた自由恋愛による結婚は非常に少なく、仲人を介して結婚した者が多かった。彼女たちの出身階層は高くなかったが、配偶者には教師や自営業、医師など、中上流家庭出身者が多かった。このような「家柄のつりあい」を破る状況は、産婆という職業と関係があった。というのも、開業産婆の状況は開業女医と似ていたので、中上流家庭の子弟が産婆との結婚を選んだのである。[21]産婆にとって中上流家庭との婚姻は、彼女たちの地位を目に見えないかたちで補強した。

産婆は自由業に属し、産婦の求めがあってはじめて助産に出かけ、普段は家にいることが多かった。このような仕事の形態のおかげで、比較的多くの時間を家族の世話や子どもの養育に当てることができ、仕事と家庭の両立の困難に遭遇することはなかった。産婆がそなえている専門医療知識は、出産だけにとどまらず、育児、家庭衛生、あるいは家庭がもつべき看護常識一般にも及んでいたことから、家族の健康におおいに益するところがあった。

③　看護婦

資格をとった看護婦の多くは結婚適齢期に達しており、彼女たちが結婚を考えるのは自然なことだった。しかし結婚は失業につながるため、看護婦の晩婚は普遍的な現象であった。ある看護婦は日本統治が終了し、病院が既婚看護婦を禁止しなくなってから、ようやく結婚を考えたという（游鑑明　一九九四：六五）。結婚の方法は、他の多くの職業女性と変わるところがなく、多くの看護婦が通常は調整婚を選んだ。しかし彼女たちは仕事柄、異性と接する機会も多く、精神面でも開放の度合いが高く、保守的で厳格な旧家に育った女性とはおおいに異なっていた。それに加えて多くの看護婦は旧家ではない一般家庭の出身で、厳格な儒教道徳にそれほど縛られなかった。そのため、なかには異性からの求愛を受け入れ、あるいは自由恋愛をし、世間を驚かせるような行動をとる者もいた。看護婦が接する異性とは、医療関係者、患者、あるいは患者の家族だったので、彼女たちと恋に落ちるのも、これらの異性が多かった。

医療関係者に関していえば、日本統治期日本人医師は指導者で、看護婦は彼らに対して畏敬の態度で接し、双方の間には上司と部下という関係しかなかった。しかし台湾人医師との関係はそうではなく、同じ植民地政府の統治下にある台湾人であるという以外にも、病院で働く台湾人医師の多くは看護婦たちと同年代の医者の助手であったので、彼らの間にはあまり距離がなく、日夜接しているうちに、互いに好感をもつようになることも珍しくなかった[22]。だが筆者がおこなったインタビューによれば、そのような結果としての婚姻は決して多くなかった。すなわち、出身家庭が重視された日本統治期、医師は配偶者に上流家庭の女性を望んだので、看護婦の出身と地位は、望まれるところではなかったからだ。看護婦と医師が結婚するのは、看護婦の人物あるいは特に家柄がよい場合であり、そうでなければ医師側が一般家庭の出身という場合であった。そのような婚姻は非常に稀だったが、看護婦の社会的地位を上げることに役立ったケースもあった。

患者あるいは患者の家族との恋愛も少なくなかった。入院中の患者がもっとも必要とするのは周囲の気遣いと慰めであるが、看護婦の看護が患者に慰めを与え、そこから若い患者や付き添いの家族が看護婦に恋愛感情をもつことがあった。さらに結婚にまで話が及ぶこともあった。社会には婚姻の自由という風が吹きはじめてはいたが、思うようにならないこともあった[23]。そのような場合、対処の方法は人によって異なっていた。たとえば柯采眉は自殺によって親が決めた結婚に抗議し、陳という女性は駆け落ちして日本人との恋を実らせた[24]。その一方で、自由恋愛を求めたものの、騙されたり、夫が善良な人間ではなかったりということもあった。そのような例のひとつに、新竹病院の呉千が、人を傷つけた後自殺するという事件があった[25]。

ともあれ、看護婦という職業は婚姻に際してより多くの選択の機会をもたらし、看護婦たちが伝統的な婚姻方法から解放される機会を得たことには違いはない。とはいえ実際に自由結婚に進んだ看護婦のなかには、幸福を手にした者もいたし、不幸に陥った者もいた。すなわち、上流家庭と縁組して上流社会の一員となる者もいれば、望む相手と結婚することができず自ら命を絶った者もいたのであった。

(三) 医療従事者の社会に対する影響

女医、産婆、看護婦が果たした最大の社会貢献は医療衛生の向上である。彼女たちを懸け橋として、人びとは正しい治療や助産を受けたいと願うようになり、台湾の近代的医療事業が安定する基礎が築かれたといえる(游鑑明 一九九五:一二四―一二五、一六一、一九七)。彼女たちが医療に対する女性たちの古い考えを正し、女性の健康を促進したのだった。伝統的に女性は「諱病忌医(病気を口にせず、医者をさける)」という考え方に縛られ、病状を隠し医者にかかりたがらなかった。甚だしい場合には、神頼みや占いで治そうとし、手遅れになった例も少なくない。しかし女性医療従事者の誕生によって、彼女たちは気兼ねなく病状を訴え、的確な治療を受けることができるようになった(Gibson: 36)。

同時に、近代化した医療知識や衛生観念も、女性を介して、徐々に家庭に浸透していった。たとえば日本統治期には、一般に衛生に対する知識がいきわたらず、衛生環境も良くなかったため、伝染病がそこここで猛威を振るい、抵抗力の弱い児童や老人が、真っ先にその犠牲になっていた。家の中の病人の看護は通常女性があたったため、彼女たちが女医に診察を求めれば、女医は治療を通じて衛生知識を与え、衛生と疾病の関係を説明し、理解させた(游鑑明 一九九五:一二一五)。長らく迷信や陋習のなかにいた女性たちに、新しい考え方に接する機会を与え、家庭衛生に対しさまざまなレベルで助言を与えたのだった(Gibson: 37)。医師という仕事を通じて、女医は確かに患者を感化していった。それは医療上の使命感にもとづくものであったが、多かれ少なかれ植民地政府の衛生政策の宣伝に呼応したものでもあった。

そのほか、女医は医学界の為に基礎的人材の養成にもあたった。病院からの要請に応えて、ある病院では産婆を養成していた。たとえば蔡阿信が設立した講習所では、一〇年の間に五〇〇名の台湾人産婆を訓練した（Gibson: 39）。看護婦の養成はさらに広くおこなわれていた。看護婦の供給が需要に追いつかない当時の状況を背景に、開業医が雇う看護婦のなかには資格や医療経験をもたない者も含まれていた。そのため医師は看護婦に任じる者に専門的訓練を受けさせ、医療知識と技術を身につけさせなければならなかった。これらの訓練は医学界にとって有益であるだけでなく、女性に就業の機会を提供した。

看護婦の病院における地位は高くなかったが、正式な看護婦となった後、彼女たちは医師との共同作業のもと、徐々にさまざまな場面で臨機応変に対処する能力を養い、医師のよき助手としてだけでなく、ひいては若い医師の指導をおこなう場合もあった[(26)]。そのほか、実習生の指導の責任も負い、熟練看護婦の経験は新人看護婦を大いに啓発した。

医療の世界に貢献しただけでなく、女性医療従事者は政治的社会活動にも参与した。日本統治期、少なからぬ医師が反植民地政府活動に向かったが、それは男性が中心であった。女医は一九三〇年代後半になってようやく増加しはじめたが、時代はすでに反植民地運動の末期にあった。そのため政治運動にかかわった女医は決して多くなく、現今の資料の中では二人しか確認できない[(27)]。反植民地運動の期間は短く、また植民地政府の厳しい取り締まりを受けたため、大勢に影響を与えることはなかった。しかし社会活動への参加には積極的で、たとえば日中戦争期には防衛団に参加し救援活動に協力した。このほか地方教化組織に参加し、地域住民を指導し風俗文化改革活動にたずさわった者もあった（新竹州　一九四一：四、四三）。同様に、産婆もまた本業以外社会事業にも関心を向け、社会教化のための各種の事業を受けもった。たとえば青年団に日本語を教えたり、地方の保甲団の団長になったりする者もいた（『新竹州時報』一九四一、游鑑明　一九九一a）。こうした女医と産婆の社会活動への参加には自発的なものもあったが、実のところ、その大部分は植民地政府の政策に協力したものであった。当時、女医も産婆も社会的に広く認知された存在であったため、彼女たちが社会事業を率先して推し進めれば、比較的容易に人々の賛同を得ることができた。そこで植民地政府は彼女たちの名声を利用し、台湾人を日本人に同化させる目的を達成しようとしたのである[28]。

女医と産婆の政治的、社会的活動は、戦後になっても止むことがなく、むしろさらに活発化した。戦後台湾は女性に参政への道を開き、大衆の期待のもと、日本統治期に名を知られたエリート女性たちが積極的に民意代表に立候補した。その結果、政界に入った女性の多くが、女医や産婆であった（游鑑明　一九九五：一一七、六二）。医療という仕事が彼女たちに医療界での成功をもたらしただけでなく、別の分野で活躍する空間を与えたのであった。

おわりに

日本植民地政府の統治下、台湾の女性には大きな変化が起きた。ある女性たちは徐々に伝統的束縛から抜けだし、自らの世界をひらき、個人の能力を家庭以外の仕事の場で発揮した。彼女たちは同業の男性と優劣を競い合い、同性とも職場で競争したが、同時に社会に対しても少なからぬ貢献を成し遂げた。台湾女性医療従事者とは、そうした女性たちを象徴する存在であった。

しかしながら女性医療従事者は、必ずしも植民地体制そのものが生んだものではなかった。医療行為のなかで重要な部分を占める女医については、台湾の上流家庭が自らの資金で医師に育てあげたもの、それも日本留学によって女医の資格を取得させたものであった。

一方、植民地体制が主体的に養成した女性医療従事者は、教育コストが低い看護婦と産婆だけであり、しかも当初の養成の対象は主に日本人女性であった。統治の中後期になってようやく台湾人看護婦と産婆の増加をみたが、それはまさに医療人員が欠乏を極めた日中戦争期にあたる。

皮肉なことに、日中戦争が深刻な状況に陥るにつれて、女性医療従事者の社会への潜在的な影響力は強まった。多くの女医や産婆は業務の合間に社会教化活動をおこなった。ただし、彼女たちの活動参加が自主的なものであったとしても、植民地政策が絶対的に機能していた時期、政策と呼応する活動の多くは明らかに植民地政府の手によるものだった、という事実は言い添えておかなければならない。
すなわち、植民地政府の強い主導のもと、体制内と体制外とにかかわらず、女性医療従事者はみな植民地政府の台湾人同化政策の道具となり、植民地政府は彼女たちの社会的地位を利用して同化政策を民衆に伝えた。その意味で、これら女性医療従事者は伝統的束縛を脱して社会進出を果たしたものの、他の地域の職業女性とくらべるならば、植民地体制下ゆえの束縛を受けたのだといえるだろう。

注

（1）統計に使用したのは以下の史料である。台湾新民報調査部編『台湾人士鑑』一九三四：一五―一六、六七―六八、七六、一五四、二〇三、二〇八。台湾新民報調査部編『台湾人士鑑』一九三七：六五、一五一―一五二、一五六、二五八、二六六、三七五、三九三、四〇二、四二〇、四九七―四九八。台湾新民報調査部編『台湾人士鑑』一九四三：六七、四三一。
（2）統計に使用したのは以下の史料である。『日本東京女子医学専門学校卒業生（台籍）名簿』一九八〇年複写版および『東京紫苑在台校友名冊』一九七〇年複写版。
（3）一九三九―一九四五年の間、毎年の台湾人産婆卒業者数の平均は、日本人女性より多い。この六年間で、台湾人産婆は一三四名、日本人産婆は四八名であった（游鑑明　一九九五：一三七）。
（4）たとえば、彰化鹿寮の曾深河は村落振興会会長として、講習を受けて資格を取得した産婆を自らの出資によって村に招いていた（『台湾日日新報』一九三五b）。
（5）台湾総督府台北医院編『台湾総督府台北医院年報』第四〇回、一九三七年、一三三頁。『台湾総督府台北医院看護婦産婆養成所卒業者名簿』一九二七―一九四五年、複写版。
（6）一九三八年台大医院には四四名の医師がいたが、台湾人医師はわずか六名で、すべて助手であった（台湾総督府編『台湾総督府職員録』一九三八年度、三五七―三五八頁）。
（7）陳淑女医師によると、彼女が台南医院に入ることができたのは、叔父の人脈のおかげである。というのも叔父が産婦人科の主任と良好な関係にあったからである（游鑑明　一九九三c）。
（8）一九三〇年台湾人男性医師は一四五二名、台湾人女医はわずか九名であった（台湾総督府官房臨時国勢調査部（編）一九三四：一二〇—一二七）。

（9）一九三〇年、日本籍の女医は一四名、台湾籍の女医はわずか九名であった（台湾総督府官房臨時国勢調査部（編）一九三四：一二〇—一二七）。

（10）試験は簡単ではなかったが、それでも多くの女性が絶えず挑戦した。たとえば第一〇回学科試験で合格した四八名のうち一二名が二回以上試験を受けた女性達だった（『台湾総督府民政事務成績提要』第三六編下、一九三〇年分、六五五頁）。

（11）『台湾民報』第一八九号（一九二八年一月一日）から『台湾新民報』第三四五号（一九三一年一月一日）までの広告欄より。

（12）台湾総督府官房臨時国勢調査部（編）一九三四：一二〇—一二七。

（13）助産記録は、妊婦の過去の出産回数、初診状況および分娩過程などであった（游鑑明　一九九二a）。

（14）『台南新報』一九三五年五月三〇日、四面。同一九三五年九月二八日、四面。

（15）一九二六年の『台湾民報』は、台大医院には台湾人看護婦のいない科があり、そのため産婦人科で台湾人女性と看護婦が身振り手振りで意思疎通する光景がよく見られる、と指摘している（『台湾民報』第一〇四号、一九二六年五月九日、一面）。

（16）一九三五年七月に、台湾で救護室のある学校は七一校だったが、一九三八年四月には一三一校に増えた。しかし保健室のある小学校は二〇%、公学校はわずか一二・四%だった（学校衛生会　一九三八：二七）。

（17）『台南新報』一九二七年二月一日、六面。

（18）新高新報社編『台湾紳士名鑑』一九三七年、四七、五〇、五六、六一、六三、七〇、一一七、一二〇、一二二、一四四—一四五、二二六、二五一、二九一頁。

（19）『嘉義医会医学雑誌』三号、五一—五二頁（一九三四年）。同四号、一〇九—一一〇頁（一九三五年）。同七号、四八頁（一九三七年）。同九号、五六頁（一九三九年）。

（20）陳石満は九人の子供を生んだ（游鑑明　一九九四：二五〇）

（21）台湾新民報調査部編『台湾人士鑑』一九三四：一〇、一八八。台湾新民報調査部編『台湾人士鑑』一九三七：二三一、二九〇、三二一、四六三。台湾新民報調査部編『台湾人士鑑』一九四三：一九四、四四〇。

（22）一九三五年、日本赤十字医院では看護婦と病院の助手とのデートがもとで、外科診療室の火災事故が起きた（『台湾日日新報』一九三五a）。

(23)『台南新報』一九三二年三月一五日、四面。
(24)『台南新報』一九二六年二月八日、六面。
(25)『台湾日日新報』一九三四年二月六日、四面。同一九三四年二月七日、四面。同一九三四年三月一三日、四面。
(26) 外科の名医林天祐の回顧録によると、初めて医者となった時、検尿に関する問題で看護婦の尹喜妹にひどく怒られることがあった。しかし彼は尹喜妹のことを讃えている(林天祐 一九八三:四二―四三)。
(27) 蔡阿信と謝娥の二人。
(28) 呉文星の研究によると、日本統治時代、エリート層には一貫して自由がなく、彼らの活動はすべて植民統治システムによる制約を受けた(呉文星 一九九二:三七七)。

参考文献

学校衛生会(編) 一九三八「資料:本島に於ける学校医及学校看護婦配置現況」『台湾学校衛生』第五号:九―一〇。

剣如 一九二五「時事短評」『台湾民報』三巻二号:八。

呉文星 一九九二『日拠時期台湾社会領導階層之研究』正中書局。

新竹州(編) 一九四一『方面委員名簿』。

『新竹州時報』一九四一「地方通信―奉公会苗栗郡支部会に雄雄しく咲いた婦主事」第五一号:一二七。

台中州方面委員連盟(編) 一九三九「児童の健康状態調査―台中州実施状況」『方面時報』第四九号:九―一〇。

『台湾新民報』一九三〇「産婆社会奉仕、分娩不収謝礼」六月七日、七版。

―― 一九三一a「霧峰庄某教員造謡中傷人」五月二三日、五版。

―― 一九三一b「地方通信―産婆親切、庄民称讃」八月一五日、八版。

台湾新民報調査部(編) 一九三四『台湾人士鑑』。

台湾総督府官房臨時国勢調査部(編) 一九三四『一九三〇年国勢調査結果表』。

『台湾総督府府報』一九二三 号外:一。

『台湾日日新報』一九二五「助産看護婦試験」三月一九日。

『台湾婦人界』一九三七「婦人春秋」第四巻第七号:三三一。

『台湾民報』　一九三〇「看護婦是甚麽職業？」第二九四号：一一。

陳君愷　一九九二『日治時期台湾医生社会地位之研究』国立台湾師範大学歴史研究所。

杜聡明　一九八九『回顧録（上）』張玉法・張瑞徳主編『中国現代自伝叢書』龍文出版社。

日本赤十字社（編）　一九一〇『看護婦生徒修身教授参考書』博愛発行所、七五―一一三。

游鑑明　一九八八『日拠時期台湾的女子教育』国立台湾師範大学歴史学研究所。

――　一九九二a「劉阿秀口述記録」七月二一日、未刊。

――　一九九二b「林月霞口述訪問記録」七月二一日、未刊。

――　一九九二c「呂連紅甘口訪問記録」八月三日、未刊。

――　一九九三a「蘇呉保鳳口述訪問記録」四月八日、未刊。

――　一九九三b「許麗雲口述訪問記録」九月五日、未刊。

――　一九九三c「陳淑女口述訪問記録」一〇月二日、未刊。

――　一九九三d「陳墨妍口述訪問記録」一一月六日、未刊。

――　一九九四『走過両個時代的台湾職業婦女訪問記録』中央研究院近代史研究所（游鑑明インタビュー、呉美慧等記録）。

――　一九九五「日拠時期台湾的職業婦女」国立台湾師範大学歴史学研究所博士論文。

林天祐　一九八三『象牙之塔春秋記』台湾商務院書館。

Gibson. A. Sena（蔡阿信）. n.d. "Pioneer Doctors Adventuers." Uunpublished.

村上信彦　一九八四『大正期の職業婦人』ドメス出版。

〈解題〉

台湾女性の近代経験とライフ・コースの変容

坪田＝中西美貴

はじめに――日本統治下での就業の意味を問うこと

男女の平等性がうたわれる今日であっても、就業、昇進という場面でジェンダーの問題が消えることはない。一世紀前にさかのぼり、しかも他民族による支配、すなわち植民地化という状況が重なった場合、いったいどのような様相を呈するのだろうか。また一般には、機会さえあれば誰もが仕事を得ることができるように思われるかもしれないが、じつは言語能力や算数、時間の感覚など、基礎教育を受けているのといないのとでは、就業機会は大きく異なる。さらに受けられる教育や職業訓練によって、仕事の幅も変わってくる。このように考えてみると、儒教によって人間関係を規定されていた社会が、植民統治を受けつつ、徐々に近代化にむかっていたなかで、女性が就業するということは、たんに生活費を稼ぐ以上の意味合いをもっていたことがわかるだろう。

游鑑明論文はこのことについて、日本統治下の台湾における女性医療従事者に焦点を当てて考察したものである。これまでの台湾女性史研究でも産婆や女医をあつかう研究はあったが、その多くはオーラルヒストリーの手法をとったものであった。だがそれのみでは、植民統治体制と女性の就業とがどのような制度的関係にあったのかを明確にすることはできない。游論文は自身による豊富なインタビュー資料だけではなく、当時の定期刊行物、統計資料、新聞、同窓会史料や回顧録などの文字資料も使用することによって、女医、産婆、看護婦という三種類の女性医療従事者たちが、帝国による植民統治という枠組みのなかで、いったいどのような職業教育を受けて誕生し、どのように仕事を得たのか、社会的地位はどうだったのか、また彼女たちはどのような結婚や出産を選択し、就業とどのような関係を結んだのかを描きだしている。くわえて、これら三つの医療従事者を並べて検討することで、医療従事者という同じ職種であっても、形成した階層やジェンダーの作用が異なっていたことも明らかにしている。

一　游鑑明氏について

本論文は游鑑明氏の博士論文である「日拠時期台湾的職業婦女（日本統治期の台湾の職業婦人）」のなかから女医、産婆、看護婦を抜き出し、改稿したものである。游氏は一九九五年に台湾師範大学歴史学研究所で博士号を取得し、現在は台湾の最高学術研究機関である中央研究院の近代史研究所にて研究員の任にある。台湾師範大学から出版された修士論文『日拠時期台湾的女子教育（日本統治期台湾の女子教育）』（一九八八）はいち早く日本統治下の台湾人女子に対する学校教育をとりあげた研究として知られている。游氏によれば、当時中国女性史を志す研究者はすでにいたが、豊富な史料がある台湾女性史に関心を寄せる人はいなかったという。それ以来、日本統治期はもちろん、近代化や植民統治に遭遇した同時期の近代中国の女性が、どのような制度に取りこまれ、どのような教育的あるいは身体的経験をし、どのような可能性と局限性をもつにいたったのかについても関心をいだきつづけている。

游氏のこれまでの研究のなかから一部を紹介すると、台湾女性については、日本語で読めるものとして、総力戦下の植民地女性に対する「動員」について考察した「受益者か、それとも被害者か——第二次世界大戦期の台湾人女性（一九三七〜四五年）」（『植民地と戦争責任』吉川弘文館、二〇〇五年）、台湾女性のモダニティの特徴とコロニアル・モダニティゆえの限界性を論じたものとして「日本統治期における台湾新女性のコロニアル・モダニティについて」（『東アジアの国民国家形成とジェンダー』青木書店、二〇〇七年）がある。近代中国女性のスポーツや身体観については、中国語だが、豊富な画像資料をもちいた『近代中国女子的運動図像—一九三七年前的歴史照片和漫画（近代中国女子のスポーツ図像）』（博雅書屋　二〇〇八）、女子の体育と社会との関係について分析した『運動場内外―近代華東地区的女子体育（一八九五―一九三七）』（中央研究院近代史研究所、二〇〇九）が出版されている。またこれ以外にも近代メディアと女性の関係にも関心をよせており、「『婦女雑誌』から近代家政知識の構築を見る――衣食住を例として」（『婦女雑誌からみる近代中国女性』研文出版、二〇〇五年所収）は、女性に関する議論や女性が知識を得る場としてメディアが重要な役割を果たしていることを分析したものである。

本書に訳出した論文にもみられるように、游氏は文献史料調査という伝統的歴史学の手法のみならず、史料には残されにくい女性の声を聞きとったインタビュー記録も利用することで、女性の歴史を再構築する試みも積極的におこなっている。また游氏は台湾でオーラルヒストリーが盛んになるにつれ、インタビューの方法・インタビュー記録の学術的な活用法を示す必要性を感じ、『她們的声音―従近代中国女性的歴史記憶談起（彼女たちの声）』（五南出版、二〇〇九）を出版するなど、研究は多岐にわたり、新領域の開拓者であり続けている。今後は戦後台湾の女性史研究にも力をいれて研究を進めるつもりだという。

歴史研究とは史料を求めて国内外をめぐり、図書館の各階を上がったり下がったりしなければならない作業である。とくに女性史の史料は体系的にまとまったものが少なく、さまざまな資料のなかに散見されるため、資料蒐集には非常に手間がかかる。とくに幼い頃小児マヒをわずらった游氏にとって、資料蒐集は他の人よりも困難をともなうものである。しかし友人たちのサポートを受けつつ、持ち前の努力でそれらの困難を乗り越え、台湾国内はもちろん、中国や日本、欧米へと資料蒐集や研究発表に出かけ、考証のいきとどいた論文を書きつづけている。女性というジェンダーの束縛とそれゆえの可能性を同時に持ちあわせるとすれば、いかな身体もまた束縛と可能性の両方を有する。研究に邁進する游氏の姿は、女性が社会で受けるいくつもの困難を引き受けつつ、それをひとつずつ、着実に可能へと変えていく過程そのものを体現している。

二　女性の新しいライフ・コース

身体と教育

さて台湾での女性の就業は、実は日本統治期になってはじめて登場したものではない。それ以前にも刺繡やゴザ編み、茶葉の選別などの仕事が存在していた。ただこれらは識字能力の有無を問わない仕事であり、かつ、纏足《てんそく》であってもできる仕事、つまり長距離を歩いたり長時間立ったりしなくてもよい仕事であった。

女性が外で就業できるようになるためには、纏足という身体的束縛から解放され、教育の機会が与えられる必要があった。纏足を止めること、そして女性に教育を施すこと、これらはまず、台湾総督府が企画した日本観光に参加した台湾人有識者たちから提唱された。彼らは日本女性が女子高等師範学校などで学ぶ姿や、西陣の織屋で機織に従事する姿、田畑で働く様子を見て、台湾女性にも変化が必要だと実感した。このような気運のなか、医師の黄玉階が一九〇〇年に纏足を解くことを目的とした「天然足会」を設立している。

教育については、一八九五年台北に台湾人男性に対して日本語を教える芝山岩学堂が建てられた。翌年には台湾総督府国語学校と改称し、台湾各地にも国語伝習所が設立された。女子教育は一八九七年に台湾総督府国語学校への付設というかたちで女子分教場が設けられた。この分教場では当初、編物・裁縫・造花のほか、修身・国語（日本語）・習字・唱歌が教えられていた。ここから明らかなように、日本統治初期の台湾人女子向け教育とは、近代的な教育というよりは、むしろ伝統的に「女紅」といわれた裁縫や刺繡を中心としたものであった。それというのも、女性を引きつけるような科目を設置することで学生を集めつつ、女子教育への理解と支持を拡げることが必要だったからである。しかし開校当初は生徒がなかなか集まらなかった。学齢に関する規定もなかったため、七歳から三十歳までの女性が同時に学び、なかには母娘で通う姿もみられた。またこの頃の女性の大半は纏足で、外出する習慣や決まった時間に何かをするという生活習慣を欠いていたため、出席率は低く、雨が降ると傘がないからといって休む学生もいた。出席者のなかには、纏足では歩いて通えないために雇い人に背負われて登校する女子もいた。

翌年この分教場は台湾総督府国語学校第三附属学校となり、本科と手芸科に分かれた。本科は八歳から十四歳以下の女児に六年間の教育を施し、手芸科は十四歳以上二十五歳以下の女性に三年間の手芸教育をおこなった。手芸科は既婚女性などが直接入学するか本科を修了した学生が編入することが多かった。この手芸科の卒業生は、台湾総督府が設立した台湾人向けの初等教育機関である公学校の教員となっていった。初等教育機関は終戦まで民族別で、台湾人の子弟は公学校で、日本人子弟は小学校で学んだ。公学校で台湾人女児が学んだのは、おもに国語（日本語）、算数、そして裁縫であった。

一九〇〇年代になると、女子教育を担う女性教員の補充が台湾各地から求められ、その養成が急務となった。そこで一九〇四年に本科から初等教育六年相当の卒業生が出ると、翌一九〇五年、国語学校第三附属学校は本科を廃止、代わりに師範科・速成師範科そして手芸科を改めて技芸科をおくことになった。名称も台湾総督府国語学校第二附属学校と改称した。これにより、台湾女子教育において、初等レベルと中等レベルの教育の区別がつけられるようになった。ただ、改正された「国語学校規則第三条」では第二附属学校を、「本島人女子教員ノ養成ヲ主トシ兼テ技芸教育ヲ施ス所トス」と位置づけていた。つまり、中等レベルの教育を施しつつ、教員を養成する師範学校のような役割も担ったということである。一九一〇年には国語学校附属女学校へと再改称し、入学資格は公学校卒業程度の学力が必要とされ、年齢も十四歳から二十五歳までと決められた。入学者には教員志望が多く、また地方より入学する女子学生も多くなってきた。しかし予定されていた師範科・促成師範科が開設されることはなかった。そのため教員志望者が多い技芸科の生徒向けに、それまでの課程であった修身・国語・算術・理科・裁縫・造花・刺繍・習字図画・唱歌体操に加えて、教育・漢文・家事・手工が教えられることになった。そのため、名前こそ技芸科であったが、内実は技芸を中心とした教員養成科であった（台北第三高等女学校同窓会学友会『創立満三十年記念誌』一九三三）。

纏足を解くことが推奨されだしたのも、一九〇〇年代に入ってからのことである。纏足の禁止は一九一五年の保甲規約（保甲は、隣近所一〇家族を甲、甲が一〇個集って保とした、隣組のような制度）によって決められたが、実際にはこの頃、女子の纏足はほとんど見られなくなっていた（台湾総督府官房臨時戸口調査部編『臨時台湾戸口調査概覧表』一九一七）。

附属女学校への入学希望者も徐々に増え、一九一五年からは公学校卒業以上の能力を測るものとして入学試験が課せられるようになった。これにより女学校は中等教育機関として位置づけられ、女学校卒という学歴がひとつの階層を形成するようになる。彼女たちの多くは教員になることを希望したが、やがて裁縫や手芸などの実技教育ではなく普通教育を求めるようになった。実際、公学校のほうでも女性教員の確保のため、女性に学資を出して学ばせた地方もあったほどである。どのくらいの卒業生が教員になったのかを台北第三高等女学校同窓会学友会『創立満三十年記念誌』でみてみると、正式に中等教育機関となる一九一八年以前の一三期の技芸科卒業生三一九名のうち、教員として就職したものは二四三名、つまり七割余りの卒業生が教員になっている。

一九一八年に第一代目の文官総督田健次郎が就任し、内地延長主義にもとづきつつも内台の差別化をはかる統治が始まった。翌年台湾教育令が出されると、国語学校附属女学校は公立の台北女子高等普通学校に改編され、中等教育がおこなわれることになった。同時に師範教育機関も付設された。これ以降台湾の各地で女子高等普通学校が設立され、学校は民族別であったが台湾女性も普通教育が受けられるようになった。制度的に台湾人と内地人が中等教育以上のレベルにおいて同じ教育が学べるようになる内台共学は、一九二二年の台湾教育令まで待たなければならない。ただし制度的に共学になったといっても、実際には日本人女子学生が多数を占め、その実態は異なっていたことを忘れてはならない（山本禮子『植民地台湾の高等女学校研究』多賀出版、一九九九年）。

纏足から解放された彼女たちは、学校が主催する遠足や登山、修学旅行、運動会に参加し、卒業後も登山や音楽会に出かけ、ある者は社会運動に参加した。このように、新しい教育と身体を手に入れることで、女性の活動の場は大きく広がったのである。

この時期は世界的潮流としての民族自決主義、日本内地における大正デモクラシーのもと、台湾人による自治を求める運動や政治運動が活発化した時代でもあった。一九二〇年には日本内地に留学していた台湾人学生を中心とする啓蒙団体新民会が東京で結成され、台湾議会の設置、結婚制度の改革や女性の教育、労働などについて討論がおこなわれた。一九二一年には台湾で民衆の啓蒙をめざした台湾文化協会が設立されたが、その設立趣旨の一つとして、「女子の人格を尊重する」がかかげられていた。この影響を受けるかたちで、一九二五年に彰化婦女共励会、一九二六年に諸羅婦女協進会など、各地で女性団体が設立された。女性の自主性や地位の向上を目的とするそれらの会では、教育を受けた新世代の女性たちが中心となって、講演会・読書会・運動会などが催された。他方、無産階級運動では一九二六年に台湾農民組合が成立し、その婦女部部長に葉陶が就任している。このほか台湾では非合法であったため上海で設立された台湾共産党では、台湾女性の謝雪紅が活躍するなど、女性の社会運動家が活躍しだしたのもこの時期のことである。台湾女性の進学と就業は、このような状況下で徐々に進んでいったことなのである。

進学、留学

女子向けの中等教育機関である高等女学校は、一九四五年までに、公立二〇校、私立二校、合計二二校が各地に設置された。中等教育機関の増加は、女子の初等教育就学者数が増えたことや、それに後押しされた中等教育への進学熱を反映している。游氏の『日拠時期台湾的台湾女子教育』によると、一九四三年に初等教育が義務教育化されたこともあって、一九四五年までに女子初等教育の就学率は六〇%に達した。では実際どのくらいの女児が進学したのだろうか。山本禮子氏の研究によると、進学を可能にする経済力をもつ中・上層家庭出身の女性たちにとって、中等教育機関に進学することはもはやさほど特別なことでもない、人生の一コースであったとされる。しかし中等教育機関への進学者の同年齢者における比率をみてみると、一九一六年度の初等教育就学台湾人女子児童のうち一九二二年に高等女学校に進学したのは二・七%であり、一九三七年度の初等教育就学台湾人女子児童で一九四三年に高等女学校に進学したのは〇・六%と、その比率は低下している。つまり一九四三年頃の台湾人女子の高等女学校進学者は、同学齢層の千人に一人強で、初等学校入学者の百人に一人弱にとどまっていた（山本禮子、前掲書）。

この難関をくぐり抜けた女性たちのなかから、卒業後、さらに進学・留学する者も出てきた。師範科に進み教員をめざす女性がいる一方、日本内地に留学して美術や音楽、家政、医学、薬学を専攻する女性もいた。ただ留学は非常に費用がかかるため、誰でもが選ぶことのできる進路ではなかった。のちには台湾に洋裁などの実業系専門学校も設立されており、そこで学ぶ女性たちもいた。

就職

公学校や女学校で学んだ女子が増えたことは、識字能力と学校での訓練を受けた身体をもつ女性が一定数誕生したことを示す。一九三〇年以前、職業をもつ女性は女性の半数にも満たず、三分の二の女性が農業に従事していた（游鑑明「日拠時期的職業変遷与婦女地位」『台湾近代史・社会編』台湾省文献委員会、一九九五）。だが十五年戦争、とくに真珠湾攻撃の後、戦地に赴く男性が増加するにしたがって、社会進出する女性が増加していった。

女性たちは店員やバスの車掌、電話交換手、郵便局員などの職業に就いた。師範科を出て教員となった女性たちもいたし、女工として働く女性たちもいた。なかにはいくつかの職をわたり歩く女性もいた。そのような例として『憤れる白い鳩　二〇世紀台湾を生きて』（藤目ゆき監修、周芬伶編、馮守娥監訳、明石書店、二〇〇八年）には、公学校を出た後、女工としてソーダー水工場やたわし工場で働き、その後就職試験を受けて郵便局員になった女性のインタビューが収録されている。この時期働く女性たちは都市内の移動はもちろん、中国大陸にまで行く者もあり、かつて台湾女性が遠出することが非常に珍しかったことを思えば、女性の移動空間は大きく広がった。

游論文があつかっている医療という分野は、初等教育は当然のこと、場合によってはそれ以上の学歴が求められる。その場合、まず台北や台中などの都市にある病院での講習や、女医の場合には日本内地に赴いて日本が定める医療体制内で専門教育を受け、医師免許を取得し、臨床訓練を受ける必要があった。このことから、彼女たちの職業経験とは、女工や店員といったその他の職種とは、大きく異なるものであったといえよう。したがって游論文が明らかとしているのは、単なる日本統治下での女性の就労史ではなく、統治者側との関係における女性の職業の発展についてなのである。

まず女医についてみてみよう。游論文が明らかにしているように、日本統治期台湾には女医を養成する医学校がなかった。台湾総督府は一八九七年に医学講習所を設置し、翌年台湾総督府医学校としたが、男性のみが教育の対象であった。そのため女性で医師になろうと思うものは、内地の東京女子医学専門学校などに留学して学ぶ必要があったのである。ではどのくらいの女医が誕生したのだろうか。一九二二年から四一年の統計では女性の留学者数全体は四〇〇〇名あまり。傅大偉氏の計算によれば、そのうちおよそ二〇〇名の台湾出身者が日本内地の三箇所の女子医専で学んだ。歯科を別とした一九四四年までの各科の台湾人女性の卒業者は一六二名で、一〇一名が台湾へ戻っているという（傅大偉『亜細亜的新身体』群学、二〇〇五）。ただし初期の頃には解剖授業に耐えられず、帰郷した者もいたという。

看護婦および新式産婆と呼ばれた助産婦は台湾で養成されていたものの、専門の学校があったわけではなく、病院などで講習がおこなわれるにとどまっていた。たとえば看護婦は赤十字医院や現在の台大医院の前身である台北病院で講習を受けることができたが、専門知識のレベルは内地の専門学校よりも低かった。

法律的な面からみると、一九二二年に「総督府医院助産婦講習規定」、翌二三年「総督府医院看護助産婦講習規則」が発布されたことにより、看護婦と助産婦の養成が始まる。産婆については同時に「台湾産婆規則」が公布され、二十歳以上で産婆資格試験に合格した者は、各地方の衛生課に開業を登記することができるようになった。産婆は免許制、つまり資格が必要な職業になったのである。その後、一九二三年には台北病院に民族別で二年の本科と一年の速成科がおかれ、二四年には台中府立医院、二九年には台南府立医院にと、台湾各地で、医院に付設されるかたちで産婆講習所が設置された。

一九二六年からは各州庁や郡街庄といった地方行政機構でも、伝統的な産婆を対象として、新式産婆講習会が開かれた。ただ講師が警察官であるなど、必ずしも専門家が教えたわけではなく、また期間も三日間ほどと大変短かった。これら短期講習を受けた伝統的な産婆は、島内のどこででも開業ができるのではなく、「限地産婆」という地域限定の免許を得た。私立の病院でも新式の産婆講習会が開かれたが、ここでの講習期間は半年から一年であり、一度に三〇から五〇人ほどが講習を受けた。講師のなかには、日本へ留学し女医として台湾で開業していた女性たちもいた。

一九二〇年代にはいって、台湾の医学界で乳幼児の死亡率の高さを従来の伝統的な産婆の責に帰す論調が高まると、新式産婆の専門職としての地位がある程度高まった。先の山本禮子氏の調査によると、高等女学校へ入った生徒の母親の職業で多いものとして教員および助産婦があがっている。女性の職業として比較的条件のよい職種への従事者が高女の母親であるということは、母親たち自身が高学歴出身であることを示しているという。だが游氏によれば、新式産婆の学歴は公学校卒くらいであった。もちろん大多数の台湾人女性が公学校さえ出ていないことを考えればそれでさえ高学歴といえるのかもしれないが、むしろ着目すべきは、娘を高等女学校で学ばせることができる階層の男性と新式産婆が結婚したということ、つまり新式産婆の娘の学歴が高いのは、游氏が指摘しているように、母である新式産婆がマリッジ・アップした結果だということであろう。

なお台湾原住民族の産婆の養成は、漢民族の新式産婆の養成よりも遅れて始まり、講習会が開かれるようになったのは、一九三〇年代になってからのことである。

新女性・モガ、結婚、出産

女性のライフコースには結婚、出産が想定されているが、実際に新式の学校を出て、就職した女性たちは、それらをどのようにたどったのだろうか。近代には「新女性」や「モガ」とよばれる女性が、日本だけではなく台湾や中国などでも誕生した。

新女性とモダン・ガールは重なる点も多いが、新女性が教育によって目覚めた、自覚のある女性という意味合いが強いのに対し、モガは新女性が就業などにより家の外で活躍するようになったことを受けて、女性が消費社会に進出あるいは取りこまれていった過程で出現したものといえよう。とはいえその区別ははっきりとはつけがたい。というのもそれは、一九二〇年代になって女性の就学と就業が進むことで、それまでであれば深窓に閉じこもっていた女性たちが街頭に現れるなかで起きた女性の生活様式の変化だからだ。

彼女たちは日本文化や中国の近代化による新しい文化にまなび、伝統に縛られない新しい女性の生き方をしようとした。「毛断（モダン）」な「黒猫（モガ）」は、洋服や改良した伝統服を身にまとい、腕時計やハイヒールなどをアイテムとして取り入れ、ダンスをし、主体的に恋愛をした。新女性もこれら新しいアイテムを身につけ、自由に恋愛し、結婚の相手を選ぼうとした（洪郁如『近代台湾女性史』勁草書房、二〇〇一年）。

だがとくに恋愛結婚は旧世代の人々からの反感を多く招いた。それというのも、漢民族社会の伝統的な婚姻は、家の釣り合いを考えて家族や親戚によって決められるものであり、個人の意思によるものでは決してなかったからである。そのような伝統的な結婚では男性側から聘金《へいきん》とよばれる結納のようなものが金銭でわたされたが、日本に留学した青年知識人たちを中心に、聘金を介する婚姻は花嫁を買う売買婚だとして非難が起きた。彼らはエレン・ケイの恋愛論や、当時日本で流行した厨川白村の『近代の恋愛観』による恋愛至上主義の影響を受けて、恋愛を経た結婚こそが理想的なものだと主張したのである。彼らの主張は、恋愛結婚が優生思想にも適っているという理由と相まって強い説得力をもった。この時期台湾だけではなく中国でも、強い次世代を作るために、まずその親世代である自分たちが正しく配偶者を選択する必要があるという議論があった。それがこの時代に特徴的な恋愛結婚観である。もちろん台湾の新女性・モガのすべてが恋愛結婚したわけでもないが、婚姻方法に変化がみられ、そこに女性にもある程度主体性を発揮できる空間ができたという点で、大きな転換期であった。

女医、産婆、看護婦も時代の流行から外れていたわけではない。游論文が紹介しているように、伝統的な衣装ではなく、白いウェディングドレスを仕立て、それが地域で流行るきっかけをつくった女医もいたが、結婚相手の選択となると、恋愛をして自由に相手を選ぶということはなかった。とくに女医と産婆は、むしろ伝統的なやり方である親族らが相手をアレンジするという結婚方法を選んだ。ただ、結婚と仕事の関係からいうと、たとえば女性教員は結婚後退職するのが一般的であったのに対し、女医と産婆は結婚後も仕事を続ける傾向にあった。とくに産婆は、自らも出産経験があるほうが職業上有利に働くため、むしろ結婚・出産は重要な一通過点であったといえるだろう。

看護婦も多くは調整婚を選んだが、こちらは女医や産婆と異なり、「独身条項」の規定（本書所収、張普芬論文参照）によって結婚後は退職しなければならなかった。なかには恋愛や駆け落ちをする者や、退職をきらって婚期が遅れる者もいた。その点では、彼女たちは女性医療従事者のなかでも特異なライフコースをたどったというべきだし、婚期を逃してまでも仕事を続けたいと願う女性の出現は注目すべき存在である。

ところで優生思想や進化論的思想をもっとも受け入れそうな医療従事者が、優生思想に彩られた恋愛結婚を選んでいないというのは、皮肉めいている。この点は今後の研究をまつよりほかないが、この問題を考えるヒントがある。優生思想的結婚観では、遺伝病の有無のほか思想的一致、そして学歴の釣り合いも重要とされている。女医のように高女卒以上であれば、日本留学の経歴をもつ大学か専門学校卒の男性がよいとされた。この時期学歴は階層を示していたことから、男性で留学しているということは、出身家庭がそれだけの経済力を有していることを意味する。またともに高等教育を受けているならば、思想や関心事なども似通っている。だとすればそれほど自由恋愛にこだわらなくとも、優生思想に適った結婚ができるというわけである。游論文がいうように、女医というのはすべて日本留学経験者である。きわめて高い学歴を有する彼女たちが、実際恋愛をして結婚にたどり着くことは、非常に難しかったことであろう。そこで次善の策として家柄の釣り合う男性との婚姻、特に医師との調整結婚を選んだのも理解できよう。

このように、同時期に、同じ新しい思潮に接した新女性・モガであっても、皆一律に同じ経験をしたわけではない。就いた職業などによって思潮の取り入れ方や経験は異なるのである。

戦争動員のなかで

さて職業をもち新しいライフコースを歩んだ女性たちであっても、戦争期の動員から逃れることはできなかった。游氏の日本語訳論文「受益者か、それとも被害者か」では、台湾での女性の戦時動員方法について三種類があげられている。おもに日本人を中心とした愛国婦人会などによる動員のほか、台湾人女性の動員としては学校・女子青年団などを通じた知識女性の動員、および保甲に婦女団を組織する一般女性の動員とがあった。学校・女子青年団による対象者は新教育を受けた未婚台湾女性であり、保甲の組織では既婚女性がおもな対象であった。

游論文も指摘しているように、これらの団体の指導員となったのが、女教師、女医、産婆であった。日本人の従軍や男性不足により、指導的役割を含むさまざまな職種が、男性や日本人の手から、台湾人女性へと委ねられた。それは戦争という非常時になってようやく実現した台湾人女性による一定の地位と職業の獲得であった。

非常時を機に、海南島など台湾以外の地で看護婦の仕事に就くことで、これまで以上の給与や地位を得る看護婦も出てきた。だが注意を要するのは、台湾人女性の給与や地位は非常時になるまでは、ずっと低いレベルに据えおかれたままだったということである。さらに、職業や昇進の秩序に変化が起きたといっても、たとえば戦地で働くことは危険に身をさらすことであったし、指導的立場といっても、戦争遂行を目的としたものであった。結局のところ、植民統治が彼女たちにもたらした限界性が消えることはなかったのである。

おわりに

游氏の論文には日本統治期の台湾、同時期の中国の女性についてあつかったものが多い。台湾と中国とではもちろん女性たちの経験は一様ではない。同じ時期、同じように近代化という波に接しても、それを発展させる社会や個人がおかれた状況の違いが、女性たちの経験に刻みこまれている。今後、これらの研究と台湾の宗主国であった日本内地やその他帝国の支配下にあった朝鮮や満洲地域などとの比較研究も進めることで、たとえば東アジアの女性の職業経験について共通する経験、または地域による特殊性などが明らかになるであろう。歴史のなかの女性たちは、そのなかの多様性と普遍性をみつめることでこそ、浮かびあがってくる存在なのである。

出家による社会進出
――戦後台湾における女性僧侶の生き方(1)

李玉珍（成田靜香訳）

はじめに

信仰生活は社会・文化を動かす深層文化の基礎のひとつである。しかしある種の宗教観念と儀式を長く踏襲し、それが常態になると、宗教が社会の変化に与える影響力は意識されなくなる。そして、ある種の観念や行動様式が常態化し、当然のものとみなされるようになると、それは人々の心に深く根づき、人々の行為の動機や行動様式を目に見えないかたちで支配するようになる。宗教実践の方式と宗教概念の形成については、この経緯をたどることによって理解することができる。したがって宗教現象の研究は、現象を単なる経済や政治や社会行為ととらえるのではなく、その行為の背後にある宗教的な意味を把握する必要がある。

宗教には社会・文化のしくみを構築する機能がある。逆にいえば、信仰生活の形態の変化は、社会・文化の変遷を観察する際の重要な指標となりうる。また信仰生活の変化は、国民所得、工業化などの物質的な指標に比べて、必ずしも顕著なものではないが、宗教は本来的に社会・文化の変遷を説明する機能をそなえているものであり、我々はそれによって社会経済の変化が深層文化にもたらしたものを理解することができる。たとえばテレビの普及率は家庭の平均収入の増加を測る指標のひとつである。しかしテレビが我々に与える影響は経済面だけにとどまらない。テレビが祖先の位牌に取って代わり、現代家庭における新たな「神棚」になるや、かつて朝晩、家族が線香を立てて祖先をまつっていたのに代わり、食前食後にテレビの前に集まって団欒するようになり、さらにはテレビが家族のコミュニケーションを阻害しさえする。現在〔二〇〇〇年時点で〕約四十歳以上の人々にとって、町内の人が長いすを持って近所にテレビを見にいくことは、おそらく今時、映画館に行くこと以上に興奮する体験であったはずだ。二十歳以下の人々にとって祖先祭祀は田舎の祖父母の家に行く、年に数度の行事にすぎない。宗教の変遷という透視鏡を用いることによって、我々は社会変遷の歴史を深く掘り下げ、大胆かつリアルに、大環境の変化と個人の生活経験を結びつけることができるのである。

本稿は戦後台湾女性の信仰生活の変化を検討し、台湾の出家女性の生活経験と社会全体の発展を結びつけ、それをとらえなおすものである。出家女性は一方では、台湾社会の工業化と都市化の大きな流れの外に身をおく存在であるものの、彼女たちの信仰生活の変遷は社会全体が経てきた文化の変遷を反映している。出家女性は家電としてのテレビほど普遍的なものではないが、テレビによって、社会参加力と宗教的リーダーシップを示す比丘尼《びくに》はしだいに増えてきている。現在、「法界」「慈済」「仏光」といった衛星放送チャンネルは、まさに多くの比丘尼が企画しキャスターを務めているものである。またかつて台湾の人々は、テレビを通じて、一九九六年中台禅寺で起こった集団剃髪得度事件（写真1）に震撼した。ある親は剃髪した娘の前にひざまづいて泣いたが、それでも娘の決心を変えることができず、ある親は娘の尊厳を顧みず、娘を豚のように縛って連れ帰った。中台禅寺事件は個別の家庭の問題にとどまらず、社会的注目を集め広汎な反応を引き起こしたものであった。これらの現象は、社会がさまざまな面において変化するなかにあって、女性の宗教心が家庭の価値に対し不断のインパクトを与えてきたことを示している。本稿は女性僧侶の生き方（the nun-hood）の変化をとおして、戦後台湾社会の変化の文化的な意味と宗教的な意味を検証しようとするものである。

台湾女性の出家の動機や彼女たちの活動は今まさに変化しているところである。半世紀来の社会文化経済の変遷を経た今この時において、台湾の出家女性を研究対象とすることはおおいに意味のあることである。なぜならば戦後台湾の比丘尼の人数と質の高さは、仏教史上稀有なことであるばかりでなく、国際仏教コミュニティにおいても台湾の奇跡とされている。[2] 一九五三年台南の大仙寺の三壇大戒〔出家した僧侶に対し戒を授ける儀式。比丘尼戒を受けた者は比丘尼として認定される〕以来、台湾ではほぼ毎年比丘尼が生まれており、一九五三年から一九九八年の四五年の間で、受戒した女性は一万二〇〇〇人を超え、受戒した僧侶全体の約七五％を占めている。[3] この数字は剃度したものの受戒にいたっていない出家女性を含んでいない。また一九九九年仏教界が林口で全国斎僧北区大会を挙行した際、それに出席した男女僧侶は五〇〇〇名に達した。戦後の台湾女性の受戒数の激増は、おそらく仏教史上、尼僧が初めて人数において僧を超えた特殊な例である。そして台湾の比丘尼教団の活躍は、比丘尼戒の伝授と振興をはかる国際運動においてもっとも優れた模範とされている。たとえばダライラマは一九九七年に訪台した際、「台湾の比丘尼教団に学べ」という声明を発し、台湾の成果を借りてチベット仏教における出家女性の地位向上を進めようとした〔梁玉芳 一九九七a、一九九七b：林熅如・李玉珍 一九九八：二二一―二二七〕。そこで比較宗教研究の角度からであれジェンダー研究の角度からであれ、台湾の比丘尼教団について、比丘尼の国内的・国際的イメージの変化をふりかえるならば、宗教と社会文化の変遷の間の複雑な相互作用を明らかにすることが可能である。[4]

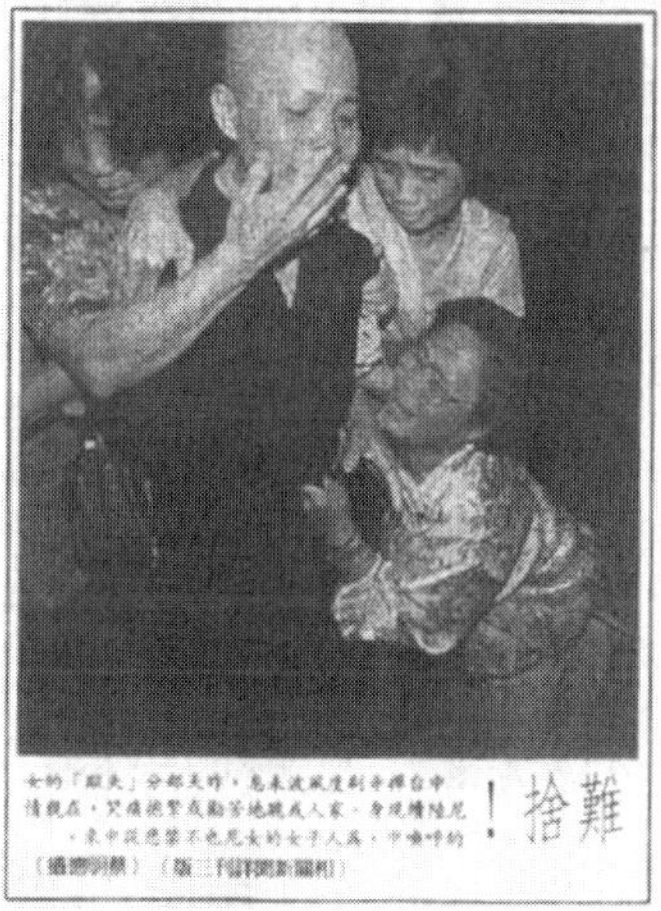

写真１　中台禅寺事件を伝える記事（『中国時報』1996年９月６日）

一　中台禅寺集団剃度騒動をふりかえる

一九九六年九月、夏休みが終わり、学生たちが教室に戻った頃、一〇〇人を超える女子学生の失踪に、親たちが気づいた。その後、親たちは、娘たちが中台禅寺の夏休み仏教キャンプに参加したあと、友達や大学との連絡を断ったことを知る。しかし親たちが台湾各地からやってきて埔里の中台禅寺を探しあてた時、寺側は仏教キャンプの参加者たちはすでに解散したので、行き先については寺側もわからないと言った。一〇〇名以上の親たちは娘たちの安否を案じ、連日探しまわるも手がかりがなく、憔悴していった。あらゆる手がかりが中台禅寺に向かっているにもかかわらず、寺側にはとりつく島がないという状況のなか、親たちは憤りのあまり過激な手段に出た。寺を包囲し、寺の施設を破壊したのである。メディアと警察が駆けつけた時、多くの失踪女子学生たちはすでに中台禅寺で剃髪し出家していた。これらの女子学生たちは、みな自由意思によって髪を剃ったのであり中台禅寺にとどまることを望んでいると主張したが、憤った親たちはそれを許さず、娘を縛りあげて連れ帰る親さえあった。その混乱と衝突は、すぐにメディアの注目するところとなり、中台禅寺集団剃度事件はたちまち社会各方面の関心を集めた（『中国時報』一九九六）。

中台禅寺集団剃度事件に対する世論の反応は両極端であった。ある者は家庭倫理を擁護する立場から、女子学生が両親と社会の養育の恩に背き、空門に入ろうとしたことを責め、またある者は親の側に反省を求め、父や母が日頃、娘の心や生活に寄り添っていなかったのだとした（黄安　一九九六：五〇—五一、許承宗　一九九六：七）。また、中台禅寺が女子学生たちに施した集団催眠を解くことができるという自称心理学者が登場したり、宗教関係者がのりだし、個人の宗教実践と家庭・社会の責任の間のバランスをはかろうとしたりした。世論の圧力のもと、仏光山と法鼓山が相次いでおこなった剃度式においては、剃度を受ける者の親を招待し、出家は親たちの心情にも配慮するものであることを社会に示した（依空　一九九六：三一—三四）。また自身、数回の家出ののち、ようやく母親のゆるしを得て落髪した慈済功徳会の証厳《しょうごん》法師も、母娘の情は出家によって断たれるものではなく、母親は永遠に母親であると発言した。

仏教の僧侶の剃度が「出家」（家庭との関係を絶つこと）とよばれるように、仏教には儒教の価値体系を主とする家制度との間に構造的な衝突がある。「出家し世を遁《さ》るは、忠ならず孝ならず」といった議論は歴史上絶えることがなかった。しかし中台禅寺の騒動が、台湾の人々に与えた衝撃は大きかった。なぜ高等教育を受けた前途ある女子学生が出家を選んだのか？　それも集団出奔を！　さらに大衆を驚かせたのは、中台禅寺がはじめての例というわけではなく、女子学生が集団で剃度する事件はそれ以前にすでに起こっていたということである。中台禅寺事件の一〇年前、香光寺で「学士尼事件」が発生していた。当時の寺の処理が適切であったため、また集団剃度といってもその規模が小さかったため、個別の家庭の事件とみなされ、中台禅寺事件のように親たちが集まって行動することはなかった（趙慕高　一九八七：二六―三一：香光荘厳雑誌社編輯組　一九八七）。その後、台湾の仏教が自分たちの比丘尼法師を高く評価するようになると、むしろ親の側が、親子の情を捨てることができるかどうかを熟慮したうえで、娘を仏門に入れるようになっていった。

さまざまな議論のなかから、興味深い現象がみてとれる。すなわち現代の親と子の間で、出家のとらえ方とそれに対して期待するものがかなり異なるということである（盧俊義　一九九六）。親は出家に対して依然、伝統的な見方をしており、娘に世を捨て苦しみを受けさせるのはしのびない、あるいは娘が親の恩に背くことを憤り、あるいは娘の求めるところを軽んじ、娘を「人生の正しい道」（嫁ぎ先を見つけ、子を産み育てる）に導くことができなかったことを悔いる。筆者がおこなったフィールドワークによれば、一九七〇年代以前に出家した尼たちは「苦菜を喫す（苦しみをなめる）」という言葉によって自分たちの出家生活をあらわしていた。当時の寺院の生活条件は確かに苦しいものであった。しかし現在の若い台湾の女子は出家に対して憧れをもっており、信仰を通じて生きることの意味と価値を高めることを期待している。彼女たちはたとえ親子の情を捨てても、それは自分の気持ちを満たすためのわがままではなく、偉大な事業への取り組みであると信じ、自らを衆生に捧げようとするのである。

一九九〇年代、台湾では女性出家者に対する見方にジェネレーションギャップが生じていた、と述べたが、筆者のいうジェネレーションギャップとは年齢の違いによって生じる生活経験の違いよりも、むしろ戦後台湾社会の急速な工業化と都市化によってもたらされた生活経験の違いに重点がある。一九七〇年代中期以降、台湾経済は農業中心から輸出・受託生産型に転じ、経済発展は都市と農村の関係を変えた。農村は新興都市に工業原料を提供し、また農村の若年層が大量に都市へ向かうようになった。高雄の楠梓加工区や台北県の台頭は、農村から都市へ向かった新移民を吸収した結果である。上の世代が苦労して貧困を脱し、経済によって新社会における地位を築こうとしていた時、若い世代は衣食の心配がなく、物質的に満たされた環境のなかで欠落感をいだき、生きる意味を模索するようになった。通常、工業化の速度が速いほど、生きる意味を求める方法における世代間の格差は大きく、欧米の若者が一九六〇年代に東方の宗教の神秘経験を求めたのも、まさしくそのひとつの例である（Roof 1999）。台湾社会が急速な経済発展と都市化を遂げたあと、新旧両世代には、信仰生活に対して異なる価値観が生じた。これも社会の激しい変化がもたらしたジェネレーションギャップなのである。

二 「古い」家庭価値と「新しい」宗教機会

社会の変化は、異なる生活経験を有する人々に、宗教に対する異なる価値観をもたらす。まさに冒頭に述べたように、それは相互に影響しあう過程であり、台湾の仏教は現代化というインパクトに直面するなかで、女性の受戒者が激増するという特殊現象を生んだ。問題はなぜ戦後の台湾仏教がひきつけたのが高学歴の若い女性たちであったのかということであり、なぜひとり仏教のみが台湾の女子学生をひきつけたのか、ということである。たとえば同じように大学で盛んになったキリスト教サークルは女子学生が集団で修道女となるような現象を生まなかった。十年来仏教は積極的にキャンパスに入り、優秀な若い学生をとりこんできた。各大学の仏教サークルや夏休み・冬休みの仏教キャンプの組織方法は基本的にキリスト教サークルとその夏休み・冬休みキャンプの影響を受けたものであるが、後発のものが先行するものを追い抜こうとする勢いである。ただしキャンパスにおけるキリスト教の長期的優勢は否めない。

仏教サークルと比較すると、キリスト教サークルは若い学生たちに交流の機会を与え、「同じ心でなければ軛《くびき》を同じくすることはできない」ということを強調し、メンバーにクリスチャンホームを築くことを奨励する。こうしたことから、一生結婚せず布教をおこなうことを決心する女子学生は少なく、そのため家からの反対圧力は少ない。しかしさらに一歩進んで考えるならば、仏教サークルに入ったからといって必ずしも出家して独身をとおすわけではない。仏教が求める菜食は、往々にして仏教サークルに、ともに炊事しともに食することを通じて、キリスト教サークルの寮と同じように、考え方が似通う男女に交流の機会を与える。一方、一般の人々には、キリスト教は先祖を祀らず、先祖にたむける線香の火を絶やすものと考えられており、それは娘が仏教の戒律に従い菜食を守るために家庭の炊事を担うことができなくなる可能性と同様に、親たちを不安にさせる。親たちは、娘を普通に嫁がせることができなくなるのを恐れるのである。もしも女子学生の信仰の家庭的背景と地域的な違いを切り離して考えるならば、伝統的家庭価値からいって（少なくとも中台禅寺事件以前）、一般にキャンパス内のキリスト教サークルと仏教サークルに対する親たちの疑念に、大きな違いはなかった(5)。

伝統的な家の価値観において、女性の社会的身分・宗教的身分は、本人と男性との関係によって規定される。父に従う家組織のなかにあって、中国社会の女性は結婚前は父に従い、結婚後は男性子孫を産んではじめて婚家の正式な成員になり、死後に夫家の系譜に入ることができる。現代の台湾社会は女性の晩婚や独身に比較的寛容であるが、父に従い、父姓に従う家組織のなかにあって、婚姻は依然として女性の社会的身分の基本条件とみなされ、婚姻状況はいわゆる「正常な」女性の生き方（the normal womanhood）を構成する必須条件となっている。結婚した女性に対し、出家して純潔を守る女性は、中国社会においては往々にして「非正常」とみなされる。なぜならば父系の家制度には、婚姻を拒む女性を位置づける術がないからである。

女性の生き方に対する父系社会の定義を考えると、キャンパス内キリスト教サークルと仏教サークルの、女性の信仰生活に対する影響には大きな違いがある。すなわちキリスト教は女子学生に非婚独立の聖職を提供することが少ない（牧師と伝道師は、僧と尼の階級関係とは異なる）。たとえ女性クリスチャンがきわめて敬虔であったとしても、彼女は全力で配偶者の伝教を支えこそすれ、自ら聖職者となって非婚を選択することはないだろう。したがって娘がキリスト教を信じても、親は娘がキリスト教の家庭に「嫁ぐ」ことを願うことができる。しかし出家の場合、その女子学生が拒絶するのは、社会全体が規範とする女性の生き方と性別役割であり、それによって性別役割がくつがえされてしまう、これこそが中台禅寺事件が台湾社会全体を震撼させた原因である（これに対し、キリスト教信仰システムは祖先祭祀制度の外にあり、聖職位においては男尊女卑があり、台湾社会に与える衝撃はむしろ小さい）。仏教が父系家族制度の性別役割を転覆することは、その伝統的なあり方といささかも異なるものではない。したがって台湾の女子学生の集団出家現象の背後の文化的・社会的意味を理解するためには、女性がなぜ出家するのかという昔ながらの問題を論じるより、比丘尼という女性の宗教上の身分の、現代における意義に立ちかえる必要がある。いったい、何が台湾の女子学生たちを、比丘尼になろうという気持ち（出家し非婚を選ぶこと）にさせたのか、である。

女子学生の集団出家は基本的に一九八〇年代以降の新しい現象である。出家は、女性が家庭の外で社会的経済的に独立した地位を切り開く、ひとつの新しいチャンスを示すものではないか、と筆者は考える。歴史上、女性が宗教組織に参加することによって、いわゆる公領域に足を踏み入れ、婚姻外の社会的身分において独立を獲得し、さらには各種の主導権を獲得した例は少なくない。宗教は女性が家庭から公の領域に進出する重要な社会メカニズムである。一般的な解釈では宗教活動が女性により広い社会ネットワークや教育機会を与えることを強調する傾向があるが、かつてはどちらも女性が劣勢を占める社会的資源であった。資源の配分においては、台湾社会もまた例外ではない。資源が限られている場合、父母は家名をあげるため、息子の養育に傾注し、よそへ嫁にやる娘のことはあとまわしになる。一九七〇年代、学校をやめて輸出加工区で働いていた農村出身の女工たちの大部分は、苦労して稼いだ給料を親にわたし兄弟の学費に充てた。長期にわたって兄弟の教育費を負担したために、結婚適齢期を逃すことさえあった。江燦騰（一九九七：八―一二）は、仏光山の台頭は高雄の楠梓加工区の、学業を続けることができなかった女性作業員や結婚を逸した女性作業員を取りこんだことと関係があるとする。

しかし大卒の比丘尼たちは教育レベルで一般の男性に劣るわけではない。仏教が彼女たちに教育資源を提供するのではなく、むしろ逆に彼女たちの高学歴を借りて、尼の質とイメージを高めることを望んでいる。したがって教育機会は、少なくとも仏教が女子学生をひきつけるおもな原因ではない。

事実、台湾では一九六八年に九年間の義務教育が施行されて以来、女性が教育を受ける機会は大幅に増えた。台湾で最初に出現した、集団出家の学士尼たちは、九年間の義務教育の第三期前後に、大学を卒業した女子学生が多い（すなわち一九五六～一九六一年の間に生まれ、一九七八～一九八三年の間に大学を卒業し、二〇〇〇年の時点で四十～四十五歳前後）（丁敏　一九九六：二〇―二三）。しかし台湾の女子学生の仏教に対する関心は、欧米の趨勢とはおおいに隔たりがある。欧米の女性は教育程度が高ければ高いほど、宗教活動に参加する比率が低い、なぜならば彼女たちは宗教組織の助けを借りずとも社会資源を開拓し、専門家としてさまざまな社会の領域において自らの地位を確保することができるからである（Madesen 1999）。それに対し、仏教は依然として台湾女性をひきつけ、以前にも増して多くの高学歴の若い女性が出家し比丘尼となっており、「学士尼」という呼称まで生まれた[7]。この学士尼現象は台湾女性の社会的地位を探る助けとなるものである。

いうまでもなく台湾社会の発展レベルは欧米の国々に劣るものではない。さらに広い視野に立っていえば、台湾女性は、日本・韓国、および大部分の東南アジアの女性に比べて、より高い社会的地位とより大きな経済的権利を有している。台湾女性は教育水準・就業率・労働権（さらには離婚率）[8]いずれにおいても、日韓の女性より自由である。既婚女性についていえば日本より台湾のほうが働く機会が多く、子供がいないあるいは娘しかいない女性が受ける圧力は韓国より台湾のほうが低い[9]。このような社会環境のなかで、なぜ台湾の多くの若い高学歴の女性が仏門に入るのだろうか。

台湾女性の教育水準は向上したが、女性の社会的地位が男性に並んだわけではなく、一般的な社会的価値観では依然として、女性の婚姻は女性の事業より重要である、とみなされている。このようなステレオタイプの性別役割を期待する社会のなかで、仏教は生活の意義と事業の機会を提供し、また社会によって伝統的に認められてきた独自の地位にあることから、自然に、高学歴でありながら事業上の発展に限界がある（同輩男性ほどの可能性がない）女性を引きつけるのである。台湾社会は比丘尼という宗教的身分を比較的尊重するため、出家女性が、男尊女卑の制約を超越し、一般女性より強い発言権と指導権を手にすることを可能にする。伝統的な僧俗の区別が社会の彼女たちに対する蔑視を軽減する一方、彼女たちの高学歴はまた彼女たちの仏門内の宗教的地位を補強するものになる。そのため出家は昔から存在した戦略のひとつであるにもかかわらず、現代の教育水準の高い若い台湾女性たちにチャンスをもたらし、伝統的ジェンダー意識と自らの人生に対する期待との落差による行き詰まりのなかで、平衡を保つ手段となりうるのである。

また台湾の女子学生にとって、比丘尼として生きることは、彼女たちに、学生生活を延長する機会を与えるものである、と筆者は考える。寺院の生活は、みなが資源を享受し、共同で労力を分担する原則のもと、規則正しく安全で、ともに座禅し、講義をおこない、週に一日休むなど、大学生活とじつによく似ている。尼たちは修行し、学び、宇宙の奥義と人生の意義を考える時間を有し、さまざまな煩瑣な家事は交代で分担し、偉大な精神的指導者に接する機会もあり、巡礼というかたちで旅行をする機会さえある。女性が組織するこのような団体生活のなかには、女子学生が慣れ親しんだシスターフッドや助け合いがある。さらに重要なのは、結婚した女性のように、結婚や子育てとやりがいのある仕事との間で煩悶することからのがれられるということである。出家は衆生を済《す》うためのものであるが、出家によって、女性個人の努力は「家庭の責任」「孝道」「婦道」を強いられることによって抹殺されないばかりでなく、その性別役割上の立場（非婚）も宗教の節操の方式として社会に認められる。台湾の父系社会の構造からいって、また現代仏教が女性に提供する生活方式と社会的身分からいっても、比丘尼として生きることは、台湾の父系社会のなかにおいて、独身女性にとってもっとも有利な社会空間（niche）なのである。

三　比丘尼の身分と寺院の生活形態の変化

やりがいのある仕事と生活方式の追求は、学士尼の集団出家の重要な動機を構成しており、それは女子学生たちの主観を反映しているばかりでなく、近年の比丘尼の生き方が事実そのように変化していることをあらわしている。都市化され事業化された僧侶の生き方はすでにひとつのかたちになっている。梁湘潤『台湾仏教史』が戦後の台湾仏教の発展と変化について、二つの興味深い指標――比丘尼が車を運転することと比丘尼が仏教文物所を経営すること――をあげている（黄宏介・梁湘潤　一九九五：三一一）。梁湘潤は、比丘尼は他人が煮炊きしたものを飲食しない、あるいは塵界から遠く離れた存在であるはず、と認識しているのかもしれないが、現代の比丘尼の活躍は一般人の想像をはるかにこえている。国際会議において、博士学位をもった台湾の比丘尼が壇上で論文を発表し、会議全体を準備し運営する比丘尼が携帯電話・マイクをもち、会場全体の進行をコントロールしている姿はしばしば見られるものである。かつて人々は市場の片隅でふるえながら托鉢する尼たちや、駅の壁際の棚の上に乱雑に置かれている善書〔仏教の読本〕をよく目にしたものだが、今や台湾の比丘尼は定期的に国父記念館で法会をおこなっており、彼女たちがパソコン・ファックス・携帯電話・鞄を持って仏教出版社とキャンパスの間を走りまわっている姿は台湾の風景のひとつとなった。かつての寂しい葬儀場と異なり、現代都市の仏教の道場は証券会社や放送局と軒を並べ、ビジネスマンたちが、昼のひととき心を休ませ、無料で提供される精進料理を味わい、仕事のあとに仏教を学び、禅を習う場となっている。その間を行き来する男女ボランティアは月をとりまく星のようで、比丘尼が儀式や修行指導などに専念できるよう、多くの雑務を分担している。台湾の比丘尼の才能は、台湾人の信仰生活のなかで、一定の存在感を示している。

写真2　講義をおこなう尼僧

現在のところ、台湾初の博士尼恒清法師が国立台湾大学で教えているほか、慧厳・依昱《いいく》・依法・依空・見曄《けんよう》・見咸と昭慧といった法師たちもそれぞれ大学で教えている（これにくらべ、同世代の男性僧侶のなかで、正式な教職に就いているのは恵敏法師と慧開法師だけである）。このほか多くの比丘尼が仏教教育の推進に従事している。中華民国仏教青年会の比丘尼は監獄の受刑者の教悔師を務め、長年視覚障害者教育に従事してきた証蓮法師は愛盲協会を創設した。伝統的におこなわれてきた幼稚園経営のほか、小中学生の塾を経営する比丘尼もおり、香光尼寺の比丘尼は学校に行けなかった老人の識字教室や地域の仏教学習教室を始め、どちらも仏教経典を教材としている。霊鷲山無生道場の尼たちは世界宗教博物館を建設した。このほか小中学校の教師が、毎日教室の黒板に証厳法師の言葉を書き、生徒に対する道徳教育としている例も多い。かつての世を捨て集団から離れるイメージを一掃し、台湾の比丘尼は現代仏教教育の重要な推進者となっている。

一九九〇年『福報週刊』が実施した全国十大仏教指導者調査は、台湾の比丘尼の社会的イメージの変化を数量的に示している。(9) これははじめておこなわれた全島的な調査であり、同様の調査はその後もおこなわれていない。また『仏教週刊』は台湾の著名な仏教学者・仏教雑誌発行人・仏教芸術家・記者・仏教界の長老など一六人に依頼し、審査員団（すべて男性）を組織し、近年の仏教界の発展をうけ、その年、社会にもっとも影響を与えた仏教指導者一〇人を選んだ。選ばれた仏教指導者の名前とおもな貢献は以下のとおりである。

第一位　証厳法師（尼）「か弱い女性の身で」慈済功徳会を創設し、仏教慈済医院と医学院を建設した。(10)

第二位　ダライラマ　世界的仏教指導者として、ノーベル平和賞を授与された。

第三位　星雲法師　仏光山を創設し、現代的仏教事業を樹立し、台湾と大陸の仏教界交流の流れを開いた。

第四位　聖厳法師　最初の博士僧。中華仏学研究所を率い、心霊改革運動に力を尽くし、人々の心を浄化した。

第五位　印順法師　仏学の権威にして、人間仏教〔生活の中に仏教心を、という考え方。仏光山が提唱するもの〕の端緒を開いた。

第六位　暁雲法師(11)（尼）　無私の精神で、台湾初の仏教大学華梵工学院〔のち華梵人文科技学院→華梵大学〕を創設した。

第七位　洪啓嵩（優婆塞《うばそく》〔在家の男性信者〕で、『仏教週刊』創刊者）　仏教文化事業に力を尽くした。

第八位　恒清法師（尼）　最初の博士尼にして国立台湾大学で教鞭をとり、法光仏教研究所の初代所長を務め、仏学研究の学術性を高めた。(12)

第九位　恒明法師　中国仏教会前会長白聖法師亡きあと、会務の推進に努めた。

第十位　昭慧法師（尼）　一連の護法運動を提起し、比丘尼に対する誤った見方を正した。

星雲法師が指導する仏光山は、尼が八二％に達し、しかも多くの尼が要職を務めている。聖厳法師の農禅寺と中華仏学研究所の尼も七五％に達している。したがってもっとも尊敬されている一位から五位までの（ダライラマを除く）台湾の仏教指導者については、その実、台湾の比丘尼個人とその団体の強い影響力を表彰したものである。証厳法師・暁雲法師・恒情法師は、医学・理工・仏学の各方面において、仏教系の大学を創設し、学術分野において仏教の地位を築いた。社会運動家として成功した一人である昭慧法師はするどい筆鋒とすぐれた組織動員力によって、メディアに氾濫するステレオタイプの僧尼イメージ（思凡事件〔一九八九年、国立芸術学院が上演しようとした崑劇「思凡」の内容が、尼のイメージを醜悪化するものであるとして、昭慧法師率いる中国仏教会護教組が上演中止を求めた〕で問題にされた、恋情から寺を逃げ出す若い尼といったイメージ）にたびたび抗議してきた。これら比丘尼指導者の特徴は、台湾仏教界において出家女性の地位がますます高くなっていることをあらわしているばかりでなく、彼女たちの社会活動力が大幅に増大し、かつての出家女性と大きなへだたりがあるということを示している点にある。[13]

写真3　劉安明撮影「観光客」（1967年、屏東県三地門にて）

戦前台湾の女性仏教徒にはこのような社会活動力はほとんどみられず、基本的には、女性の出家生活は個人的なもの、一般社会から隔絶したものと位置づけられていた。一九七〇年代以前においても、比丘尼の社会的イメージは暗く茫洋としたものであった。古い写真のなかにとらえられた尼の姿は多くの場合、灰色の壁のかたわらにひとり寂しく立っている姿、あるいは手を背中にまわし、その手に空の碗を下げ、夕暮れのなかをとぼとぼと歩く後ろ姿である。それに比べ、同じ時期の修道女の姿はもっと生き生きとしている、たとえば写真3は「観光客」と題されているが、これらの修道女は観光客ではなく、辺鄙な山間部で貧しい者を救い、寄る辺のない人を助ける宗教家であり、彼女たちは伝道師として台湾原住民とその他のマイノリティを支援しているのであり、写真は伝道師の積極的な社会参加におけるひとときを切りとっている、と筆者は考える。尼と修道女の社会支援活動はかつてはこのように対比的にとらえられ、証厳法師が慈済功徳会をつくった当初でさえ、その違いは感じたという。彼女は修道女に接したあと、出家し世を救うことの重要性をそれ以前より慎重に考えるようになった（陳慧剣　一九八四：一五七―一五八）。また時間的にはそれより少しあとのことだが、悟因法師は文藻外国語学院の外で、水田の泥の中で汗をぬぐいながら農作業をしていた時、塀のなかの二階の教室で、真っ白な服を着た修道女たちが勉強している優雅な姿を、よくながめていたという。法師はのちに、みずから香光尼僧団を創設し、優秀な宗教指導者を育てることで仏学教育を推進した(14)。

四　結論　出家から社会参加へ

表1　二〇世紀中葉の台湾女性の信仰生活の形態

呼称	宗教の種別	戒律	居住する寺院の呼称	服装	修行の特徴	信仰の対象
尼（俗に尼姑）	仏教	出家尼戒	禅寺、浄院、巌仔〔1〕	剃髪、僧衣	完全に斎を守り純潔を保ち、生涯独身	観音
菜姑		優婆夷《うばい》〔2〕、菩薩戒、斎教	仏教と斎教の寺院、仏堂いずれも可	髪髻、唐衫	完全に斎を守り純潔を保つ	観音
斎姑	斎教	完全に斎を守る	仏堂、菜堂	髪髻、唐衫	完全に斎を守り純潔を保ち、生涯独身	観音と無生老母《むしょうろうぼ》〔3〕
在家で斎をおこなう		優婆夷、菩薩戒、花斎〔4〕、観音斎〔5〕	観音亭、媽祖間、自宅の仏堂		定期的に齋を守り、生涯独身でいることが可能。ただし家庭内の地位は変わらない	観音と媽祖

〔1〕山寺。
〔2〕在家の女性信者。
〔3〕万物を生みだしたとされる女神。
〔4〕毎月二回（一日と一五日）、毎月六日間、毎月一〇日間など、月に何日か肉食
〔5〕一月八日、二月七日など定められた日（一年に二一日）に肉食を避けること。

表2　一九七〇年代以降の台湾女性の信仰生活の形態

呼称	宗教の種別	戒律	連携する寺院団体	修行の特徴	服装
比丘尼	仏教	三壇大戒	寺院、精舎、道場	完全に斎を守り生涯独身	剃髪、袈裟
優婆夷	仏教	優婆夷戒、菩薩戒	寺院、精舎、道場、念仏会、護法会、功徳会、助念団	斎を守り、功徳を積む	髪はおろさない。服は居士が着る唐衫式の灰色の上下。五戒を受けた者は海青〔1〕またはその所属する団体の制服を着る（多くはローブ式の礼服と短いベスト）
斎姑	斎教、仏教	完全に斎を守り純潔を守る	斎堂、仏堂、自宅の仏堂（ごく少数）	完全に斎を守る	髪髻、唐衫
誦経団団員	所属する宗教団体の定めるところ		龍山寺、天后宮、斎堂、その他道教団体	斎を守り、誦経し、功徳を積む	誦経をする時には黒の海青をはおる

〔1〕僧衣の一種。中国仏教独自のもの。

右の二つの表の比較から、三つの点を強調したい。

（一）仏教の尼僧の身分の認定は経典が定める教団の生活モデルに従う傾向が強まり、剃度からしだいに三壇大戒を受け入れるようになり、尼の仏教教団内の位置づけもより緻密に制度化されてきた。これはかつて女性と宗派組織の関係がゆるやかであったのとは異なるものである。（二）尼の僧侶としての生き方が規制されることで、その他の女性の信仰生活もその影響を受けるようになった。特に僧俗の境界線はより明確になり、伝統的に在家で修行してき

た女性たちに対し、自らを仏法にのっとった信徒として位置づけなおすことや、修行者や信徒に関して従属関係が定められている場合にはそれに従うことをうながすようになった。(三) 僧俗を分ける雰囲気のもと、台湾女性の信仰生活のあり方は、僧侶として生きることを主とするものと、〔僧侶の〕補佐として功徳を積む信徒の組織とに専門化した。両者はどちらも台湾女性の信仰生活を家庭から社会に向かわせ、私的領域から公的領域に踏みこませた。

戦後台湾の女子学生の集団剃度の現象、およびよく知られた学士尼という特徴は、いずれも女性僧侶の生き方の変遷を反映している(梁玉芳 一九九七c)。正統的、専門的、現代的女性僧侶の生き方は僧戒制度と僧侶教育の普及にともない、すでにひとつの形を成しているといってよい。高学歴の女性が仏門に入ることは、正統的な仏教教団における尼の身分の専門化と社会参加をさらに加速している。両者は互いが互いの原因であり結果である。これら女性の教団内身分の変化は、伝統的信仰生活と家の価値観との衝突にかかわる問題であることから、女性の宗教的身分の認定と信仰生活の方式がきわめて密接に関係していることをあらわしている。また社会経済が急速に変化するなかで、一般大衆の宗教概念が、家庭倫理・ジェンダー・宗教実践といった深層の文化概念にどのような影響を及ぼしたのかを示している。

注

(1) 本稿執筆にあたっては、游鑑明教授の励ましを受け、江燦騰先生には近著を賜り、また「回顧老台湾、展望新故郷—台湾社会文化変遷学術検討会」の席上では顏尚文、胡其徳両教授の教示を賜った。感謝を申し上げる。

(2) 日本の奈良の高林寺(尼寺)の住職稲葉慶珠は一九七二年に訪台した際、台湾の比丘尼教団の発展に驚嘆したという(稲葉 一九七二:三)。関連する研究にBarbara Reed (1994)、Huang and Weller (1998) がある。二〇世紀末以来、台湾比丘尼研究は、国内外の学会の新潮流となり、一九九九年から二〇〇一年のAAS〔The Association for Asian Studies〕会議においては毎回この方面の研究が発表された。江燦騰(一九九七所収)「斎姑から比丘尼へ——台湾仏教女性の出家百年の滄桑」は斎姑と仏教の関係を検討する研究の先鞭をつけた。Charles B. Jones (1999) は二一二—二一七頁および結論において、台湾比丘尼の活躍に言及し、今後の研究対象を台湾の出家女性とすると述べている。また筆者の博士論文（Li 2000a）は、戦後の台湾の比丘尼教団の発展と隆盛を系統的に整理したものである。

（3）戦後の台湾の僧尼の人数の統計は、台湾仏教を研究するうえで基本となるものであるが、全島的調査資料は欠如しており、現在、もっとも信頼に足る資料は同戒録であるとみなされている。同戒録は何年かの戒会ののち、戒場がその回に受戒した者に頒布する戒会記録と通信録であり、限られた人間に限られた数だけ配られる（多くの場合流通はしない）。Holmes Welch（1973）は同戒録の研究価値を指摘したが、すべての同戒録を収集することは不可能である。姚麗香（一九八四）は、はじめて同戒録を系統的にもちいて、台湾の宗教グループの構造を分析したものである。筆者は香光寺、仏光山および陳家倫女士の協力を得て、一九五三年から一九九八年の台湾の同戒録中の受戒僧侶の人数を整理した（表3、表4）。同戒録は入手が難しく、出版状況も異なる（授戒の年や翌年に配られるというわけではない）ため、筆者が作成した表に不備がないとはいえない。そこで、これを修正する資料の提供を諸先輩にお願いしたい。

（4）台湾の比丘尼が世界的比丘尼戒復興運動に果たしている役割、特に仏光山の積極的な参与と提唱については、拙著（Li 2000b：168–200）参照。

（5）さらに深く検討するためには、キャンパス内のキリスト教サークルと仏教サークルのメンバーの信仰告白と出家の比率が必要であるが、管見の限りでは、この方面に関する系統的な研究はいまだない。関連する資料の提供を各方面にお願いしたい。

（6）仏光山叢林仏学院の統計（一九九五年）によれば、仏光山の尼僧のうち、三分の一以上が大学などの卒業生である。丁敏（一九九六）は香光尼寺と農禅寺の尼僧のうち約七五％が大学以上の学歴を有している、としている。

（7）日本の労働省の一九九三年の調査では、就労女性の七〇％を十五歳から二十九歳が占め、既婚女性の就業率は（十五歳以上の）就労女性の一八・八％にすぎず、就労女性の四四・四％は結婚後に退職しようと考えている（English Discussion Society 1996：64–69）。

（8）一九八五年ある韓国の学者が訪台した際、最大のカルチャーショックは台湾の女性が自信をもっていることだ、と述べた。彼が台湾師範大学付近の、人がやっとすれちがえる程度の細い道に入っていった際、反対側から、四十歳前後の二人の女性がにこやかに話しながらやってきた。双方当然のように前進し、けっきょく若い韓国紳士はあやうく女性たちにぶつかりそうになった。彼はこの二人の台湾人女性が道を譲る必要をまったく感じないとは考えもしなかったのである。そのとき彼は、このようなことは韓国では経験したことがない、なぜなら韓国の女性はみずから道の端に寄り、男性を先に通すからだ、ということに気づいた。

（9）「年度十大仏教人物」『福報週報』第一一六―一一七期（一九八九年一二月二五日―一九九〇年一月六日）一一―一二版、一八―二一版。

（10）社会のリーダーとしての証厳法師については、趙賢明（一九九四：一四九―一五一）参照。これについては、日本語版もすでに出版されているが、残念ながら筆者は未見。

（11）暁雲法師については雲門学園（一九九四：二三六―二四八）参照。

（12）恒清法師の仏学教育の学術化推進への貢献については朱秀容（一九九九：二六―三七）参照。

（13）昭慧法師のこの時期の護教運動については、中国仏教会青年委員会護教組（一九八九）参照。昭慧法師がその後取り組んだ一連の社会運動については陶五柳（一九九五）参照。

（14）一九九六年六月香光仏学院における、悟因法師への筆者によるインタビュー。

参考文献

依空　一九九六「荘厳的出家、円満的愛家」『普門』二〇六。
稲葉慶珠　一九七二「台湾仏教是比丘尼仏教――個日本尼僧対台湾仏教的印象観感」慧誠訳、『覚世』五五〇。
雲門学園　一九九四「創辦人従事文教事業的心路歴程」暁雲法師『拓土者的話』台北：原泉出版社。
許承宗　一九九六「従中台事件説台湾社会」『独家報導』四二三。
江燦騰　一九九七『台湾当代仏教』台北：南天書局。
黄安　一九九六「我們搶回来的只是軀殻」『美華報導』三四四。
黄宏介・梁湘潤（編）一九九五『台湾仏教史』第二版、台北：行卯出版社。
香光荘厳雑誌社編輯組（編）一九八七『学士尼風波的省思』嘉義：香光荘厳雑誌社。
朱秀容　一九九九「恒清法師―引領仏学邁進大学門檻」『当代仏学人物演義』台北：法鼓文化。
『中国時報』一九九六「中台禅寺剃度騒動」九月六日、三版。
中国仏教会青年委員会護教組（編）一九八九『杯葛思凡専輯』台北：中国仏教会。
趙賢明　一九九四『台湾三巨人』台北：開今文化出版。
趙慕高　一九八七「紅顔看破紅塵」『時報周刊』四九二：二六―三一。

陳慧剣　一九八四　「証厳法師的慈済世界」『当代仏門人物』台北：東大図書。
丁敏　一九九六　「台湾社会変遷中的新興尼僧団―香光尼僧団的崛起」仏光山文教基金会編『一九九六年仏学研究論文集』第一冊『当代台湾社会与宗教』所収、台北：仏光。
陶五柳　一九九五　『釈昭慧法師』台北：大村文化出版。
姚麗香　一九八四　『台湾地区在光復後宗教変遷之探討』国立台湾大学社会学研究所碩士論文。
梁玉芳　一九九七ａ　「達頼喇嘛向台湾比丘尼取経」『聯合報』三月一日、五版。
――　一九九七ｂ　「達頼喇嘛収集台湾比丘尼教団資料」『聯合報』三月一日、五版。
――　一九九七ｃ　「女性自覚与学士尼之湧現」『聯合報』三月一日、五版。
林熅如・李玉珍　一九九八「藏伝仏教比丘尼伝承探源之旅」『慈雲』二六―一二。
盧俊義　一九九六　「別扭曲了事件的焦点―談中台禅寺学員剃度出家事件」『自由時報』九月七日、一八版。

English Discussion Society, ed. 1996. *Japanese Women Now II*. Kyoto: Women's Bookstore Shoukadoh.
Huang, Chien-yu Julia and Robert P. Weller. 1998. "Merit and Mothering: Women and Social Welfare in Taiwanese Buddhism." *Journal of Asian Studies* 57 (2): 379-396
Jones, Charles B. 1999. *Buddhism in Taiwan: Religion and the State, 1660-1990*. Honolulu: University of Hawai'i Press.
Li, Yu-chen. 2000a. *Crafting Women's Religious Experience in a Patrilineal Society: Taiwanese Buddhist Nuns in Action, 1945-1999*. Ph. D. diss. Cornell University.
――. 2000b. "Ordination, Legitimacy, and Sisterhood: The International Full Ordination Ceremony in Bodhgaya." In Karma Lekshe Tsomo (ed.) *Innovative Buddhist Women: Swimming Against the Stream*, pp.168-200. Surrey, UK: Curzon Press.
Madson, Richard. 1999. "Symbolic Realism and Interpretive Social Science: Research Middle Class Religions in Taiwan." 一二月一八日中央研究院における講演。
Reed, Barbara. 1994. "Women and Chinese Religion in Contemporary Taiwan." In Arvind Sharma (eds.) *Today's Woman in World Religions*, pp.225-243. New York: State University of New York Press.
Roof, Wade Clark. 1999. *Spiritual Marketplace: Baby Boomers and the Remaking of American Religion*. Princeton: Princeton University Press.
Welch, Holmes. 1973. *The Practice of Chinese Buddhism 1900-1950*. Cambridge: Harvard University Press.

表3　1953年から1987年の同戒録にみられる受戒者数

年	開催地	戒場	受戒者数(人)		
			比丘戒	比丘尼戒	合計
1953	台南	大仙寺	39	132	171
1954	苗栗	元光寺	32	119	151
1955a	台北	十普寺	19	56	74
1955b	基隆	霊泉寺	14	73	87
1955c	台中	宝覚寺	36	64	100
1956a	台南	碧雲寺	31	65	96
1956b	台北	凌雲寺	14	73	87
1956c	屏東	東山寺	24	114	138
1959a	台北	十普寺	59	185	244
1959b	台中	宝覚寺	31	88	119
1961	基隆	海会寺	78	66	144
1962	高雄	旧超峰寺	45	199	244
1963	台北	臨済寺	96	454	550
1964	基隆	大覚寺	79	118	197
1965	苗栗	法雲寺	61	138	199
1966	台北	臨済寺	71	323	394
1967	台中	慈明寺	75	340	415
1968	基隆	大覚寺	45	84	129
1969	基隆	海会寺	50	116	166
1970	台北	臨済寺	42	178	220
1971	台中	慈善寺	64	163	227
1972	屏東	東山寺	69	226	295
1973	苗栗	法雲寺	57	233	290
1974	台中	万仏寺	59	144	203
1975	台北	吉祥寺	38	177	215
1976	高雄	龍湖庵	55	161	216
1977	高雄	仏光山寺	95	266	361
1978	台北	松山寺	55	233	288
1979	新竹	翠碧厳寺	71	160	231
1980	高雄	龍泉寺	86	189	275
1981	台北	臨済寺	65	233	298
1982	台北	海明寺	76	191	267
1983	台北	臨済寺	104	348	452
1984	台中	慈善寺	87	294	381
1985	高雄	妙通寺	116	311	427
1986	高雄	元亨寺	121	417	538
1987	台北	中国仏教会	157	347	504
合計（人）			2,316	7,078	9,393
男女比（%）			24.93	75.07	100.00

表4　1988年から1998年の同戒録にみられる受戒者数

年	開催地	戒場	受戒者数(人)		
			比丘戒	比丘尼戒	合計
1988a	基隆	海会寺	127	359	486
1988b	ロサンゼルス	西来寺	NA	NA	300
1989	嘉義	天龍寺	146	446	592
1990	台中	万仏寺	165	544	709
1991a	高雄	仏光山寺	NA	NA	500
1991b	高雄	日月禅寺	204	480	684
1992a	ロサンゼルス	西来寺	NA	NA	126
1992b	台北	慈雲寺	162	532	694
1993a	台南	妙法精舎	67	158	225
1993b	高雄	光徳寺	125	441	566
1993c	高雄	仏光山寺	NA	NA	233
1994a	高雄	妙通寺	NA	NA	347
			62	247	309
1994b	台中	万仏寺	NA	NA	581
1995a	台中	清涼寺	90	185	275
1995b	新竹	慈恩精舎	182	399	581
1996a	高雄	龍泉寺	59	193	252
1996b	新竹	福厳精舎	81	167	248
1996c	台中	霊厳山寺	89	223	312
1996d	台中	南普陀寺	86	3	89
1996e	台中	清涼寺	NA	NA	300
1997	高雄	日月禅寺	176	411	587
1998a*	ブッダガヤ	仏光山寺	14	132	146
			10	32	42
1998b	基隆	大覚寺	NA	NA	136
合計（人）			1,829強	4,819強	8,874強
男女比（%）			約27.67	約72.33	100.00

*1998aの下段は台湾人以外の受戒者数

〈解題〉
戦後の台湾仏教における先駆的女性

成田静香

はじめに

李玉珍氏は仏教とジェンダー、台湾仏教、仏教文学を中心として研究を進めており、『唐代の比丘尼《びくに》』（一九八九）、『宗教と女性――学際的な視点から』（二〇〇三共編）のほか、「比丘尼研究――仏教とジェンダー研究の交渉」（二〇〇二）、「台湾比丘尼と二部授戒」（二〇〇二）、「愛と恨の束縛――仏教文学における夫婦の情」（二〇〇三）などの論文を発表している。李氏の研究は「仏教の伝統が作りだしてきた世界に、人々がどう対峙し、現実の人生をどのように築いたか」という問題意識を中心にして展開されており、「出家による社会進出」では、戦後の台湾において、めざましい発展をとげた新興仏教教団に身を投じた女性たちの経験を探っている。

戦後著しい発展をとげた新興仏教教団としては、仏光山、慈済基金会（旧称 慈済功徳会）、法鼓山、中台禅寺があり、慈済基金会の創始者証厳《しょうごん》法師、仏光山の博士比丘尼恒清法師が、それぞれ台湾を代表する仏教者の一人とみなされていることは、李論文でも紹介されている。

ここで比丘尼について確認しておくならば、比丘戒を受けた男性出家者を「比丘」、比丘尼戒を受けた女性出家者を「比丘尼」とよぶ。在家男性信者は「優婆塞《うばそく》」、在家女性信者は「優婆夷《うばい》」とよばれ、在家の五戒を守る。この比丘・比丘尼・優婆塞・優婆夷を四衆《ししゅ》とよび、出家在家の男女信者を総称する。なお二十歳未満の若者には比丘戒・比丘尼戒を受ける資格がなく、二十歳未満で十戒を守る出家者は沙弥《しゃみ》・沙弥尼《しゃみに》とよばれる。

　中国に比丘尼の戒本が伝えられたのは西暦三七九年とされ（竺沙　一九八九：五三―五五）、その後、中国でも比丘尼戒の伝授がおこなわれるようになった。一方、スリランカでは一一世紀に、ビルマとタイでも一二世紀頃に比丘尼戒の伝授が途絶えたとされている（足羽　一九九八：五六七、岩本　二〇〇八：二七）。

　比丘尼の宗教上の身分は、比丘と基本的に同等のものである。しかし比丘戒を伝授する儀式が所定の人数の比丘のみによっておこなわれるのに対し、比丘尼戒の伝授を比丘尼だけでおこなうことはできない。冒頭にあげた李論文「台湾比丘尼と二部授戒」における二部授戒とは、比丘と比丘尼の二部がそろったうえでおこなわれる比丘尼戒伝授のことである。

　清代、台湾が福建省に属していた時期（一六八四～一八八五年）においては、台湾人が受戒できるのは福建省福州の鼓山湧泉寺と定められていた。清代の末期には湧泉寺以外の福州の寺院や浙江省の普陀山《ふださん》の寺院でも受戒できるようになったが、台湾には戒を授けることを公認された寺院がなかった。しかし戦後、中国大陸から台湾にやってきた僧たちが台湾現地の仏教を統括するにあたり授戒を積極的に推進し、さらに一九八七年に戒厳令が解除されてからは多くの仏教団体が独自に授戒をおこなうようになった。二〇世紀後半を通じて、正式に受戒し、聖職者として公認された数は、比丘尼のほうが比丘よりも多い（李論文表3・表4）。二部授戒という制約があるとはいえ、女性聖職者を公認するこの制度が、高学歴で、主体性のある女性をひきつけ、彼女たちの自己実現の基盤になっている、と李氏は述べている（李玉珍　二〇〇二b：二九）。

　女性聖職者の身分を保障する授戒制度は、欧米の女性仏教徒のうらやむところでもある[1]。また二〇世紀末には、スリランカの女性修行者に対し、台湾と韓国の比丘尼が列席して戒を授け、スリランカに尼僧戒復活をもたらす、ということもあった（足羽　一九九八：五五八）。李論文表4中の一九九八年ブッダガヤでの授戒がそれにあたる。

　このように台湾の比丘尼たちは、台湾社会のみならず国際的に大きな影響力をもち、内外の研究者にも注目されている（李玉珍　二〇〇五：一六一）。しかしその基盤となっている、中国仏教の規範にのっとった授戒が、台湾仏教全体の規範として定着したのは戦後のことである。そもそも清代の台湾において圧倒的多数を占めていたのは斎教信奉者である。(2) 斎教とは明代の中ごろ羅祖という人物によって始められた、儒教・仏教・道教の三教習合的な宗教であるが、斎教の一派である金幢派が台湾に入ったのは正統的な伝統仏教よりむしろ早かったとみられている（陳欣宜　二〇〇五）。それに対し伝来が遅れた伝統仏教は少数派で、台湾では受戒することもできなかったため、清代の台湾に比丘尼はいなかったとされている（釈慧厳　一九九九：二六三）。

斎教は、台湾では元来、仏教の一派と認識され、大きく龍華、先天、金幢の三つの派に分かれている。斎教の施設が斎堂であるが、斎堂は一般に菜堂と呼ばれる。女性信者は「斎姑」または「菜姑」、同じく男性は「斎公」または「菜公」とよばれ、いずれも剃髪することはない。斎教は必ずしも出家を求めないが、斎堂に居住することも可能である。

日本統治期には鼓山湧泉寺系の僧たちが台湾で授戒を始め、日本仏教もまた台湾人に日本の僧籍を与えていたが、その背後には圧倒的多数の斎姑や斎公がいた。一九三〇年代の状況について、次のように述べているものもある（釈見曄　二〇〇一：一二五―一二六）。

> 当時龍華派と仏教とは混同され、一般の人々は両者の違いがわかっていなかった。
> 当時の修行の場所については、龍華も先天も空門もすべて「菜堂」とよばれ、女性の修行者はみな「菜姑」とよばれた。

李論文表1においては、菜姑と出家した尼を区別しているが、右によれば一九三〇年代において、一般の人々は伝統仏教の出家女性と斎教の斎姑を区別せず、彼女たちを菜姑と総称する状況があった、ということになる。

また李論文表3について説明を補うならば、上述したように、日本統治期にも、鼓山湧泉寺系の僧たちが台湾で授戒を始め、日本仏教もまた台湾人に日本の僧籍を与えていた。そして、それはそれぞれに「近代化」の動きであったが、斎姑や斎公が多数を占める状況は変わらなかった。そこへ戦後、大陸から中国僧がやってきて、一九四九年中国仏教会台湾省分会を設立し、授戒を推進しはじめた、その成果が表3の数字なのである。(3)中国仏教会は一九五三年台南の大仙寺において戦後台湾初の授戒をおこなったほか、一九五五年には、それまでの三年間に大仙寺・元光寺・十普寺で受戒した比丘・比丘尼を率いて、獅頭山海会寺で夏安居《げあんご》をおこなった(釈見曄 一九九九、浄心 一九九八)。夏安居とは、僧や尼が一カ所に集まり、九〇日間、外出を慎み、安居(室内で修行や教律の研究に専念する修行)することである。このような組織化と規範化が進行するなか、斎姑も日本仏教の「近代的」な教育を受けた尼僧も、新体制の授戒に参加しなければ、中国仏教会によってその出家資格を剝奪されるおそれがあったとされている(江燦騰 二〇〇〇:二二〇)。

そこで本稿では、李氏が示した「仏教の伝統が作りだしてきた世界に、人々がどう対峙し、現実の人生をどのように築いたか」という問題意識を継承し、日本統治期に出家し、戦後に受戒した妙慧という比丘尼をとりあげる。妙慧については、楊梓浜(一九九八)ならびに釈見曄(二〇〇一)によって、その発心、出家、戦後の受戒などを詳しく知ることができるので、おもにそれにもとづきながら、彼女の生涯をたどる。日本統治期および戦後の台湾を生きた一人の女性が、その時代の仏教規範とどのように対峙し、聖職者としての地位を確立し、どのような実践をしたのかを探ることとする。

一 出家の発願

妙慧(一九一八―二〇〇五)は、宜蘭の尼寺出身の比丘尼である。宜蘭県は台湾の北東岸に位置する。その中心である蘭陽平野は東は太平洋に面し、三方を山に囲まれている。そこで台北など他所から蘭陽に入るには原住民族の住む山を越えなければならず、清代の商人たちは、このルートを避け、海路、蘇澳の港から蘭陽に入っていた。この地理的条件のため、蘭陽地区の仏教は、台北をはじめとする台湾西部の仏教とは異なる独自の歴史を有するとされる

（闞正宗　二〇〇一、林仁昱　一九九六）。妙慧は十四、五歳で単身この地にやってきた。

妙慧の俗名は陳秀蕙（楊梓浜　一九九八：五）で、一族は祖父陳六三の代に台湾に渡り、屏東で耕作に従事した。祖父は科挙に合格した知識人であったことから、私塾で教師も務めた（楊梓浜　一九九八：一）。父陳正元は台北師範学校を卒業し、日本、上海、南京、北京などに遊学した（楊梓浜　一九九八：二）[4]。陳秀蕙は一九三一年に公学校を卒業し、公学校高等科に進学。一九三三年三月に高等科を修了した（楊梓浜　一九九八：口絵三）。

陳秀蕙が出家の志をもったきっかけは映画であった（楊梓浜　一九九八：五—六）。まず『目蓮救母』という映画を見て、神仙を学びたいと思い、屏東の東山寺に行ってみた（釈見曄　二〇〇一：一二四）。「目蓮救母」すなわち「目連救母」とは釈迦十大弟子の一人目連が亡母を地獄から救いだした話であり、唐代の語り物である変文から演劇などに受け継がれてきた仏教説話である[5]。野村伸一らが近年おこなった共同研究によれば、台湾では現在でも葬礼のなかで、目連戯とよばれる芝居が演じられることがある。ただし、その葬礼は道教にのっとったものであったり、斎教にのっとったものであったりする（野村　二〇〇七：四五、一九二—一九八）。陳秀蕙の見た映画の詳細はわからないが、おそらくは道教的色彩を帯びたものであり、それを見て神仙を学びたいと思うのは、別段唐突なことではない。神仙を学ぶつもりで仏寺を訪れてしまったことについて、妙慧は「当時の一般の人は神仙と仏を区別せず、神仙を仏と、仏を神仙と考えていたから」と説明している（釈見曄　二〇〇一：一二四）。

陳秀蕙はさらに『観世音菩薩の出家と成道』という映画を見て出家への思いを強くし、家出するが、父親に連れ戻された。しかし陳秀蕙は出家の志をもちつづけ、父親が彼女を日本に留学させようとした時、二度めの家出を決行する。今度は親の追っ手が届かない宜蘭へ行くことにし、羅東の斎堂をめざす（楊梓浜　一九九八：五—一一）。しかし彼女がたどり着いた羅東の振昌堂（林仁昱　一九九六：一九）は龍華派の斎堂であった。龍華派は婚姻を認めており、振昌堂の引進師（斎教の師）にも妻がいて、一般の家庭のようであった（楊梓浜　一九九八：一二）。陳秀蕙が心に思い描いていたのは、屏東の東山寺のように剃髪した出家者が修行する場であったため、この様子におおいに落胆したのであった（釈見曄　二〇〇一：一二五）。

他に行くあてもなく、振昌堂にとどまっていたところ、陳秀蕙は来訪者のなかに、剃髪した僧を見つけ、刺仔崙というところにある円明寺が結婚を認めない「菜堂」であると聞いて、円明寺へ移った（楊梓浜　一九九八：二三―二四）。円明寺は一九二〇年に開かれた鼓山湧泉寺系の仏寺であった。陳秀蕙はそこで一九三三年または一九三四年ごろから修行を始めたのである(6)。

このように陳秀蕙は故郷を遠く離れた宜蘭の仏寺で修行を始めたわけだが、最初は道教と仏教の区別がつかず、道教に興味をもっていたにもかかわらず仏寺を訪れ、剃髪して出家することを願っていたにもかかわらず龍華派の斎堂に起居することになった。それは一般の人々に道教・仏教・斎教の違いがほとんど認識されていなかったということをよく示している。

二　新仏教女性に

陳秀蕙は、円明寺に入った翌年、剃髪し、妙慧という法号を授けられた（楊梓浜　一九九八：二〇）。その後、一九三八年四月一日から台北の臨済護国禅寺で高林玄宝（高林は俗姓、玄宝は法名）について日本内地式の梵唄を学ぶ。同年九月台北州仏教会開催の仏教講習会に参加し、草山で一週間の講習を受ける。翌年三月二日から三一日まで臨済宗布教師養成講習会に参加する。そして四月八日、高林玄宝のもとで得度し「玄勗《げんきょく》」の法号を授けられた（写真1）。臨済護国禅寺は臨済宗妙心寺派が一九〇〇年に台北に開いたもので、本格的日本式伽藍（一九一一年落成）を擁する同寺は妙心寺派の台湾総本部であった。高林玄宝はその九代目の住職（一九三一―一九三九）である。

妙慧は得度した後、高林玄宝の強い勧めで、日本内地へ留学することになる。当初、円明寺側は経済的な理由から妙慧を留学させることに難色を示したが、高林玄宝は妙慧への仕送りの半額を負担することを約束し、この留学を円明寺側に了承させた（楊梓浜　一九九八：三〇―三四）。妙慧は愛知県犬山市にある臨済宗の宗栄尼衆学林で学びはじめた（楊梓浜　一九九八：口絵四、林仁昱　一九九六：一九）。本来は五年間学ぶ予定であったが、円明寺からの仕送り

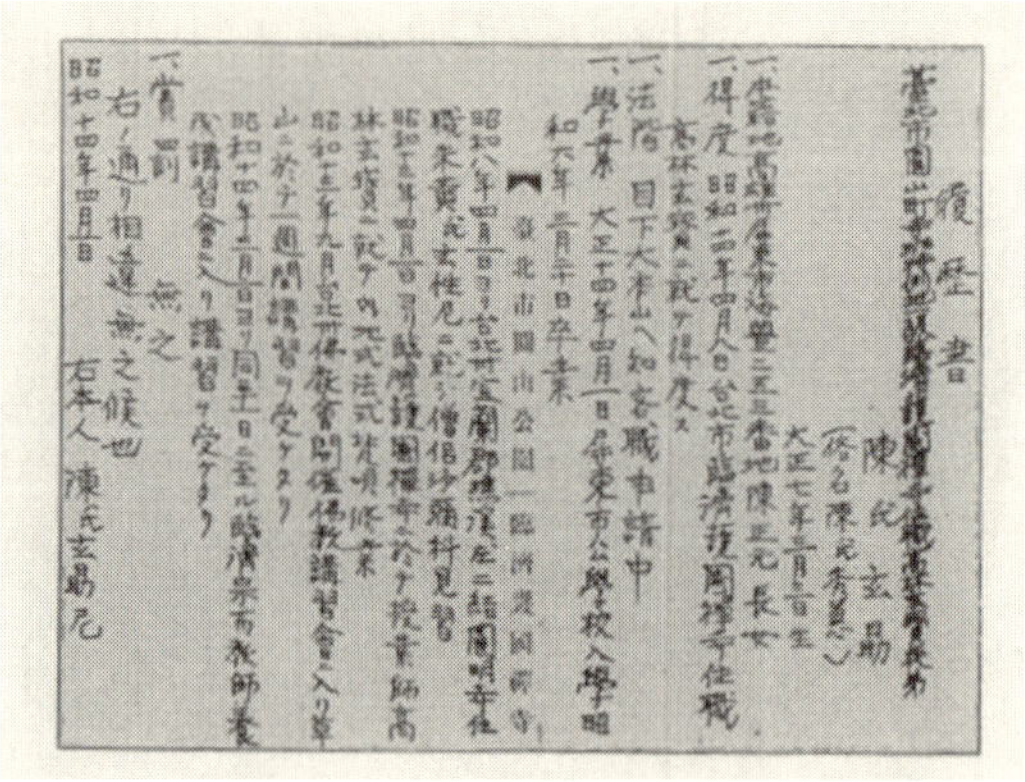

写真１　玄昜の名で書かれた履歴書（楊梓浜　1998より）

がまったく届かず、そのために勉学を続けられなくなり、一年弱で台湾に帰ることになる（楊梓浜　一九九八：三八―四六）。

円明寺は、蘭陽地区に鼓山湧泉寺の仏教をもたらしたひとりである通本の弟子たちが、一九二〇年に、蘭陽平野を見下ろす山の中腹（礁渓郷匏崙村刺仔崙）に建てたもので、日本統治期末期には女性信徒の道場として蘭陽地区でもっとも重要な寺院となり、ここから分灯した寺院が蘭陽地区各地に広まっていくのであるが（林仁昱　一九九六：一六―一八）、妙慧が修行に入る以前、一九二六年に妙心寺派の連絡寺廟のひとつとなっていた(7)。

連絡寺廟というのは、正式な手続きを経た末寺ではなく、台湾総本部である臨済禅寺との間で私的な契約を交わした寺院・斎堂と位置づけられていた。一九二七年時点で、臨済禅寺つまり臨済宗妙心寺派と連絡寺廟の関係にあった寺院・斎堂は台湾全体で一一一あったとされる(8)。胎中千鶴（一九九八：八）は、それぞれの連絡寺廟は経済的な負担を受け入れることと引き替えに、ある種の庇護を期待したのだというが、各地の寺院・斎堂と妙心寺派の「連絡」関係の具体的な内容を示す資料は少ない。妙慧が臨済宗の布教師養成講習会を受け、高林玄宝のもとで得度し、日本内地に留学したという記録が、むしろ貴重な具体例である。

円明寺の場合、妙慧以外の尼衆はみな妙慧より年長で、正式に学校で学んだことがなかったため、妙慧が講習会に派遣されることになったのであるが（楊梓浜　一九九八：三〇―三一）、そもそも妙慧が出家の志をもちはじめた頃に訪れ、出家者像を心に刻んだ屏東の東山寺は、一九二五年に妙心寺派が設置した屏東布教所であり、それが一九三〇年に東山禅寺へと改称したものであった。妙慧が振昌堂から円明寺に移る前に、東山寺や円明寺の妙心寺派との関係を知っていたかどうかは定かでないが、それらのことを知った後は、おそらく進んで妙心寺派に学ぼうとしたのではないかと思われる[9]。

日本から帰った妙慧は一九四三年に宜蘭県冬山郷草漉山に白蓮寺を開いた（釈見曄　二〇〇一：一二六）。そこにはもともと先天派の斎堂があったが、火事によって、一部だけが焼け残った状態であった。斎堂の再建を願っていた人々と、修行の場を探していた妙慧が出会い、妙慧が庵を建設し、白蓮寺と名づけた（楊梓浜　一九九八：五三―六四、一〇〇―一〇一）。ただし三〇人の発起人のうち一〇人は羅東の帝君廟の「乱童《キートン》つまり鸞生《らんせい》」で[10]（楊梓浜　一九九八：五八―五九）、白蓮寺には観音菩薩と関聖帝君（関羽）が奉られた。このことが、のちに鸞生の干渉を招き、二人の鸞生が、白蓮寺が得ている香料をねらって、妙慧に関する悪い噂を流した。そこで妙慧は、白蓮寺は仏寺なのか、扶乩《ふけい》をおこなう廟なのかをはっきりさせるため、彼らと談判するなどしなければならなかった（楊梓浜　一九九八：六三―八〇）。

妙慧が生まれたのは一九二〇年代の「新女性」が登場してくる時代である。「新女性」とは、日本統治下の「近代的」な教育を受けた女性たちのことであり、「新女性」という呼び方は、それ以前の無教育な女性、あるいは伝統的な漢学教育のみを受けた女性と区別するものであった（洪郁如　二〇〇一：一五二）。一九二〇年代の「新女性」は、通常、高等女学校の在学生、卒業生を指すが、妙慧が育った屏東に高等女学校が設けられたのは一九三二年である。仮に妙慧が父親の命に従って日本へ留学していれば、屏東の「新女性」の一人となった可能性が高い。しかし彼女はその道を歩まなかった。彼女は漢学の伝統を受け継ぐ親元を離れ、宜蘭の寺院にとびこみ、それを契機に日本仏教による尼僧教育を受け、仏教界の「新女性」になった[11]。ただし仏教界の「新女性」は、一般社会の「新女性」と異なり、エリート層のみと交わるのではなく、庶民層と同じ地平に身をおき、祈りの場を求める人々と助けあうこともあれば、寺の利権をねらう者と対決を余儀なくされることもあったのである。

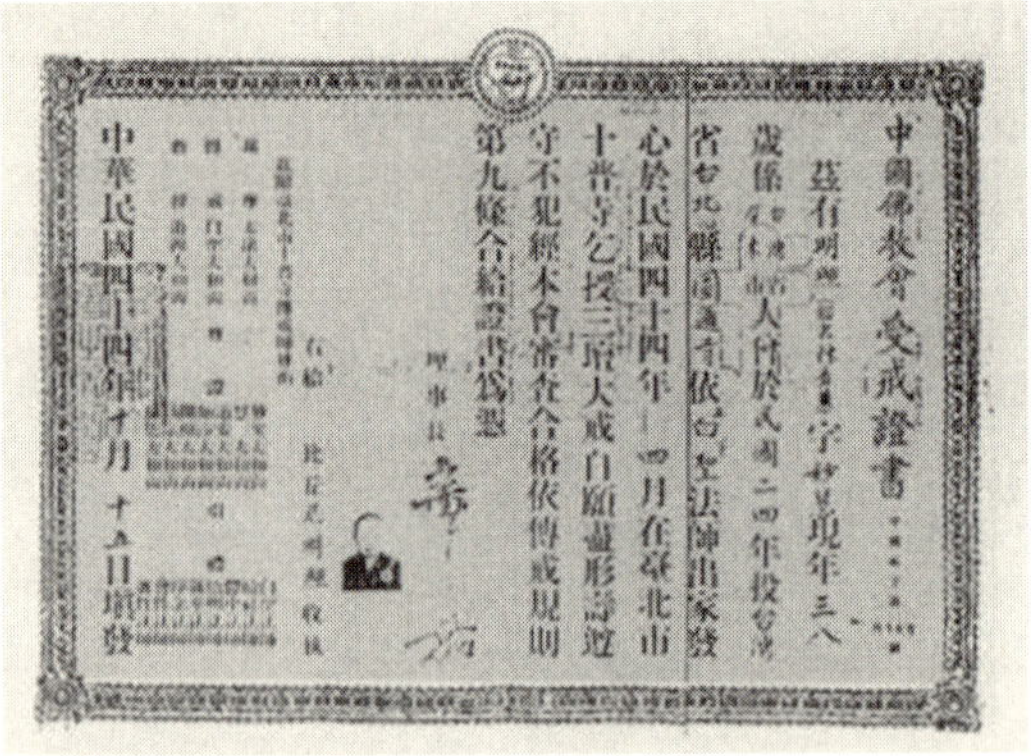

写真 2　妙慧の受戒証書（楊梓浜 1998より）

三　中国仏教会の戒を受ける

戦後、治安の悪化により、妙慧は辺鄙な地にある白蓮寺を維持することに限界を感じ、平地に移ることにした。一人の居士が発起人となり、妙慧とともに再建地を探し、一九五一年冬山郷広興に新しい白蓮寺を築いた。白蓮寺再建前、妙慧はいったん、屏東の東山寺に身を寄せ、寺務を執った[12]。その時、東山寺の当家（住職の下で事務を執る役）であった円融（一九〇六―一九六九）は妙慧にその任を譲ろうとした。しかし宜蘭の信徒が妙慧を強くひきとめ、ちょうどその頃、白蓮寺の再建発起人が現れたことから、妙慧は宜蘭に戻ることになったのである（楊梓浜　一九九八：八四―九三）。妙慧が東山寺に転じようとしたことは、たとえ政治体制が変わっても、彼女が妙心寺派から受けた教育とそこでの得度を、自らの拠って立つところと考えていたことを示すのではないか。また斎堂や鸞堂《らんどう》のなごりを残していた旧白蓮寺のような寺ではなく、仏教の規範にのっとった寺院に拠点を移したいと考えたのではないだろうか。

　白蓮寺を再建した頃から、妙慧は中国仏教会に積極的にかかわりはじめる。一九五二年、中国仏教会の支部にあたる中国仏教会台湾省分会宜蘭県支会が組織されると、妙慧はその常務理事に就任する（林仁昱　一九九六：三二）[13]。その後、一九五五年台北の十普寺で、白聖（一九〇四―一九八九）を師として受戒した。白聖は、戦後、台湾に授戒システムの構築をはかった中心人物である。白聖を師としたことについて、妙慧は、円明寺の師は正式に受戒していなかった恐れがあるため、自らの受戒にあたって新たに師を探したところ、白聖の修行こそ敬うに足ると考えたから

（釈見曄　二〇〇一：一三〇―一三一）と語っている。[14]

一九五三年、戦後初の授戒の際には、戒場となった台南の大仙寺に近い大崗山龍湖庵から、住職の開会（七十二歳）をはじめとする一二人の斎姑が参加し、比丘尼戒を受けた。しかし彼女たちはかたちのうえでは斎姑から比丘尼に変わったが、授戒後は龍湖庵でそれ以前と変わらぬ修行生活を送ったという（江燦騰　二〇〇三：三九〇）。妙慧の場合には、自分は斎姑とは異なる、近代的僧尼教育を受けた出家者であるという自負があったと考えられる。その意味で、彼女の受戒は、出家女性としての地位を守るためというよりは、中国仏教会による「仏教振興」に積極的に関与していくなかでとられた行動であったと考えられる。

おわりに――戦後の台湾仏教の先駆者として

妙慧は、李論文が対象とする七〇年代以降の状況が起こる前の世代に属する。彼女は仏教・斎教・道教の区別もついていなかった当初から、自分の求める出家のあり方を実現できる場を探して、円明寺にたどり着いた。円明寺が妙心寺派の連絡寺であったことから、妙心寺派の教育を受け、一九三九年日本人の僧のもとで得度し、さらに日本へ留学した。このようにして彼女は、仏教界の「新女性」の一人となった。

日本統治期に日本仏教の規範を学び、尼僧としての資格を取得した妙慧であったが、扶乩を排除し、正統的な仏教を貫くためには、乩童と談判しなければならないこともあった。一方、日本仏教には、中国仏教のような授戒制度がないため、戦後になって、中国仏教会による規範化が進むと、日本統治期から尼僧として活動していた妙慧のような女性も新たに比丘尼戒を受けざるをえなかった。

ただし、もともと鼓山湧泉寺系の寺に入り、また妙心寺派の教育を受けた妙慧は、斎教が優勢を占める台湾に、正統的な仏教を広めることをめざしていたものと思われる。それと中国仏教会の志向とは必ずしも矛盾しない。たとえば、妙慧は自らの弟子の達真に受戒させ、一九五五年の夏安居に参加させている。またそればかりでなく、一九五五年の夏安居の後に続けられた勉強会に対し白蓮寺を会場として提供し、それを献身的に支えている[15]。それは単に有力者白聖におもねるためではなく、妙慧自身がめざす改革を進めるためであったと考えられる。

妙慧の活動は、比丘尼という聖職者育成のみにとどまらなかった。妙慧が白蓮寺を再建した頃、宜蘭には仏教振興をはかる人々がいて、一九五二年、宜蘭の雷音寺で「週六念仏会」(土曜念仏会)を始めた[16]。週六念仏会は白聖や孫張清揚(国民党の孫立人将軍の妻、中国仏教会常務理事)に講演を依頼した。なかでも同年一一月におこなわれた孫張清揚の講演には多数の聴衆が集まったとされている[17]。妙慧は、この週六念仏会を熱心に運営する人々と協力して、その年の一二月に中国仏教会台湾省分会宜蘭県支会を発足させたのである[18]。

また週六念仏会は、中国仏教会に対し、宜蘭に来て仏法を講じてくれる僧、しかもできれば宜蘭に腰を落ち着けてくれる僧の派遣を依頼した。そしてのちに高雄で仏光山を開くことになる若き中国僧星雲を宜蘭に招く。星雲は一九五三年二月に「観世音菩薩普門品」を二〇日間にわたり講じたのち台北に帰ったが、宜蘭の人々に懇願されて、宜蘭に戻り、雷音寺に身を寄せることとなる[19](林仁昱 二〇〇一:五一)。

星雲は白聖とは違って二十代後半の青年僧であったため新しい活動を積極的に展開した。雷音寺を拠点として宜蘭念仏会(週六念仏会から改称)を主催し、弘法団、幼稚園、児童班、学生会、青年会、歌詠隊、弘法隊や、ラジオ番組など、その取り組みは多岐にわたった[20](林仁昱 二〇〇一:五一)。

妙慧自身も白蓮寺において弟子を育てるだけでなく、在家の戒を授け、また幼稚園を開くなど、地域に根ざした活動に取り組んでいく(浄心 一九九八)。

妙慧は戦後の仏教会の体制の変化を、正統的な仏教を広める好機ととらえたかのように、中国仏教会による規範化に積極的にかかわり、星雲のように台湾社会にとけこもうとする若い僧をも受け入れながら、さまざまな種を蒔いていったのである。

注

（1）一九六〇年代以降、ダライラマのよびかけにより、欧米の多くの女性が、チベット仏教を信奉し、熱心に戒律を学んだが、彼女たちは、チベット仏教には比久尼戒が伝えられていないという限界に直面した。そこでダライラマは一九八四年以降、台湾・香港・韓国など比久尼戒の伝授をおこなっている地域で受戒することを奨励した（李玉珍　二〇〇五：一五五）。

（2）「斎教」という分類は、日本統治期の宗教統計においてはじめて現れたとされ、当時は禅宗臨済宗の一派として登録されていた（五十嵐　二〇〇六：一七七）。

（3）中国仏教会は一九二九年四月に上海で設立されたが、日中戦争により活動停止を余儀なくされた。一九四七年に中国仏教会勝利後第一回全国代表大会が南京で開かれたが、その後ふたたび内戦によって崩壊した。（末木・曹　一九九六：三〇—三二）。

（4）楊梓浜（一九九八）のいう台北師範学校とは、妙慧の父の在学当時には台湾総督府国語学校（一八九六年設置）か。

（5）『目蓮救母』と『観世音菩薩出家和成道』が幻灯などではなく確かに映画であったとすれば、映画というメディアが布教につながったという点で、近代的なエピソードである。

（6）昭和一四年四月一日付の履歴書（写真1）には昭和八年（一九三三）四月一日から円明寺で僧侶沙彌科見習になったと記載され、昭和一四年四月一五日付の履歴書（楊梓浜　一九九八：口絵三）には昭和九年に円明寺に入ったと記載されている。

（7）「仏光山宜蘭分院—円明寺」『雷音通訊』仏暦二五三〇年農暦二月二三日（一九八六年四月一日）三頁。

（8）後藤棲道「台湾教勢視察記（一）」『正法輪』六二四号、一九二七年、七頁。

（9）一九三三年時点で、振昌堂も妙心寺派の連絡寺廟であった（田口　一九三三）。しかし戦前戦後を通じて、斎教を維持していたとされる（闞正宗　二〇〇一：三四—三七）。

（10）乩童は童乩《タンキー》ともいうシャーマン。鸞生は扶乩をおこなう者。扶乩については志賀（二〇〇三）参照。

（11）江燦騰（二〇〇〇：一二〇）は、日本仏教の勢力を借り、社会資源を吸収した尼僧たちを『新仏教女性』とよんでいる。

（12）日本統治期に日本人が建立した寺院の多くは、戦後一旦接収され、結果的に廃寺となったものもあったが、東山寺は寺院として存続した。

（13）一九四七年以降、各地に中国仏教会の支部が設立された（闞正宗　二〇〇九：八九—九〇）。

（14）妙慧は円明寺の盲目の住職を師とした。妙慧が受戒しようとした時に、師はすでに亡くなっており、妙慧は師の受戒について確認することができなかった（釈見曄　二〇〇一：一三〇）。師の名は覚良（林仁昱　一九九六：一九）。

（15）一九五五年海会寺の夏安居の後、白蓮寺で三カ月間、白聖による楞厳経の講義が続けられた。これに参加した一人である浄心は、この時の経典研究が仏学の基礎を固めることになった、と語っている（浄心　一九九八）。この講義に参加していた五〇人余りを支えるため、妙慧は一〇年の蓄えを使い果たした（釈見曄　二〇〇一：一三一―一三二）。

（16）この時、雷音寺の住職は妙慧の先輩にあたる妙専で、その前には妙慧が住職を務めていた（釈見曄　二〇〇一：一三五）。雷音寺はかつて啓昌堂といい、一八二五年に創建された宜蘭でもっとも古い斎堂であった（林仁昱　一九九六：九）。林仁昱（二〇〇一：四九）によれば、戦後、仏寺に転換し、一九四六年に普察、普秀という二人の尼僧が住職を務めるようになった。後に、一九四九年、普察と普秀が雷音寺を離れ、妙慧が住職となった。しかし妙慧は白蓮寺の再建で忙しくなり、一九五一年に妙専に住職を譲った。

（17）『菩提樹雑誌』一：二七、一九五二年。

（18）楊梓浜（一九九八：二一五―二一六）によれば、宜蘭県支会を設立するにあたり、全県の寺院の会員を集めても、支部を立ち上げる数に満たなかったため、妙慧が二百人の信徒の参加を募り、支部設立を実現したという。

（19）星雲大師「我一生弘法的点点滴滴」〈http://tw.myblog.yahoo.com/free99-sky/article?mid=12234&prev=12236&next=12231〉

（20）釈見曄（二〇〇一：一三五）による妙慧へのインタビューによれば、星雲が雷音寺に身を寄せたのち、妙慧のはからいで、妙専から星雲に雷音寺が託された。

参考文献

足羽與志子　一九九八　「仏教尼僧戒復活にみる現代文化の景観」『一橋論叢』一二〇（四）：九六―一一三。
五十嵐真子　二〇〇六　『現代台湾宗教の諸相』人文書院。
岩本明美　二〇〇八　「仏教比丘尼戒復興運動と二〇〇七年ハンブルグ国際会議」『南山宗教文化研究所研究所報』一八：二五―三九。
洪郁如　二〇〇一　『近代台湾女性史』勁草書房。
志賀市子　二〇〇三　『中国のこっくりさん――扶鸞信仰と華人社会』大修館書店。
末木文美士・曹章祺　一九九六　『現代中国の仏教』平河出版社。

胎中千鶴　一九九八　「日本統治期台湾における臨済宗妙心寺派の活動——一九二〇〜三〇年代を中心に」『台湾史研究』第一六号：三—一七。
田口玄洸　一九三三　「布教監督巡視随行日誌」『圓通』一三五：三八—四一。
竺沙雅章　一九八九　「中国における尼僧教団の成立と発展」大隅和雄・西口順子編『尼と尼寺』所収、平凡社、四三—七一。
野村伸一（編）　二〇〇七　『東アジアの祭祀伝承と女性救済』風響社。
闞正宗　二〇〇一　「蘭陽地区仏教与斎教的発展及転型」『宜蘭文献雑誌』四九：三—四七。
——　二〇〇九　『中国仏教会在台湾』台北：中国仏教会。
江燦騰　二〇〇〇　『台湾当代仏教』南天書局。
——　二〇〇三　「戦後台湾伝統仏教的教派発展与現代社会」張珣・江燦騰編『台湾本土宗教研究的新視野和新思維』所収、南天書局、三六五—四三〇。
釈慧厳　一九九九　「従台閩日仏教的互動看尼僧在台湾的発展」『中華仏学学報』一二：二四九—二七四。
釈見曄編著、釈自鑰校訂　一九九九　「天乙法師—走過台湾仏教転型期的比丘尼」上『香光荘厳』五七期。
〈http://www.gaya.org.tw/magazine/2005/57/57index.htm〉
釈見曄　二〇〇一　「妙慧比丘尼与宜蘭仏教発展之探微」『宜蘭文献雑誌』四八：一二一—一四二。
浄心　一九九八　「中国仏教会理事長序」楊梓浜『妙慧法師八十憶往』台北：巨龍文化事業有限公司。
陳欣宜　二〇〇五　「台湾仏教梵唄的歴史発展」成功大学学位論文全文系統。〈http://etdncku.lib.ncku.edu.tw〉
楊梓浜　一九九八　『妙慧法師八十憶往』台北：巨龍文化事業有限公司。
李玉珍　一九八九　『唐代的比丘尼』台北：学生書局。
——　二〇〇二a　「比丘尼研究—仏教与性別研究的交渉」『婦女与性別研究通訊』六三：一一—一六。
——　二〇〇二b　「台湾比丘尼与二部授戒」『両性平等教育季刊』一八：一二三—一二九。
——　二〇〇三　「愛恨纏縛—仏伝文学裡的夫妻之情」国立中興大学中文系編『第四届通俗文学与雅正文学検討会論文集』所収、台北：新文豊、一〇七—一三六。
——　二〇〇五　「仏教的女性、女性的仏教—近二十年来中英文的仏教婦女研究」『近代中国婦女史研究』第一〇期：一四七—一七六。

李玉珍・林美玫　二〇〇三『宗教与婦女—跨領域的視野』台北：里仁書局。
林仁昱　一九九六「蘭陽地区仏教発展史初探」『宜蘭文献雑誌』二三：三—四五。
——　二〇〇一「一九五〇年代台湾仏教弘法的新試験——以宜蘭雷音寺為中心的探討」『宜蘭文献雑誌』四九：四八—八一。

部落と都会の間
——台湾原住民女性の世代間における経済活動の変転(1)

頼 淑 娟（野村鮎子訳）

一　原住民各族の多元的なジェンダー関係

台湾には現在、原住民として認定されている一四の民族がいる。もとはヤミ・アミ・タイヤル・サイシャット・ツォウ・ブヌン・プユマ・ルカイ・パイワンの九族とされていたが、二〇〇一年からサオ・クヴァラン・タロコ・サキザヤ・セデックが続々と「正名」〔ここでは正式に民族として認定されることを指す〕を獲得した。

オランダ・スペインの植民地時代および明清時代には、原住民社会は台湾の山地と平野に分かれ、彼ら各民族の生活や統御の範囲は決まっていた。互いの間にはときに猟場をめぐって諍《いさか》いや戦闘があったものの、基本的には各民族の社会組織と文化習俗はそれぞれ独自の体系を有するものだった。黄応貴（一九八五）の分析によれば、台湾の原住民社会はおおむね二つの類型に分けられる。第一の類型は、個人の能力が重視され、権力の分配が比較的平等である社会。たとえばタイヤル族・タロコ族・サイシャット族・サオ族・ブヌン族・ツォウ族などは政治の単位が小さめで、非公式なものであり、個人と個人が互いに協議する場面が比較的多い。これらの民族はすべて父系社会であり、その社会階層の縛りはゆるやかである。ただし、厳守すべき社会規約とタブーはあり、男性長老が家族や部落の政策決定の代表者である。もうひとつの類型は、階級性社会で、たとえば、パイワン族・タオ族〔もとの呼称はヤミ族〕・アミ族・サキザヤ族・プユマ族である。これらの社会には貴族と平民の区分があったり（パイワン族・ルカイ族）、年齢別の階梯組織があったり（アミ族・サキザヤ族・プユマ族）する。政治の単位は大きめで、正式なものであり、政治面での首領と幕僚階級とを有している。階級性社会では、その婚姻・居住・継嗣はバリエーションに富んでいる。たとえば、ルカイ族やタオ族は父系社会に属し、アミ族・サキザヤ族・プユマ族は母系社会、パイワン族は双系社会である（黄応貴　一九八五、許木柱　一九九一）。

台湾の各原住民族は母系から双系および父系社会にいたるまで、多元的なスペクトルを呈している。たとえば、タイヤル族・タロコ族・サオ族・タオ族・サイシャット族・ルカイ族・ツォウ族・ブヌン族はともに父系社会であり、嫁取り婚で、結婚後、夫婦は夫の家に住み、継嗣は男子を主とする（黄応貴　一九九二、瓦歴斯ほか　二〇〇二、王嵩山ら　二〇〇一）。パイワン族は双系社会で、家の継嗣は男女にかかわらず第一子を主とし、第二子は結婚後、別に家を構えるが、亡くなると実家に葬られる（すなわち第一子の配偶者が家に入ると、第二子以下は結婚により家を出る。第一子の配偶者は死亡すれば家を出て、第二子以下は死亡してもとの家に戻るという原則〔かつてパイワン族では遺体を家の床下に埋葬した〕）。婚姻は暫時の関係であって、家屋は永遠なのである（童春発　二〇〇一）。ルカイ族は男子による継嗣を主とし、二次的選択として女子による継嗣もある（喬宗忞　二〇〇一）。アミ族・サキザヤ族・クヴァラン族・プユマ族では女子を継嗣とする（許木柱ら　二〇〇一、宋龍生　一九九七a、一九九七b）。

各民族の居住形態あるいは継嗣の原則はそれぞれ異なり、ジェンダーの権力関係にも違いがある。ただ総じていえば、性別分業という点では相似性がある。男性は漁猟や放牧、土地の開墾、道具の制作、建築などの比較的力の要る仕事に従事し、女性は家庭での家族の世話や家畜の飼育、採集や農作業および機織り・刺繍などの手工芸に従事する。ある種の仕事、たとえば収穫などは、男女がともにおこなう。部落の社会労働の形態は未分化の状態にあり、いっさいの労働は家あるいは家族を中心とし、宗教儀式のタブーと社会組織の規約のなかで、互いに協力しともに享受する（楊淑媛　一九九一、陳玉美　一九九五）。

部落社会は地域の親族社会に属しており、たまにその他のエスニックグループとの往き来や、猟場をめぐる闘争があったとしても、部落にはおおむね社会・文化・経済を動かしているメカニズムがある。鈴木質は『台湾蕃人風俗誌』（一九三二：三〇二）のなかで、清朝による原住民社会の管理を「その大規模であった割合には推賞すべき成果もなく、その施設も真摯であつた割合には治績の見るべきものもなく、……生蕃《ママ》は依然として化外の民として我が領台まで残されたのである」と形容している。大雑把にいえば、日本統治以前、原住民の各族は、山や川などによって空間的に隔てられていたことに加え、漢族や平埔《へいほ》族との間の利益関係から、自らの部落のみを政治・経済活動の領域としていた（孫大川　二〇〇〇：一二四―一五八）。

二　理蕃の過程とジェンダー関係の変化

日本統治期、植民地政府が台湾の主となると、その高圧的な管理統制の政治権力は平野部から山地にまで深く入りこんだ。とりわけ一九三七～四五年には太平洋戦争にのぞんで台湾人および原住民の協力が強く求められ、全国で皇民化運動が推進された。「蕃人」は「高砂族」と改称され、各種の思想宣伝と精神的動員を通じて台湾住民の民族アイデンティティを改造し、日本帝国への忠誠を徹底させることが企てられた。日本政府は「警察政治」を採用し、国家主義と同化教育を武力によって押しつけた。部落のなかでは頭目あるいは長老制度を温存したものの、警察の管理に従うことが求められた（洪敏麟　一九七一）。日本人と原住民との通婚[2]によって、国家中心あるいは男性による統治という考え方に導くことも奨励された（藤井　一九九七、瓦歴斯ほか　二〇〇二）。原住民の各族は本来多元的で自主的な社会組織と政治形態を有していたが、一元的な軍政の力による管理で、父系社会か双系社会あるいは母系社会かにかかわらず、攻撃と妨害を受けた（黄応貴　一九九五）。たとえば、一九三一年、花蓮のあるアミ族の蕃社（かつて原住民は蕃人、部落は蕃社とよばれた）では、公学校において婚姻制度改良座談会が挙行され、財産相続を男性による相続に改めることが決議された（温吉　一九五七）。許木柱（一九七三）の研究によれば、「長光」というあるアミ族の母系社会は、一九四〇年の時点では、その居住形態の原則はすでに妻が夫の家に入るかたちへと変わっており、その改変にはほとんどの場合、警察政治組織による「教化」の力が働いていた。

「蕃童」は教育を受けた後（原住民の児童は蕃童とよばれ、部落に設けられた「蕃童教育所」で警官などによって教育された）、公職に任用される場合もあったが、ここにも性別による差異が存在していた。たとえば当時の警察政治組織の「蕃人」に対する職業分布をみると、男性の場合、警察の巡査や警手に抜擢されることがあったが、女性はほぼ農業に限られており（温吉　一九五七：八三三―八三五）、しかも自宅付近での農業従事に限られている（王嵩山ら二〇〇一：二七九）。全体的にみて、原住民族の多元的な社会組織とジェンダー関係は、日本統治期になるとすべて植民地政府の「警察政治」という管理の下で、教化あるいは行政的措置の名を借りて、「男女の分業」から「男は外、女は内」へ、男性が監督し女性が命令に従うという方式、国家もしくは男性を中心としたリーダーに忠誠を尽くすかたちに変えられた。

三　近代国家・資本主義市場と原住民女性の労働

台湾に遷《うつ》った国民党政府は、山地社会に対しては同化・開放政策を採用した。「山地三大運動」[3]を推進した際には、山地の経済を台湾全体の生産方式に組みこむことで、間接的に、商品化された消費習慣を山地に持ちこんだ。かつて自然から獲得していた日常必要なものは、市場から調達するものへと変わった。食・衣・住・行・医療さらに電気・通信などはすべて金銭を交換媒介として入手・消費するものとなった（黄応貴　一九七五、瞿海源　一九八三）。

生活の各場面で必要なものは、ただ「貨幣」の市場での運用を通じてのみ充たされるものとなり、同時に貨幣の取得と蓄積は個人のアイデンティティと社会的名誉のよりどころともなった。「山地平地化」政策と市場での自由競争というロジックの下では、原住民社会は自由市場とうまく折り合いをつける環境やメカニズムを築きえなかった。それどころか逆に、地理的な隔たり、学校教育条件の劣悪さ、資金と技術の欠乏・市場競争原理に疎いといった状況のもとで、市場の周縁に追いやられ、貨幣を得る手段と生活の機会を制限された。そのため市場での消費を通じて生活に必要なものを充足させる能力もまたこれにともなって低下し、結果として生活面での欠乏と貧困がもたらされたのである。従事できる仕事は周縁的なもの、体力を消耗し、危険度が高く、低賃金で、昇進がなく、季節的なもの、流動性の高いものに限られた（陳昭帆　二〇〇〇）。以下、原住民女性がその期待される性役割ゆえに、それぞれの時代において経験した特殊な労働事情を叙述する。

（一）一九四九年から一九七六年まで

第二次世界大戦の敗北により、日本政府の農業指導の機能と警察政治の監督力は消失し、国民党政府はもっぱら平地社会の社会経済秩序を整えることに重点をおいた。戦後の一九四九年から一九六五年の間、台湾社会は農業と工業の過渡期にあり、近代経済の発展に必要なインフラ建設と土地改革がまさに進行中であった。そのため平地の経済発展の影響が山地の原住民社会に及ぶことはまだ少なかった。国民党政府に山地経済を発展させる余力はなく、山地統治の重点は「山地郷」の存在を確立することと山地の行政体系を築くことにおかれていた。この時期の原住民社会はおおむね暫時自給自足の経済形態を回復させ、男女は開墾に従事し、ときに農業の臨時雇いや道路工事や造林などの仕事で賃金収入を得ていた（王嵩山ら　二〇〇一、頼淑娟　二〇〇四）。部落社会は、総体として市場での消費に対応する初期段階にあり、大部分は伝統的な水稲、畑の作物、シイタケ採り、林業産品、あるいは少量の獲物を、部落の雑貨店や山地に買い付けにくる青物業者を通じて、あるいは部落近辺の町や村で貨幣に交換していた。[4]耕作方法は人力を主としていたため、生産量は多くなく、貨幣の蓄積能力は非常に低かった。一九六七年の資料は、山地社会では三六・七％の原住民家庭が負債をかかえており、平地の原住民家庭では六三・四％にも達していることを示している（謝高橋　一九九一：一四二）。負債は往々にしてさらなる高利貸しとの取引を招く（王嵩山ら　二〇〇二）。一方、一九七〇年代の初め、山地の部落人口には原住民女性の大量流出という現象が出現していた。とりわけ二十歳から四十五歳の原住民女性の流出率は男性より高い（謝高橋　一九九一：九一―九二）。彼女たちはどこへ行ったのか？　余光弘（一九七九）と謝高橋（一九九一）らがこの問題について分析をおこなっている。その行き先には少なくとも三つのパターンがある。一つ目は、当時は台湾の工業が発展し、輸入から輸出中心に転換した時期であり、労働力の集中的な需要は、原住民女性が都市に移住して給料が得られる仕事を探すように誘った。二つ目は、族外の者との通婚による転出である。相手は大部分が国民党政府とともに来台した「栄民〔現在は退役兵士を指すことが多いが、ここでは国民党兵士をさす〕」である。彼らの多くは台湾に来た時すでに三十、四十歳で、台湾では親族ネットワークからの支援もない。「栄民」は閩南人《びんなん》〔台湾の漢族社会の多数を占める福建系〕からは疎外されたが、原住民との間では比較的差別問題が起きにくかったのだ〔胡台麗　一九九四〕。また、三つ目として婚姻関係からの「出奔」がある。若い原住民女性の立場からみると、「栄民」には固定収入があり、経済的に安定した生活を送ることができるというので彼らに嫁いだのであるが、この種の婚姻は一般に年配の夫に若い妻ということが多かった。夫婦間の年齢の隔たりからくる価値観の相違や、職業柄駐屯地をつねに移動する「栄民」との生活で、孤独に耐えられなくなった若い妻、あるいは夫からのDVを受けた妻などで、出奔して都会へと向かう者もいたのである。結婚後、そのまま都市へ移る女性も含め、彼女たちは環境への適応という問題に直面したのである〔余光弘　一九七九、王淑英および利格拉楽・阿【女+鳥】　二〇〇一、黄淑玲　二〇〇〇〕。

上述したような経緯で部落を出た原住民女性の一部は、一九七〇年代、生活のためと性風俗業からの強い働きかけのもとで、セックス・ワーカーとなった。当時の性風俗業のおもな顧客はベトナム戦争のアメリカ人従軍兵士と日本人観光客であった。台湾では観光業がスタートしたばかりで、業者は原住民歌舞団を作り、山地の観光地たとえば日《にち》月潭《げったん》・石門ダム・烏来《ウーライ》や花蓮などの文化村で上演させた。こうした歌舞団は原住民の若い女性をこの生業に身を投じるよう誘った。当時、一部の歌舞団は観光という名目で原住民の若い女性を日本に連れてゆき、少女たちは右も左もわからぬ異国で歌舞団のさしがねで性風俗業者の餌食となった。性風俗業の隠れ蓑であるこの種の歌舞団はのちに台湾に「逆輸入」された。これが台湾において原住民女性と性風俗業とが結合する濫觴《らんしょう》なのである〔啦亜・娜沐豪　二〇〇一〕。

国民党政府は原住民青年の教育の機会を保障し、山地の教師を育成するために、一九五〇年代に山胞簡易師範班〔原住民教員短期養成クラス〕・普通師範科山地班〔師範学校に併設された原住民特別クラス〕を創設し、山地の中学を卒業した生徒のなかから選抜された者を省立師範学校に入学させる機会を作り、これが原住民の教師を育成する重要なルートとなった。このほか、一九五六年からは山地行政にたずさわる各種公務員試験における原住民のための特別試験制度が次々に整えられ、原住民に国の山地行政体系に入って公務員となる途を提供した。これ以外に、キリスト教組織も原住民の専門技術と人材を養成訓練する機関であった。男性はほとんど牧師となったが、女性で牧師になるのは少数で、大部分は裁縫師・保母・看護師などの養成課程を経て仕事についた。ただし、この時期、大多数は農業あるいは農業関連の臨時雇いに従事しており、上述のようなホワイトカラーの仕事はまだ少数であった（宋慧娟　二〇〇三）。

（二）一九七七年から一九九六年まで

蕭新煌（一九八四：一三〇）と黄応貴（一九七五：八九）の研究によれば、原住民社会の経済構造は一九七〇年代の初めに質的にも量的にもかなり大きく変化した。一九七七年の原住民社会（平地に居住する原住民と山地に居住する原住民）の収入はすでに農業以外の所得（五五・二％）が主となっている（許木柱　一九九一、黄応貴　一九七五：一三一）。この事実は原住民社会が政府の推進する平地化の過程で市場経済との結合の度合いを深めたことを意味している。しかしながら、社会経済での立場は、漢民族社会にくらべていちじるしく低かった。一九八五年の調査によれば、もともとの居留地に住む原住民の平均個人所得は全国平均所得の三九％（許木柱　一九九一、黄応貴　一九七五：一三一）にすぎない。エスニックグループ間の所得格差は、部落経済と資本主義市場との落差に起因している。部落社会では一九六〇年代に人口流出が始まっていたが、目立った人口変動があらわれたのは一九七〇年代であり、八〇年代により大きな趨勢となった（謝高橋　一九九一：九二）。移住した原住民で多数を占めるのはアミ族、タイヤル族、パイワン族などである（蔡明哲ら　二〇〇一）。彼らは経済資本および文化資本の基盤が弱く、資本主義市場の渦に身を投じたが最後、どうしても周縁の側にはじきだされてしまうのである。前述したような歌舞団というワナによって性風俗業にかかわった女性や、国の教育体系やキリスト教の機関で教育を受けた少数の少女以外の大部分の原住民女性は、平地の市場経済へと組みこまれた。この時期、台湾は工業化前期つまり労働力集約型の経済態勢に突入しており、政府は大量に外資を誘致し工業の発展に力を入れた。輸出が輸入にとって代わり、市街地には工場が林立し、港湾では輸出加工区が拡充された。(5) 工場での大量の作業員の需要は、若年女性たちが離村して工場（たとえば紡績工場・電子工場・靴工場）で女工となるように仕向けた。当時の女性労働参与率は増加の一途をたどっている（厳祥鸞　一九九六、二〇〇一：Thornton and Lin 1994）。彼らは長時間労働でためた給料をもって家に帰り、それで家計を助けたのである。

　この時期は原住民が都市へ移る第一のピークである。(6) 彼らの仕事は製造業や建設業に集中しており、工場労働者、建築作業員、炭鉱労働者、遠洋漁業の乗組員となった。なかでも漁業の発展は、就学の機会に恵まれない（学業成績不良あるいは家族が教育費を支弁できない場合、できるだけ早く職場に入る必要があった）あるいは山地で仕事の機会がない原住民の青年を遠洋漁業に招き寄せた。そのため原住民女性の一部は夫や家族とともに都市へ移り住んだ。そのおもな移住先は高雄港・基隆港などに近い都市で、それらの都市に移住した女性の大多数は夫の職種と関連する仕事、たとえば港付近での海老の殻剝き・鮮魚の出荷・魚網の補修などに従事し、または家政婦として働いて家計を助けた。夫はいったん出港すれば、少なくとも二、三カ月、長い時は一、二年家族のもとへ帰ることができない。漁船会社にはボーナス制度や前払いの家族手当があるものの、海に出た原住民男性は漁船の船主からさまざまな名義でたえずピンハネされ、漁船が他国の海域を侵犯すれば長期にわたって海外で拘留された。もっと悲惨なのは海難事故に遭い異郷で死亡するケースで、その時には女性は親族からの援助もなく都市でたったひとりで子どもを育てなければならないのだが、学歴がないために安定した仕事にはつけず、臨時雇いの仕事、たとえば工場作業員、清掃員、家政婦、付添婦、あるいは家事代行など、福利厚生や保障のない仕事に従事せざるをえない。なかには生活苦から売春の道にはいる女性もあり、かくして「ご主人が港を出れば、奥さんもご出港」と謗《そし》られるのである。

　一九八〇年代中期から一九九〇年代は台湾が工業化に突入した時期であり、産業構造が変化し、サービス業や先進科学技術の産業比率が高まった。しかし、平地で働く原住民は学歴と工業技術力が不足し、社会資本を欠いていたため、科学技術の導入へと向かう職域に入りこむのは難しく、依然として肉体労働や低賃金のサービス業に従事していた。このほか、一九七〇年代の「十大建設」〔一九七三年に蔣経国が打ちだした、国際空港や高速道路、原子力発電などの大規模インフラ整備計画〕や輸出が経済発展を牽引したのと時を同じくして、農林漁業の生産比率は下降を続け、都市と農村の発展に格差も生じていた。ひき続き一九八〇年代に推進された「十二項建設」は、農村の近代化を促進するものであったため、ようやく山地にも電話やテレビ等の設備が普及した。快適な近代生活への憧れ、くわえて山地の農業の衰退によって、原住民（タイヤル族、パイワン族、ブヌン族を主とする）の都市移住の流れがふたたびピークを迎えた。農業からの余剰人員は次々と山を下りて建設業や建築業・製造業へと流れた。漁業や鉱業が衰退したあと、彼らはさらに大都市近郊の台北県・桃園県・台中県・彰化県などへ向かい、特別な技術を必要としない肉体労働や技能工、機械操作および組立工などの仕事に従事した。(7) 彼らの住まいはふつう大都市周辺の旧市街地にある国営住宅か違法建築物である。このほか、サービス業の発展により、原住民女性は技術は要るが低賃金の、たとえば理容美容・看護の仕事、またはレストランやバーの店員といった仕事についた。とりわけ一九八〇〜九〇年代、台湾の建築業が勃興するのにともない、原住民の青年男女あるいは夫婦はふたたび都市に吸いよせられてコンクリートブロック工となった。夫婦者の場合、子どもを連れて都会の建築工事現場を渡り歩き、そこに仮住まいした。その際、夫婦にとって工事現場が家であり、妻はジメジメした悪臭の漂う空間で煮炊きをし、子どもの世話をしたのである。当時、台北の建築現場では組立て途中の材木に、大人や子どもの服がかかっているのをよく目にしたし、子どもの笑い声や泣き声も耳にした。女たちもまた夫とともに日雇い工として、材木を運び、釘抜きをした。心身ともに疲弊する生活のなか、女たちはいつも自分を茶化して「拉丁姑娘《ラテングーニャン》」〔中国語では「釘抜き」と「ラテン」が同音〕とか「青春鼓手《ドラマー》」〔強い日差しに晒されながらトンカチを叩きつづける人〕などとよんだ。女性は工事現場では、家族の世話と建築の仕事の二つを兼ね、にもかかわらず同一労働不同一賃金の待遇をまぬかれなかった。大規模な工事では何重もの請負の過程で給料をピンはねされ、突発的な死傷事故が起これば、賠償を求める手立てもないという苦境におかれた。建築商・請負業者あるいは親方のうち、どこが責任を負うのかも判然としなかったためである。〔啦虫・娜沐豪　二〇〇二）。

都会の原住民と性風俗業との関係には、上述したような夫の死亡や貧困、疾病などの要素のほか、平地社会の性風俗市場の拡大と業者からの誘惑というもうひとつの構造的な要因がある。一九七〇年代、部落社会は貧困や家庭崩壊にあえいでおり、少女が、多くの場合人買いの口車に乗った父母や親戚によって、借金のかたとして性風俗業界に売られることがあった。こうした現象は一九八〇年代、台湾メディアの原住民社会の「雛妓《すうぎ》」（買春の対象とされる少女）問題への関心をよんだ。一九八九〜九八年には山地の経済がかなり改善されたこと、および公権力が介入したことにより、少女が借金のかたに売られることはなくなった。

（三）一九九〇年代中期から現在まで

一九九〇年代にはいると、台湾の主流社会の情報・サービス・観光等の産業が原住民社会に経済的活路をもたらし、それにつれて新世代の教育レベルも上昇し、原住民女性の労働市場での多元的発展がみられた。しかし、なおも所属するエスニックグループとジェンダーの格差による二重の周縁化という問題はある。労働力率に着目すると、表1によれば、一九九九年、二〇〇二年、二〇〇八年を通じて、女性の労働力率は男性より低い。表2は家事などが、原住民女性が労働市場に参与するのを阻む主要因となっていることを示している。さらに、エスニック・グループごとにみてみると、原住民の男女の労働力率はともに台湾の一般男女の労働力率平均よりも高くなっており、この統計資料は「原住民は怠け者」というステレオタイプのイメージを払拭するものといえよう。とりわけ一九九九年の原住民女性の労働力率は女性全体の平均より八・三％高く、原住民女性は労働の機会や資源が限られるなかにあっても積極的に労働市場に参加し、男性とともに家計を維持していることがわかる。しかしながら、一方で原住民の失業率は台湾全体の平均よりも高い。経済学では、失業とは「働く意思と能力があるのに仕事に就けない」状態をさすが、表2によれば、二〇〇八年現在においても、原住民社会ではなおも六％以上の人々が労働市場に参入したいと思っているにもかかわらず、その機会を得ていない状況にある。

表1　原住民と台湾全体の労働力率・失業率（1999・2002・2008年）　単位：%

		1999年3月		2002年5月		2008年5月	
		女	男	女	男	女	男
原住民	労働力率	53.8	80.8	51.3	75.8	53.4	72.6
	失業率	7.2	7.7	9.3	7.7	6.6	9.0
台湾全体	労働力率	45.5	69.7	46.6	68.1	49.8	66.9
	失業率	2.0	3.4	3.8	5.9	4.4	5.5

注：原住民の15歳以上の人口資料は現役軍人を含む。ただし収監者と失踪者は含まない。

行政院原住民族委員会「原住民就業状況調査報告」により作成

表2　原住民が労働に参与していない理由（2008年）　単位：%

	求職中で、いつでも仕事に就ける状態	在学中・進学予定	家事	高齢・心身の障害・疾病	仕事がない	その他	合計
男	3.64	41.32	3.45	39.54	11.12	0.93	100.0
女	1.60	25.71	43.77	24.68	3.50	0.74	100.0
全体	2.23	31.30	29.33	30.00	6.23	0.81	100.0

行政院原住民族委員会「民国97年原住民就業状況調査報告」により作成

原住民の男女は労働力率が高いにもかかわらず、失業率が高く、また低賃金の仕事に集中していることから、その所得は台湾全体の平均よりも低くなる。表3は一九九七～二〇〇六年の原住民の一カ月の平均世帯収入を示したものであるが、一九九七～二〇〇二年には台湾全体の平均額の四三%であり、二〇〇六年になってようやく四七%になるものの、依然として二分の一にも満たないことがわかる。さらに図1によって原住民内の男女の収入格差をみると、二〇〇一、二〇〇五年では、五〇%をこえる女性が「経常的な収入なし」ないし「一万元未満の収入」で、その層が占める比率は男性の場合より高い。女性における高収入者の比率は男性のそれよりも低い。たとえば、二〇〇一年、二〇〇五年とも男女を通じてもっとも比率の高いのは「一万元以上四万元未満」であるが、この層より上の収入となると男性内の比率が女性より高くなり、「四万元以上六万元未満」「六万元以上」の層になると、女性内の比率はいちじるしく下がる。(8)

　この十数年来、台湾の産業は向上し、労働者の賃金も上昇した。他方、資本家はコストダウンと利潤の確保のため、経済のグローバル化に対応して、発展途上地域の廉価な労働力を求め積極的に産業を海外に移転させた。同時

表3　世帯収入（月）の平均（1997～2006年）

	1997年	2002年	2006年
原住民	38,087元	38,665元	42,476元
台湾全体	87,837元	88,678元	90,181元
原住民の平均収入/台湾全体の平均収入	0.4336	0.4360	0.4710

行政院原住民族委員会「原住民経済状況調査報告」により作成

図1　原住民男女の収入別構成比（2001年・2005年）

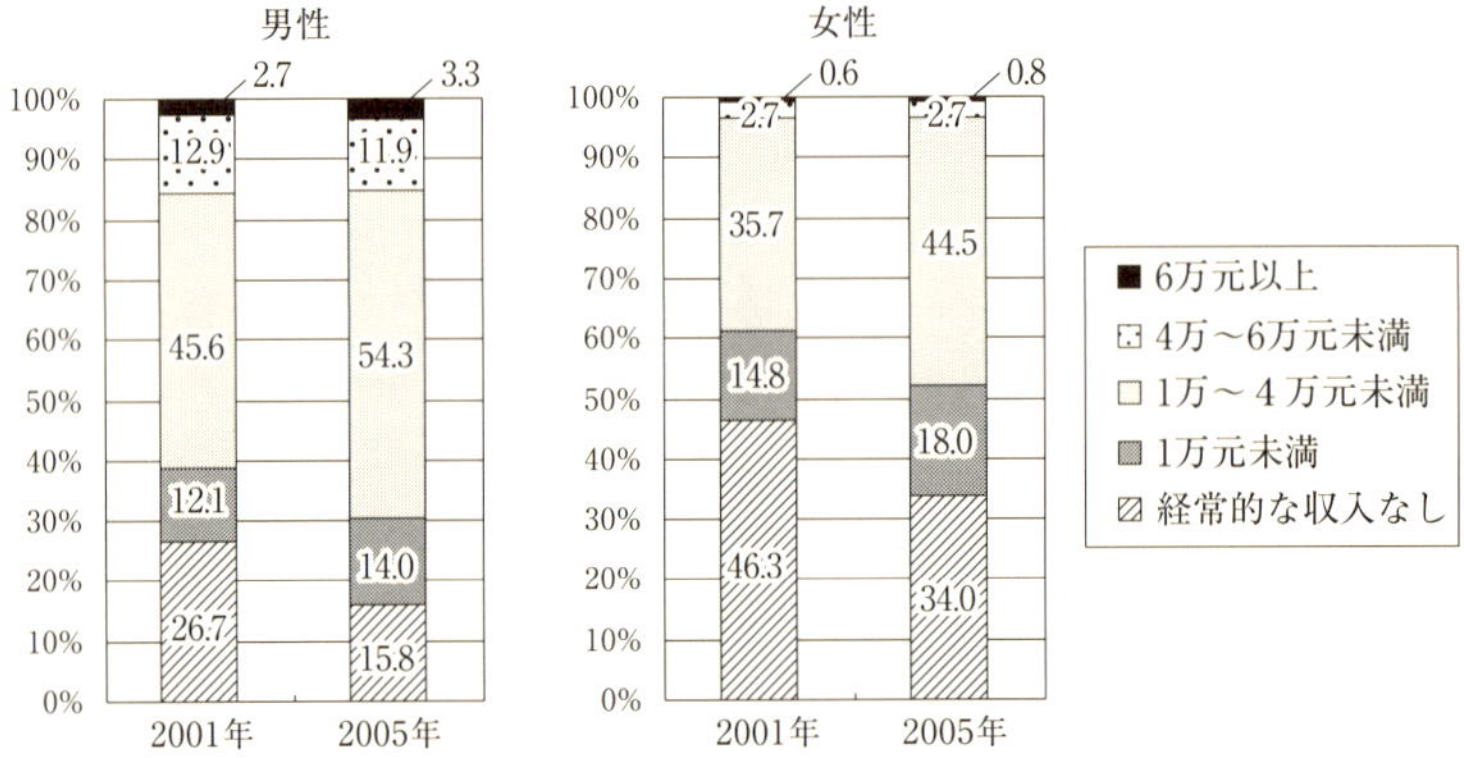

行政院原住民族委員会「原住民経済状況調査報告」により作成

に、地球規模の不景気も加わって、多くの会社や商店がリストラをおこない、その影響は原住民労働者の就業にも及んだ。一九八九年、政府は公共事業を推進するため、大規模工事を落札した民間業者に対し外国人労働者の雇用申請を開放することに同意した。さらに一九九〇年には労働力不足を緩和するため、数度にわたって民間の製造業と建設業に外国人労働者の雇用を許可する旨を発表した。外国人労働者の受け入れでもっとも直接的な影響を受けたのは原住民であり、彼らの就業機会は減少した(9)。失業した原住民は部落に戻り、仕事の機会を待つかパートタイムの仕事をすることになる。ふるさとの部落は帰村する者を受け入れはするが、充分な仕事の機会を提供することはできず、現在はただ政府が推進する就職斡旋プログラムあるいは「社区総体営造〔コミュニティ創生事業〕」によって、少数の就業の機会が創りだされている状況である（宋慧娟　二〇〇三）。

一九八〇年代の後期から九〇年代にかけての原住民の民族自覚運動は、原住民たちが伝統歌謡や祭礼、および工芸にアイデンティティを求めることを強くうながした。この間、政府は長期にわたって「社区総体営造」を推進し、コミュニティや地域の共同意識を開発し、地方自治体の事務に関与させることを、市民社会建設の基礎とした。原住民女性は、家庭での役割のみならず、公的な領域でも活躍の場を多元的に開拓した。たとえば政治や著述、芸術創作などである。と同時に、部落と都市に徐々に起業の力がおこり、とりわけ八〇年から九〇年代の原住民文化復興振興運動にあわせて、部落では団結して起業する女性たちがあらわれた。たとえば伝統工芸や織物や服飾、そして観光リゾート業と結びついた郷土料理レストランあるいは民宿などである。こうした仕事は女性の就労の機会を開拓しただけでなく、収入を上昇させ、さらに仕事をとおしてエスニック・グループの主体性を強化し、世間から与えられる汚名をもはね返したのである（悠蘭・多又　二〇〇三、游美恵・梁莉芳　二〇〇四）。

写真１　新式の高機で伝統模様の布を織るタイヤル族の女性

　これと時を同じくして、都会でも一部の原住民が部落組織の形態を変化させた「擬似部落」あるいは「擬似家族」の方式で、部落の親戚や友人を集めた。そこには女性や青少年も含まれ、彼らはある種の仕事集団、たとえば建築鉄鋼部門のスタッフ、運送会社、清掃会社、手工芸会社、フランチャイズの音楽教室、タイピングの請負業、チェーン展開する美容室、レストラン等を作った。都市の原住民女性の起業の特徴は、エスニックグループからの支援にある。そして、伝統文化のエッセンスを有する起業は、市場にルートを切り開いたのみならず、民族の自信をも深めさせた。この種の「擬似部落」の労働形態は、同じ民族の人間を相互庇護のもとにおき、都市生活での疎外感、民族蔑視がもたらす不安感や挫折感あるいは仕事上の搾取に立ち向かわせようとするものである（蔡明哲ら　二〇〇一）。

　全体からいえば、一九九〇年代以後の台湾では、政治・文化・経済の状況の変化が、原住民女性に父権文化／種族主義と折り合いをつける場を提供したようである。彼女たちは起業という策略でもって労働市場における自主性をとり戻した。それは、原住民の男性が同時期、グローバルな分業や外国人労働者との競争という困難に直面するなかで、独自に経済資源の道を開くものであった。彼女たちの創業はただ原住民たちにより多くの仕事の機会を提供しただけでなく、原住民社会にロールモデルを樹立するものでもあった。

しかしながら、原住民女性は起業の過程で父権主義／種族主義からの反撃にも直面した。とりわけ原住民各民族に関するステレオタイプなイメージからくる差別は、原住民女性に起業の際の挫折を経験させた。たとえば、西洋の美意識を基準とする美容業では、色黒で小太りという傾向があるエスニックグループの女性は排除された。主流社会の消費者の原住民経営者に対する差別は、あるときは直接の排斥、あるときは道徳感や能力に対する懐疑であった。タイピング業を営むある女性は自身の体験を次のように語っている。「お客は店に入ってきてもあなたが原住民だとわかると、踝《きびす》を返して出ていくの。あるいは何度もお前にできるのかって言うのよ。その人はきっと試しにまず最小限の量をちょっとだけあなたにわたすの。あなたの能力やそれから仕事にかかる時間・能率を試そうとする。そういう気持ちであなたと取引をするの。あるいはもっと安くしてって言うのよ。」（廖秋玫　二〇〇一：一七一）差別に直面する原住民の女性創業者には心理的にそれをはね返す大きな力と専門技能の高さが求められた。

四　部落の発展

原住民の若い男女あるいは夫婦が、山地の経済の衰退と都市での仕事の機会という引力ゆえに波状的に平地へと移住していったまさにその時、都市では上述したような原住民特有の就業パターンが形成されていた。しかしながら、部落によってはなおも山地の経済農業の発展を持続させたところもある。それぞれの発展の時期やパターンはその地の地理環境・農業技術や組織によって異なる。しかし、共通するのは、山地の経済農業の生産形態がすでに日常の需要を充たすのではなく、市場の需要を充たすものになり、価格の高低や損益はみな市場メカニズムの影響を受けているということだ。たとえば宜蘭県の蘭陽渓沿いのタイヤル族の原住民部落では、一九六〇年代にシイタケの採集を始めた。その後、部落外からの技術指導を経て、部落の人々は山地に種菌からシイタケを栽培するようになり、部落の経済はかなり改善した。しかし八〇年代中期になると、政府が中国大陸のシイタケの輸入を開放したことから、価格が暴落した。そのうえ林務局の取締りがあり、シイタケ栽培はこれによって取りやめになった。お茶を栽培する部落や、高冷野菜を栽培する部落もある。これらの経済農業はいずれも部落に経済面での改善をもたらしたが、コストや技術、市場ルートという面で漢族との競争には勝てず、長期に経営して部落を安定させ経済を発展させるものとはなりにくかった。この過程で、原住民の夫婦は伝統的な性別分業の原則をとりつつも、ともに挑戦を試み（その時々の、新しい農作物や品種の試み、新しい農業技術、設備の操作、収穫や販売）、仕事の相棒となった。原住民女性は家事や子どもの世話を負担するだけでなく、山の上で夫と肩を並べて仕事をした（頼淑娟　二〇〇四）。

写真 2　キャベツの苗の植え付けをする宜蘭県大同郷四季村のタイヤル族女性

五　結論

原住民部落の社会構造と文化記号は植民地主義や国家体制や市場主義の介入によって、振りまわされ、打撃を受け、ねじ曲げられた。こうした状況は、一九七〇年代にはより突出しスピードがはやまり、都市に流入した原住民は都会で周縁的な仕事に従事した。こうした仕事は大部分が技術を必要としない、極端に体力を消耗する危険度の高いもので、かつ報われることが少なく、潜在的な力を開発することのないものであった。昇進の途や福利厚生の面の保障を欠いた仕事の環境で、彼らがとった策略とはすなわち給料の高いところに転職することであり、相対的に労働流動率は高くなった。しかし、教育レベル、技術や人間関係の制約により、可能なのは水平流動にすぎない――どこかの賃金がいいとなれば、原住民はそちらへ行ってしまう。父権文化と資本主義が相まって構築されている労働市場のなかで、原住民女性は往往にして女性化された仕事に配されている。早い段階での教育システムやキリスト教組織あるいは労働市場は、たえず彼女たちを保母・裁縫師・小学校教師になるよう訓練してきた。性風俗サービス業では工場の作業員・付添婦・看護師・理容師・美容師、あるいは歌舞などの仕事に従事するほか、性風俗業からの働きかけでセックス消費の対象となる者もいた。部落に残った既婚の原住民夫婦についていえば、夫が長期短期で出稼ぎに出れば、妻は部落で農業に従事した。妻によっては夫について都市に行き、夫の仕事に関連する、ただし補助的でより低収入の仕事に従事した。たとえば夫が船員として海に出れば、妻は漁港附近で海老の殻剝きや魚網の補修をし、夫が長距離トラックの運転手としてハンドルを握るとき、妻は日夜助手席に座り、助手をつとめた。しかしながら、労働の機会や資源が欠乏している状況下にあって、原住民の女性はしばしばきつくて力の要る仕事、たとえば建築現場での材木運び・釘抜き[10]、あるいは農場での大型農機具の操作などをにない、漢民族のジェンダー観念に挑んだのである。しかし、このように原住民女性が労働に従事しても、やはり同一労働不同一賃金という待遇[11]が待ちうけていて、しかも労働の一方で同時に家事や育児などの仕事も担っていた。

原住民家庭は原住民の労働史に呼応するかたちで変遷してきた。流動性の高い就労形態ゆえに、子どもは父母の転居にともない転校をくり返し、その社会化の過程もまた変動的なものにならざるをえなかった。また一部の若い夫婦は、子どもを部落に残し、祖父母がその面倒をみることから、「隔世養育」〔祖父母による孫の養育〕の問題が出てきた。このほか、仕事からフィードバックされるものが周縁的であることは、直接的間接的に原住民の経済面での自活とアイデンティティの危機に影響し、外在するストレスと内在する自律性の低下は、アルコール依存の問題を引きおこす。アルコール依存は婚姻や親子関係に影響を与え、予期せぬ怪我や死亡を引きおこし、離婚やDV、次世代の学業不振、しつけや養育を疎かにするという問題につながる。つまり、原住民における家庭機能の低下現象は、原住民の経済上の周縁性と密接な関係がある。しかしながら、両者は単純で単一方向にむかう因果関係ではなく、その間には文化、経済、教育、宗教、エスニックグループ、労働政策などの各レベルでの個人と構造上の問題とがかかわっているのだ。

注

（1）本論文は、著者が二〇〇六年に発表した次の二篇の論文を節録し、一部データを補足したものである。「従根著到流動—泰雅婦女生産与再生産活動之転化」『族群与文化—「宜蘭研究」第六届学術研討会論文集』宜蘭文献叢刊二七：三八七—四三七、宜蘭県史館。「原住民社会性別分工与経済労働」『大専校院性別平等教育課程与教材研討会』於高雄師範大学、二〇〇六年六月一〇日〜一一日。

（2）日本の警察が蕃社において政治目的を達成するためにおこなった「通蕃」の婚姻制度で、日本の警察官が原住民女性と結婚すること。

（3）三大運動は、民国四〇年（一九五一）に発布された「山地人民生活改進運動弁法」、「台湾省山地実行定耕農業弁法」、「台湾省奨励山地育苗及造林弁法」に依拠している。時を同じくして国語（中国語の標準語）の使用を推進し、衣・食・住を改善し、風俗習慣を改革するなどの六大目標がかかげられた（郭秀岩　一九七五）。

（4）竹や杉、油桐、棕櫚、梧桐などが含まれる。

（5）厳祥鸞（一九九六）は、台湾女性の職業発展の歴史を分析するにあたって、それを次の三つの段階に分けた。農業から工業に労働力・賃金・土地が移行する時期（一九五一—一九六五）、労働集約時期（一九六六—一九八二）、先進科学技術・サービス業主導期（一九八〇—一九九四）。

（6）このピークはアミ族が中心である（黄美英　一九九五、蔡明哲ら　二〇〇一）。

（7）これらの仕事には、建築工事現場でのブロック工・とび職・コンクリート工・運転手（コンテナ・トレーラー・タクシー・幼稚園送迎車・土砂運搬車・掘削機・軽トラック・トラック）・運搬作業員・清掃員・クレーン工・家事代行・縫製工・プラスチックあるいは電子工場の作業員・バイクや自動車の修理工・雑用工・製品検査工などを含む（傅仰止　一九八五）。

（8）二〇〇八年の調査も公表されているが、「経常的な収入なし」の項目がなくなり、「未回答」が加えられるなど、データの取り方が二〇〇一年や二〇〇五年と異なっている。そのため二〇〇八年の調査データを図1にあげることは控えた。ただし、上述の傾向はほぼ同じで、原住民女性の収入は総じて原住民男性の収入より低い。
(9) 政府の労働委員会の資料によれば、二〇〇六年の段階で、台湾の外国人労働者は三三万八七五五人、原住民十五歳以上の人口(三五万七五〇五人)に迫る勢いである。二〇〇九年には三四万五七五五人で原住民の十五歳以上の人口(三八万四九八四人)とほぼ等しくなっている。
(10) ラヤ・ナモハ(啦亜・娜沐豪 二〇〇一)は原住民女性労働史について、深く観察している。それによれば、「最初、漢族の親方はみな、女は先天的に柔弱でちょっとした衝撃に耐えられないと誤解していた。原住民の女性は丸太を運び、釘抜きをし、さらには、叩き、打ち、打ちつける作業においても男性に負けなかった。それを見て、多くの漢族の親方も原住民女性がこれらの労働に参加するのを黙認した」。
(11) 肉体労働の仕事には一貫してジェンダー間の同一労働不同一賃金の問題がある。一般的にいえば、男性の賃金は女性より高い。もし仕事の性質が似ていれば、たとえば現在、宜蘭の山地の某地区果樹園での収穫作業の賃金は、男性が一日一五〇〇元、女性が一〇〇〇～一二〇〇元である。このほか男性がおこなう選別作業は一日一五〇〇元、女性がおこなう果物を等級ごとに分ける作業の賃金は一〇〇〇～一二〇〇元である。この賃金設定は、男性の選別に使う力は女性が果物の大小を区別し等級を判断する力より価値があるとするものである。

参考文献

王淑英・利格拉楽《リカラッ》・阿𡠄《アウー》 二〇〇一 「都市原住民婦女生活史」蔡明哲編『台湾原住民史 都市原住民史篇』南投:台湾省文献委員会。
王嵩山・汪明輝・浦忠成 二〇〇一 『台湾原住民史 鄒族史篇』南投:台湾省文献委員会。
温吉(編訳) 一九五七 『台湾番政志』南投:台湾省文献委員会。
郭秀岩 一九七五 「社会変遷与山地行政発展」『社会福利』一九:七―一八。
許木柱 一九七三 『長光一個母系社会的涵化与文化変遷』国立台湾大学考古人類所碩士(修士)論文。
―― 一九九一 「弱勢族群問題」楊国枢・葉啓政編『台湾的社会問題』三九九―四二頁、台北:巨流。
―― 一九九七 「阿美族的社会文化変遷与青少年適応」中央研究院民族学研究所専刊
許木柱・廖守臣・呉明義 二〇〇一 『台湾原住民史阿美族史篇』南投:台湾省文献委員会。

喬宗忞　二〇〇一『台湾原住民史 魯凱族史篇』南投：台湾省文献委員会。
瞿海源　一九八三「台湾山地郷的社会経済地位与人口」『中国社会学刊』七：一五七—一七五。
厳祥鸞　一九九六「台湾労動市場性別化分工的解析一九五一—一九九四」『労工行政』九四：三五—五二。
——　二〇〇一「原住民女性在工作職場的困境—族群・性別与階級交錯関係的観点」『台湾原住民婦女就業座談会論文集』一二—一九頁。
胡台麗　一九九四「芋仔与蕃薯—台湾『栄民』的族群関係与認同」張茂桂等著『族群関係与国家認同』台北：業強。
洪敏麟　一九七一「総観台湾山地社会結構与文化演変之軌跡」『台湾文献』一二：二六—五四。
黄美英　一九九五「大都会中的原住民女性」黄美英『文化的抗争与儀式』五九—六四頁、台北：前衛。
——　一九九六『従部落到都市—台北県汐止鎮山光社区阿美族遷移史』台北：文建会。
——　一九九七「失落的親属環節—都市阿美族婦女地位的変遷」『婦女与両性通訊』四二：八—一〇。
黄淑玲　二〇〇〇「変調的"Ngasal"—婚姻・家庭・性行業与四個泰雅聚落婦女一九六〇—一九九八」『台湾社会学研究』四：九七—一四四。
黄応貴　一九七五「光復後高山族的経験変遷」『中央研究院民族学研究所集刊』一四：八五—九五。
——　一九八五「台湾土著的両種社会類型及其意義」『中央研究院民族学研究集刊』五七：一—二〇。
——　一九九二『東埔社布農人的社会生活』台北：中央研究院民族学研究所。
——　一九九五「土地・家与聚落東埔社布農人的空間現象」黄応貴編『空間・力与社会』七三—一三一頁、台北：中央研究院民族学研究所。
蔡明哲ら　二〇〇一『台湾原住民史 都市原住民史篇』南投：台湾省文献委員会。
謝高橋　一九九一『台湾山胞遷移都市後適応問題之研究』台北：行政院研究発展考核委員会。
蕭新煌　一九八四「台湾山地経済政策与経済発展問題」『台湾銀行季刊』三五（一）：一二六—一六一。
宋慧娟　二〇〇三「原住民婦女心理衛生初探」『第二届社会与文化発展—歴史・空間・東台湾学術研討会論文集』一—一四。
宋龍生　一九九七a『卑南族的社会与文化上冊』南投：台湾省文献委員会。
——　一九九七b『卑南族的社会与文化下冊』南投：台湾省文献委員会。
孫大川　二〇〇〇『夾縫中的族群建構』台北：聯合文学。
陳玉美　一九九五「夫妻・家屋与聚落—蘭嶼雅美族的空間概念」黄応貴編『空間・力与社会』一三三—一六六頁、台北：中央研究院民族学研究所。
陳昭帆　二〇〇〇『社会変遷与弱勢族群——原住民的遷徙、就業与歧視問題』国立中正大学社会福利系碩士論文。
童春発　二〇〇一『台湾原住民史 排湾族史篇』南投：台湾省文献委員会。
傅仰止　一九八五「都市山胞研究的回顧与前瞻」『思与言』二三（二）。
藤井志津枝　一九九七『日治時期総督府理蕃政策』台北：文英堂。
悠蘭《ユラン》・多又《ドユ》　二〇〇三「維繫文化実践与経済生存的命脈—従泰雅族女性Yabung Kumu的生命故事開始述説」『両性平等教育季刊』二三：一八—二九。
游美恵・王麗静・周芬姿ら　二〇〇三「非父系社会之性別図像——排湾族・阿美族・卑南族与漢族的対話」『両性平等教育季刊』二一：七〇—九三。
游美恵・梁莉芳　二〇〇四「不只是唱歌跳舞——原郷舞踏団阿美族女性的抗拒与増能学習」『成人及終生教育学刊』二：二四—四七。
余光弘　一九七九「東賽徳克泰雅人的両性関係」『中央研究院民族学研究所集刊』四八：三一—五三。
楊淑媛　一九九一「両性親属与人的観念——以霧鹿布農族人為例的研究」台湾大学人類学研究所碩士論文。
啦亜《ラヤ》・娜沐豪《ナモハ》　二〇〇一「原住民婦女就業歴史概述」『台湾原住民婦女就業座談会論文集』一—七頁。
頼淑娟　二〇〇四「蘭陽渓上游泰雅族与漢人的相遇——南山村経済活動変遷与族群界線之形成」石雅如・許美治編輯『蘭陽渓生命史——『宜蘭研究』第五届学術研討会論文集』宜蘭：宜蘭県史館。
廖秋玫　二〇〇一『台北市原住民婦女創業歴程之研究』台湾師範大学社会教育研究所碩士論文。
瓦歴斯《ワリス》・諾幹《ノカン》・余光弘　二〇〇二『台湾原住民史 泰雅族史篇』南投：台湾省文献委員会。
鈴木質　一九三二『台湾蕃人風俗誌』理蕃の友。
Thornton, Arland and Hui-Sheng Lin. (eds.) 1994. *Social Change and the Family in Taiwan*. Chicago and London: The University of Chicago Press.

〈解題〉

可視と不可視の間
――原住民族女性の今日的課題

野村鮎子

はじめに――なぜ原住民族女性なのか

二〇〇九年九月現在、台湾の総人口は二三〇八万六四四一人で、原住民族籍を有しているのは二・一八%の五〇万二五六六人である。そのうち女性は二五万五〇二九人なので、原住民族の女性は台湾全体の人口の一%を少し超える程度ということになる(1)。

この一〇〇人に一人という圧倒的なマイノリティの問題を、台湾女性研究をテーマとする本書で取りあげることに違和感を覚える向きがあるやもしれぬ。しかも、このマイノリティは厳密にいえば一つの民族ではない。現在、法律で認定されているだけでも一四族に分類されるのである。しかし、私は総体としての原住民族女性にこそ、教育・婚姻から就労・経済にいたるまで、現在の台湾がかかえるさまざまなジェンダー格差の問題が凝縮されていると考えている。

それらは、これまでの「原住民族運動」と「女性運動」の狭間ですっぽり抜け落ちていたテーマでもある。日本には、戦前の民族学の研究から戦後の文化人類学まで、台湾原住民に関する多くの研究蓄積があり、今なおこの分野の研究は活況を呈している(2)。しかし、原住民のジェンダー格差や原住民族の女性が直面する現代的問題をテーマにした論文となると、極端に少なくなるのが実情である。

本書に訳出した頼淑娟論文は、原住民族女性の就労や経済活動に焦点をあてて分析したものである。

一　頼淑娟氏について

まず、筆者である頼淑娟氏のことを述べよう。

頼淑娟氏は一九六六年宜蘭に生まれ、仏光大学を経て現在は国立東華大学原住民族学院民族文化学系助理教授の任にある気鋭の学者である。東華大学は一九九四年に創設された、台湾でもっとも新しい国立大学である。原住民族が多い台湾の東海岸花蓮県に位置しており、二〇〇一年、ここに台湾で最初に原住民民族学院（学院は日本の学部にあたる）が開設された。原住民族出身の学生を積極的に受け入れており、原住民族をエンパワーメントするための教育カリキュラムと研究プログラムが充実している。

頼氏が力を注いでいるのは原住民族、とくに地元宜蘭のタイヤル族部落の女性を対象としたフィールドワークである。原住民族部落のフィールドワークというと、日本では祭礼や伝統文化に関するものをイメージしがちだが、頼氏が近年着目しているのは、原住民族部落における女性の経済活動である。

そのことは頼氏の出自と関わりがある。頼氏は漢民族であるが、彼女が生まれ育ったのは宜蘭県大同郷太平村の独立山の麓である。この山は海抜こそ五五〇メートル程度で二〇〇〇メートル級の山が聳える山脈の中ではかなり低い部類に属するが、宜蘭平野を流れる蘭陽渓の中流に張りだすような形で立っており、その形状から日本統治期は烏帽《えぼ》子山《しやま》とよばれていた。今でも当地の古老たちはそのまま日本語で烏帽子山とよんでいる。古老によれば、台湾が中華民国に復帰し、中国語が公用語になってからは黒帽山（「烏」は黒という意味をもつため）とよばれるようになったが、後年蒋経国がこの地を訪れた際、この名はあまり雅でないということで、今の「独立山」という名に改められたという。ちなみに独立山の奥には、檜で有名な太平山の原始林が広がっており、日本統治期の大正時代には阿里山と競うように多くの木材が伐採され、内地へと運ばれた。木材輸送のために日本統治期に敷設された羅東行きの森林鉄道は、トロッコ列車として一九七九年まで走っており、頼氏の長姉はこれに乗って漢民族の学校に通ったという。

この村の住民は頼氏の家を除いてほとんどがタイヤル族である。頼氏の生家はここで雑貨店を営んでおり、彼女は四人兄弟の末っ子として生まれた。雑貨店とは日本でもかつて農村によくみられたよろず屋のようなものである。そこは山地の原住民が日用品や加工食料品を買い求めにくる場所でもあった。この店のおかみさんであった頼氏の亡母は漢民族だがタイヤル語の日常会話ができたという。ちなみに頼氏の母方の祖父は、日本統治期、蘭陽渓をさらにさかのぼったルモアン社（現在の留茂安部落）の駐在所勤務の警官であった。雑貨店はもともと頼の父方の祖父が開いたものだが、道路が整備された今ではもうここに日用品を買いにくる者はおらず、客はといえば鄰の大同国民中学の生徒ぐらいだが、頼氏の父は閉めることを頑として承知しないのだそうである。

写真1　蘭陽渓から独立山を望む。下は蘭陽渓の河原で、西瓜畑となっている。反対側からみると烏帽子の形になる。

頼氏は自らを隘勇《あいゆう》の子孫だという。隘勇は現代の日本では死語になってしまった感があるが、もとは清朝の対原住民の前線を隘勇線といい、日本統治時期にも使用されていた言葉である。開墾と称して山地に入りこんだ漢民族と原住民の間には戦闘が絶えず、原住民に対抗するため漢民族の自警団がつくられるのだが、これを隘勇または隘丁と称したのである。日本統治時代も清朝の制度は引き継がれ、台湾総督府は警察を通じて原住民を支配するため、その手先として隘勇を利用したという過去がある。普通の漢民族が立ち入ることのできないタイヤル族の地に頼氏の一家が根を下していることには、こうした歴史的背景がある。とはいえ、原住民族と漢民族、そして日本人との複雑な関係を知る私は、頼氏が自ら隘勇の子孫と名のったことに、意外の感を覚えた。

頼氏によれば、一般的に原住民族と漢民族は敵対関係にあったととらえられがちだが、両者の境界線上では経済的に相互依存の関係にあったのだという。頼氏の生家の雑貨店は交易の場であり、異民族交流の場でもあった。この雑貨店の隅のテーブルでタイヤル語を聞きながら宿題をしていた少女は、長じて東呉大学に学び、海を渡ってアメリカのミシシッピー州立大学に留学し、かの地で社会学の博士号を取得して、郷里に帰ってきたのである。

頼氏は二〇〇八年四月に関西中国女性史研究会の招きに応じて来日、その際、忙しい滞在スケジュールの合間を縫って私といっしょに岩手に飛び、遠野市立博物館にて伊能嘉矩《いのうかのり》（一八六七〜一九二五）が遺した原住民に関する資料を調査した。日本人にとって遠野といえば、柳田国男の『遠野物語』であるが、遠野民俗学の先駆となったのは、遠野に生まれ、台湾領有まもないころ台湾総督府雇いとして原住民の調査にあたった伊能嘉矩である。その著書『台湾蕃人事情』や『台湾蕃政志』『台湾文化志』は、中国語に翻訳され、現在台湾の民族学研究の基本文献のひとつとなっている。私たちが訪れた日、春まだ浅き遠野には冷たい雨が降っていたが、先学が一〇〇年前に描いた原住民風俗の彩色画を食い入るように見つめていた彼女の上気した頬が今でも目に浮かぶ。

二　可視と不可視の歴史

さて、まず、論の都合上、「原住民族」という呼称について簡単に説明しておこう。これは中華民国憲法が定める正式呼称である。日本語の語感からいえば「先住民族」のほうが穏当だと感じられるかもしれない。しかし、中国語の「先住民」の「先」には今はもう居ないというニュアンスが含まれるため、彼ら自身が選んだのが「原住民」である。そのため頼氏と相談のうえ、本書では「原住民」または「原住民族」をもちいることにした。また原住民族の集落を意味する「部落」をもちいている。「部落」は行政上の用語ではないが、原住民族は誇りをこめてこのように称する。

彼らはマラヨ＝ポリネシア（オーストロネシアとも称する）語族に属する。いつごろから台湾島に暮らしはじめたのかは特定できないが、明清時代、大陸から入植した漢民族によって彼らは「番人」または「蕃人」「蕃族」とよばれた。そのうち清に帰順して漢化されていた民族は「平埔《へいほ》蕃」「熟蕃」、それ以外は「生蕃」とよばれるようになる。日本統治初期はこれを引き継いでいたが、一九二〇年代から「高砂《たかさご》族」とよぶようになり、昭和天皇（皇太子時代）の台湾行幸を機に、一九三五年それが公的な名称として採用された。日本の敗戦により台湾が中華民国に復帰すると、一時期は「高山族」とよばれたものの、まもなく「蕃人」「高砂族」「高山族」という呼称は差別的だとして禁じられている。そして一九五〇年代以降は法律で「山地同胞」（のちに平地に住む原住民を「平地同胞」として区別）と規定されることとなる。その後の原住民運動[3]および台湾の民主化を経て、ようやく一九九四年八月一日の憲法改正で「原住民」に改められ、さらに一九九七年に現在の「原住民族」に変更された。

　さて、原住民族女性と日本との関わりは、日本の台湾領有とともに始まった。原住民族女性はまず、民族学調査研究の対象として日本人の前にあらわれた。

　日清戦争後、台湾を領有することになった日本政府はここに台湾総督府をおき、植民地経営にのりだす。植民地統治のためには台湾民族の風俗や習慣を知る必要があった。実地調査にあたったのが、かねてより台湾の山地に関心をいだいていた上述の伊能嘉矩や東京帝国大学人類学研究室にいた鳥居《とりい》龍蔵《りゅうぞう》（一八七〇～一九五三）、さらに陸軍付きの通訳として台湾に渡り、その半生を台湾ですごした森丑之助《もりうしのすけ》[4]（一八七七～一九二六）である。民族学すなわちのちの人類学の発展が植民地統治と不可分な関係にあったことはよく指摘されるところであるが[5]、彼ら民族学者たちは純粋な学問的動機からいわゆる「蕃社の女」の服飾や織物、装飾品に強い関心をいだき、それを収集し、風俗や習慣を記録した。

　最大のスポンサーは植民地政府台湾総督府であった。現在の台湾では、伊能や鳥居の著作はもとより、頼論文が引く日本ではあまり知られていない鈴木質の著作も、解説付きで中国語に翻訳されており、この時期の調査は、かの地でも基本文献となっている[6]。しかし、その一方で台湾総督府は原住民の刺青を野蛮だとして禁止し、その結果、タイヤル族の女性にとって重要な意味をもつ顔面への刺青の文化などは急速に廃れることとなった[7]。日本は原住民族女性文化についての熱心な記録者でもあり、その破壊者でもあったのだ。

次の段階として、原住民族女性の「性」が植民地政府の理蕃政策および皇民化政策のために動員された時代がある。

台湾総督府は山地の原住民を支配(理蕃)するため、山地の部落に駐在する警察官が原住民の頭目の娘を娶《めと》ることを奨励した。原住民部落においては、警察官は蕃童教育所の教師を兼ねており、その妻となった原住民女性が日本語を話し、和服を身につけていることは部落の中で「出世」とみなされた。ところが、警察官にはすでに日本に妻がいて、彼らが帰国する際こうした原住民族の妻は置き去りにされることが多く、現地妻的な扱いを受ける存在であった(8)。

こうした通婚というかたちで原住民族の女性の「性」を利用する態度は、のちの「慰安婦」問題と根を一にしているといえる。原住民族の男性が高砂義勇隊という名で戦争に駆りだされる一方で、その銃後の山地では女たちが日本軍の「慰安婦」として徴発されていた(9)。現在、台湾で元「慰安婦」として名のりでている女性は少数であるが、その背後には声をあげることのできぬまま世を去った多くの原住民女性がいたといわれる。

徹底した日本語教育と皇民化政策によって、原住民部落の女性は日本語を話し、日本の簡単服(俗にいうアッパッパ)を着用し、日本風の礼儀作法を取り入れるようになっていった。

昭和初期、総督府の警務局理蕃課に勤務していた鈴木質は、その著『台湾蕃人風俗誌』(理蕃の友発行所)の附録「開発の経過と現況」のなかで、昭和七(一九三二)年ごろの原住民部落の様子を次のように述べている。

現今は蕃地を挙げて平和境と化し、蕃人は良民となり、当局の指導によつて改良住宅を建て水田の開墾に、養蚕に、其の他各種の殖産に精を出し、一方教化の効も空しからず、朝夕の挨拶の言語を知らないものは恥であると云ふ程で、如何な辺避な社の老翁も一言二言の日本語を知らないものはないと云ふ程になり、その子弟は競つて学校に入れるやうになつて来た。蕃人は今や正に三千年の夢から覚め、文明人が築きあげた三千年の文化を一足飛びに

とびあがらうとしてゐるのである。(三二〇〜三二一頁)

しかしながら、一般の日本人の前に現出されたのは、皮肉なことに異国情緒の象徴としての原住民女性像である。内地=日本のまなざしは、異国の風物としてそれを鑑賞し、エキゾチシズムを堪能しようとするものであった。一九〇三年、大阪天王寺で開かれた「第五回内国勧業博覧会」の「学術人類館」で台湾原住民が「展示」されたことはよく知られているが、一九三五年、台北で開催された「始政四十周年台湾記念博覧会」に、近代的意匠を凝らしたパビリオンにまじって、タイヤル族の伝統的住居と機織りをする原住民族女性が「展示」されていたことはあまり知られていない。第二文化施設館付設というかたちで警務局理蕃課が出品したこの「展示」は、「わざわざ足をわずらわさずして最もいい土産話になる処」「榕樹の樹蔭に蕃婦のハタオリののんびりした光景」として日本からの観光客の人気をあつめており、土産物として「蕃布」も販売されていたという。(10)

霧社事件で死亡した佐塚警部の遺児で、原住民女性を母にもつ佐塚佐和子が歌う「蕃社の娘」がコロムビア・レコードから発売されたのは一九三九年のことである。「蕃社《やま》の娘の純情《まごころ》は、赤い瑪瑙《めのう》の首飾り、胸に燃え立つ恋の歌、はずむ踊りの足拍子」という歌詞には、原住民族の女性が民族衣装に瑪瑙の首飾りを身につけ、原住民族の踊りを踊る様子をイメージしたもので、エキゾチシズムをかきたてられるような言葉がちりばめられている。(11)

その前年の一九三八年には、リヘヨン村の日本人巡査の出征のため荷物を運んでいた少女サヨンが水かさの増した渓流に飲みこまれて命を落とす事件が起こり、これが総督府によって愛国美談の話に仕立てあげられる。長谷川総督から村に記念の鐘が贈られ、「愛国乙女サヨン遭難碑」が建設される。さらに西條八十作詞、古賀政男作曲の「サヨンの鐘」が渡辺はま子の歌唱でヒットする。その歌詞の「蕃社の森に小鳥は鳴けど、何故に帰らぬああサヨン」「南の島のたそがれ深く、鐘は鳴る鳴る、ああサヨン」には、異国情緒の記号が溢れている。一九四三年には李香蘭主演の日活映画『サヨンの鐘』が製作されるのだが、そのなかで李香蘭扮するサヨンは、タイヤル族の民族衣装を身にまとい、民族の伝統的な踊りを踊る。この時期、皇民化が進んだタイヤル族はすでに特別な儀礼時を除いて伝統的民族

写真２ａ

２ｂ

２ｃ

２ｄ

２ｅ

ａ　盛装したパイワン族の少女
ｂ　刺青をしたタロコ族の少女
ｃ　タイヤル族の女性
ｄ　「生蕃屋」絵葉書セットの封筒の表
ｅ　「生蕃屋」絵葉書セットの封筒の裏
（南天書局社長魏徳文氏提供）

衣装を身につけることはなく、伝統的踊りも教育上よろしくないというので禁じられていた。下村作次郎氏は「映画におけるこれらの描写は、「内地」から来た映画監督の興味や日本人のエキゾチシズムを満足させるための脚色以外の何ものでもなかった」と指摘する。[12] また、この当時の台湾では南国の風物を水彩画で描いた絵葉書が多く発売されているが、よく見られる構図は、原住民女性が伝統的な民族衣装を着て、伝統的な機織りや杵つきなどをおこなう姿である。

上の写真２は、一九三〇年代の台北で発売されていた原住民女性の彩色写真絵葉書である（南天書局社長魏徳文氏提供）。カメラが高嶺の花であった当時、台湾の風物を撮った絵葉書は旅の土産として、あるいは内地への贈り物として人気があった。

絵葉書の印刷発行は一大産業だったといえる。とくに原住民をテーマにしたものは、台北の土産物商「生蕃屋」[13]が得意とするところで、これは台北の西門町の公営市場八角堂（現在の紅楼劇場）の二階の分店で発売されていたものである（写真2d、eを参照）。そのなかで人気を集めていたのは、原住民少女の絵葉書である。aはパイワン族の女性と思われるが、その説明には「私のラヴアさん酋長の娘…とでも歌ひたいやうな麗はしの蕃地の童女。カメラを向けると満身飾の盛装で庭に出て籐椅子に倚りかゝる。そこを遠慮なくパチリッ。」とある。「わたしのラバさん　酋長の娘、色は黒いが南洋じゃ美人」とは、一九三〇年代に流行っていた歌謡曲「酋長の娘」の歌詞で、当時の日本の南進政策を反映している。bは顔面に伝統的な刺青をした女性で、頭に巻いているターバンは伝統布ではなく、日本製のタオルである。下方に付された説明には、「タロコ蕃の美少女　名勝タロコ峡の奥に住む可憐な少女達、真に純情神の様なものです」となっている。cにも「タイヤル族の美人」という説明が入っている。こうした絵葉書の写真に加えられた短い説明の言葉には、南国の、山奥に住む、可憐で、清楚な、美少女といった日本人の原住民女性にいだくエキゾチシズムが投影されているといえよう。

先にあげた鈴木質『台湾蕃人風俗誌』は、「はしがきに代へて」で、ブヌン族のカドクラン社に遊んだときの夜景を次のように描写している。

瑤台未だ昇らず、下界は雲海と化し、僅に秀姑巒、マポラスの霊峰の浮くを見る。暗に包れた全山悉く登仙するかと思はれる時、妙な破鐘の音！…が響く、寄宿生は一斉に飛び出して月なき広庭に集つた。そして暗から流れ出るメロデーにつれて唄い出された。やがて月は覗き出した。見れば和装あり、洋装あり、蕃裳あり、男女大小数十の異形な踊り手はオルガンを中心に手拍子足踏面白く、円陣を作つて舞つてゐる。

月は隈なく照す六千尺の高原、雲海に浮揺するかと思はれるこの光景！　吹き来る風も、見上る空も、皆浮世のものではない。恋も怨もなく、権勢も名誉もなく、野心もなければ栄達もなく、堕落も競争も執着もなく、更に得意もなく、失望もなく、唯だ天然の無垢と、神代ながらの聖浄を有つ天使の舞には、憂を忘れ、悲を忘れ、労を忘れ呆然として只見入るのみ、……嗟！　美なる哉、聖なる哉！
この美しい情景！　この山にのみ見得る聖いものであらう？　感極まつて感なし！……
嗚呼！　可愛い蕃童よ、杵の音よ。とはに幸あれ！（「はしがきに代へて」一―二頁）

その一方で鈴木は、

蕃人を永久に暗の中に葬つておくやうなことがどうして出来やうか。それに近頃は日に月に侵入して来る文化の風は刻々と彼等固有の風俗を亡ぼして行きつゝある。……彼等自身の有する風俗習慣といふ旧套を蝉脱して以て新しい風俗習慣の中に生きることが彼等の種族発展上どうしても取らねばならぬ道程であるとするならば、亡びんとしつゝある彼等固有のイトスを紹介しておくのも敢て徒爾ではないと思ふ。（「はしがきに代へて」三―四頁）

というのである。理蕃課の役人であった鈴木の『台湾蕃人風俗誌』には、「蕃族」を文明に導くことに成功したことを誇る思いと、失われゆく原住民の文化や習俗に対する愛惜が奇妙に混在している。当時、日本人にとって原住民の部落は容易に立ち入ることのできぬ場所であったがゆえに、そこは都会の喧騒や都市生活の憂鬱を忘れさせてくれるユートピア、別世界として映ったにちがいない。「台湾蕃族」に対するエキゾチシズムは、多くの日本人が共有していた感覚ではなかったか。

日本統治期、「民族調査」や「理蕃や軍隊のために動員される」対象として、あるいは「エキゾチシズム」の記号として、私たち日本人の前に頻繁に登場していた原住民女性であるが、戦後は、一転して長い不可視の時代を迎えることになった。

戦後の日本人には旧宗主国としての負い目があり、台湾を中華民国に返還したのちは、あえて台湾や台湾の原住民とかかわることを避けてきた嫌いがある。筆者は七〇年代に四国の中学生であったが、社会科の授業で「高砂族」

とよぶのは失礼ですので、「高山族」と言いましょう」と教わった記憶がある。四国や母の実家のある九州ではかつて台湾にいた人が多く、親や祖父の世代は原住民を「高砂族」とよび、玉山を「新高山《にいたかやま》」とよんでいた。当時中華民国はすでに「高山族」という言葉を禁止していたので、厳密にいえばこの教師の情報は不正確なのだが、「高砂族」がいけないことだけはわかった。戦後、日本の学校教育の現場では徹底した民主主義教育と平和教育がおこなわれ、かつての植民地支配は恥ずべき悪行として糾弾すべきで、台湾を支配していた側の民族が、もはや他国となった国の民族を気安く旧称でよぶべきではないという雰囲気があった。

日本において原住民族女性の不可視化が進行していたころ、台湾では国民党政府による同化政策が推進されつつあった。「山地同胞」になった彼女たちは、日本風の「吉田」や「鈴木」から「李」や「張」といった漢民族風の姓になり、「佐和子」や「明子」から「玉鳳」や「明蕙」になった。

しかし、日本統治時代、部落のなかに囲いこまれ自給自足的な経済体制下にあった彼らを待っていたのは、戦後、部落の外から押し寄せた市場主義と自由競争の波であった。頼論文にくわしく論じられているように、生活に必要なありとあらゆるものは商品となり、それを「貨幣」で購入するためには、現金収入を求めて労働市場に出ていくよりほかはない。しかし、学歴や技術が必要な仕事は漢民族に独占され、原住民の男たちは肉体労働や単純労働といった低賃金の仕事に甘んじることとなる。しかも賭博やアルコールといった誘惑に対して無防備な彼らは、経済的に行き詰まり、山地保留地の地上権や耕作権を、わずかな補償金と引き換えに漢民族に売却し、売る物がなくなると娘を女衒《ぜげん》に売った。一九六〇年代から一九八〇年代初頭にかけておこなわれていた台湾への買春ツアー(14)の陰に、こうした「山地同胞」の娘たちの苦難があったことを、当時どれだけの日本人が知っていただろうか。

私事だが、筆者がはじめて台湾を訪れたのは、一九八三年のことである。当時は台湾旅行といえば男性の買春ツアーであり、女性同士の台湾旅行など考えられない時代だった。私が乗った行きの飛行機の女性客は私と友人の二名きりで、後部座席は中年男性の団体旅行客で埋め尽くされていた。機上の酒に酔った彼らの一人が後部のトイレに立った私に「いくらだい?」と話しかけ、その隣の男性が私に無礼を詫びる一幕があった。台北に降りた私たちは次の日、龍山寺に行き、華西街の妖しげな雰囲気を放つ観光夜市をひやかした。行きかう観光客のなかにあの機上の集団もいた。私はこの男たちの娘なのだということがただただ恥ずかしかった。しかし、華西街の裏通りの妓館の年端もいかぬ少女たちの多くが山地から売られてきた原住民の女性だったことを私が知ったのは、ずっと後年のことである。

はじめてパイワン族の詩人モーナノンの詩「鐘が鳴るとき——受難の山地の幼い妓女姉妹に」を読んだ時の衝撃は忘れられない。

妓楼のおかみさんが、店の灯をつけ、客の呼びこみをはじめるとき
私には、教会の鐘が聞こえる
日曜の朝になると、また鳴り
北の拉拉《ラーラー》から南の大武山まで、汚れなき陽の光が
阿魯威《アルウェイ》部落いっぱいに降りそそぐ
……
教会の鐘が鳴るとき
お母さん、知っていますか
ホルモン注射の針が、少女の青春をつみとっていることを
学校の鐘がなるとき
お父さん、知っていますか
店の男の鉄拳が、少女の笑い声を黙らせていることを
……

(下村作次郎訳『台湾原住民文学選1　名前を返せ』草風館、二〇〇二年より)

台湾に公娼制をもちこんだのは日本である。戦後、国民党政府はいったんは禁娼を宣言するが、一九五六年の「台湾省娼妓管理法」によって実質的には公娼制が温存されることになった。さらに一九六二年の「台湾省特定営業管理規則」で性風俗産業の四業種（のち八つに拡大）を合法化した。台北市において公娼制廃止の方向が打ちだされたのは一九九七年であり、全面的な廃止は二〇〇一年のことである。

国防医学院人文及社会科学科の黄淑玲教授の研究[15]によれば、一九七〇年代、台湾が高度経済成長期にはいったころから漢民族の娼妓は徐々に減少し、それにともない女衒が山地に入りこんで借金のかたに原住民少女を買うようになったのだという。また、一九八七年から一九九一年におこなわれた調査（警政署「台湾地区正風専案執行成果及処理情形統計表」による）によると、風俗産業で働く十六歳以下の少女は一一五二人、そのうち原住民籍は一九・四％であり、大半は借金のかたに売られた女性であった。黄教授は民族でいえば、タイヤル族が多く、一九九七年の華西街の八六名の公娼のなかで、原住民女性は三三人、そのうち二二名がタイヤル族であったと指摘する。彫りが深く色白のタイヤル族の女性は日本人男性に好まれたのだといわれる。

こうしたなか、真っ先に立ち上がったのは、キリスト教の組織である。一九八六年には台湾キリスト長老教会が原住民女性を支援する「彩虹婦女事工中心（レインボープロジェクトセンター）」を設立、「雛妓《すうぎ》」とよばれる少女たちを買春から救うために力を尽くす。雛妓問題は、この時期に勃興した女性運動や続々と設立された女性団体の共通のテーマとなり、抗議活動やデモの輪が広がり、ついに一九九五年「児童及び少年性交易防止条例」が可決されるにいたった。

三　原住民運動と女性運動の狭間で

一九八〇年代中ごろの台湾社会では、国民党の専権に反対する民主化運動が大きな潮流となった。女性運動や原住民運動もまたこの潮流のなかにあることは言をまたない。ただ女性運動がおもに女性の権利向上をめざし、政治や労働における両性の平等を訴えたのに対し、原住民運動は、マイノリティによるマイノリティのための運動であること、また原住民全体の権利回復に重点がおかれていたことから、原住民のなかのジェンダー・ポリティクスにはあまり関心が向けられなかった。台湾で最初の原住民運動団体「原住民権利促進会」においても運動の中心にいたのは男性であった。

もちろん原住民運動には女性活動家もおり、初期の女性活動家としては、タイヤル族のリーキン・ユマがあげられる。また女性牧師ラヤ・ナモハ（啦亜・娜沐豪、中国名は陳秀恵、のちに立法委員となる）が提起した前述の「雛妓問題」は台湾メディアの反響をよび、原住民内部にも社会運動の必要性に対する共通認識を築いた。

しかし、主流の女性運動が大規模なデモを組織し、法律の制定や改訂を目標にすえ、具体的には性侵害防止法（一九九六年）やDV防止法（一九九八年）、「両性工作平等法」（二〇〇一年、のちに性別《ジェンダー》工作平等法と改称）、民法親属編の改正（二〇〇二年）といった華々しい成果を次々と獲得していったのにくらべると、原住民女性を主体とする運動は地味なものであった。背景には原住民運動すなわち原住民権利回復運動が優先されてきたという事情もあろうが、台湾で最初の原住民女性専門の組織「高雄県原住民婦女成長協会」が成立したのは一九九七年になってからであり、台湾女性運動の最大の団体「婦女新知基金会」にようやく「原住民婦女部」が誕生したのは、二〇〇〇年三月のことである。(16)

日本人に戦後の原住民女性の問題が知られるきっかけとなったのは、民主化以降の原住民文学であった。とくに下村作次郎・孫大川・土田滋・ワリス・ノカンら編『台湾原住民文学選』全一〇巻（草風館、二〇〇二〜二〇〇七年）に原住民族の女性作家の作品が訳出紹介されたことが大きい。国民党政府とともに台湾に渡ってきた大陸出身の兵士（いわゆる「栄民」──詳細は頼論文）の父とパイワン族出身の母の間に生まれたリカラッ・アウーは、「軍人村の母」「祖霊に忘れられた子ども」「情深く義に厚い、あるパイワン姉妹」などで、自らの父母の婚姻──大陸に戻れず台湾のなかで疎外される立場の栄民と原住民の貧困家庭出身の女性との婚姻──の実態を描いた。これらは魚住悦子訳で

『台湾原住民文学選2』に収録されている。リカラッ・アウーはまた評論というかたちで自らの文学を語っており、魚住悦子訳「原住民創作における民族アイデンティティ――わたしの文学創作の歴程」は『台湾原住民文学選8』にみえる。これらは、戦後不可視化されていた原住民族の女性がかかえる問題を浮き彫りにした点で、その功は大きい。

四　原住民族女性の今日的課題

近年のエスニックブームと原住民族の教育レベルの向上により、現在の台湾の漢民族社会は原住民族女性に対して開放的になっており、原住民女性の活躍の場は増えつつある。しかし、漢民族社会のなかには容易に払拭しがたい偏見があるのも確かで、「原住民族の女性は酒や檳榔《びんろう》を好む」と思っている人は多い。檳榔は原住民の伝統的な嗜好品で、台湾の東海岸に住むアミ族などでは伝統衣装のひとつとして美しく刺繍された檳榔を入れるポシェットを身につける。しかし、一方で台北市内の小中学校では、「檳榔を食べると舌ガンになる」といった衛生教育が盛んにおこなわれており、原住民族の伝統文化保護との間に矛盾が生じている。

一方、女性運動という側面からいえば、近年、女性の法的地位が向上したこともあり、原住民族女性の問題はややもすれば外国人労働者や外国人花嫁問題のなかに埋没しがちになっている。大都市ではこれまで原住民女性が担ってきた単純労働や低賃金の仕事をフィリピンやインドネシアなどの外国人女性労働者がとって代わるようになり、僻地の農村では外国人花嫁が急増し、さまざまな問題が起きている。そのため、女性運動の関心は原住民族女性から外国人花嫁に移りつつある。

さらに頼氏が指摘するように、ここ一〇年の間に原住民族女性のなかで経済格差が拡大したのも問題である。

原住民族のなかでも優遇政策によって教育を受け、技能を身につけた女性たちは、大都市で働いて資金を作り、部落に帰って民宿や郷土食レストランの経営にのりだした。原住民部落は山地にあり、かつては道路事情も悪く交通が不便であったが、高度成長のなかで山奥にいたるまで道路が整備され、大都市からのアクセスも容易になった。おりしも台湾には経済の好況とともにレジャーブームが訪れ、原住民部落や民族村への観光ツアーは手軽にエスニック気分を味わえる装置として機能したのである。また二一世紀に入ってからはインターネットの普及で伝統織物やトンボ玉（瑠璃珠）を商品化する原住民族女性たちがあらわれた。

しかし、このように部落のなかには才覚を発揮する女性がいる一方で、教育の機会にめぐまれず、パート労働に甘んじる女性もいる。格差は狭い部落のなかで生じるがゆえに伝統的原住民族社会に分断をもたらす結果にもなる。とくに伝統的に貴族と平民の階層を有するパイワン族やルカイ族では、部落内の力関係に微秒な齟齬が生じている。

部落の原住民族女性ばかりではない。台湾の高度成長期、部落を離れ、都会に流出した原住民族女性が今直面しているのは、グローバル経済と世界同時不況による雇用不安である。部落という共同体から離脱し、大都市で低賃金労働に従事する原住民族女性は、先の外国人女性労働者との競争にさらされている。また、格差は彼女たちの世代にとどまらない。格差の連鎖は、都会で不安定な職に従事するシングルマザーを母とする原住民族の子どもたちにひきつがれる可能性が高い。

おわりに

台湾の人口比でいえば一〇〇人に一人という圧倒的なマイノリティに属する原住民族女性だが、この女性たちのありようは決して一様ではない。民族や居住地、学歴、収入などによって雲母のごとく幾層にも分かれ、異なる様相をみせている。各民族のジェンダー関係すら一様ではないのだ。そのため、このマイノリティを総体として分析することは容易ではない。そこでは、真に「原住民族女性」を代弁する者はいったい誰なのかという問題が突きつけられることになるからである。それは、「台湾女性運動」において真に「台湾女性」を代弁する資格を有するのは何者なのかという問いにもはね返ってくるのである。

しかし一方、原住民族女性の多元性は、台湾女性の多元性ともいえよう。原住民族女性問題には教育・労働・家庭におけるさまざまなジェンダー格差の問題が如実にあらわれており、そこに台湾女性研究の課題も凝縮されているのである。

女性運動によってジェンダー可視化を実現したかにみえ、原住民族運動によって原住民族を可視化させたかのようにみえる台湾において、その成果を真っ先に享受すべき原住民族女性は、今、「可視」と「不可視」の間のどこにいるのだろう？

注

（1）民国九八年（二〇〇九）九月の内政部戸政司の統計資料による。

（2）戦前から現在にいたるまでの日本の台湾原住民研究を総説したものとして、日本順益台湾原住民研究会編『台湾原住民研究概覧――日本からの視点』（風響社、二〇〇二年）がある。原住民研究の歴史と現状についての解説があり、主要文献解題も充実している。

（3）原住民運動についての概要を知るには、山本春樹・黄智慧・パスヤ・ポイツォヌ・下村作次郎編『台湾原住民族の現在』（草風館、二〇〇四年）や若林正丈「現代台湾のもう一つの脱植民地化――原住民族運動と多文化主義」（『台湾原住民研究』一一号、二〇〇七年）がまとまっている。

（4）森丑之助の生涯や業績についてはこれまであまり知られていなかったが、近年再評価が進んでおり、その大略は楊南郡著、笠原政治・宮岡真央子・宮崎聖子訳『幻の人類学者森丑之助――台湾原住民の研究に捧げた生涯』（風響社、二〇〇五年）や柳本通彦『明治の冒険科学者たち――新天地・台湾にかけた夢』（新潮新書、二〇〇五年）などの一般書でもうかがうことができるようになった。

（5）山路勝彦『近代日本の海外学術調査』（山川出版社、日本史リブレット、二〇〇六年）。

（6）伊能嘉矩著・台湾省文献委員会訳編『台湾文化志』（台湾省文献委員会、一九八六年）、伊能嘉矩著・楊南郡訳註『平埔族調査旅行』（遠流出版、一九九六）、伊能嘉矩著・楊南郡訳註『台湾踏査日記』（遠流出版、一九九六年）、鳥居龍蔵著・楊南郡訳註『探検台湾』（遠流出版、一九九六年）、鈴木質著・王美晶訳『台湾原住民風俗』（原住民文化、一九九九年、原著名『台湾蕃人風俗誌』）など。

（7）原住民女性に対する刺青禁止政策については、山本芳美「タイヤル族に対するイレズミ禁止政策」（『台湾原住民研究』四号、一九九九年）、山本芳美「イレズミ除去と理蕃政策の浸透」（『台湾原住民研究』五号、二〇〇〇年）などの研究がある。

（8）理蕃と原住民妻の問題については、鄧相揚『植民地台湾の原住民と日本人警察官の家族たち』（下村作次郎監修・魚住悦子訳、機関紙出版センター、二〇〇〇年）が具体的でわかりやすい。霧社事件（注（11）参照）の後、日本人警察官に置き去りにされた原住民妻と混血の子どもたちの戦後を追ったものである。

（9）柳本通彦『台湾先住民・山の女たちの「聖戦」』（現代書館、二〇〇〇年）は、高砂義勇隊の銃後で起こっていた原住民女性への性暴力を調査し、原住民女性「慰安婦」問題を論じた書である。

（10）川端柳枝「始政四十周年記念博覧会観て歩き記」（『台湾建築会誌』七（五）・（六）、一九三五年）。なお、この展示施設の詳細については『始政四十周年記念台湾博覧会誌』（非売品、一九三九年）を参照されたい。

（11）一九三〇年、台湾中部の霧社で起こったモーナ・ルダオを中心としたセデック（当時はタイヤル族の支族とされていた）による抗日蜂起事件。霧社公学校の運動会に集まっていた日本人を襲撃し、約一四〇名を殺害した。これに対し植民地政府は軍隊を投入し、凄惨な討伐作戦が繰りひろげられた。

（12）下村作次郎「物語の終焉——映画と教科書の『サヨンの鐘』」（注（3）『台湾原住民族の現在』所収）。氏にはこれ以外にもサヨンの鐘に関する研究が多数ある。

（13）原住民の物産を中心に取りあつかっていた「生蕃屋」は、昭和一三年二月発行の台北市商工会の名簿によれば、店主は鈴木泉という人物で、本店の住所は台北市栄町二丁目九番地（電話は二五一〇番）。以上、台湾在住の作家片倉佳史氏の教示による。

（14）台湾における日本人買春ツアーをテーマとした作品として黄春明『さよなら・再見』（田中宏・福田桂二訳、めこん、一九七九年）、および原作を映画化した葉金勝監督による同題の映画（一九八九年）がある。

（15）黄淑玲「変調的"Ngasal"—婚姻、家庭、性行業与四個泰雅聚落婦女一九六〇—一九九八」（『台湾社会学研究』第四期、二〇〇〇年）による。

（16）この前年、婦女新知基金会において、理事で女性牧師のラヤ・ナモハ（啦亜・娜沐豪）を中心として原住民女性をテーマとする読書会形式の集まりが開催され、そこではおもに原住民女性のエスニックグループにおける役割やジェンダー関係が話しあわれ、原住民運動における女性の役割についても検討がおこなわれている。

Ⅲ　女たちの声を聴く

戦後台湾女性の堕胎心性史（一九四五―一九八四）(1)

呉燕秋
（中山文訳）

はじめに

長い間、女性は経済、疾病、子だくさんなどの理由で堕胎をおこなってきた。かつての人々は今日のように堕胎を権利だとは考えなかったが、伝統的な中国法では女性個人の堕胎行為についてとくに干渉はしなかった。一八九五年、台湾が正式に日本の植民地となると、日本の法律を受けて、台湾にはじめて堕胎罪の一ページが開かれた。一九四五年、国民党政府は台湾を接収するのだが、中華民国刑法にも堕胎罪の一章は設けられていた。ただし、一九三五年施行の刑法修正条項にもとづいて、「疾病あるいはその他生命の危険を防止する必要のある場合は、前二項の罪を犯したる者は、その刑を免れる」とされている。ここから、台湾は条件付きで堕胎を合法とする国家だといえよう(2)。堕胎の合法化を支持する作家何凡は、かつて雑誌上で台湾大学法学部主任王沢鑑の統計に言及している。一九五〇年から一九七一年までの、記録に残る合法的堕胎はわずか三六人で、平均すると毎年二人に満たないという(3)。一方、一九四八年から一九八四年の間に全国の地方裁判所が堕胎事件に対しておこなった裁判の総数は、わずか八三一件で、平均毎年二二・五件となり、有罪無罪の比率は一四対六・五である（劉后安　一九九九：九一）。両統計にはかなりの開きがあり、またこれらの堕胎数は一見非常に少ないように思われるが、これが事実なのだろうか？

一九六四年に台湾政府の中国農村復興聯合委員会が眷村《けんそん》（戦後、国民党に従って中国大陸からやってきた軍人たちの居住地〕で既婚の出産適齢期（二〇〜三九歳）の女性に対しておこなった調査では、堕胎経験者は二六％に達していた。一九六五年、衛生処の家庭計画推進委員会が提出した調査報告では、出産適齢期女性のうち堕胎経験者は一〇％を占め、同様の調査結果は一九六七年、一九六九年には一二％、一四％となり年を追って上昇する勢いをみせている。興味深いのは、実際に開業している医師の見積もりではこの数字をはるかに上まわっていることである。戦前から開業している産婦人科医の記憶では、一九五〇年から一九七〇年の間に、出産数と堕胎数の比率は一対三にまで達し、しかもこの期間の女性の総出生率〔既婚未婚にかかわらず、出産適齢期の女性一〇〇〇人あたりの年間出生数〕は一一二‰から二一一‰の間だったという（傅大為　二〇〇五：一四六―一四七）。「優生保健法案」の審議がおこなわれていた時、医師会の呉基福理事長は「台湾では毎年のべ五〇万人近い女性がヤミ医者のもとで堕胎をおこなっている」とまで推測している。これはヤミ医者についての数字にすぎず、合法的医師による堕胎数が含まれていないので、堕胎数がこれよりかなり多いことは明らかである。(4) ある弁護士は法廷で、もしあらゆる堕胎事件を厳密に処理するならば、すべての監獄と留置所を合わせても被告人を収容しきれないのだとすら述べている（何振奮　一九七〇）。

すでに述べたように、一九四八年から一九八四年の間に全国の地方裁判所が堕胎案件に下した裁判結果の総数は、わずか八三一件である。さらにこれを上述した堕胎数と比較すると、法律の執行はかなりゆるやかであることがわかる。まさに何凡の言葉どおり「幸いなことに、われわれにとって、堕胎を非合法とする法律は、空文に等しいものとなっている」（何凡　一九七一）。ならばなぜ、それほど法の執行がゆるやかなのに、これらの堕胎事件は露見してしまったのだろうか？　次に、これまで堕胎というと、事実はどうあれ、人々はまず堕胎する女性がみな性の規範に背いた女性だろうと考える。だがこの前提は真実か、または合理的なのか？　人々は通常マスコミをとおしてその展開を知るが、マスコミはどのように堕胎事件を再現しているのだろうか？　当事者に関する報道は、社会に現存する堕胎をおこなう多数の女性の実態を正しく反映しているのだろうか？　そもそも社会大衆の堕胎に対する本当の考え方を正しくあらわしているのか？　もしもそうでないとすれば、マスコミと現実の間にある落差はどのように生まれたものなのか？

戦後の新聞報道がみせる堕胎女性のイメージでは、男にだまされて関係をもち堕落した無知な少女か、夫以外の男性と姦通した既婚女性が大多数だった。だが筆者が産婦人科医や助産師におこなったインタビューでは、彼らはつねに既婚で夫家の同意を得た女性にしか施術をおこなわなかったと答えた。だが、堕胎数の増加についてどう考えるかと問うと、彼らもやはりそれは社会の風紀が開放的になり、未婚や姦通で妊娠した結果だろうと考えている(5)。この例からわかるのは、人々はつねに無意識のうちに性的汚名と堕胎を関連させており、実際に堕胎をおこなう合法的医師やヤミ医者でさえも、この神話から逃れえないのである。問題は、この神話がどうやって形成されたかだ。そこに含まれる矛盾点を解決するために、筆者は心性史研究の角度から切りこんでみたい。心性史の目的は、長期にわたって発展を遂げた地域では、その社会全体に普遍的な思考習慣が形成されるという事実を示すことにある。時代の発展にともない、これらの思考習慣は多少変化することもあるだろう。だがほとんどの場合、容易に変化しない「集団無意識」の心性を含み、それを当然とみなす「心性構造」となる。心性は一種の意識しがたいイデオロギーといってもよい。その内面にはおそらく強固な偏見が含まれているため、何らかの神話を生んでもそれに気づかす、社会の考え方の発展にさらなる影響を与えるのだ(Ariès 1993: 185)。

本稿の史料は明代・清代の文献、戦後の新聞、堕胎をおこなった女性と堕胎を手助けした人へのインタビューが主となっている。堕胎は出産文化の一部分といえ、堕胎の心性は伝統的な出産価値観の深層部分における戒めの役割を果たしている。そのために、本稿ではまず歴史をさかのぼり、台湾の伝統的出産価値観がどのように形成されたかを説明する。次に、堕胎は父権社会の出産価値観に反するものの、大多数の既婚女性は夫の同意または黙認を受けておこなっており、公の法律も片目を開けつつ、片目はつむっている状態である。過去において既婚女性の性行為の延べ回数と頻度は未婚女性よりもはるかに多く、そこから推測するならば、既婚女性が堕胎経験者の多数を占めていたはずだ(Solinger 1994 : IV)。だがたとえどれほど多くの既婚女性が堕胎をしていても、未婚あるいは姦通によって堕胎した女性だけがマスコミのおもな告発の対象となるのだ。報道は堕胎した女性に性的汚名というマイナスイメージを着せるように大衆を主導しているだけでなく、事実とかけはなれたものにしている。そのうえ、マスコミはいつも性的汚名と堕胎の関係に焦点をあてるために、人々は既婚女性の堕胎という事実をほとんど忘れてしまうのだ。既婚女性の堕胎があまり問題視されないのは、それが夫の黙認を受けており、マスコミの興味の外にあるためということ以外に、彼女らが独自の堕胎のためのネットワークをもっており、それが隠れ蓑の役割を果たしてくれているからだ。さらに重要なのは、これらの女性にとって、出産は栄誉ある天職などではなく、きわめて重い負担だということである。彼女らは隠れていることもできたのに、自分の堕胎環境を改善するために立ちあがり、姿と声を毅然と現し、既婚女性が堕胎を必要としていることを正視せよと政府に要求したのである。

一　出産に対する台湾の伝統的価値観

宋錦秀はかつて「妊娠、安胎暨「妊娠宇宙観」—性別与文化的観点」のなかで、現在の西洋産科医学が妊娠出産を「妊娠」「分娩」「産褥」「出産」などの時期に区切ることに対して疑問を呈し、「妊娠」は社会的仕組みであり、文化的仕組みであると説明した（宋錦秀　二〇〇一：一一七―一二二）。その意味において、妊娠は懐妊、出産の過程をさすだけのものではない。もっと重要な権力を意味するもの（signified）であり、財産の拡大と血統の維持の可能性を象徴しているのだ。したがって台湾の伝統的父系社会では婚姻の目的は後継ぎを所有する権利を確定することにあり、母系社会が子づくり能力を確定してから後継ぎを所有する権利を確定するのとは異なっている。明代の陳第が書いた『東番記』は、台湾原住民母系社会を観察して、父系社会の婚姻とはまったく異なる現象を伝えている。

婚姻は、結婚したい女があれば男が一対の瑪瑙《めのう》の珠を贈る。女が受け取らなければそれまでである。女が受け取ったなら、男は夜に女の家に行く。男は門を叩かずに、口琴を吹いて気持ちを伝える。口琴は薄い鉄で出来ており、噛んで吹くと音が出る。女はそれを聴くと男を家に入れて泊める。夜が明けると男はすぐに出ていくが、女の両親に正式な挨拶をしたりはしない。これより、男は夜に来て早朝に帰る、という状態を長く続ける。女は子どもを産んではじめて男の家に正式に男を婿として迎えにいく。婿は家に迎えられる時、はじめて女方の両親に正式な挨拶をし、かくして女の家に住み、終生女の両親を養う。男の元の家の両親は男子からの扶養は受けられない。そのため、男児よりも女児が生まれることを喜ぶ。女児は後継ぎになるが、男児はその代わりにはならないためである(6)。

女性は配偶者を選ぶ過程では受動的にみえるが、実際の決定権を握っている。女性は「子どもを産んではじめて男の家に婿を迎えにいく」のだ。これは男性の生殖能力を確認して、はじめて婚姻の合法性をそなえるということである。女性は何人子どもを産もうとも、みなわが身から出たもので、婚姻によって子どもに対する所有権を確認する必要はない。だが男性は生殖能力の証明ができるまでは、婚姻によって合法的な身分を得ることはできない。母系社会の婚姻は男性にとっては合法的身分を獲得させ、また女側にとっては家族の労働力を増やし、「終生女の両親を養う」婿を獲得させる。「そのため、男児よりも女児が生まれることを喜ぶ」のであり、女側の家庭は結婚制度の受益者といえるのだ。

原住民の母系部落の「女尊男卑」は、漢民族の父権社会では「男尊女卑」に変わる。男女は身体のつくりが違うので、男性は子どもが自分の子なのかどうかを確認することができない。そのために父権社会でまず必要とされるのは、婚姻によって子どもに対する所有権を確認することである。男が女に対する所有権を確認すると、それに子孫への所有権が付随する。求婚の過程で、原住民母系部落のように前もって生殖能力を確認することはできないので、婚姻儀式全体のなかで、絶えず子孫繁栄を祈るのである。

そして子孫繁栄を重んじる社会では、法律が父親の家系の財産とみなす後継ぎに対して、他人が勝手に損害を与えることを許さなかった。『大清律例』は『唐律』を踏襲しており、その倫理規範内部のロジックは長期間の発展過程を経て、すでに人々の心に内面化している。『大清律例』「闘殴門」は他人を堕胎させることの定義とその刑罰を明確に示している。

人のろっ骨を折り、人の両目を傷つけ、人に堕胎をさせ、刃物で人を傷つけたる者は、杖八〇、二年の徒刑に処す。堕胎とは、〔妊婦の体内にあった〕子が一定期間内に死亡した場合、および妊娠九〇日以上で胎児がすでに形をなしていた場合について言い、堕胎罪に処される。〔妊婦の体内にあった〕子が一定期間を過ぎて死亡した場合、および妊娠九〇日未満については、本法の殴傷法論に従うものとし、堕胎罪には処されない。（『大清律例』巻二七「刑律、闘殴上」）

妊婦が外的衝撃によって流産すると、父系の財産を損ねることになるため、「堕胎」の範囲が重視された。どの程度まで父系財産の損害とされるのだろうか？　簡単にいうと、胚胎が形成されてはじめて損害とされ、堕胎罪で刑が問われる。そうでなければ単に傷害罪で刑に処した。そこからわかるように伝統的社会はすべての受精卵を父系財産とは考えてはおらず、成人に発展する可能性のある胚胎だけを父系財産と考えたのである。この基準は日本統治期にも民間で踏襲された（呉燕秋　二〇〇五）。かつて女性たちは堕胎薬を使うことが多かったが、堕胎薬はときに命を奪う毒薬となり、「堕胎死」を招く可能性もあった。そこで「人を死に至らしめた」場合の一条が規定されている。

一、婦人が姦淫で妊娠し、人に知られることを恐れて、姦夫とはかって薬で堕胎し、その結果死亡した場合、姦夫には毒薬殺人を適用する。事情を知りながら薬物を販売し死に至らせた者については一等を減じて杖打ち百回のうえ、三千里の流刑に処す。親族であるために本罪が流刑より重くなる場合は、やはり本律に従い重いほうの刑に処す。もし姦婦が秘密で人に頼んで薬を買い、姦夫がそれを知らなかった場合は、姦通罪に処すにとどめる。（『大清律例』巻二六「刑律、人命」劉海年・楊一凡　一九九四：三六一）

「婦人が姦淫で妊娠し、人に知られることを恐れて、姦夫とはかって薬で堕胎」するというのは具体的事例というより、まるで、犯罪ストーリーのイメージである。堕胎と女性の姦通を結びつけるのは、父系社会が女性の「性」に猜疑心と不安をいだいている証しで、後継者が誰のものかを確認する手立てがないことに対する焦りのあらわれである。既婚女性が合法的な性関係の下で妊娠し、堕胎死した場合は、「毒薬殺人」の名で売薬者だけが刑事責任を追及された。

『大清律例』のなかで堕胎にかかわるものは、右の二カ条だけである。夫が妻の性と生殖能力に対する所有権を保有することを保証できさえすれば、国家権力はそれ以上干渉しようとはしなかった。この伝統的法律観念は、近代西洋の法律を導入し現代社会に入ってもなおなくならず、人々は夫を亡くした女性には堕胎を勧めさえしている。

私の息子はお腹にいる時に遺児になりました。妊娠三カ月で夫が病死したのです。親戚たちは父親が死んでしまったのだから、子どもを残しておいてもしかたないと私に堕胎を迫りました。しかし私は絶対に産もうと決意し、息子に夫の陳姓を継がせました。

右の女性、荘淑旂（二〇〇一：六九）の夫は一九四五年旧暦三月に亡くなっているので、その親戚たちが彼女に堕胎を勧めたのは日本統治期のことである。後継ぎが父系の財産である以上、その所有者が存在しなくなれば、財産＝後継ぎも不要になるのだ。

父権社会が女性の性に期待したのは夫家の後継ぎを絶やさぬことであり、性の喜びを享受することではなかった。すでに出産の責任を果たした女性は、無性の存在に変わらなければならなかった。自分の産んだ子どもがすでに結婚していたり孫のいたりする女性にとっては、いくら実年齢が若くとも、もし妊娠するようなことがあれば、「年甲斐もなく」と言われ窮境に陥る。たとえば一九五五年に『更生報』が報じたニュースでは、すでに結婚した息子がいる四十七歳の女性が妊娠し、それを恥じて人に見つからないように助産師に堕胎を頼んだという（『更生報』一九五五）。筆者がインタビューをしたY医師も高齢女性の妊娠堕胎の例をあげた。

Y医師：彼女はもうおばあちゃんでした、五十歳を越えていましたから。誰にも知られていませんでしたが、つわりが続いていたのです……。もう五、六カ月になっていました。それほど遅れて私のところにきたので、帝王切開をしました。問題は妊娠で手術をしたことが人に知られるのを彼女が恐れていたことでした。見舞いにきた人には、腫瘍ができたのだと説明していました。

呉：ではあなたと彼女しか事実は知らないのですか？

Y医師：そうです。

呉：ご主人は？

Y医師：ご主人ももちろん知っています。これは法律違反でもありませんから。自分の子どもですし、彼女はすでに孫のいるおばあちゃんなのです。五十歳を超えていたのですよ。(7)

Y医師はこれは決して「違法」ではないと考えている。なぜなら処理するのは本人の所有物だからだ。筆者がさらに突っこんでこれまで堕胎にきた女性には既婚と未婚のどちらが多かったかと尋ねると、医師はしきりに「結婚していない人はだめです。それは違法ですから」と強調した。

後段で既婚女性の堕胎情報ネットワークについて考える。それにより既婚者は未婚者よりも堕胎医を探しやすく、また堕胎医には未婚者に対する忌避感がより強いことが証明される。だが堕胎がマスコミ報道に取りあげられ公共の場で討論されるとなると、大衆はまたその焦点を未婚者か姦通によって妊娠した女性に合わせるのだ。

二　堕胎女性の「緋文字」と「悲しみ」

マスコミは最新の事件報道をその任としているが、報道の視点にはしばしば「現在」と「過去」の対話が顔を出す。「現在」とは目下発生中の事件であり、「過去」とは記者が成長過程で社会から注入された伝統的思考習慣である。この思考習慣はさらに報道する事件の選択、叙事方法、道徳的評価にも影響する。

次に、新聞の堕胎事件に対するテキスト分析と統計をとおして、マスコミにあらわれる堕胎する女性のイメージを探ってみよう。表1は一九五〇年から一九八四年に発行された新聞雑誌資料、たとえば『聯合報』、『徴信新聞報（のちに中国時報に変更）』、『自強晩報』、『台東新報』、『中国日報』、『更生報』などが探しあてた、確実に堕胎経験をもつ女性たちである。各新聞の重複分を除くと、総計一八六件の堕胎事件がある(8)。内訳は五五件が配偶者のいる女性、一件が離婚した女性、三件が未亡人、三一件が婚姻状態不明、九六件が未婚女性で、未婚者の人数は既婚者の倍近い。

だが堕胎によって死亡した女性は、既婚者がなんと未婚者の倍もいる。この結果は決して既婚女性の堕胎のほうが危険性が高いということではなく、堕胎死が既婚女性の堕胎を発覚させる主要な理由であることを示している。通常既婚女性は夫の同意を得て、無事に堕胎することができれば、事後に発覚することはまれで、報道される確率も低い。姦通や夫の同意を得られない場合に限って、訴えられ報道される。たとえば、楊喜妹は夫のサインがあるように装い、事後夫の知るところとなり告訴された（『徴信新聞報』一九六〇）。林玉女は再婚を望んだため堕胎したが、前夫に知られて告訴された（『聯合報』一九六〇）。

未婚または婚姻外の妊娠で堕胎し、その結果死にいたった場合、堕胎の事実は隠しようがない。たとえば一九五八年林綉蓮は未婚で妊娠し、ひそかに自分で病院へ行き堕胎をおこない死亡した。家族は病気の手術で死亡したと報告したが、警察が見つけて独自に捜査をおこなった（『徴信新聞報』一九五八）。後述するが、既婚女性の安全な堕胎についてのネットワークは未婚女性よりも広い。そのような事実が

表1　1950～1980年に発生した堕胎事件

	堕胎事件	堕胎による死亡事件	婚姻外の妊娠による堕胎事件
有配偶者（妾を含む）	55	16	16
未亡人	3	1	3
離別	1	0	1
未婚（婚約状態を含む）	96	9	96
婚姻状態不明	31	8	–
合計	186	34	116

『聯合報』『徴信新聞報（中国時報）』『自強晩報』『台東新報』『中国日報』『更生報』の1950年から1984年の報道中から、女性の堕胎事件を抽出した。

あるにもかかわらず、計算上、仮に既婚女性の堕胎死亡率が未婚女性の二倍以上であるとすれば、既婚女性の実質的堕胎数は未婚者よりもずっと多いと考えるのが合理的であろう。そのために既婚女性の堕胎死の比率が未婚者よりも高くなっているのにちがいない。

表1が示す婚姻外妊娠の堕胎事件は、未婚妊娠九六件、夫がいる女性の姦通による妊娠一六件、未亡人三件、離婚者一件、計一一六件であり、総堕胎事件の六二%を占めている。この統計には婚姻状態不明者三一件が含まれていない。また、同一事件が複数回報道されている場合、表1では一回と計算している。しかし個別の婚姻外妊娠にかかわる事件をみると、一度報道されたあとも引き続き何度も報道されることが既婚女性の婚姻内妊娠よりもはるかに多い。たとえば一九五三年の黄玉珍事件は、姦通から堕胎について、全国紙『聯合報』では一五回取りあげられた[9]。一九五八年の未婚女性康仙の自殺では、遺書のなかで堕胎にふれており、『聯合報』と比較的後発の全国紙『徵信新聞報』(その後『中国時報』に改称)は、一〇日間で三二回も報道した。報道内容は主として康仙の性的行状と堕胎の細部を取り沙汰するものだった[10]。一九六二年の著名な「密通記」報道は、俳優魏平澳が妻で映画スターである紀翠綾の不倫相手蕭敬人を刃物で刺し、そこから紀翠綾がかつて、いとこの名前で堕胎していたことが露見し、その堕胎に手を貸した医師にも懲役四カ月の刑が科されたというものである(『聯合報』一九六二b)。前述の二大新聞は二カ月の間に、この事件を合計三八回以上も報道した。続く二年間に、また七回も報道している[11]。一九六五年劉美枝の未婚妊娠堕胎自殺未遂事件は、『聯合報』で一四回報道された[12]。一九六七年紀桂美の未婚妊娠堕胎自殺未遂事件は、『聯合報』で一一回報道された[13]。それと比較すると、一般既婚女性の堕胎致死または傷害の報道頻度ははるかに低く、だいたい一、二回である。たとえば一九五三年の既婚女性陳楊霞の堕胎致死事件、一九五六年の既婚女性傅双妹の堕胎致死事件等は、わずか一回しか報道されていない(『聯合報』一九五三;『徵信新聞報』一九五六)。

婚姻外妊娠による堕胎事件の総数一一六件は決してすべてが堕胎致死あるいは他人からの告発によるものではない。当事者の堕胎死や、虐待、殺人事件絡みで発覚したもの以外のほとんどが、男女関係がもつれ、女性とその家族の不満を引き起こしたことから発覚している。一般的に、この種の堕胎事件報道は無知な少女の悲哀を語りたがる。

少女が誘惑されて関係をもつところから始まり、堕胎を迫られ、男に捨てられ、ついには自殺するか男に対して堕胎教唆の訴えを起こすまでの物語だ。したがって、未婚女性の妊娠発覚後には、恋人がおもに詰問の対象となる。九六件の未婚妊娠例のうち、五〇件で、女が堕胎を迫る男の意見を聞き入れたのち、男は結婚の約束を反故にするか、連絡をしなくなるか、ひどい時には別の女と結婚していた。そのことが女性やその家族の憤怒を引き起こし、男の告訴にいたらせるために、堕胎の事実が発覚するのである。女性当事者が相手を「堕胎教唆罪」で訴えるのは、「死なばもろとも」というやり方である。なぜならば訴えれば自身の堕胎の事実も露見してしまうのだから。現代の女性が昔ながらの「心変わりした男」を懲らしめるためにこの方法をとることも、未婚妊娠の報道回数が高くなる原因のひとつと考えられる。

次は姦通の発覚だが、これは前述の「密通記」報道がその例である。報道が性関係におよぶので、当事者の「セックスヒストリー」をさかのぼった結果、堕胎のエピソードなどが引きずりだされてくる。多くの性的エピソードが語られるなかで、そこにはさまれた堕胎事件は背徳感がさらに強まる。合法医師であれヤミ医者であれ、堕胎に手を貸す者は、堕胎者の婚姻状態を確認していなければ、わが身に災いを招いてしまう。先にあげたような、報道回数の多い婚姻外妊娠事件では、いずれも女性に堕胎手術を施した医師を探しだそうとする意図がみられる。たとえば劉美枝が堕胎した黄金枝産婦人科病院では、警察は三〇〇のカルテを探しだし、三十数名の堕胎女性を次々と尋問し立件にもちこんだ（『聯合報』一九六五）。

悲哀を語る「少女」のモデルに注目すると、実際は多くの「少女」が決して幼くないことがわかる。たとえば『聯合報』の見出し「少女自殺事件から明らかになったエピソード　かつて医者に堕胎を求める　高黄翠雲尋問され　夫の高玉樹は警察に対し事実を否認」や、『徵信新聞報』の「少女捨てられ服毒　高玉樹夫人が施術との堕胎疑惑が明るみに　警察は尋問後書面報告を要求」で少女とされている陳阿雪はすでに二十一歳（『徵信新聞報』では二十二歳と報じられた）なのである（『聯合報』一九六二a；『徵信新聞報』一九六二）。しかも二十一歳が最高齢の少女というのではない。一九五八年『徵信新聞報』「スターの写真を見よ　少女の若い畑に種が実りひそかに堕胎、魂は閻魔様の

もとへ 司法はニュースを聞き棺《ひつぎ》を開いて再度検死」で、堕胎少女とよばれているのは二十三歳の林綉蓮である(『徴信新聞報』一九五八)。一九六七年発生の紀桂美事件では、『聯合報』には「少女は悪い男に遭い、あわや魂は天国行き。紀桂美は恋人に強制されて服毒。林博文を堕胎教唆の罪で告訴」とあるが、紀桂美は当時すでに二十七歳で、「少女」の呼び名にはふさわしくない(『聯合報』一九六七)。ただし、伝統的父権社会の書き方に従えば、「婦」は既婚女性、「女」は未婚女性であり、それぞれの文字は女性が父親のものか夫のものかということをあらわしているにすぎないともいえる。もしこれを基準にみるなら、女性の婚姻状態をぼかした報道についても、結婚の有無はおそらく判断できよう。だが情報全体としてはやはり不明確なので、本稿では推測を控える。

いずれにせよ、これらの伝統的な叙述は確かに年かさの「少女」を生んだが、それは現代の一般的認識における少女ではない。過去の「少女」は未婚という身分を示すが、現在では生理心理状態が未成熟な未成年女性をいう。二者の共通点は、ともに夫権の拘束を受けない主体であることで、未成年で未婚の女性はより主要な堕胎容疑者とみなされる。未婚女性は婚姻によって獲得される地位を有していないので、彼女たちが妊娠すれば、必然的に堕胎に向かうと人々は考えている。だが実際には、多くの未婚妊娠女性にとって堕胎はどうしようもなくなった時の最後の手段であり、その前にまず男性に責任を求め、合法的な婚姻により既婚者の地位に就こうとする。

文清はついに口を開いた。——阿蘭はすでに二カ月の身重なので、もし家が結婚を認めてくれないなら、僕らは子どもを堕ろします、と。(胡台麗 一九九七:五〇)

男性側は女性のお腹の子が自分の子であると確認したら、世代継承を維持するために、当然婚姻の儀式をおこなおうと考える。また、未婚女性は堕胎を施してくれる人間を見つけることが難しいので、最後は子どもを産むしかない。助産所を開いているL助産師は、既婚女性の堕胎には手を貸すが、未婚女性の堕胎は絶対におこなわないという。かつて彼女はこんな未婚女性の父親に出会ったことがあった。その父親は無理やり娘を助産所に連れてきて、殴り罵り、Lに処置を求めた。だがLは自分の主義を貫ききっぱり断った。結局、この未婚女性を臨月まで助産所に留めおき、生まれた子どもを養子に出してから、帰らせるという解決方法をとった[14]。

三 「見えない」既婚の堕胎女性

私はこう理解しています。既婚女性はほとんど出産経験をもっているので、自分が出産した時にかかった正式の医者に堕胎を頼むことができ、心理面安全面とも問題が少ないだろうと。ところが未婚で妊娠した女性は、「広告を出している医者」をひそかに探すしかないのです。（薇薇夫人 一九七四）

既婚女性は出産経験のおかげで、堕胎してくれる人を探したり堕胎についての情報を入手したりするのが容易である。もしもかつて自分が出産した時の医師に頼むことができれば、互いの信頼関係もあるので、事件が白日の下に曝されることを恐れる必要もなくなる。それに比べると、未婚女性は結婚が与えてくれる「性」の合法性を欠いているので、多くの人に知られることを避けるため、職場やその他の場所で人と情報交換をすることができない。そのために堕胎についての情報を得ることがかなり難しくなり、恋人に頼るか、そうでなければ「広告を出している医者」を探すか、むやみにコラムニストに手紙を書いて相談を持ちかける。著名なコラムニスト薇薇夫人はかつて未婚女性から救いを求める手紙を受けとった。

支離滅裂な手紙を寄こして、いきなりこうなのです。「どこで堕胎できるのか教えてくれませんか?」それからまったく孤立無援といった様子で、「私はまだ十七歳なんです。どうすればいいのでしょう?」（薇薇夫人 一九七二）

既婚の堕胎女性はマスコミに取りあげられることが少ないため、人々は意図的にこの事実に気づかないようにさせられてきた。だが実際、出産したくない既婚女性の頭にはいつも自然と「堕胎」の選択肢が浮かんでおり、はなはだしくは実行におよぶ。戦後初期に台湾にやってきた余さんはこう語っている。「当時は避妊という考えはありませんでした。私はこれ以上産みたくなかったので、キニーネを飲んで避妊しようとしたのですが、効果はありませんでした。[15]」順音と署名する既婚読者は、新聞社に投稿して出産育児の苦痛を訴え、こう述べた。「四人目の子どもを妊娠したと知った時の落ちこみようは最悪でした、一度は堕胎を考えました。」その後母親に忠告され堕胎の考えは捨てたが、その時の苦しみは言葉にできないほどだった（順音　一九七六）。中国家庭計画協会総幹事舒子寛が講演をおこなった際、ある中年女性が発言し、自分は毎月どれほどセーターを編んだり、刺繍をしたりして堕胎の手術費を貯めたかを語った（舒子寛　一九六一）。妊娠を恐れる既婚女性は、月経が遅れるだけで、居ても立ってもいられないほどの不安を味わい、どうにかして自然流産できないものかと考える。

J：若いころは、今日あの薬〔避妊薬〕を飲まなかったらとか、月経が二日遅れているけどとかで、とても緊張しました。毎日トイレでのぞいては、まだ来ない、まだ来ないって。心配で心配で、居ても立ってもいられません。妊娠したんじゃないかと。それから同僚に尋ねてみたんです。こんなことない？と。友人も同じように心配していました。おかげで、ずいぶん慰められました。私だけじゃないんだと。階段を昇るときにね、ここから飛び降りたら、どうなるだろうって。[16]

セックスの主導権は、今でも男尊女卑で、避妊方法も男性の好みに合わせるしかない。もしも男性がコンドームを着けることを嫌がったら、女性が避妊の責任を負わなければならない。避妊に失敗すると、女性は無理をして産むか堕胎するかを選択しなければならない。もし女性が堕胎を決めたら、相手が同意するか否かにかかわらず、やはり女性から堕胎の希望を口にするだろう。私のインタビューを受けてくれたJさんは、夫がコンドームを着けると性感を得られないというので、他の避妊方法をとるしかなく、事の前後に避妊薬を飲んだり、ＩＵＤを入れたり、殺精子剤を使ったこともある。たとえこれらの方法を使っていても、やはり不注意で妊娠すると、最後は堕胎を決めるしかない。彼女が夫に堕胎の話をもちだした時、夫はもう一人増えてもかまわないと考えたが、Ｊさんは猛烈に反対した。

呉：その時もあなたのお姉さんが付いていってくれたのですね、ご主人と一緒に行こうとは思わなかったのですか？

Ｊ：堕胎に行く時にも夫には言えませんでした。（呉：彼と相談しなかったのですか？）話しましたとも、でも彼はいつももう一人ぐらいかまわないじゃないかというんです。今でも男の子と女の子がいるのに、次は何がほしいの。男でも女でもない子が欲しいの？と言ってやったわ。彼はもう一人ぐらいかまわないと言ったのよ。冗談じゃない、まったく。あんたはかまわなくても、私には大問題なのよ……。(17)

彼女に言わせれば、すでに果たすべき出産の義務を果たしたのだから、出産の負担を免れる資格があるのだ。そして女性たちは出産の苦痛について、理解するだけでなく、互いに助けあっている。Ｊさんが第一子の男児を産み終えたあと、二度の出産で子を取りあげてくれた女医さえが彼女にこう勧めた。

「もう産むのはやめなさい、やめなさいよ、男の子を産んだじゃないの。言ったでしょう、二人目はずいぶん楽だって」と。（呉：その女医さんは一人目を産んだ時の苦しみを覚えていて、二人目が男だったからもうやめておきなさいと言ったのですか？）そうそう、そのとおりです。あの時は疲労で半分死にかけていましたから。私は、わかりました、もう二度と産みませんと答えました。(18)

Ｊさんの夫は妻の堕胎を望んでいなかったとはいえ、最後は事実を受け入れた。だがもし夫が最後まで妻の堕胎に反対し、双方が共通認識にいたらなければ、容易にもめ事が発生する。たとえば、前述の楊喜妹はすでに息子と娘を産んでいたが、その後ふたたび妊娠が発覚したため、夫に内緒で、知人男性を夫と偽り、病院で堕胎をした。その後堕胎は夫の知るところとなり、夫は、妻と夫になりすました男と医者とを告訴したのだ。[19]

既婚男性には、家事や妻の出産の問題についてまったく顧みない人がいる。一男一女をもつGさんは、二度の妊娠出産を経験したが、夫は病院での検査に一度も付き添わなかった。出産育児家事すべてを彼女は一手に引き受けていた。Gさんが夫に堕胎について相談しようとした時も、夫は完全にわれ関せずの態度を貫いた。

呉：それから流産したあとの堕胎については、ご主人と相談されましたか？

G：はい。彼は反対しませんでした。どうにもできないですし。まかせるよ、君の好きにすれば、と言いました。君がほしくないなら、それでいいよ、と。彼はこれまで子どもに親しい感情をもったことがないんです。[20]

だが既婚者ならば、堂々と女性の同僚に堕胎について相談することができる。

G：私は同僚に話しました。できちゃったの、でもほしくないのよって。彼女はこう答えました。当たり前よ、そんなに産んでどうするの？　私が連れていってあげるわと。（笑）

呉：そうなんですか。

G：ええ、そうです。（笑）

呉：教師をしているあなたたちはこのことが道徳に反しているとか考えませんか？

G：まさか。私たちが考えるのは現実ですもの。[21]

結局この女性の同僚が彼女の病院行きに付き添ってくれた。Gさんは教職に就いているが、これが社会道徳に反する行為だとは考えていない。なぜならこれは現実の生活を熟考した結果だからだ。普段女性教員は雑談時に自分の堕胎経験に話が及ぶことがあるという。そうするうちに、彼女らは堕胎が非合法行為だと思わなくなる。堕胎についての情報交換は、既婚女性が互いの出産境遇に対する相身互いによるもので、性的汚名とはまったく関係がない。出産の苦しみが既婚女性に堕胎についての相互ネットワークをつくらせたのだ。前掲のJさんも、姉に、姉がかつて堕胎を頼んだ医者のところへ連れていってもらった。舒子寛は、一九五二年交通部に勤務している時、同僚との歓談中に、経済的重圧に耐えられないので医者に堕胎の方法について相談したいという人に出会った（『聯合報』一九六六）。このように既婚女性のあいだには大変親密な堕胎情報ネットワークが生まれているが、男性は蚊帳の外におかれている。

C助産師：田舎では、堕胎してくれる人がたった一人しかいないので、みんな知っているでしょう。でも男性が知るはずはありません。女性たちはお互い助けあいますから。だってあなたに起こったことは、私にも起こりうるのですから(22)。

医者を探して堕胎するほか、自分の子を取りあげてくれた助産師を直接訪ねる人もいる。医師の医療権に比べて制限があるため、助産師が堕胎に手を貸す時はいっそう慎重になる。

L助産師：いいえ。助産師はそんなことはできません。発覚した場合、免許を取り消されるだけではなく、刑事責任も非常に厳しいのです。だから私は極力手を貸しません。私たちがするのはたいてい妊娠四〇日から二カ月までの八週間で、その間だけです。あなたの場合は大きくなりすぎているから、私にはできません。医師に頼みなさい。自分で方法を考えてちょうだい、私にはどうしようもないわ。医師も堕胎をしてはいけないんだけれど、医師なら何かの名目をつけられるでしょう。何かの病名をつけて、それで堂々と堕胎ができるから。医師にはできるんですよ。[23]

助産師は自衛のために慎重に考えたうえで、この仕事を引き受けるかどうかを決定する。まず、必ず知り合いの紹介であること、もしくは何かのつてがあってやってきた人であること。次に、女性がその場へ来た時には、さらに突っこんだ確認をしなければならない。

C助産師：まず身分証明書を見ます。それにご主人本人の付き添いが必要です。
呉：夫の身分証明書しか持ってきていない場合、処置をおこないますか？
C助産師：お姑さんか誰かが付き添ってこない限りは、だめです。
呉：お姑さんが付き添うことがあるのですか？
C助産師：お嫁さんを連れてくるお姑さんもいますよ。[24]

用心深く行動する助産師は、ひとつひとつ関門を設けてチェックをし、もめ事になりそうな種々の原因を排除したうえで、ようやく堕胎を引き受ける。もっとも重要なのは、堕胎する女性が既婚者であるという確認だ。どうしようもない時でない限り、極力未婚女性には堕胎をしない。たとえ産婦人科医でも、この境界線はなるべく厳守する。だが、産婦人科医は疾病や生命上の危険という理由で堕胎できるので、受診者に対する審査過程が比較的ゆるく、それが女性たちには歓迎される。「良い」医師と評価されるにはそれで十分である。しかしながら、これらの「合格」医師に堕胎してもらった場合でも、女性はその過程でやはりつらい目にあう。

J：……ご存知でしょうけど、堕胎はとても辛いものです。手術台の下で吐きました。……。姉が「あの先生はとても良い人で、夫や誰かを連れてこいとは言わないよ」と教えてくれたので、それ以上何も聞かずに行ったんで

す。終わった後は、顔面蒼白、死人みたいになって、ひどく吐きました。本当に死ぬかと思いました。(25)

だが脇が甘すぎたために、医師自身の身に危険が及ぶこともあり、他の医師の戒めとなっている。これはまた大多数の医師や助産師やヤミ医者の最初の反応が、いつも自分は既婚者にしか堕胎をしないことを強調することと関係する。かつて立法委員〔日本の国会議員にあたる〕と医師会理事長を務めたことのある呉基福（一九一六―一九八五）は、次のような例をあげている。

若い恋人同士が恋愛し妊娠したが、男はそれを知ると女を避けるようになり、女のほうはどうしようもなくなって、医者に助けを求めて堕胎した。だが男の心は戻らず心変わりしたままで、女は失意のあまり、ついに自殺して問題を終結させようとした。幸いにも、両親の発見が早く一命は取りとめた。そこで裁判所に訴えでたが、起訴後、法廷で医者はその判事の妻がかつて自分に堕胎を求めた人物だと知った。すぐに判事に軽い処分にしてもらえるよう求めたが、判事はこう言った。自分の妻が堕胎をおこなったのは、子どもが多く、経済的負担に耐えられなかったからである。だからこそその下策《げさく》をとったのだ。いまや自分は判事であるので、法に準じて処理するしかない。そして、最終的に医者を半年の懲役に処した。(26)

どちらも堕胎であるのに、既婚女性と未婚女性では、二つの異なる評価ロジックが存在している。この判事は、自分は子どもが多すぎるので堕胎を選んだのであり、妻の堕胎は受け入れ可能な「下策」だった。だが未婚者の堕胎事件については、「法に準じて処理する」しかない。既婚女性にとって、出産は夫のために果たさなければならない義務であるが、義務を果たしたあとには、出産の苦しみから逃れる資格が与えられる。だがこの結論には夫の同意が必要であり、さもなければ夫の権益を害したとして起訴される可能性があるのだ。しかし未婚女性にとっては、彼女らの性は出産を目的としたものではなく、また夫権のコントロール下にもない。まさに父権社会において後継ぎを所有する権利という深層での懸念に抵触するために、父権社会に許容されないのである。そのため、既婚女性の堕胎数は当然のことながら隠された闇の数字となり、対する未婚女性の堕胎数は見かけ上はるかに多くなるのだ。

四　「良家の婦女」現る

政府は一九六九年に「中華民国人口政策綱領」を公布した。医学衛生の基礎に立ち、「妊婦もしくはその配偶者が悪性遺伝、伝染病、遺伝性精神病をもっているか、疾病やその他の理由から生命の危険がある場合に、公立または政府の指定する医療機関で検査し確かにその必要があると証明された場合、人工中絶を請求することができる」とした。条項では女性の健康は決して第一に考えられてはおらず、逆にその優生条項は、人々の堕胎に対する関心を徐々に国家の人材の資質へと向かわせ、胎児の生命を討論のテーマにした。それに続き、一九七〇年一〇月、内政部が「優生保健法草案」を策定すると、堕胎というテーマは再度広範な議論をよんだ。

二年に及ぶ人工中絶に関する議論において、堕胎合法化反対派はおもに二派に分かれる。一派はキリスト教関係者からの胎児の生存権にもとづく見解であり（呉燕秋　二〇〇五）、もう一派は伝統的父系社会の女性の性に対する不安に源を発している。たとえば「堕胎がどうして合法化できよう?」という文章では、文章の最初に人口危機を指摘し、家族計画を支持するべきだとし、文章の最後の二行で、二人か三人以上の子どもを産んだ母親にしか堕胎は許されないとしている。それ以外は全編とおして、堕胎合法化は社会の風紀を乱し、ついには貞操観念をなくした「フリーセックス」に向かってしまうということを繰りかえし述べている（鍾明郎　一九七〇）。最初から最後まで、この文章が異議を申し立てているのは、堕胎合法化は女の性に対する男の独占権を脅かすということに対してであり、堕胎には、今もなお性の汚名が幾重にも着せられているのである。

堕胎女性の性的汚名を雪ぎ、堕胎合法の正当性を主張するために、何凡は最初に「堕胎の多くは良家の婦女である」を書いて、人々に「良家の婦女」の要求を正視するように求めた。

堕胎を合法化するか否かの論争で、反対者の理由のひとつは、もし合法化したら社会風紀の乱れを助長するということであろう。これではまるで、堕胎が淫婦の行為であり、その災いが腹に宿ったために、堕胎に助けを求めているのと考えているかのようだ。だが実際今日堕胎にいく人は、大多数が良家の婦女なのだ。それは読者が知り合いの堕胎経験をもつ女性のことを調べてみればすぐにわかることである。（何凡　一九七一）

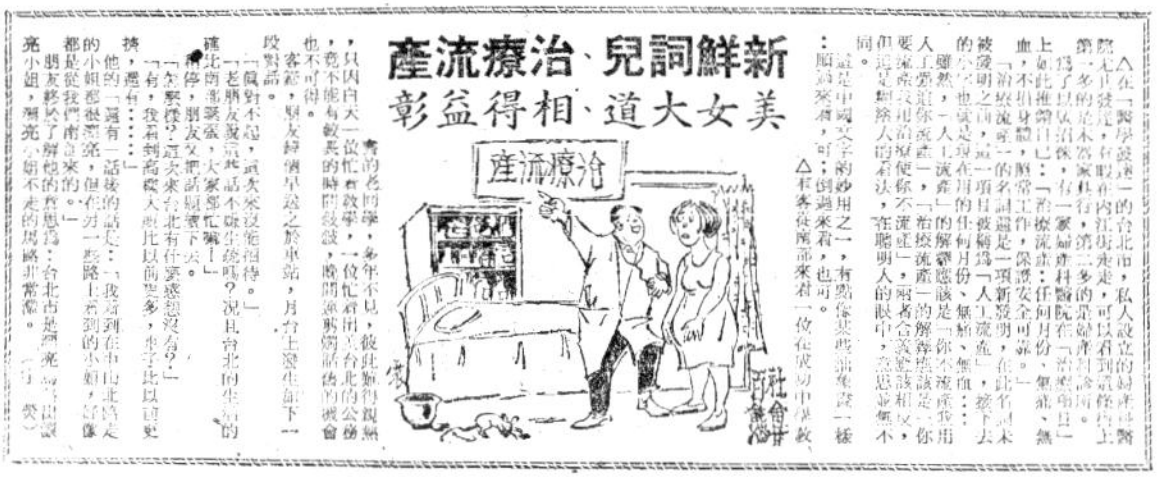

図１　堕胎罪に問われないよう、「堕胎」のかわりに「流産治療」という言葉が使用された（『中国時報』1970年６月24日、３面の挿絵）

「良家の婦女」というのは、既婚女性をさしている。一九七一年、栄民総医院の女性児童衛生センター主任の崔玖が提出したある統計によると、一九三一名の既婚女性中、三〇％が堕胎の経験をもち、多い人にいたっては一〇回も経験していた[27]。民間の衛生教育社の統計では、平均毎年一二％の女性が堕胎をおこなっている（衛生教育社　一九七二）。当時台湾全体で二〇〇万人の既婚女性がいたから、約二四万人である。同年、既婚女性の堕胎要求を強調するために、衛生教育社は「堕胎は合法化するべきか？」という座談会を開き、各界の有名人を招いて討論をおこない、合わせて既婚女性の生の意見を聞いた。

法的婚姻をしている三人の既婚女性が、出産経験を語ったうえで、今後は堕胎によって、出産と経済的困難を解決できるようにと希望を述べた。三人の女性とは、七人の子どもを産んだ張夫人、二人の子をもつ李夫人、四人の子をもつ軍人の妻の傅夫人だ。そのうち李夫人はＩＵＤを使って避妊したが失敗し、堕胎の道を歩むことになった。七人を産んだ張夫人は「一度は医者に頼んで堕胎するつもりだったが、手術費用が高すぎて払いきれず、産むしかなかった」と話した。軍人の妻の傅夫人は、率直にこう語った。

図2　衛生教育社『堕胎は合法化するべきか？』(1971)。左下に「金持ちは子どもが多くても構わないが、貧乏人には足かせとなる」と書かれている

眷村の人たちは、大部分が堕胎の経験をもっています。多い人になると六、七回も。みな三十歳から四十歳の間です。生活が苦しいので、誰もたくさん産みたくはありません。失敗してできてしまったら、「堕胎」の道しかないのです。(衛生教育社　一九七一：二九)

これらの既婚女性についていえるのは、「優生保健法」は彼女たちの現実の生活を改善する重要なチャンスだということだ。またそのために、彼女たちはみずから立ちあがり声を上げたのである。堕胎が合法化されなければ、既婚女性は高額な手術費用を支払わなければならず、ただでさえ赤字の家計の出費をさらに増やすことになる。既婚女性が二者択一の状況で、産むしかないとなると、生活の負担がさらに重くなるという悪循環に陥る。彼女たちにとって、堕胎は汚名ではなく、ただの権利というわけでもない。彼女たちはそれが福利厚生のひとつとなることを望んでいるのだ。たとえば、出席者の一人である傅夫人は、軍が堕胎を軍人の福利厚生と認めて、三人以上の子どもをもつ軍人の妻には無料で堕胎手術がおこなえるよう望んだ。そして、これらの「良家の婦女」が人前に出て、堕胎と性的汚名を切り離したことが、堕胎合法化を加速させた。だが「優性保健法」案は十余年も棚上げされ、一九八四年にようやく正式に可決された。既婚女性は第九条六項の「妊娠あるいは出産がその心理や健康、あるいは家庭生活に影響を与える場合」に拠ることで、合法的に堕胎をおこなうことができるようになった[28]。残念なのは、この条項によって堕胎する既婚女性は、まず配偶者の署名同意を得なければならないことである。夫がもし署名しなければ、既婚女性はやはり堕胎をしにいくことができないのだ。結局、「優生保健法」は女性に合法的堕胎の選択を提供してい

うようにみえるが、実際は夫の妻の身体に対する支配権をかたちを変えて拡大し、伝統的な父系後継者の財産所有権を保障しているのである。

おわりに

一九八四年に優生保健法案可決される以前は、堕胎行為が発覚した場合、女性は「疾病やその他生命の危険を防止する必要」という理由がない限り、刑法第二四章堕胎罪に抵触し、最高六カ月の懲役、拘留または一〇〇元以下の罰金が科された(29)。同様に刑法二四章にもとづき、堕胎事件にかかわった者は、それが堕胎を勧めた者であれ、薬を提供した者であれ、女性に施術した者であれ、刑事責任を免れなかった。そのため堕胎は一度明るみにでると、往々にして多数の人間に罪が及ぶ。そこで共同の利益のために、大部分の堕胎事件は隠され申告されないままで、公のとがめを免れてきた。その結果、不適切な処置によって起こる堕胎致死事件を除くと、白日に晒される堕胎事件の多くは、姦通かまたは男女の感情のもつれによるものとなる。とくに感情のもつれは、もっとも未婚女性とその家族の不満を引き起こしやすく、憤りから男性を訴える事態をまねき、それで堕胎事件も明るみにでる。このためによく目にする堕胎女性は、多くは不倫や未婚で妊娠したり恋愛で傷ついたりした人で、マスコミは意識的であれ無意識であれ「少女」をニュースの見出しにして、これらの堕胎女性の無知と弱々しいイメージを強調する。今日でも、台湾の未成年少女は性の汚名化プロセスのなかで、一番のターゲットとなっている。

心性史の角度からみると、マスコミ報道と法律からあらわれるのは、いずれも伝統的社会の深層にある堕胎に対する心性である。およそ伝統的出産価値観に反する堕胎は、みな性的汚名の誹りを免れがたい。しかし人々の心のなかにはつねに特定の背徳的な堕胎容疑者がいる。それは、夫がいないか夫権が及ばない女性である。夫がいないのであれば、出産する必要はない。夫権が及ばないのであれば、（生まれてくる）後継ぎが夫家のものであるかどうかを確認できないために、その子も存在する必要がないということだ。だがそれはあくまで想像にすぎず、現実生活のなかでは、既婚女性こそが堕胎の主体である。伝統的出産価値観でも、女性の性は合法的出産のためだけに存在することを期待されるが、現実の婚姻生活では、男性の性は出産のためにだけ存在しているのではない。それゆえに男性が主導する性生活のなかで、避妊の失敗や経済的事情などの理由から、既婚女性もしばしば堕胎を選択するというつらい状況に陥る。しかし夫の許可があれば、既婚女性の堕胎は性的汚名のレッテルを貼られずにすむ。既婚女性が順調な出産を互いに助けあうために作ったネットワークは堕胎のための相互ネットワークに転化され、そこからより多くのより安全な堕胎情報を得ている。お互いの堕胎経験は女性の友人、同僚、親戚間の会話のなかに出てくるが、彼女らの存在はマスコミ報道のなかではみえてこない。優生保健法草案が出されたあと、既婚の堕胎女性は勇敢に立ちあがり、堕胎合法化のためにその姿と声をあらわしたが、依然として集団無意識の堕胎神話を破ることはできないままだ。一方、優生保健法施行後は、逆に既婚女性は必ず夫と共同で堕胎同意権を行使することを要求され、そうしなければ合法的に堕胎できない。この規定はまるで既婚女性を伝統的な中国法の時代に連れ戻すようなもので、当然のことながら女性の身体を夫の財産とみなしている。夫の同意権とは自分の後継者所有権の行使でもある。他方、よしんば我々が大部分の堕胎者は既婚女性であると認めたとしても、社会全体は依然として未婚少女を堕胎の主要な容疑者として疑っている。たとえば一九九七年台湾に出現した少女の「九月堕胎ブーム」〔夏休み中の性体験が原因で九月に堕胎する少女が多いことを一部の性教育関係者や医師などが指摘し、話題となった〕は、堕胎に対する心性が容易に変わらないものであることを証明している（『民生報』一九九七）。

注

（1）本稿は「第六届性別与医療工作坊」（台南：成功大学、二〇〇七年四月一五—一六日）で発表した『誰来堕胎？——戦後婦女堕胎心態史（一九四五—一九八四）』を改稿したものである。

（2）立法院法律系統資料庫、一九三四年一〇月三一日制定の刑法、法編号：〇四五三六。

〈http://lis.ly.gov.tw/lghtml/lawstat/version2/04536/0453623103100.htm〉

（3）この数字は当時台湾大学法学部主任であった王沢鑑の統計を何凡が引用したものであるが、おそらく訴訟問題のためか、奇妙な数字になっている。記録に残る合法的堕胎の数はこれにとどまらない。だが病院は通常これらのデータをあえて公表しようとはしないため、統計には困難をともなう（何凡　一九七四）。

（4）「委員会紀録」『立法院公報』七一巻一〇一期、台北：立法院秘書処、一一三頁。

（5）この例は筆者のインタビュー結果によるものである。堕胎をおこなった助産師とは、呉基福がいうところのヤミ医者の一人である。

（6）沈有容『閩海贈言』（台湾文献叢刊第五六種、台湾銀行経済研究室、一九五九）所収『東番記』一五頁。

（7）二〇〇六年八月二日、インフォーマントが所属する産婦人科医院（台北）におけるインタビューより。インフォーマントのY医師は一九三五年生まれ。

（8）一九四五～一九八四年の間に台湾で発行された新聞はこの数紙だけではなく、各新聞の創刊と廃刊には時間的なずれがある。この数種類の新聞はおもに筆者が資料を取得したものである。しかしかつて全国紙と位置づけられる『聯合報』と『中国時報』二紙をモデルとして本統計を分析したのち、それを他の四紙を加えた数字と比較すると、数量が増加したこと以外、比率上はテキスト中の論点を裏づける結果となった。

（9）『聯合報』は一九五三年八月一二日から同年一〇月五日まで報道を続けた。

（10）『聯合報』は一九五八年九月一〇日から同年九月一八日まで報道を続けた。

（11）『聯合報』と『徴信新聞報』に一九六二年四月一八日から一九六二年六月一日、一九六二年八月二九日から一九六四年四月二九日に記事がみられる。

（12）『聯合報』は一九六五年四月六日から一九六五年六月一一日まで報道を続けた。

（13）『聯合報』は一九六七年五月八日から一九六八年一月六日まで報道を続けた。

（14）この事件はL助産士の娘が教えてくれたものである。この事件は一九七〇年代に発生した。彼女は当時中学生だったが、すでに助産所で母を手伝い他の妊婦の世話をしており、事件全体にかかわったという。インタビュー日時は二〇〇四年一一月一日訪問地は新竹。

（15）余文秀（一九二一年生まれ）一九四一年に第一子出産後、全部で五人の子どもを出産。一九四八年に台湾に来た彼女が、一九五六年に撮った家族写真から考えると、キニーネで堕胎をしようとしたのはその前のことである（游鑑明　二〇〇四：

一四三)。
(16)インフォーマントはJさん(一九三四年生まれ)。インタビューをおこなった日時は二〇〇六年八月九日、場所はインフォーマントの自宅(台北)。
(17)同前註。
(18)同前註。
(19)前掲注(7)。
(20)インフォーマントはGさん(一九四九年生まれ)。インタビューをおこなった日時は二〇〇六年七月二四日、場所はインフォーマントの自宅(高雄)。
(21)同前注。
(22)インフォーマントはC助産師(一九五四年生まれ)。インタビューをおこなった日時は二〇〇五年九月四日、場所は台北のレストラン。
(23)インフォーマントはL助産師(一九三七年生まれ)。インタビューをおこなった日時は二〇〇四年一一月一日、場所はインフォーマントの自宅(新竹)。
(24)前掲注(22)。
(25)前掲注(16)。
(26)『立法院公報』七一巻一〇一期「委員会紀録」一一三頁。
(27)この調査によると、一回堕胎した女性は二六四人、二回は一七六人、三回は七九人、四回は三四人、五回は五人、六回は一二人、七回は四人、八回は一人、九回は三人、一〇回は一人であった(衛生教育社 一九七一:三一)。
(28)衛生署法規査詢資料庫。〈http://dohlaw.doh.gov.tw/Chi/FLAW/FLAWDAT07.asp〉
(29)立法院法律資料庫、中華民国刑法民国三七年版本による。〈http://lis.ly.gov.tw/lghtml/lawstat/version2/04536/0453623103100.htm〉

参考文献

Ariès. Philippe　一九九三　姚蒙・李幽蘭訳「心態史」『法国当代新史学』台北:遠流。
衛生教育社　一九七一　『堕胎応該合法嗎』。

何振奮　一九七〇「司法二三事」『聯合報』一一月九日、三版。
何凡　一九七一「堕胎多為良家婦女」『聯合報』三月一六日、九版。
――　一九七四「堕胎合法化問題」『聯合報』九月二四日、一二版。
胡台麗　一九九七『媳婦入門』台北：時報。
呉燕秋　二〇〇五「解構当代台湾婦女史中堕胎論述的両難」台湾女性学学会、国立台湾大学人口与性別研究中心主催「女性主義―知識生産与実践」学術検討会、一〇月一日―二日。
『更生報』一九五五「嘉義発生打胎惨案」一〇月八日、四版。
順音　一九七六「没有家庭計画的時候」『聯合報』一二月五日、六版。
舒子寛　一九六一「家庭計画漫談―知心話」『大華晩報』一月二二日。
鍾明郎　一九七〇「堕胎怎様能夠合法化?」『徴信新聞報』六月一五日、八版
宋錦秀　二〇〇一「妊娠、安胎曁「妊娠宇宙観」―性別与文化的観点」『台湾史研究』七（二）。
荘淑旂　二〇〇一　荘淑旂口述、許雪姫編『荘淑旂回憶録』台北：遠流。
『徴信新聞報』一九五六「堕胎致死案苗栗公館懐安医院　院長渉嫌過失殺人」五月二三日、六版。
――　一九五八「看罷明星照片、少女藍田種玉私自堕胎魂赴森羅殿、法曹聞訊開棺再験屍」二月二七日、七版。
――　一九六〇「別人太太打胎、冒牌丈夫簽字陪我医生裝得很像像本夫一怒連控三人」六月四日、二版。
――　一九六二「少女被棄服毒、牽出堕胎疑案謂高玉樹太太為動手術、警方伝訊後嘱書面報告」三月一三日、三版。
傅大為　二〇〇五『亜細亜的新身体―性別、医療与近代台湾』台北：群学出版社。
薇薇夫人　一九七二「無法掩飾的事実」『聯合報』一〇月一三日、九版。
――　一九七四「広告和密医」『聯合報』一一月二四日、六版。
『民生報』一九九七「九月堕胎潮　非空穴来風」一二月二九日、二九版。
游鑑明　二〇〇四　游鑑明インタビュー、陳千恵・張成瑋・游鑑明記録「余文秀女士訪問紀録」羅久蓉・游鑑明・瞿海源訪問、羅久蓉等記録『烽火歳月下的中国婦女』中央研究院近代史研究所。
劉后安　一九九九「論美国与台湾堕胎法律制度合憲性問題之研究」台北：国立台湾大学法律学研究所碩士論文。
『聯合報』一九五三「堕胎致人於死、女医被提公訴、図銭二百送命一条」一〇月一四日、三版。
――　一九六〇「残梅開二度、辣手摘嫩瓜、風流少婦、堕胎再嫁」四月三日、三版。

――――一九六二a「少女自殺案引出挿曲、曾求医生為堕胎、高黄翠雲被伝訊、高玉樹代向警方否認其事」三月一三日、三版。

――――一九六二b「「魏」案判決主文及理由」六月一日、三版。

――――一九六五「婚変堕胎案、越滾越大、牽渉婦女逾三十人、検察官拡大偵査中」五月五日、三版。

――――一九六六「生生不已、許多問題、「計画家庭」創始記、辦公室裏一席閑話、節育運動開花」一〇月一五日、一三版。

――――一九六七「少女遇人不淑、険些魂帰天国、紀桂美遵男友之命服毒、林博文被指控教唆堕胎」五月八日、三版。

Patricia, Ebrey. 1993. *The Inner Quarters: Marriage and the Lives of Chinese Women in the Sung Period*. Berkeley: University of California Press.

Solinger, Rickie. 1994. *The Abortionist: A Woman against the Law*. New York: Free Press.

〈解題〉
台湾・中国・日本における堕胎の心性比較

中山　文

はじめに

本書に訳出した論文の原題は「戦後台湾婦女堕胎心態史」である。「心態」という中国語は、日本語では「心性」にあたる。心性史とは「社会史」研究のひとつとして、ある時代・ある社会の文献・史料などから、その時代、その社会に通底する社会的観念や価値観などを読み解く専門分野をいう。心性史も他の歴史学と同様に史料にあたるが、そこには心性メカニズムを読みとろうという姿勢が必要とされる。時代時代の人間の心理を解き明かそうとする学問分野である。

台湾は歴史的に中国と日本の影響を大きく受けてきた。堕胎の規範や心性についても例外ではあるまい。拙文では日中両国の堕胎事情を、歴史に照らしあわせて紹介し、考察を加える。「望まぬ妊娠から堕胎へ」という人生の大事件を前に、三地の女性の心はどのように揺れ動いたのか。どのような相違点・共通点があり、それは社会体制とどのようにかかわっているのか。日中の状況と比較考察することで、台湾固有の心性を考える一助となれば幸いである。

一　呉燕秋氏について

まず呉燕秋氏の紹介をしよう。呉氏は一九七〇年生、高雄県鳳山市まれ。学生時代から歴史学を専攻し、九八年から台湾大学婦女研究室、清華大学歴史研究所で助手を務めた。その後国立台湾歴史博物館で「台湾女性」研究グループに所属し、二〇〇七年からは国の在外研究奨学金でイリノイ大学に留学。二〇〇八年関西中国女性史研究会が研究会講師として招聘した時も、アメリカからの訪日となった。二〇〇九年には清華大学で歴史学博士を取得。現在は中央研究院人文社会科学研究センター衛生史プロジェクトのポストドクター研究員を務める。新進気鋭の若手研究者である。

堕胎研究は、台湾では法律分野の人気テーマで、研究者の数もたいへん多い。ただ、一九七〇年以後彼らの興味は「優生保健法」草案が中心で、そのほとんどは「優生保健法」制定に反対か賛成かに終始している。医学界で多いのも「優生保健法」に関する議論である。人口学の面からも、戦後の堕胎数の分析や統計については研究が進んでいる。

それらと比較すると、歴史学方面での研究はまだ緒に就いたばかりである。呉氏の上の世代にも研究者はいるが、研究対象とする時代が広いため、論は概説的なものにとどまる。見るべきものとしては、傅大為が医師をインタビューし、戦後初期の堕胎史について言及している(1)。また李貞徳が漢・唐代の堕胎状況を論じており(2)、劉静貞は宋代の堕胎、溺子、子殺しも含めて論じている(3)。しかしフェミニズムの視点をもち、堕胎をとおして台湾女性のおかれた歴史的状況を読みとり、現代女性の心性に迫ろうとする新しい研究分野では、彼女がフロンティア的存在だといえよう。

呉氏のフェミニズム運動への興味は、大学のサークル活動での経験から始まる。彼女は子供のころからしばしば性差別の圧力を感じていたものの、大学入学以前は、大多数の女性同様、黙って不合理な男女差別を受け入れていた。

大学で学生運動サークルに参加しさまざまな左派系思潮の啓蒙を受けてからは世界観が変わった。そして、今後はどんな不合理な圧力も受け入れまいと決意した。女性の眼で世界を見つめなおし、父権主義が女性の身体にもたらす圧力を正視した。するとジェンダーの圧力が影のように女性に付きまとい、死ぬまで離れないのだということに気づいた。

父権社会で既得権をもつ者は、自分からは決してその権力を手放そうとはしない。だから社会からジェンダー差別をなくすには、フェミニズム運動を展開するしかない。フェミニズム運動に参加しながら彼女は考えた。歴史研究をとおして過去の女性も父権に対して積極的に反抗してきたのだという事実を明らかにしよう、と。彼女は今、歴史に鑑みつつ、ジェンダー平等の社会を打ちたてることをめざしている。

彼女が堕胎というテーマに目覚めたのは、修士論文（「政治参加からドイツ女性運動をみて――一八九一―一九一八」）執筆がきっかけだった。一九世紀末に西洋の女性が堕胎権を奪いとったという歴史的エピソードから、台湾女性に思いを馳せた。その時代の台湾女性がみずから堕胎する権利を奪いとることができただろうか？　当時の台湾婦女界は堕胎についてどのように考えたのだろうか？　堕胎する女性はみな不道徳な姦通女性なのか？　一九六〇年代、台湾政府は人口減少を食い止めるために家庭計画を推し進めたが、このことは女性の堕胎に対する考え方にどのような影響を与えたのだろうか？　おとなしく従順にみえる台湾女性は一九八四年の「優生保健法」案可決成立のためにどのような態度を示したのだろうか？……一瞬のうちにこれらの疑問がわき起こった。

さらに一九九七年に台湾マスコミが書きたてた「九月堕胎ブーム」[4]の衝撃が、彼女の博士論文のテーマを決めた。その研究は、博士論文「〈捨てること〉と〈産まないこと〉――戦後台湾女性の堕胎史（一九四五―一九八五）」として結実した。

二　台湾の堕胎事情

台湾の性史を語る時にはまず原住民の母系社会と母権制から始めねばならない。その点が台湾の特殊性であり、論者には新鮮だった。女性の性に対しておおらかな女尊男卑の時代があったからこそ、中国の支配がもたらした父権制の残酷さが際立つ。特に堕胎罪の意図する倫理規範にはそれが明確にあらわれている。

堕胎にまつわる罪には二種類あった。ひとつは堕胎（流産も含む）した者と堕胎させた者への刑罰、もうひとつは姦淫のために堕胎した者への刑罰である。前者は父系の財産である子を損ねたこと、後者は妻の性への所有権を損ねたことを理由にしている。いずれも女性の身体と出産能力が夫の所有物であることを明示するための法律である。

その伝統的法規範は、現代の台湾社会でも引き継がれている。妊娠後に夫を亡くした女性が親戚から堕胎を勧められる。その理由が、「子の所有者がいないのだから、産んでもしかたない」というのだ。ここでは自分の子どもがほしいという女性の意思などは、まったく考慮されない。また、マスコミが堕胎する未婚女性を実年齢に関係なく「少女」とよびたがるのも、彼女らが夫権の管理下にない主体だからだという指摘は興味深い。「少女」とは堕胎の最有力容疑者を示す記号にすぎない。実際には、彼女らよりも既婚者の堕胎のほうがはるかに多いのである。

論者がもっとも関心をひかれたのは、既婚女性たちのネットワークである。優生保健法通過後の現在も、彼女らは夫の同意を得なければ堕胎を許されない。今も女性の体は夫の財産とみなされているのが現状だ。その縛りのなかで、「あなたに起こることは私にも起こる」と痛みを共有してくれる隣人、「もう子どもを産むのはやめなさい」と諭す女医、「そんなに産んでどうするの」と言ってくれる同僚。それらの「公に口にすることは憚られることば」は、じつはどれも女性に共通する心の声なのである。

マスコミの前に姿を現し、「自分の健康を守るために、産みたくない」「自分の意志で、産まない」と語る女性たちは、同性の声に支えられている。女性たちのこの強い団結力は、逆に現在の台湾も依然として厳しい父権制に支配されていることを感じさせる。

　論文中、堕胎を道徳に反する行為だと思わないのかとの問いに、「まさか。私たちが考えるのは現実ですもの」と言いきった女性教師がいた。彼女は父権制という自分の外部の敵に対して、決然と「ＮＯ！」を表明している。では、自分の内部にいる胎児に対しては、どのように考えているのだろうか？

　日本では人口中絶が語られる場合、しばしば「胎児」の存在に焦点が当てられ、「胎児も人間である」という言説が女性を苦しめる。「自分勝手な理由から人殺しをする」という罪悪感が女性をさいなむ。相手の男性が「産むな」と言っても、「産んでもいい」と言っても、「産んでくれ」と言っても、産みたくない女性は自分で決断を下す重責感から逃れることはできない(5)。台湾にも、このような状況はあるのだろうか？

　荻野美穂は近年台湾でも、「嬰霊」や「水子霊」とよばれる中絶胎児のたたりを鎮めるための「供養」が、仏教者や霊能者によっておこなわれるようになったようだ、と報告している(6)。この点について台湾の宗教を文化人類学の立場から研究している五十嵐真子に問い合わせたところ、「直接調査したことはないが」と断りつつも、「近年日本から輸入されたというのはありえそうな話だ」と語る。「元来、漢族の死者供養の概念では、親より先に死ぬのは親不孝なので供養の対象にはならない。また、仏寺が死者供養にかかわるということは漢族の伝統にはなく、日本特有のこと。漢族社会では供養するべき死者は祖先なので、儒教倫理の延長になり、家族・親族の儀礼と解釈される。また埋葬日時や墓を選ぶのは風水師の仕事である」からだ(7)。

　「哈日族《ハーリーズー》」という言葉が生まれるほど、台湾には日本好きな少女が多い。今後、若い世代が日本の文化のひとつとして水子供養を取り入れ、台湾の宗教観のもとで姿を変えて定着していくことがあるのかもしれない。そのとき、堕胎に対する心性はどのように変化するのだろう。今後の研究を期待する。

三　中国の堕胎事情

(一) 堕胎の歴史

漢族の社会では、男性家父長が権力をもつ家族が紀元前に成立し、これが標準的な家族形態とされた。そこでは男子の後継者を得ることが何より重要とされる。『韓非子』六反篇には「男児が生まれたら賀し、女児なら殺す」という記述がみえ、戦国時代にすでに後世「溺女」とよばれる女児殺しがおこなわれていたことがわかる。そのため男女の人口はかなり不均衡で、結婚できない男性が大量に発生していた。伝統的に中国の生殖は儒教的家族制度の論理によって支配されていたといえるだろう。[8]

だが、清代末には亡国滅種の危機感から民族意識が高まり、康有為《こうゆうい》や梁啓超《りょうけいちょう》ら男性知識人が女性解放運動を提唱しはじめた。それは社会進化論と優生学を念頭に、母となる女性には健康な体と知力が必要だと考えたからだった。一九二二年、マーガレット・サンガーの訪中を機に、生殖コントロール（産児制限）によって下層階級の産児を制限し、民族的資質を高めようという考えが生まれた。また中国国民党と中国共産党は、ともに男女平等と女性解放を大きな目標にかかげ、中国の女性解放運動と生殖コントロールは、この政治主導・男性主導のもとでおこなわれていく。

中華民国期の中国では、堕胎は非合法であったが、おおむね強くは取り締まられていなかった。[9]当時の新聞について精密な調査をおこなった小浜は、次の二点を指摘している。ひとつは、堕胎の理由には貧困と婚姻外性関係の後始末の二種類があること。もうひとつは、新聞紙上には後者が登場することが圧倒的に多いこと、である。さらにこれらの報道から、「堕胎とはたんに非合法なだけでなく、婚姻外性関係と関連が強い、危険なものであるというイメージが作られた[10]」という。これは台湾の現状と通じている。

だが一九四九年の中華人民共和国建国以後、中国の堕胎についての言説は社会主義国の特殊事情を強く帯びるようになる。中華人民共和国は建国の原則として男女平等（政治協商会議共同綱領第六条）、女性と子どもの健康の保護（同第四八条）をうたっており、堕胎は厳しく取り締まられた。女性が抑圧されていた旧社会と違い、新中国では妊娠した女性も職場で差別されることはなく、安心して子どもを育てることができるようになった。そのため貧困による堕胎は、もはや必要ではなくなったとされ、社会主義体制の優位性が宣伝されたのである。[11]

また婚姻外性関係による妊娠と堕胎は、婚姻法貫徹運動（五三年からおこなわれた、広範かつ系統的な婚姻法の宣伝活動）のなかで指弾された。本来婚姻法には堕胎についての規定はとくになかったが、この運動のなかで婚姻外性関係が厳しく批判され、それにともなう悪行として堕胎が糾弾された。[12]その後、くり返される政治運動では、人民の敵とされる人々の悪行として堕胎に関するエピソードがしばしば取りあげられた。

小浜によれば、「こうして新中国では堕胎の原因であった生活苦や婚外関係はなくなったとされ、堕胎は旧社会や資本主義社会と結びつけられた。堕胎は悪であるという言説は、倫理的にだけではなく、政治的な意味あいをもまとって、非常に強化され[13]」、多子の母親は「光栄媽媽（名誉ある母）」として顕彰された。子どもは個人の私有財産ではなく、未来の社会の基礎とされたのである。

ところが一九五三年の人口センサスの結果、中国の総人口が六億人を超えたことが判明すると、翌年には産児制限へと政策が変更される。さらに一九五七年にはいわゆる「人口論論争」が起き、国家と民族の発展のためには人口増加抑制が必要という意見が出てきた。そのなかで、生殖はもはや個々の女性や子どもの幸福や健康の問題ではなく、社会主義建設と結びついた政策の対象となっていく。

この時期、運動の中心は避妊教育だったが、堕胎の制限も徐々にゆるめられるようになる。医師による合法的「人工流産（中絶）」は非合法な「堕胎」と区別され、その制限が大幅に緩和された。人工流産が避妊に代替しうる生殖コントロールの方法として認可されたのである。同時に、生殖コントロールを「恥ずかしい」とする観念を「旧思想」として批判し、それが「科学的」で「計画的な出産」であると宣伝して、価値の転換がはかられたことも忘れてはならない。

五八年、大躍進政策のなかで毛沢東が「人口は多いほどよい」と唱えたために、産児制限キャンペーンは、いったん中断する。だが大躍進の失敗後、六二年には計画出産が再開され、多子の女性は希望すれば人工流産ができるようになった。上海などの都会では、仕事と家事の二重負担を背負わされた女性たちが主体的に生殖コントロールを選択した。

農村での計画出産の導入は地域によって大きく差があるが、一九七二年には全国的に推進され「晩婚・晩産・子供は二人まで・四、五年間隔を空ける」ことが提唱された。計画出産のキャンペーンがおこなわれ、医療の現場では避妊・人工流産や「絶育」（輸卵管結紮による永久不妊手術）などの研修が実施された。このキャンペーンは、農村の女性たちに歓迎された。舅姑や夫などの家族の反対の強い農村では、上からの強い推進がなければ、生殖コントロールを実行できなかった可能性が高い。この政策のおかげで、彼女らは産まない自由を獲得したのである。

一九七〇年代末、改革・開放政策の開始と同時に計画出産が基本国策となり、「一人っ子政策」が始まる。以来三〇年が経過した。現在、上海や北京では子どもを二人もつことを許された一人っ子同士のカップルが増えている。だが第一子の性別にかかわらず「子どもは一人で十分」という人が圧倒的に多く、当局も急速な少子化への対策に頭を悩ませている(14)。

(二) 堕胎の現状

二〇一〇年一月、論者の友人で中国農村問題の研究者李玲が人口中絶を経験した五名の女性（既婚、未婚、大学生を含む）にインタビューをおこなった。その結果、「個人差はあるが」と断りながら、以下のような報告をしてくれた。

望まない妊娠をしているとわかったとき、大抵の中国人の女性は胎児のことより、まず妊娠したことがばれたらどうしようかと、社会上の体裁を優先的に考える。中絶を受ける個人が感じる罪悪感は日本女性ほどではない。人工中絶の手術は女性の希望どおりにおこなえ、同意書に本人のサインさえあれば夫や親や親族などの承諾書がなくてもかまわない。費用は大体五〇〇～一〇〇〇元ほどであるが、術前にさまざまな検査をさせられ、二〇〇〇元も払わされた人もいるという。とくに既婚女性の場合は、さほど恥ずかしいこととは思わず、後ろめたさも感じていない。大っぴらには言わないが、わざわざ隠すこともしない。働く女性が人工中絶をする場合、しばらく休養をとる必要がある。その時には中絶のことを同僚や上司に隠さず話すし、同僚や上司が見舞いにいくこともあり、お互いなんら抵抗もない。既婚者の中絶で問題にされるのは、性選別目的のものである。それは男女比の不均衡をもたらすために、違法な行為とされている。

未婚の場合はやはり社会的に体裁が悪いため、できるかぎり知られないようにこっそりと人工中絶の手術を受ける。だが親友にだけは話すということが、しばしばみられる。

中国の婦人科医院のホームページでは、どこも人工流産についてのくわしい知識を紹介している。方法、所要時間、機械、価格などがオープンにされ、後ろ暗さは感じさせない。医師がチャットで相談を聞いてくれるところもあり(15)、「三分間で無痛人工流産」の広告も頻繁に目にする。

国家が一人っ子政策をとるかぎり、望まぬ妊娠の人工流産はときに公民が履行すべき義務であり、そのための整備は着実に進んでいる。安全・無痛・低価格はもちろん女性にとって望ましいが、なにより彼女らの堕胎に対する心性を決定づけているのは、「まちがったことをしているのではない」という安心感であろう。堕胎を社会が容認し、責任を国家に転嫁することができるなら、女性の罪責感はずいぶん軽くなる。人口調整をおこなおうとする社会では、設備や体制の充実とともに言説をコントロールし、女性の心性を方向づけることが肝要なのだ。

四　日本の堕胎事情

(一)堕胎の歴史

江戸時代まで、日本人は堕胎・間引きに寛容だった。共同体の暗黙の容認があるかぎり、罪責感が個人に集約されることは少なかったと思われる。だが堕胎・間引きを出生調整の方法として容認する心性は、明治時代、近代化の始まりとともに批判を受けるようになる。(16)

一八六八年、明治に改元される直前に堕胎薬の販売が禁止された。斎藤美奈子はこの事実を重視し、「日本の近代は、大政奉還ではなく、望まない妊娠の管理統制からスタートした」という。(17)それは、堕胎は厳罰に処すという当時の列強の趨勢に影響されてのことで、明治政府にとって堕胎の規制は脱亜入欧策の一環だった。(18)

堕胎管理は二段階で完成した。まず一八八〇年に刑法ができて「堕胎罪」が設けられ、次に一九〇七年の刑法改訂にともない、重禁固刑から懲役刑へと罰則規定が強化された。処罰対象となるのは医師など中絶手術をおこなった者と女性であり、相手の男性は対象にならない。驚くことに、この時の「堕胎罪」が、二一世紀の現在もなお生きているのだ。(19)

その後戦争への道を歩む日本は、一九四〇年に「国民優生法」を制定する。これはナチスの断種法を参考に、健常者の堕胎と産児調節を禁止するとともに、「不健全素因」をもつ者に不妊手術をおこなうものだった。「産めよ、増やせよ」の時代、優生法は不良な子孫の出生防止を呼びかけ、戦争に役立たない障害者を抹殺するイデオロギーを正当化した。

敗戦後は深刻な食糧不足と住宅難が続き、兵士たちの帰国による空前のベビーブームが到来する。この世代がその後大量の労働力となり日本の高度成長を支えるのだが、当時は経済復興のために出生率を減らすことが急務だった。またヤミ堕胎の横行で犠牲者が続出しており、世間には外国人との混血児の急増による民族純血主義からくる漠然とした不安感もあった。さらに女性を労働市場に引っ張りだす必要も生まれていた。それらを背景に、一九四八年「優生保護法」（のちの母体保護法）が制定される。

この法律により、堕胎罪は存在したままで人工妊娠中絶が合法化された。「妊娠中絶」は条件付きで優生保護法指定医がおこなう国家公認の医療行為であり、「堕胎」は本人または指定以外の人が私的におこなう犯罪行為として区別された。また同法は戦中の「国民優生法」に母性保護の観念を加えたものであり、あきらかな優生思想が残った。この点がその後も大きな争点となる。

一九四九年、人口妊娠中絶を許可する要件に「経済的理由」が追加され、適用範囲が広がった。だが当時は中絶の希望者は申請書を都道府県の「優生保護委員会」に提出してその審査を待たねばならず、時間との競争である中絶には非合理的で、女性はまだヤミ堕胎に走るしかなかった。同法が実効力をもつようになったのは一九五二年である。優生保護法指定医一名の判断と、本人、配偶者の同意だけで手術ができる現行のシステムが、ようやくできあがった[20]。

（二）堕胎の現状

ここではその後に生まれる水子供養ブームとそれが女性の心性に与えた影響について紹介する。五〇年代には中絶件数は年間一〇〇万件を超えた。五〇年代末には諸外国で日本の中絶の多さが報道され、六〇年代には国内でも「堕胎天国ニッポン」を批判する記事が目立つようになった。その流れのなかで、将来の労働力不足を懸念しはじめた財政界から中絶規制を求める動きが起きる。

一九七〇年に優生保護法から経済的理由を削除する改訂法案が国会に提出された。この改訂の試みは七〇年代と八〇年代の初頭に二度にわたってくり返される。だが、いずれも女性運動をはじめとする反対運動の結果、不成立に終わった。この政治的動きと重なりあうように起きたのが、水子供養ブームである。そのターゲットは戦後に中絶手術を受けた当時五〇代の女性だった。

ブームの背景にあるものとして、荻野は、大量の中絶経験者、生殖や生死の私事化、経済的余裕、政治との関連の四点をあげ[21]、とくに政治との関連を強調する。というのも、そのキャンペーンの中心となったのは新興宗教の生長の家とそれを支持母体とする自民党議員たちだったからだ。彼らはアメリカの中絶反対運動家と連携し、「胎児の生命の権利」という言説を大量に流布させ、中絶に対する女性の罪悪感をかきたてた。無垢な犠牲者として胎児の存在がクローズアップされ、中絶の残酷さがおどろおどろしく強調された。もともと仏教では「水子の霊」の存在を認めておらず供養もおこなっていなかったが、多くの寺院がこの時期に檀家や参拝者の依頼を受けて、水子供養ビジネスに参入していった。

優生保護法改訂を防ぎ止めたウーマンリブの女性たちは、女性に罪の意識を迫るこの言説にどのように立ち向かったのだろうか。『婦人公論』一九八六年一月号特集「読者二五二〇人の回答と手紙が語る　妻たちはなぜ中絶したか」のアンケート調査結果は、中絶と胎児について、女性の考えと行動に矛盾が大きいことを示している。たとえば「(中絶を)絶対すべきではない」と答えた人が「(胎児は人間ではなく)母体の一部」と考えており、「(中絶を)本人の選択」と答えた人が「(胎児は)宿った瞬間から人間である」と答えることが少なくなかった。また水子供養についても、宗教信条はとくにないという人が全体の八四・七%を占めながら、「(水子供養は)まったくの迷信だと思う」人は八・一%にすぎなかった。

その結果について荻野は、「たとえ〈矛盾だらけ〉と評されようと、〈胎児〉は〈人間〉あるいは〈生命〉だと思う、それでも中絶は手放さない・手放せないというのが、多くの女たちのたどり着いた地点だったのではないだろうか」と考察し、「この感性は現代もなお健在であるように思われる」と結論づけている[22]。

近年では若い世代のあいだで手軽な絵馬による水子供養が一般化し、最近ではインターネット上に水子供養サイトも登場している[23]。また、水子は「たたる怨霊」というよりも「守護霊」的なとらえ方がされる傾向にあり、水子供養のもつ意味が変化しつつある。一時期の熱は過ぎ去り、中絶経験者にセラピー効果を与える日本の現代民俗としてひっそり根づいているようである。

おわりに

台湾・中国・日本の歴史は、女性の身体が女性のものではなかったことを教えてくれる。家父長制、軍国主義、社会主義、資本主義……、どんな体制の国家も国の発展のために女性の身体を管理し、中絶の言説をコントロールしてきた。誰もが「その時代」を生きるしかない以上、女性の心性は「その時代」の言説に方向づけられる。そのうえで、いつの時代も女性たちはぎりぎりの選択として堕胎をとらえてきたのだろう。

だが歴史をふり返ると、いずれの国の女性たちも決して被害者として泣き寝入りしていただけではないことがわかり、励まされる。荻野がいうように、「女たちは、そのときどきの時代的文脈と制約のもとで、権力や法や男による管理に対してあるときは無視や不服従で対抗し、自分たちの利益にかなうと判断したものに対しては進んで迎え入れたり自分に都合よく流用することによって、利害の調整をはかろうとしてきた(24)」のである。

もちろん、楽観はできない。現在、堕胎時の罪悪感については三地のなかでは中国の女性がもっとも軽いようだ。だが将来、中国政府が本気で少子化に歯止めをかけようとすることがあれば、どうなるだろうか。豊かさを手に入れ、外国の情報に慣れるにしたがって、ネット上ではすでに「堕胎を犯罪行為として処理するべきだ(25)」という発言も目にするようになった。今後の中国において、現在の経済発展がどのように堕胎する女性の心性に影響するのか、注目したい。

最後に、国を越えて心の声で語りあえる女性同士のネットワークができることを願いつつ、拙文を締めくくる。

注

（1）傅大為『亜細亜的新身体—性別、医療与近代台湾』台北：群学出版社、二〇〇五。

（2）李貞徳『女人的中国医療史―漢唐之間的健康照顧与性別』台北：三民、二〇〇八、一九〇―二〇一頁。
（3）劉静貞『不挙子―宋人的生育問題』台北：稲郷出版社　一九九八。
（4）夏休み中の性体験が原因で九月に堕胎する少女が多いことを一部の性教育関係者や医師などが指摘し、話題となった。
（5）産みたくない若い現代女性の心の動きについては、江川達也『東京大学物語』第一二七回「家族計画」および第一二八回「親心」（第一二巻、小学館、一九九六年）が、男女のすれ違いを描いて秀逸である。「女は産みたがるもの」と決めてかかり、「俺の子を産んでくれ」とすがる直樹を、真紀が思いっきり張り倒し、「エセヒューマニズムに酔った」「弱虫のクソガキー！」と罵るシーンは爽快ですらある。
（6）荻野美穂「堕胎・間引きから水子供養まで――日本の中絶文化をめぐって」『女の領域・男の領域』岩波書店、二〇〇三年、二四九頁。
（7）台湾では水子霊のことを「水霊」といい、仏教寺院よりも民間の道教寺院などで祭られることが多いようである。
（8）小浜正子「生殖コントロールとジェンダー」『シリーズ二〇世紀中国史三　グローバル化と中国』東京大学出版会、二〇〇九年、一八八―一八九頁。
（9）小浜正子「非合法堕胎から計画生育へ――建国前後の性と生殖をめぐる言説空間の変容」（『建国前後の上海』研文出版、二〇〇九年）によると、一九一二年の刑法草案および三五年の中華民国刑法。北洋政府が制定した「管理医師暫行規則」（一九二二年）および南京国民政府の「助産士条例」（一九二八年）でも、堕胎をおこなった医師や助産士は免許取消になる、と規定していた。
（10）同書、一五一頁。
（11）同書一五二頁で小浜は、「児童保育事業的発展」（『人民日報』一九四九年一一月九日）では「人民政府は明確に溺嬰や堕胎を禁止している」として旧社会と堕胎を結びつけ、新中国との違いを際立たせている、と指摘している。
（12）同書一五四頁で小浜は、「新婚姻法は堕胎行為を必ず制裁する」（『文匯報』一九五〇年六月一一日）では、「堕胎それ自体を許さない」という言い方がされている、と指摘している。
（13）同書、一五六頁
（14）小浜「生殖コントロールとジェンダー」前掲書、二〇二頁。また本章の記述は、全面的に注（8）、注（9）の小浜論文にもとづいている。いずれも解放前後の堕胎史について重要な知見に満ちている。
（15）たとえば、杭州マリア婦人科医院〈http://www.hzrl120.cn/rengongliuchan/〉。

(16) 荻野「堕胎・間引きから水子供養まで」前掲書。また本章の記述については、荻野『家族計画への道──近代日本の生殖をめぐる政治』(岩波書店、二〇〇八年)を全面的に参考にした。
(17) 斎藤美奈子『妊娠小説』ちくま文庫、一九九七年、一七頁。初出は筑摩書房、一九九四年。
(18) 荻野美穂「堕胎・間引きから水子供養まで」前掲書、二三五頁。この点については、近年、落合美恵子や石崎昇子などにより異なる意見も提出されていることも紹介されている。
(19) 「母体保護法」にもとづく堕胎のみは罪とならない
(20) 日本の堕胎の歴史については、荻野美穂「堕胎・間引きから水子供養まで」(前掲書)、荻野美穂「家族計画への道」(前掲書)のほか、以下の書物が参考になる。丸本百合子・山本勝美「産む・産まないを悩むとき──母体保護法時代のいのち・からだ」岩波ブックレットNO.426、一九九七年。荻野美穂『ジェンダー化される身体』勁草書房、二〇〇二年。荻野美穂『中絶論争とアメリカ社会──身体をめぐる戦争』岩波書店、二〇〇一年。荻野美穂「男の性と生殖──男性身体の語り方」『男性論』人文書院、一九九九年。荻野美穂『生殖の政治学』山川出版社、一九九四年。
(21) 荻野美穂「堕胎・間引きから水子供養まで」前掲書、二四二─二四四頁。
(22) 荻野美穂「堕胎・間引きから水子供養まで」前掲書、二九五─二九六頁。『婦人公論』アンケートについての記述も当該箇所による。同書第七章「〈中絶天国〉がもたらす問い」にはウーマンリブの人々の中絶議論が流れに沿って要領よく紹介され、大変興味深い。当時の女性の声を知るのに、ぜひ参照されたい。
(23) たとえば、国上寺のサイト〈http://www.kokujouji.com/mizuko/〉。
(24) 荻野「家族計画への道」前掲書、三〇七頁。
(25) 「中国离堕胎罪还有多远」〈http://mayaonan123.fyfz.cn/blog/mayaonan123/index.aspx?blogid=525593〉に以下のような意見がみられる。
「中国では堕胎が合法で、広く受け入れられている。多くの女性が予期せぬ妊娠を堕胎で解決する。また国家が計画政策をとるかぎり、嫌だと言っても、妊娠何カ月であっても強制的に手術される。多くの人民と政府は堕胎をまるでなんでもないことのように考えており、胎児への責任をまったく考える必要がなく、育ちつつある生命を好き勝手に殺すことができる(……)堕胎は人権問題、生命への軽視、道徳問題である。堕胎を犯罪行為として処理するべきだ。」

女性史研究の方法
——ある台湾ドキュメンタリー・フィルムを例として

邱貴芬（田村容子訳）

サバルタンもしくは周縁層の歴史を研究するとき、もっとも難しい問題は、いかにしてサバルタンの民衆の声を聞きとるかということである。伝統的な史学の方法においては、叙述された文字こそがもっとも重要な「史料」であり、主要な研究対象でもある。しかし、文字による叙述をとおして歴史を研究すると、サバルタンの民衆の視点を考察しようとする際に隘路に突きあたる。第一に、サバルタンの民衆の視点が伝統的な叙述史料のなかに出てくることは少ない。第二に、文字による叙述は、たとえサバルタンの民衆の声をあらわそうとしたとしても、叙述者の意図する歴史叙述構築の影響を受けざるをえない。そこで、「サバルタンの民衆の発話」が問題となるのである。まず、この二つの面からサバルタンの民衆の歴史研究の問題について述べることにしたい。

一　歴史の叙述における「庶民の心の声」の問題

伝統的な歴史叙述が関心を寄せるのは国家の大事であり、庶民の経験が、歴史家が関心を寄せる重点となることはほとんどない（Hobsbawm 1988: 13）。伝統的な歴史記述において、庶民の個人的な視点や声が取り入れられることはほとんどなかった。個人的、地域的な史料は、伝統的な歴史叙述においてはレベルの低い史料と位置づけられたため、これら普通の民衆の視点や声を比較的取り入れやすい史料が保存され、伝えられる確率も相対的に低くなる。通常、史書にもし庶民に関する部分があらわれても、それは往々にして、ただ統計数字としてある現象を裏づけ、歴史家の考えを補強するのに用いられるだけである（Thompson 1998: 22-23）。

社会が民主化すると、「下からの歴史（history from below）」により、史料という領域において、「普通の民衆の声」がしだいに重視されるようになる。大衆の声が歴史叙述におけるオーラル・ヒストリーに組み入れられたことは、歴史叙述の「民主化」を示しているといえよう（Hobsbawm 1988: 13; Thompson 1998: 26）。そして、オーラル・ヒストリーは、歴史研究においても日増しに重要になっている。

しかし、オーラル・ヒストリーは通常、整理を経たのち、文字による書面の形式であらわされる。私たちが注意しなければならないのは、インタビューの叙述記録が、口語を文字で叙述するという編集・整理の媒介の過程で干渉を受けることである。その間に、インフォーマントが口語で表現した原意は失われ、捻じ曲げられる可能性を免れない。またインフォーマントの社会階層がより低く、表現能力がより劣るほど、文字化された情報とインフォーマントが表現を試みた意図との間には隔たりがみられる（Sipe 1998: 382）。インタビューの過程における、インタビュアーとインフォーマントの微妙な相互作用は、オーラル・ヒストリー研究における無視できない重要な一面である。インフォーマントの口調の変化や呼吸の間、視線やボディランゲージなど、現場での反応はおそらく文字ではどうしても伝えられない、あるいは伝えきれない重要な情報をあらわしており、これらの情報は通常、文字により記載・整理されたオーラル・ヒストリーにはあらわれない（Sipe 1998: 383）。

歴史の「叙述」者は高度な文筆能力をもつ必要があり、つねに社会の構造において上位の中心層に位置する。そして歴史叙述そのものは高度な論述目的をもつ行為であり、歴史書の叙述者が叙述をおこなう際、そこに歴史の予想図を設定し、ある歴史をあらわすことによって何らかの効果を得ようとせざるをえない。西洋の歴史学者ヘイドン・ホワイトが述べるように、あらゆる歴史叙述の動きの背後には叙述者の「教化（moralizing）」の動機が含まれている。この動機は往々にしてある社会政治システムに向かい、その合法性を強化するか、またはその合法性に挑戦する。すなわち、歴史の著述処理とは、実のところ「法律」と「権威性」の問題なのである。歴史家の自覚が高いほど、その行間には法律・社会システム・合法性などの問題に対する関心がにじみでる（White 1987: 12–13）。

この状況下で、サバルタンの民衆がたとえ発話を企図したとしても、その発せられた情報はしばしば歴史の叙述者によって「吸収」され、叙述者のあらわそうとする歴史のテクストを強化し、補強するために用いられる。これはポストコロニアル・フェミニズム学者G・C・スピヴァクの著名な論著『サバルタンは語ることができるか（*Can the Subaltern Speak?*）』が問題にしたテーマである。彼女はインドの植民地の状況のなかで反植民運動に参加した女性を例とし、男性の主導する中心層による植民論や反植民論が、いかにして周縁層である女性の発する声を圧殺するかを説明した。一般の人々がサバルタンの民衆の情報を解読するとき、通常は習慣的によくある既成の見解を採用し、サバルタンの民衆が伝えようとするさまざまな情報はしばしばその解読の過程で失われるか、ねじ曲げられる。たとえサバルタンの民衆が努力して声をあげたとしても、結局彼女の情報を伝えることは不可能なのである（Spivak 1996: 292）。

つぎに、ある台湾現代ドキュメンタリー・フィルムをとおして「サバルタンの民衆の発話」の問題について考えてみたい。ドキュメンタリー・フィルムは、現代の歴史叙述が「民衆の声」を重視する傾向を反映しているといえるだろう。「インタビュー」は、ドキュメンタリー・フィルムの形式・内容における特色のひとつである。インフォーマントの多くは労働者大衆であることから、ドキュメンタリー・フィルムがインタビューをとおして歴史をあらわす際、その過程には労働者大衆の声と視点が持ちこまれる。もしドキュメンタリー・フィルムが伝統的なナレーション（文字による歴史叙述における叙述者の声と見解のようなものである）をもちいず、異なったインフォーマントの発言にあらわれる、各種の視点をとおしてその叙述を構築するならば、労働者大衆の声はおそらくフィルムの叙述において重要な位置を占めるだろう。優れたドキュメンタリー・フィルムは、実のところ相当に豊富で複雑な情報を盛りこむことができ、もっとも優れたドキュメンタリー・フィルムはしばしば二種類以上の歴史解釈の対話をあらわし、多元的で繁雑な歴史の様相を伝える（Rosenstone 1988: 1180–1182）。

ドキュメンタリー・フィルムのこの特殊な歴史表現形式は、いかにして「サバルタンの民衆の発話」する空間を開拓することができるだろうか？　そしてもしドキュメンタリー・フィルムの監督が歴史の叙述者と同様に、つねにインタビューの内容を選別し、整理し、編集することを必要とし、一種の「媒介（mediation）」の役を演じるとするなら、ドキュメンタリー・フィルムの映像による表現方法は、果たして文字による叙述よりもインフォーマントの主体性を発揮し、上述した「媒介」の枠を突破して、叙述者の想定外の情報を伝えることができるのだろうか？　これが以下の検討の重点である。

二　分裂した叙述

一九八七年に戒厳令が解除されると、台湾には歴史叙述再建のブームが起き、多くの伝記、文学、フィルムがいっせいに歴史をテーマとした。この歴史叙述再建ブームの特徴は、女性が叙述者の立場から歴史の再建に参加し、かつてのように「叙述される」役割を演じなかったことである。私の知る台湾文学の領域についていえば、女性作家のこの方面における活躍は傑出したものであった。李昂《リーアン》が「家族史」の形式によって表現した『迷いの園』、同じく台湾共産党の謝雪紅の生涯をもとにした作品『自伝の小説』のほか、平路は『天の涯までも――小説・孫文と宋慶齢』と『百齢箋』で、二〇世紀初頭に中国で大きな影響力のあった二人の姉妹宋慶齢・宋美齢の物語を新たに書きあらわし、朱天心は『眷村《けんそん》の兄弟たちよ』で眷村〔大陸出身の外省人が集住する地区〕での幼年時代を回顧した。これらはすべて人口に膾炙した例である。

フィルム製作の領域においては、九〇年代以来ドキュメンタリー・フィルムの女性監督が大量に出現し、佳作をつぎつぎに発表した。かつての映画製作産業において、女性が能力を発揮できる空間は「三粧」すなわち化粧・服装・梳妝〔化粧・衣装・ヘアメイク〕に限られていた。監督は通常男性であり、女性監督は極端に少なかった。このことと映画産業の莫大な資金にかかわる権力の構造とは、もちろん密接に関係している。インディペンデント・ドキュメンタリー・フィルムの撮影と製作は、八〇年代中期の台湾民主化運動のなかでひとつの潮流となった（Chiu 2005）。九

○年代以後、科学技術の進歩と機材の軽便化に加え、公的な助成を受けたフィルム・フェスティバルがつぎつぎに開催され、作品発表のルートが提供されるようになると、フィルム製作はもはや伝統的な映画産業構造の制約を受けることがなくなった。女性はしだいに「カメラマン」としての権力を獲得し、インデペンデントの立場でドキュメンタリー・フィルムを撮影する女性監督は九〇年代以降、台湾ドキュメンタリー・フィルム生産の新鋭部隊となった。

写真１　DVD『失われた王国—拱楽社』

女性監督はフィルムを撮影することによって九〇年代以降の台湾の歴史叙述再建に参入し、輝かしい成果をみせた。女性監督による優れた作品としては、「世紀女性・台湾第一」シリーズと「世紀女性・台湾風華」シリーズをはじめとする、傑出した台湾女性（画家の陳進、ダンサーの蔡瑞月[1]、詩人の陳秀喜など）をテーマにしたドキュメンタリー・フィルム、簡偉斯が日本統治期の台湾流行歌曲レコード史を再整理した『Viva Tonal ダンスの時代（Viva Tonal跳舞時代）』、曾文珍が戦後初期の女性台湾共産党員に関するタブーを掘り起こした『春——許金玉の物語（春天—許金玉的故事）』、外省人の老兵を主人公にルーツ探しをあつかった蕭菊貞の『銀のかんざし（銀簪子）』と胡台麗の『石の夢（石頭夢）』、台湾の白色テロ時代に政治犯とされた人物をとりあげた陳麗貴の『青春祭』などがあげられる。

李香秀の『失われた王国——拱楽社《きょうらくしゃ》（消失的王国—拱楽社）』は、九〇年代の「歴史記憶」再編に参与した作品のひとつである。このフィルムは九三年に撮影が開始され、九八年に完成した。フィルムの冒頭では、監督の言葉が字幕で示され、このフィルムは台湾の抑圧された記憶を掘り起こすことを試みたもので、フィルムを撮影する過程をとおして、監督は台湾の歴史を再認識し、それにより彼女の「台湾人」としてのアイデンティティを再発見したと述べる。

フィルムはさながら「考古発掘」のように戦後初期から七〇年代末の台湾の「庶民生活娯楽史」を掘り起こし、南部の小さな町出身の陳澄三氏が創立した劇団「拱楽社」をとおして、戦後のある時期の忘れられた庶民の娯楽を描く。主人公は「民間企業家」というべき陳澄三であり、フィルムはこの台湾の英雄の足跡を掘り起こしていく。陳澄三は戒厳令時代にサバルタン、低俗な娯楽とみなされたローカルな歌仔戯《ゴアヒ》〔台湾発祥の音楽劇で、閩南語を主とする民謡から発展したもの。もとは男性によって演じられていたが、第二次世界大戦後、女性がおもな演じ手となる〕の劇団を経営し、庶民の娯楽王国をつくりだし、さらには彼の劇団員を出演者として撮影した台湾初の台湾語映画『薛平貴と王宝釧』（一九五六）を撮影し、それによって戦後台湾映画の黄金時代を切り拓く。やがて公営のテレビ局がつぎつぎと開局し、一座が経営困難に陥ると、陳澄三は機敏に対処し、日本の歌劇団にならって少女歌劇団に改編し、彼の娯楽王国の三度目の黄金時代を築く。最後には、七〇年代における台湾の劇場をとりまく環境の変化と陳澄三個人の年齢や健康上の理由により、「拱楽社」王国の物語も凋落を免れず、台湾庶民娯楽のこの物語も雲散霧消してしまう。

フィルムは「庶民娯楽史の再建」をテーマにしており、庶民の視点と声はフィルムにおいて重責を与えられている。監督によるこの英雄の発掘に、庶民の代表として回想をとおして協力したインフォーマントは、おもに当時、拱楽社劇団で働いていた歌仔戯の劇団員である。フィルムの冒頭、監督の立場を示す字幕のあと、続けて当時の拱楽社の歌仔戯劇団員であるインフォーマントの声が登場する。監督は明らかにこのフィルムを「歴史ドキュメンタリー・フィルム」と定義し、サバルタンの声によってサバルタンの社会や庶民の歴史を現出するとしており、その「民衆の代弁者」という創作意図があったことは疑いを容れない。

フィルムは歌仔戯劇団員の声によって歴史叙述を構築し、とりわけ「サバルタンの声」という論述の位置を提示する。インターネット上の『台湾文学辞典』を検索すると、読者はつぎのような記述をみることができるだろう。「日本統治期（一八九五～一九四五年）以降、台湾に生活する住民は、民謡をうたい奏でるのに身体動作とセリフを加え、土俗的なパフォーマンスと扮装および打楽器などを基礎とし、その後異なる時期にそれぞれ別の地方劇のパフォーマンスや劇的要素を吸収し、七字調〔七字を一句とし、四句を一首とする曲調〕および七字調系の曲調を主とする地方劇の形態に発展させた。これは台湾の地で生まれ育った、もっとも代表的な地方劇である」。日本統治期、歌仔戯は「当時の台湾においてすでに観客に愛される地方劇となっており、その人気は流行して久しい乱弾戯〔清の乾隆・嘉慶年間に台湾に伝わり、民間で隆盛した歌舞劇〕に迫る勢いであった[2]」。

『失われた王国——拱楽社』では、監督のインタビューを受ける元「拱楽社」歌仔戯劇団員が俳優になった過程をふり返り、当時歌仔戯の一座に入る娘はみな貧困家庭の出身であり、ほとんどは物心つかない幼い頃〔下は二、三歳から〕に家長によりわずかな金銭と引き換えに一座に年季奉公させられ、歌仔戯俳優になったと述べる。伝統社会において、歌仔戯俳優は「下九流」〔芸人など、旧時下層とされた職業の総称〕に属すとされ、下層階級におかれた。これらの歌仔戯劇団員の声によってフィルムの叙述を構築するのは、フィルムの歴史叙述が「庶民の記憶を呼び起こす」姿を突出させるためにほかならない。

「歴史の記憶」の再構築は、九〇年代台湾の一大潮流であった。「庶民の記憶を呼び起こす」ことも九〇年代に盛んにおこなわれ、『失われた王国——拱楽社』が九八年にあらわれたとき、このような歴史叙述のあり方はもはや新鮮ではなかった。実際のところ、九〇年代の中頃より、「悲しみから抜け出そう」というスローガンが「悲しみの台湾人」〔侯孝賢監督が八九年に製作した映画『悲情城市』に由来する。四七年に起きた本省人と外省人との大規模な衝突である二・二八事件を描き、戒厳令下の台湾ではタブーとされた歴史の暗部をあつかったこの作品により、九〇年代における台湾アイデンティティ再認識の動きが活発化した〕に取って代わりはじめ、新しい台湾文化の雰囲気が形成されていた。『失われた王国——拱楽社』の「ローカルな記憶を掘り起こし、ローカル・アイデンティティをふたたび形成する」という訴えはこのような時に出現したのであり、叙述の主軸はとくに斬新なものではなかった。

むしろこのフィルムの真価は、インフォーマントの声の介入が、しだいに監督の予期していた歴史叙述の主軸からそれていき、最後にはフィルムの「庶民の歴史の記憶を再現する」という叙述が、分裂をきたしながらもからみ合う

写真2　『失われた王国—拱楽社』より
拱楽社の劇団員として台湾語映画『薛平貴と王宝釧』でかつて女性主人公を演じた呉碧玉氏が、ドキュメンタリーのためにふたたび扮装をする場面（李香秀監督提供）

二つの叙述の路線を呈するところにある。

表面上、フィルムは一人の英雄を主役とし、彼に関する歴史の記憶を保存し、彼の生涯と偉大な功績をあらわすことを企図している。そしてたしかにフィルム全体の叙述も陳澄三の一生を主軸としている。しかし、故人である陳澄三に登場させ、語らせることはできない。そこで、生きている人間をとおして彼の面影を寄せ集めるほかなく、彼の下で働いていた女性の歌仔戯劇団員が「代弁」し、彼がいかにして一人で庶民の娯楽王国をつくりあげたのかを述べる。この英雄についての記憶は公式的な歴史のなかに探すことができないため、サバルタンの女性の回想をとおして再現せざるをえない。これらの女性の声は英雄の歴史を打ち立てるのに協力しているようにみえるが、その過程において、もともと「脇役」であったはずの女性の声は、はからずも英雄の叙述が覆い隠していたサバルタンの女性労働者の生活の様子をあらわにしてゆく。つまり、陳澄三という英雄の図像を寄せ集めるのと同時に、これらの女性の声は成功した英雄の物語の背後にある、サバルタンの女性の生活と記憶をも拾い集めるのである。

インタビューを受けた女性の歌仔戯劇団員の回想をとおして、私たちはかつて一世を風靡し、しかし公式的には中国人アイデンティティが提唱され、台湾本土のアイデンティティが抑圧される状況のなかで、忘れられた英雄の存在を改めて認識する。そして同時に、今まで発話のパイプをもたなかったサバルタンの女性の姿と、彼女たちの遭遇したジェンダーや階級の抑圧を目にすることができる。幼い頃に芝居の一座に売られたこれらの女性たちは、「拱楽社」の戦力となり、自身の労力と努力を一座の厳しい訓練に適応させることによって、陳澄三の王国を支えてきた。観客は幼い娘たちの年齢を超越したパフォーマンスに驚嘆し、喝采する。ドキュメンタリー・フィルムにあらわれる当時の「拱楽社」の上演を記録した未編集フィルムと、劇団員が主役をつとめた台湾語映画は、これらの幼いスターの公演が当時の観客をどれほどひきつけ、王国の国王に名声と利益をもたらしたかを想像させる。「拱楽社」王国は、そのような貧困家庭出身の、一座に年季奉公させられた幼い労働者の労力の上に建設されたのである。

注目に値するのは、インタビューにおいて、当時「拱楽社」劇団で働いていた女性インフォーマントが、彼女たちの過去と陳澄三に従った演劇人生がまきおこしたセンセーションについて今なお得意げに語り、その言葉の端々に陳澄三の視野の広さと行動力への肯定がうかがわれること、そして彼女たちの回想が監督のいだくイメージの描写に協力し、英雄の姿を現出し、監督の期待に十分に応えていることである。インフォーマントがかつての「拱楽社」劇団員としての生活を回想するときの喜びの表情は、彼女たちにとって、この回想が「苦しみ」の面持ちをともなうものではないことを示す。言い換えれば、陳澄三の下で働いた生活を語る彼女たちに、告発の姿勢はうかがわれず、英雄を描こうとする監督の叙述を、彼女たちがジェンダー抑圧の角度から妨げようとすることもない。しかし、彼女たちの回想にははからずも、伝統社会のしくみのなかでのサバルタン女性の社会的身分や苦難が透けてみえる。フィルムの叙述にはこのために微妙な変化が生まれ、監督の想定にはなかったサバルタンの女性の物語がしだいに展開され、いつのまにか監督の表現しようとした「英雄」のイメージにさまざまな問題があらわれ、監督が懸命に構築しようとした英雄の姿を転覆させるかのようにみえる。いうまでもなく、「庶民の記憶」は「集団の記憶の総体」として処理されるべきではない。階級・ジェンダーという要素の介入によってもたらされた分裂と衝突こそ、私たちがある種の社会の記憶を研究する際に無視することのできない重点なのである。

写真 3　拱楽社少女歌劇団のポスター

三　「サバルタンの民衆の発話」についてのいくつかの見解

『失われた王国——拱楽社』は「歴史叙述」を主要なテーマとし、私たちにドキュメンタリー・フィルムの歴史再現形式としての特質をみせてくれる。ドキュメンタリー・フィルムは通常多くのインタビューに頼り、とりわけ歴史ドキュメンタリー・フィルムが過去を映しだすにあたっては、庶民を主たるインタビューの対象とする。これは歴史の叙述のなかに登場することの少ない庶民に、姿をあらわす機会を与えるものであり、ドキュメンタリー・フィルムは「庶民の声」を突出させる再現形式である。権威的なナレーションを捨て、監督と被撮影者の相互作用を強調したドキュメンタリー・フィルムは、とりわけ庶民の声に力を発揮する空間を与える。すでにみてきたように、庶民の声は監督にあらかじめ与えられた叙述の主軸に吸収されるとは限らない。反対に、予想外の軸線を自ら引きだし、主軸の叙述を妨げ、主軸の叙述を打ち立てるのに協力するかにみえて、一方で雑音を生みだし、監督の叙述に予期していた像を結ばせないようにする。このように、絡みあいながらも分裂する叙述がフィルムのなかに微妙な張力を形成し、庶民の物語もそこに展開され、監督の用意したシナリオの欠落部分をあらわにする。

文字による叙述が主たる論述形式であった伝統的な社会においては、ドキュメンタリー・フィルムのレンズの前に登場する庶民は、通常、発話のパイプをもたない。『失われた王国——拱楽社』は歌仔戯劇団に焦点をあてており、歌仔戯は台湾の伝統社会において、基本的に女性と強力に結びついた通俗文化形式である。歌仔戯は俳優の大部分が女性であるだけでなく、観客も女性を主とする。女性の観客は俳優たちの演じる女性の苦難の物語のなかに、彼女たち自身の人生の縮図をみる。歌仔戯は強烈なジェンダー空間をそなえた通俗文化の場であるがゆえに、伝統社会の女性にこの空間のなかにある種のはけ口を獲得させ、女たちにかすかな声をあげさせ、さまざまな思いを述べさせる。しかし奇妙なことに、歌仔戯の俳優は舞台上で女性の物語を演じ、女性のために発話するにもかかわらず、舞台の下の彼女たちは社会の「下九流」の位置におかれ、彼女たち自身の思いを表明する機会はないのだ。

ドキュメンタリー・フィルムは彼女たちをインタビューの対象とし、彼女たちに劇中の役柄としてではなく、生身の人物として発話させる。ここでかかわってくるのは「発話」と「発言」の違いである。それは私たちにスピヴァクの理論を修正する機会を与えてくれる。あるインタビューにおいて、スピヴァクは「発言」〔talk〕と「発話」〔speak〕の違いを明確に区別した。サバルタンの女性はたとえ発言しても、彼女の話もまた主流層によってつくられた、すでに通行している文化叙述におさめられてしまい、彼女の伝えたい情報を伝えるすべはなく、聞いてもらうことができない（Spivak 1996: 291）。「発言」は自動的に「発話」の効果を生みだすとは限らない。「発話」とは、主流層の予期した叙述のテクストを突破し、サバルタンの女性の伝えたいと思っている情報が正確に解読されることとかかわっている。スピヴァクはこのように「サバルタンの発話」の問題について述べているが、その重点はサバルタンの民衆の伝えたい情報が正確に解読されているかどうかにある。このような理論からいうならば、サバルタンの民衆の「企図」こそ「発話」を構成する必要条件であり、読者はサバルタンの民衆が「伝えようと企図する情報」を正確に把握しなければならない。

しかし、『失われた王国——拱楽社』におけるサバルタンの女性の発話の状況は、このような想定にはおそらく不十分な点があることを私たちに示す。「企図」は「発話」の前提条件なのだろうか？　あるいは、これらの情報はサバルタンの民衆の本来の企図を超えたものであり、はからずも「発話」の可能性を創造したのだろうか？　このことは、スピヴァクの先の理論のもつ弱点を示しているようにみえる。フィルムに登場するサバルタンの女性は実のところ革命家でも社会運動家でもなく、反対に相当に「楽天」的である。彼女たちの発言は決して直接に社会構造の不公平を指摘することはなく、「拱楽社」が「児童労働者の搾取」をおこなったことを告発するつもりも、また彼女たちの父権者が彼女たちを交易品としたことを「ジェンダー抑圧」であると非難するつもりもない。彼女たちがレンズの前に登場し、過去を回顧するときにあらわれる表情から判断すると、これらの劇団員は拱楽社が当時つくりあげた盛況を追想してやまず、その歓迎と肯定を受けたパフォーマンスの歳月は回想の重点となり、その背後で嘗めた辛酸は訓練の一過程にすぎず、彼女たちのパフォーマンスに成功の道筋をつけたとみなされているようである。

フィルムのこのような表現は複雑な情報をあらわにし、「サバルタンの発話」の問題を慎重にあつかわなければならず、そのなかの微妙な、ひいては矛盾の衝突にいたるようなことを簡略化すべきではないと、私たちに注意をうながす。

いくつかの角度から分析を試みたい。第一の視点として、私たちは（女性）主体がいかにイデオロギーに服従するかという問題を探ることができる。私たちはサバルタンの民衆は必ず革命の主体であり、イデオロギーの影響から逃れられると想定するべきではない。このフィルムからみると、サバルタンの女性は「楽天」的で運命を受け入れており、父権構造が彼女たちに対する抑圧を生みだしていることに疑問を呈していない。彼女たちが伝統的なジェンダーのイデオロギーを内在化している可能性を排除することはできず、それは往々にしてふつうの状態であろう。

私たちはスピヴァクが先の理論でふれながら、しかし真に深く検討していない問題に行き当たる。フィルムにおいてサバルタンの女性がインタビューの際に述べる話は、意味のうえで分裂を起こし、彼女たちの元の意図を超越しており、さらにはその意義の複雑性もまた、彼女たちの予想を超えたものであろう。もしこれらのサバルタンの女性の発言がもたらした複雑な情報が、監督が本来設定していた叙述を妨げ、いつのまにか一種の抵抗力を生みだし、それが監督の叙述からはみ出したとすれば、サバルタンの民衆はこのフィルムにおいてある種の「発話」の空間を創造したということができるのではないだろうか。

しかし、このような解釈はフィルムを解読する観客を比較的高い位置におき、彼らがインフォーマントには渾然として見分けのつかない情報を読みとっているとみなすことになるだろう。また、このような解釈は現在のジェンダー意識を基準として過去の歴史状況を解釈しているという疑いもある。異なる社会には異なるイデオロギーが構成されるということを考慮に入れておらず、読者自身の解読にも現代のイデオロギーの限界があるという問題も検討していない。

第二の視点は、インフォーマントの「拱楽社」一座での生活に対する追憶の要素が告発を上まわっている点について、理解を試みることである。これはさらに二つのレベルに分けて述べることができる。

第一に、これはおそらく監督が意識的に選んだ場面であり、そのことによって陳澄三の英雄叙述をつくりあげようとしたのではないかということ。つまり、インフォーマントがインタビューを受けて当時を回想するとき、実際にはその記憶に辛酸や苦しみも満ちていたにもかかわらず、監督が陳澄三の英雄イメージをつくりあげるために、インタビューを選別し、意識的にまたは無自覚に、当時を回顧する肯定的な場面を多く選んだのではないかということである。このように考えることは、やはりインフォーマントを「被害者」「被抑圧者層」に配置する角度から論述を進めることになる。

第二に、これらのインフォーマントの過去の「拱楽社」の経験に対する肯定に正面から向き合い、私たちが抑圧とみなす経験が、なぜ彼女たちの心の中では肯定的な意義をもつのかについて探ること。おそらく、これらの女性は歌仔戯の仕事をとおして、普通のサバルタンには得がたい達成感を獲得したのではないだろうか。貧困家庭の女性にとって、仕事の場で肯定を得る機会は多くない。あるいはこれらの歌仔戯の劇団員にとって、一座の生活は「下九流」に属し、社会的地位は低いものの、舞台のパフォーマンスにより観客の熱狂的な反響を呼ぶことで、「プロとしての達成」という満足感を創造したのかもしれない。舞台に立つことによって彼女たちは一世を風靡し、舞台の下の観客たちに魔力を振るい、その感情を支配した。インタビューの際に彼女たちがプロとしての訓練や達成、および舞台の魅力を強調することは、フィルムの観客に向かって一種の「自己イメージの形成」を密かにおこない、一般社会の大衆の歌仔戯俳優に対する蔑視から脱却をはかったといえるのではないだろうか。これは、普通のサバルタンの労働者にはもちえない経験である。このような解釈は、「発話」の問題をさらに複雑にする。

第一の解釈は、無意識に読者の解読をサバルタンの女性の「発話」の要件とみなしており、そのため多かれ少なかれサバルタンの女性の「発話」の能動性（agency）を低めている。それに比べると、第二の解釈は当時の歴史状況と社会構成のなかで解読されており、サバルタンの女性が「発話」できるかどうかは、もはや彼女の叙述が中心層の論述に吸収されたかどうかにおいて決定されることはなく、また彼女が「知音」を獲得し、彼女の発言に含まれた複雑な情報を正確に解読する観客／読者を見つけられるかどうかで決まるものでもない。問題は特定の歴史状況におけるサバルタンの女性の主体そのものと、特定の社会構成との協議に回帰するのである。このような状況において、「発話」の問題の重点はもはや「抵抗」――中心層による抑圧や搾取への抵抗、もしくは中心層の論述に吸収されることへの抵抗――ではなく、いかにして困難な生活状況下の限られた資源を利用し、サバルタンの女性にとって可能な空間を開発するかにかかってくる。このように「サバルタンの民衆の発話」について検討することは、ミシェル・ド・セルトーのいう「寄生（poaching）」、「戦術（tactics）」にやや近づくといえる。すなわち、サバルタンの民衆がイデオロギーの束縛から抜け出すことを、ロマンティシズムを排して想定し、サバルタンの民衆が「革命者」の役を演じることを期待せず、重点を実際に生きる過程におけるサバルタンの民衆の生存策におくことである。

このように「発話」を論じることは、叙述者とサバルタンの民衆との距離を保ち、私たちに「他者」としての「サバルタンの民衆」を意識させる。そして、叙述者との距離は、叙述者がすべてを理解し、把握し、代弁することができるというものではなくなる。これはおそらく、現在の「倫理学」の見解に近いだろう。「他者」の姿で私たちの前に登場するサバルタンの女性に対し、私たちはサバルタンの民衆は必ず抵抗と革命の力をそなえており、私たちの介入など求めていないとして、「傍観」したりしない。しかし彼女たちに「近づく」過程においては、彼女たちをすべて理解し、彼女たちの発する情報を十分に解読することができると思いこまないよう、つねに警戒しなければならない。そのように意識することによって、倫理学における私たちの「他者」に対する責任を果たすことができるのみならず、つねに自己の認知体系と感知の極限をかえりみることができるのである（Levinas 1969: 43; 1985: 57）。

注

（1）『世紀女性・台湾第一』（公共電視文化事業基金会製作、忻智文化、二〇〇〇年）の内容は、第一巻『台湾第一位女画家―陳進』（陶幼春監督）、第二巻『台湾第一位女医師―蔡阿信』（陳麗貴監督）、第三巻『台湾第一位女省轄市長―許世賢』（黄玉珊監督）、第四巻『台湾第一位女革命家―謝雪紅』（蔡秀女監督）、第五巻『台湾第一位女詩人―陳秀喜』（簡偉斯監督）、第六巻『台湾第一位女記者─楊千鶴』（簡偉斯監督）、第七巻『台湾第一位女指揮家─郭美貞』（周旭薇監督）、第八巻『台湾第一位女地質学家─王執明』（郭珍弟監督）である。

『世紀女性・台湾風華』（公共電視製作、公共電視、二〇〇七年）の内容は、第一巻『暗暝の月光─蔡瑞月』（陳麗貴監督）、第二巻『豊富之旅─林海音的文学生涯』（蔡秀女監督）、第三巻『礼拝堂的華爾滋─台湾声楽教育的先駆林秋錦』（郭珍弟監督）、第四巻『台湾第一苦旦─廖瓊枝』（李香秀・呉企慧監督）、第五巻『広播界第一位女導演─崔小萍』（陶幼春監督）、第六巻『凝固的音楽建築家─修沢蘭』（黄玉珊監督）、第七巻『環山奇女子─詹秀美（大巴斯諾幹）』（陳若非監督）、第八巻『金色的玫瑰─台語片女星金玫』（游青萍監督）である。

（2）『台湾文学辞典』試用版〈http://xdcm.nmtl.gov.tw:8090/ug-9.jsp?xsd_name=entry&handle=101〉〔二〇〇九年一二月二七日確認〕

参考文献

Chiu, Kuei-fen. 2005. "Taiwan and Its Spectacular Others: Aesthetic Reflexivity in Two Documentaries by Women Filmmakers from Taiwan." *Asian Cinema: Special Issue on Asian Documentary* 16.1 (Spring/Summer 2005): 98-107.

Hobsbawm, E. J. 1988. "History from Below-Some Reflections." In Frederick Krantz (eds.) *History from Below: Studies in Popular Protest and Popular Ideology*, pp.13-27. New York: Basil Blackwell.

Levinas, Emmanuel. 1969. *Totality and Infinity: An Essay on Exteriority*, trans. Alphonso LIngis. Pittsburgh, PA: Duquesne University Press.

———. 1985. *Ethics and Infinity: Conversations with Philippe Nemo*, trans. Richard A. Cohen. Pittsburgh, PA: Duquesne University Press.

Rosenstone, Robert A. 1988. "History in Images/History in Words: Reflections of the Possibility of Really Putting History onto Film." *The American Historical Review* 93.5 (Dec, 1988): 1173-1185.

Sipe, Dan. 1998. "The Future of Oral History and Moving Images." In Robert Perks and Alistair Thomson (eds.) *The Oral History Reader*, pp.379-388. London; New York: Routledge. Rpt. from *Oral History Review* 9.1/2 (Spring-Fall, 1991): 75-87.

Spivak, G. C. 1988. "Can the Subaltern Speak?" In Cary Nelson and Lawrence Grossberg (eds.) *Marxism and the Interpretation of Culture*, pp.271-313. Urbana: University of Illinois Press.

———. 1996. "Subaltern Talk: Interview with Editors." In Donna Landry and Gerald Maclean (eds.) *The Spivak Reader*, pp.287-308. London; New York: Routledge.

Thompson, Paul. 1998. "The Voice of the Past: Oral History." *The Oral History Reader*, pp.21-28. Extracted from P. Thompson. 1988. *The Voice of the Past: Oral History*, 2nd ed. Oxford: Oxford University Press.

White, Hayden. 1987. *The Content of the Form: Narrative Discourse and Historical Representation*. Baltimore: Johns Hopkins University Press.

〈解題〉

「サバルタン」が語る／騙るとき
——台湾女性史研究におけるドキュメンタリー・フィルムの可能性

田村容子

はじめに

邱貴芬論文が考察の対象とするのは、台湾の女性監督李香秀によって撮影され、一九九九年に発表された『失われた王国——拱楽社』である。これは李香秀の最初の長編ドキュメンタリー・フィルムにあたり、九九年にハワイ国際映画祭で最優秀ドキュメンタリー・フィルム賞にノミネートされ、二〇〇〇年台湾国際ドキュメンタリー映画祭ではNETPAC特別賞を受賞するなど、国内外で高く評価された。

撮影の動機について、李香秀は「観客に彼らの知らない、だが台湾にかつてあった歴史を伝えることができれば、それこそがこの使命の真の目的なのだ(1)」と述べており、「歌仔戯《ゴアヒ》」とよばれる台湾の大衆演劇を題材に、戦後台湾の「失われた」大衆文化史を掘り起こし、記録することをめざしたという。しかし作品は、監督の述べる目的におさまりきらない意味を含んでおり、それこそが邱論文の論点となるのだが、その前にまず、歌仔戯について簡単に解説しておきたい(2)。

歌仔戯とは、台湾発祥の音楽劇である。現在では主として女性によって演じられ、男役トップスターが多くの女性ファンに支持されている点で、日本の宝塚歌劇を彷彿とさせる。その起源は宜蘭近郊の農村の民間芸能といわれているが、二〇世紀初頭に舞台劇としての体裁が整った後、映画やテレビにも進出した。歌仔戯の変遷は、台湾が農村社会から工業・商業社会へと移り変わったことと関連している。祭りの場で奉納される野外上演に始まり、劇場内での商業公演、あるいはスクリーンやブラウン管の中へと、歌仔戯は台湾の視聴覚メディアの発展に合わせてその上演形態を変え、大衆の娯楽でありつづけたのである。

一九世紀、清朝統治期の台湾においては、女性が公共の場で舞台に立つことは禁じられていた。そのため、歌仔戯も当初は男性のみによって演じられた。やがて、日本統治下の一九二〇~三〇年代、女性観客の増加にともない、女性によるパフォーマンスが社会に受け入れられるようになると、歌仔戯の劇団にも女性が出現する。だが、現在のごとく女性が歌仔戯俳優の中心的存在となるのは、第二次世界大戦後の話である。戦前より、経済的に困窮した家庭が子どもを劇団に売ることは珍しくなかったが、一九五〇年代になると、男児を売る家庭は減少し、相対的に女児が増加した。このような状況のもと、歌仔戯の劇団は女性中心となり、男役を演じる女性が誕生すると同時に、男性は敵役を担当するようになった。

李香秀のフィルムで描かれる歌仔戯の劇団「拱楽社」は、一九四七年に設立された。経営者の陳澄三(一九一七~九二)は、台湾中南部の雲林県麦寮の出身である。農村の商家に生まれた彼は、地元のアマチュア劇団であった「拱楽社」を職業劇団として旗揚げする。開拓精神に富み、プロデューサーとしての手腕に秀でた陳澄三は、伝統的な劇団のあり方にとらわれず、さまざまな上演形態を歌仔戯に取り入れた。その結果、歌仔戯は新たなパフォーマンスの空間を獲得する。たとえば西洋音楽やダンスを取り入れた少女歌劇化や、台湾語による商業映画化、さらには「テレビ歌仔戯」など、一九五〇~六〇年代にかけての庶民の娯楽と流行は、ほとんど「拱楽社」によってつくりだされたのである。

女性史の観点からみた場合、当時の歌仔戯俳優はすでに女性を中心に構成されていたとはいえ、劇団経営や演出・楽師・演技指導など、劇団の中枢を担うのはやはり男性であったことは注視されねばならない。劇団の組織は父権の論理によって支えられており、女性がまず経営者の養女として劇団に入り、やがて主力俳優となった後、妾として迎えられることも、よくみられる現象であったという。

邱貴芬氏は『失われた王国——拱楽社』のDVD解説書にも寄稿しており、そこにはつぎのような指摘がみえる。

フィルムのなかに幾重にも重なる張力が、私たちがすでによく知っている「抑圧されたローカルな民俗歴史の記憶がオフィシャルな歴史に対抗する」という叙述のみならず、さらには男性の英雄伝と女性の庶民の生命、フィルムの表面上の企図とフィルムの言外の意味との間の微妙な綱引きによって展開する。(3)

ここには、今回の論考につながる主題をすでにみることができるだろう。邱氏はまず、先に引用した監督の撮影動機が、既存の叙述パターンの踏襲にすぎないことを指摘する。そして、そのような叙述がいわばフィルムの「表面上の企図」を述べるものだとするならば、その「官の歴史／民の歴史」という叙述の主軸のなかに、「男性英雄／サバルタン女性」という別の構造が見えるという問題を提示するのである。この指摘は、フィルムの映像が内包する思考の可能性を観客に示している。同時に、フィルムがすぐれたドキュメンタリーであることを証明する批評であるともいえよう。

邱論文では、右の問題についてさらに詳細な検討が加えられている。考察の起点となるのは一九八八年にG・C・スピヴァクが著した『サバルタンは語ることができるか（*Can the Subaltern Speak?*）』という問いかけである。「サバルタン」とは従属的な階層におかれた民衆をさすが、かつて日本でもそうであったように、中華社会においても、芸能にたずさわる者は伝統的な規範意識のもと、周縁的階層と位置づけられていた。とりわけ、女性が女性を主とする民衆に娯楽を供する構図をもつ歌仔戲の場合、その「女優」という存在には職業とジェンダーの両面におけるサバルタン性が含まれ、二重に抑圧される状況にあったといえるだろう。

以下、本稿では邱論文が言及する二つのテーマ、すなわちドキュメンタリー・フィルムの解読にかかわる問題と、サバルタンの発話にかかわる問題について検討し、台湾女性史研究における台湾女性ドキュメンタリー・フィルムの可能性について考えてみたい。

一　邱貴芬氏と台湾女性ドキュメンタリー・フィルム研究の動向

著者の邱貴芬氏は、ワシントン大学比較文学博士、中興大学台湾文学およびトランスナショナル文化研究所特聘教授などの肩書きをもち、主として台湾の現代文学、文学文化理論、ドキュメンタリー・フィルム研究に従事している。編著書に『後殖民及其外（ポスト・コロニアルほか）』、『日拠以来台湾女作家小説選読（日本占拠時代以来台湾女性作家小説選読）（上・下）』などがあるほか、近年の研究には「原住民は文学「創作」を必要としているか」、「日本記憶与台湾新歴史想像─以紀録片《跳舞時代》為例（日本の記憶と台湾の新しい歴史の想像――ドキュメンタリー・フィルム『Viva Tonal ダンスの時代』を例に）」などがある。(4)

台湾の女性監督によるドキュメンタリー・フィルムは、邱貴芬論文においても言及されるとおり、一九九〇年代に始まり、発展した。九三年には、女性監督の黄玉珊らにより「黒白屋電影工作室」が発起され、「女性影像芸術展」が開催される。この活動は二〇〇〇年の台湾女性影像学会の発足につながり、多くの女性監督を生みだす重要な機構となった。やがて女性の職業権、参政権、身体、性欲、同性愛や歴史認識など、フィルムがあつかうテーマは多様化し、女性監督によるドキュメンタリー・フィルムは研究対象としても注目を集めるようになる。

一例をあげれば、二〇〇三年には台湾大学婦女研究室の発行する学術誌『婦研縦横』第六七・六八号において、女性監督による手記および女性の論者による作品評論という二つの視点から、ドキュメンタリー・フィルムの特集が組まれている。同誌には邱氏も評論を寄稿しており、編集長をつとめた台湾大学中文系教授の鄭毓瑜《ていいくゆ》は、台湾女性ドキュメンタリー・フィルムの評論に共通してみられる問題意識として、次の点を指摘する。

女性ドキュメンタリー・フィルムにおける被写体は、往々にして主観的な叙述をとおし、レンズの前で自身を表明し、さらにはパフォーマンスに近い方法によって「記録」を完成する。これは「ドキュメンタリー・フィルム」

が「事実を記録する」ことが使命だとみなされていることへの挑戦であり、他方で女性ドキュメンタリー・フィルムがどうして被写体にこれほど自在に、おおらかに自分を表現させることができるのかという問題への思考をうながす。そこには撮影者と被写体の間の相互信頼関係があり、この信頼は女性監督の我慢強さと誠実なかかわり方、そして種々の些事を整理する手腕によっているのである。(5)

また、黄玉珊の概説する台湾女性映画発展史によれば、(6)女性監督の手による歴史認識をあつかったフィルムには、主として次の二つの立場がみられる。ひとつは女性の観点から歴史における女性の姿を再認識すること、もうひとつは女性の観点をもちながら、映像的思考により歴史を描こうとすることである。そして、両者はフィルムにおいて時に融合し、互いに支えあう関係にあるという。

黄の文中では、李香秀の『失われた王国――拱楽社』は後者の例としてあげられているが、「映像的思考により歴史を描こうとする」とは具体的に何をさすのか明らかにされていない。今回の邱論文はまさしくこの点を詳細に論じたものといえ、その分析には台湾女性ドキュメンタリー・フィルムをめぐる研究動向が反映されている。

邱論文では、『失われた王国――拱楽社』というドキュメンタリー・フィルムについて、主として（一）監督によって構築された叙述が何を語っているか、（二）いかなる文化的背景からその叙述が生みだされているか、（三）叙述そのものをひとつの表象としてとらえたとき、そこから何を読みとることができるか、という点について述べられている。台湾文化史という観点からみれば、（一）はフィルムが映しだす、歌仔戯が一世を風靡した戦後から七〇年代にかけての台湾の状況（陳澄三の「英雄伝」に照らし合わせれば、それは歌仔戯の職業劇団の創設、台湾語映画の撮影、歌仔戯劇団を母体とする少女歌劇団の創設の三段階に分けられる）についての解説、また（二）はインディペンデントの立場からドキュメンタリー・フィルムを製作する女性監督が出現した九〇年代の台湾の状況についての解説であり、それぞれ興味深い話題である。

しかし、邱論文においてもっとも刺激的なのは、やはり（三）にかかわる部分であろう。この部分の論考が提起する問題は多岐にわたっており、「歴史の叙述における「庶民の心の声」の問題」、「分裂した叙述」、「「サバルタンの民衆の発話」についてのいくつかの見解」という三つの節に分けて述べられている。つぎに、このうち前二者について邱氏の論点を整理しながら、ドキュメンタリーをめぐる問題について検証してみたい。

二　ドキュメンタリーをめぐる問題

「歴史の叙述における「庶民の心の声」の問題」においては、文字による歴史叙述にサバルタンの民衆の声が反映されてこなかったこと、その後オーラル・ヒストリーにあらわれるサバルタンの声もまた、口語が文字によって記録される過程で原意が失われ、ねじ曲げられるのを免れないこと、そのためサバルタンの発する声はサバルタンの意図するように聞きとられることがなく、「語る」ことができないというスピヴァクの理論が紹介される。

では、インタビューを映像のかたちで記録するドキュメンタリー・フィルムは、文字による歴史叙述にはない「サバルタンの民衆の発話」する空間を開発することができるのだろうか？　あるいはドキュメンタリー・フィルムの叙述が監督という叙述者によって構築され、そのことによって「語り」が編集・整理される問題を免れないとしたら、ドキュメンタリー・フィルムの映像は、叙述者の構築した叙述の枠に囲いこまれない情報を伝える可能性はないのだろうか？　これが本節において提起される問題意識である。

つづいて、「分裂した叙述」では、一九八七年、戒厳令解除後の台湾に起きた、「歴史叙述再建」ブームについて述べられる。邱論文はこのブームの特徴として女性が叙述者の立場から参加したことを指摘し、文学とドキュメンタリー・フィルムの分野における優れた作品をあげる。『失われた王国――拱楽社』もまた、その流れに位置づけられる作品のひとつであり、そのことはフィルムに挿入される字幕、および李香秀の次のような言葉からも読みとることができる。

アメリカに戻り、私は引き続き歌仔戲に関する資料を読み、やがて、ある記述に震撼させられた。「拱楽社」とは、最初に脚本を使用した劇団であり、最初の台湾語映画の撮影に成功した劇団であり、最初の歌仔戲学校を設立した劇団であり、大型室内劇の代表劇団であり、八つもの組をつくりあげた劇団である。考えてみれば、その打ち立てた記録の何と多いことか！　しかし、なぜ三〇年の間に、それはいとも簡単に台湾から消え、何の消息もなくなってしまったのだろう。このような驚きと疑問が、つねに私の頭をノックし、この歴史の真相を探るモチベーションを高めつづけたのである。(7)

アメリカのテンプル大学で映画を学んでいた李香秀は、一九九二年に大学の課題制作の過程ではじめて歌仔戲に出会い、右のような動機から、九三年にこのドキュメンタリー・フィルム撮影に着手した。撮影に時間を要したため（その過程で李香秀は台湾語映画全盛の先鞭をつけた作品『薛平貴と王宝釧』の未編集フィルムを発掘している）、フィルムが公開された九〇年代後半の台湾において、本作の「ローカルな記憶を掘り起こし、ローカル・アイデンティティをふたたび形成する」という叙述方法はすでに斬新なものではなくなっていたと邱論文は指摘する。

しかし、同時に、邱論文はこのフィルムの叙述の主軸の外側に呈されている情報についても解読してみせる。それは、監督が失われた「拱楽社」の歴史を復元しようとする際、陳澄三という成功した資本家に焦点をあて、彼が戦後台湾の大衆娯楽史に成した功績を追う過程であらわれる、女性の歌仔戲俳優の「語り」の二重性である。彼女たちの語りは、女性史の視点からそれをみるとき、抑圧される台湾のローカル・アイデンティティとしての歌仔戲のなかに、さらなる被抑圧者としての彼女たちが存在し、しかし彼女たちの力によって戦後台湾の大衆娯楽の黄金時代が支えられていたという構造を露呈する。

現在の時点からみれば、彼女たちの語る「いかにして自分が拱楽社に連れてこられたか」という物語は、時に陳澄三の成した歌仔戲劇団の企業化・商業演劇化という物語よりはるかに強い印象を与え、その「前近代的」ともいうべき人身売買のあり方は、拱楽社が歌仔戲にもたらした脚本・台湾語映画・録音・学校制度の整備という「近代的」な改革との対照を際立たせる。

彼女たちの語りは、男性英雄／サバルタン女性という構図をそれ自体が表象していながら、ドキュメンタリー・フィルムの叙述の主軸に囲いこまれることはない。それはさながら点在するパズルのピースのごとく、フィルムのあちこちに断片的にあらわれ、陳澄三の物語に吸収されることのない自律性を保っている。その一方で、語る女性たち自身に階級やジェンダー抑圧の問題を強調する意図はみられない。この複雑な状況をさして、邱氏は「分裂をきたしながらも絡みあう二筋の叙述の路線」と述べるのである。

ここで、ドキュメンタリーとは何かということについて確認しておきたい。

ドキュメンタリーとは、映像表現によって世界のあり方を批判的に受けとめようとした映像作品のことである。一般には、その映像表現は、何らかの現実を映し撮った記録映像を素材にすると考えられるが、その記録映像が演技（フィクション）なのか、本当のこと（ノンフィクション）なのかは問わない。（……）ドキュメンタリーが対象とする「現実」は、いつも〈虚実の境目〉に揺れ動いているものなのである。

映像が本来もつ意味の多元性は、その時代や社会が要請する一元的な意味とは、本質的に矛盾するものなのだ。ナレーション（説明）やコメント（解説）がいくら精緻を極めても、映像はナレーションの言葉からはみ出す意味を常に内包している。映像の意味と言葉の意味は、いわば次元が違うのである。(8)

これは、ドキュメンタリー・フィルム作家の佐藤真によるドキュメンタリーの定義であり、従来のドキュメンタリーが「社会的意義や真の情報を提供する」、「記録映画」とみなされてきたことに対するアンチテーゼとして提出された。ジャーナリズムの志向する「客観」と、撮影者が素材を「主観」にもとづき構築するドキュメンタリーは相反する方向性をもち、映像と言葉の意味は次元が異なる、という佐藤の見解は、すでに今日のドキュメンタリー・フィ

ルム理論においては自明の共通認識であろう。先に引用した鄭슬瑜による台湾女性ドキュメンタリー・フィルム評論についての指摘も、同様の問題意識にもとづいている。

このことをふまえ、邱論文の述べる「分裂をきたしながらも絡みあう二筋の叙述の路線」について考えるとき、次の二つの疑問が生じる。ひとつは、歌仔戯を演じる女性たちの声は、はたして本当に監督の叙述の主軸の外におかれているのか、もうひとつは、インフォーマントとして撮影者のレンズの前に立つとき、女性たちは自覚的に、あるいは無意識のうちに、監督や観客の期待する役割を演じた可能性はなかったか、ということである。この点について、邱論文は、監督には戦後台湾の「失われた」大衆文化史を掘り起こすという叙述の目的があり、インフォーマントの女性たちは「民衆の代弁者」として与えられた役割をたしかに演じたが、一方で監督の叙述の主軸にはなかったはずの階級とジェンダーの問題が、女性たちの発言によってあぶり出されていると解釈している。

この二つの疑問は、邱論文の分析が監督の「叙述の主軸」を揺るがないものとしている点に起因する。先に引用した李香秀の言葉からは、監督自身もまた、自らの叙述の主軸を疑っていないように読みとれる。しかし、李香秀の現実を切り取るまなざしのなかに、歌仔戯俳優の女性たちの語りが大きな比重を占めていることを、フィルムの映像はあらわしているようにみえる。あるいは、被写体の女性たちの「語り」そのものがレンズを前にしたパフォーマンスだとすれば、撮影者と被写体の間に無意識のうちに一種の共犯関係が生みだされていたとも考えられるのではないだろうか。

たとえば、『失われた王国――拱楽社』のインタビューにおいて、台湾語映画の撮影に携わった映画監督の何其明など、陳澄三と共同で事業を成した人物の語りは、台湾文化史における陳澄三の業績を客観的に位置づけようとし、彼らは一貫して陳澄三の物語を語ろうとする。一方、歌仔戯俳優が語るのは、基本的に個人の物語であり、彼女たちは売られた悲しみ、稽古の辛さ、喝采の喜び、劇場をつつむ興奮などすべて自身にまつわる事柄を追憶する。時おり挿入される台湾語映画『流浪三兄妹』にあらわれる、さすらう歌仔戯の子役たちのイメージは、男性の語りに合わせてみれば、台湾の政治環境下における歌仔戯の運命を象徴するかのようにみえる。しかし、女性の語りに合わせてみれば、家族と離れて劇団で生活し、また晩年の陳澄三から劇団ごと手放される歌仔戯俳優自身の姿を象徴するようにもみえる。はたして監督の「叙述の主軸」は前者に照準を合わせているといえるのか、映像からは断定できない。フィルムの映像は、まさしく佐藤の述べるとおり、「いつも〈虚実の境目〉に揺れ動いている」ようにみえるのである。

三　サバルタンの発話をめぐる問題

最後に、サバルタンの発話にかかわる問題について検討し、前節で述べたドキュメンタリー・フィルムの手法が、台湾女性史研究においていかなる可能性をもつのか考えていきたい。

邱論文は末尾の「「サバルタンの民衆の発話」についてのいくつかの見解」において、スピヴァクによる「発話」の定義[9]に対するさらなる問いかけをおこなう。邱氏はスピヴァクの問題提起が「サバルタンの民衆の伝えたい情報が正確に解読されているかどうか」を重点としていることについて、そこにはサバルタンが伝えたいと思っている「企図」の存在が想定されており、「発話」の前提条件であるとみなされているのではないか、と指摘する。そして、この問題をめぐる論考は、つぎのように展開する。

(一)『失われた王国——拱楽社』においては、歌仔戯俳優である女性の発話が、叙述者(監督)の企図も発話者(歌仔戯俳優)の企図もこえた情報を呈しており、叙述者の叙述に吸収されないままあらわされたという点において、サバルタンの「発話」の空間を創造していた可能性がある。だが、同時にこの解釈は、フィルムの解読者を高い位置においており、解読者による解読もまた、現代のイデオロギーの枠組みのなかにあるという問題を検証していない。

(二)インフォーマントである歌仔戯俳優の拱楽社に対する追憶が告発を上まわる点について、理解を試みること。

①それを監督の意識的または無意識的な叙述方法であるとみなす場合。だが、この解釈は前提として、やはりインフォーマントを「被抑圧者」の立場においている。

② 歌仔戯俳優である女性たちは、舞台で観客の肯定を得ることにより、普通のサバルタンには得がたい仕事上の達成感を獲得したとみなす場合。この解釈では、もはや「発話」の問題の重点は中心層／周縁層という関係のなかにおかれず、周縁層であるサバルタンの女性がいかにして生存空間を切り拓くかという問題とかかわる。

邱論文は、最終的にはサバルタンの「発話」の問題をとおして、私たちが女性史の問題を考える際にもちうる自覚について指摘したところで結ばれる。そこにいたるまでの思考の道筋は、邱氏自身が自己の認識を省みる過程にほかならない。そもそも、「サバルタン」とは、対象をそう認識した瞬間、認識の主体にとって彼岸にあるものと位置づけられるような存在なのではないだろうか。

認識主体によって自らを強化するための「他者」として立ち上げられると同時に「自ら語る主体」としては歴史の場から抹消されてしまう「サバルタン」存在についてのスピヴァクの考察はじつに多くの貴重な示唆をあたえてくれるのです。(10)

これは、スピヴァクの日本語翻訳者でもある上村忠男の討論での発言である。サバルタンが右のように定義されるものだとすれば、その声を聞こうとする行為自体に、つねに行為者を認識の主体におくという構造が含まれることになる。邱論文がその締めくくりにおいて提起しているのは、この構造に対する自覚をうながすことであろう。そしてじつは、歌仔戯の「女優」がかかえる二重に交錯したサバルタン性にも、同様の構造が認められるのである。

まず、彼女たちは舞台の下では芸能従事者として、さらには低俗な娯楽と位置づけられる歌仔戯の「女優」として、社会の中心層から「他者」化される。彼女たちが芸を供するのは、同じように周縁的な階層におかれた民衆である。しかし、舞台の上において、彼女たちはそのような観客からも、彼岸に立つ者として「他者」化される。そこには、「見る／見られる」という関係性において、「眺められる対象」である彼女たちがつねに受動的・従属的な立場に立たされるという構造がある。

すなわち、歌仔戯の「女優」は、観客である民衆の声をそのパフォーマンスによって代弁し、観客の感情を吐きだす代替装置でありながら、彼女たちの主体としての声を観客が聞こうとすることはない。その意味において、歌仔戯の「女優」とはまさしく先の引用中の「サバルタン」存在であり、台湾における「周縁」性を表象しているといえるのではないだろうか。『失われた王国──拱楽社』のなかで、邱論文の述べるとおり「絡みあいながらも分裂する叙述がフィルムのなかに微妙な張力を形成」したことは、そのような歌仔戯の「女優」がもつ、職業とジェンダーの両面におけるサバルタン性の交錯ともおそらく関連があるだろう。

興味深いことに、ドキュメンタリー・フィルムという手法にも、「見る／見られる」という関係性は発生する。それは、カメラのレンズを媒介として撮影者が被写体を「見る」ことであり、同時に撮影されたフィルムを媒介として観客が被写体を「見る」ことでもある。さらに、ここに生じる権力関係が絶対的なものではなく、転覆の可能性を含むことについて、邱氏はかつて、つぎのように論じている。

レンズがもはや「透明化」して「窃視」の観察位置を暗示することなく、撮影されたものの「パフォーマンス性」をあらわにするとき、見る者は泰然自若とした観察位置からたちまち立ち退かされ、いつも疑いの気持ちをいだいた状態で解読をおこなわねばならない。この不確定な感覚は、見られる者が「パフォーマンス」をとおして、画面が示す意味の生産行為に積極的に介入してくることによる。見る者は自分が愚弄されているのかどうか、永遠に確認できない。この過程において、解釈の権利はもはや見る者の手には握られず、それればかりか見る／見られるという権力の階層さえ、きわめて不安定にみえてくるのである。(11)

ドキュメンタリー・フィルムが客観的な現実を映しだす鏡ではなく、撮影者の主観を含む〈虚実の境目〉に揺れ動くものであることは、前節で確認したとおりである。そして、被写体がレンズの前でパフォーマンスを見せ、映像のあらわす意味に積極的に関与しようとするとき、〈虚実の境目〉はますます曖昧になり、「見る／見られる」という権力構造は、「騙られる／騙る」という主客の転倒の可能性さえ帯びてくるのである。

上述のドキュメンタリー・フィルムの可能性は、たとえば『失われた王国——拱楽社』においては次のような点に見いだすことができる。

李香秀が歌仔戯の「女優」たちに語らせたとき、つねに「他者」化され、「周縁」性をかかえる存在である彼女たちは、同時に自分たちを認識する主体の側を成す社会と、さらにはそれを支える父権の論理を受け入れ、内面化しているようにみえる。邱論文で指摘されるように、彼女たちが職業に対し肯定感をいだいたり、フィルムの観客に向かって歌仔戯俳優としての「自己イメージの形成」をはかったりすることは、そのような内面化を経たうえで成立する行為であろう。

しかし、歌仔戯の「女優」は、父権の論理を内面化することによって、ジェンダー抑圧に屈服しているといえるのだろうか？　それとも、それは生存のためのすべであり、与えられた環境に適応し、よりよい生存空間を模索しているとみなすべきなのだろうか？　彼女たちがレンズの前でみせるふるまいは、「自己イメージの形成」というパフォーマンス性を内にはらんだ瞬間、それを見る側が想定する一切の叙述や解釈——サバルタンとしての女性の声を聞くことなど——を無効にすることが可能となる。そして、見る者から彼女たちを「解読」する権利を剝奪するのである。

おわりに

これまでみてきたように、ドキュメンタリー・フィルムとは、「見る／見られる」、あるいは認識の主体／客体という関係性によって生じる中心層と周縁層の権力関係を、転覆する可能性をもつ媒体である。優れたドキュメンタリー・フィルムの叙述は、周縁層と認識されるもののもつ価値や、認識する主体の限界をあらわにし、そのことによって見る者にさらなる思考の空間を提供する。

邱氏の一連の研究は、ドキュメンタリー・フィルムを歴史記録の新たな叙述方法とみなし、その解読をとおして、既存の理論がかえりみることのなかった問題を発掘し、新たな思考モデルの構築を試みるものである。それは、私たちが女性史の問題を考える際に有益な示唆を与えてくれる。

注

（1）李香秀「用影像重現一段失落的歴史記憶 『消失的王国—拱楽社』的出土史記」、DVD『消失的王国—拱楽社』解説書所収、一九九九。

（2）以下、歌仔戯と「拱楽社」については、邱坤良『陳澄三与拱楽社—台湾戯劇史的一個研究個案』（国立伝統芸術中心籌備処、二〇〇一）を参照した。

（3）邱貴芬「召喚台湾庶民娯楽的一則伝奇—看紀録片『消失的王国—拱楽社』」、DVD『消失的王国—拱楽社』解説書所収、一九九九。

（4）本文であげた邱貴芬氏の著作は以下のとおり。『後殖民及其外』麦田出版、二〇〇三年。『日拠以来台湾女作家小説選読（上・下）』女書文化、二〇〇一。「原住民は文学「創作」を必要としているか」魚住悦子訳『台湾原住民文学選九　原住民文化・文学言説集Ⅱ』、草風館、二〇〇七年、三一九—三三二。「日本記憶与台湾新歴史想像：以紀録片《跳舞時代》為例」『東亜現代中文文学国際学報—東亜文化与中文文学専号』二〇〇六年香港号、八〇—九五（のち李瑞騰主編『台湾文学三〇年菁英選七—評論三〇家』所収、九歌出版社、二〇〇八）。

（5）鄭毓瑜「主編的話」『婦研縦横』第六八期、国立台湾大学婦女研究室人口与性別研究中心婦女与性別研究組、二〇〇三。

（6）黄玉珊「女性影像在台湾—台湾女性電影発展簡史」社団法人台湾女性影像学会主編『女性・影像・書　従女性影展看女性影像之再現』書林出版、二〇〇六、二四七—二四八（この文章にもとづく改訂版の日本語訳に、「台湾における女性映像——女性映画の発展概論」小宮有紀子訳『社会文学』二七、二〇〇八年がある）。

（7）前掲注（1）に同じ。

（8）佐藤真『ドキュメンタリー映画の地平　世界を批判的に受けとめるために』上、凱風社、二〇〇一年、一七—一八、一二九。

（9）スピヴァクは、一九九六年に発表されたインタビュー「サバルタン・トーク（Subaltern Talk）」において、つぎのように述べる。

「この「語る」ということをまったく文字どおりの意味で「口をきく」ととると問題が起きてきます。（……）現実に言葉が発せられたかどうかという事実には私はあまり関心がないのです。私が関心を持っているのは、発話をおこなった場合でも、その発話をおこなう人はある性格分析的伝記という点から解釈されてしまい、その結果発話それ自体が、私たちがものごとを歴史的に解釈する、そのやりかたで解釈されねばならないことになるだろう、ということです。（……）ですから、「サバルタンは語ることができない」ということは、サバルタンが死を賭して語ろうとするときですら、彼女は聞いてもらうことができない、そして語ることと聞くことが一対になり、初めて言語行為は完成するのだ、ということなのです。」（引用はG・C・スピヴァク「サバルタン・トーク」吉原ゆかり訳『現代思想』第二七巻第八号、一九九九年、八四―八五。）

このほか、サバルタンの発話をめぐる問題については、次の文献を参照した。G・C・スピヴァク『サバルタンは語ることができるか』上村忠男訳、みすず書房、一九九八年。P・ブルッカー『文化理論用語集　カルチュラル・スタディーズとポスト・コロニアリズムの位相』有元健・本橋哲也訳、新曜社、二〇〇三年。本橋哲也「サバルタンはスピヴァクできるか？――カルチュラル・スタディーズとポスト・コロニアリズムの位相」『言語』第二九巻第三号、二〇〇〇年、六六―七二。

（10）上村忠男・太田好信・本橋哲也「スピヴァクあるいは発話の場のポリティクス」『現代思想』第二七巻第八号、一九九九年、四五―四六。

（11）邱貴芬「紀録片／奇観／文化異質―以「蘭嶼観点」与「私角落」為例」『中外文学』第三二巻第一一期、二〇〇四、一三四（のち王慰慈主編『台湾当代影像―従紀実到実験一九三〇～二〇〇三』所収、同喜文化、二〇〇八）。

編集後記

台湾に「羅生門」という言葉がある。新聞やテレビでよく見かける言葉だが、辞書の類にはない。台湾人学生によれば、証人の言っていることがばらばらで真相がわからぬことをさすが、なぜそういうのかは知らないという。日本語でいえば藪の中ということか。台湾人の学者に語源を聞いて、怪訝な顔をされた。あなたは芥川龍之介の『羅生門』を知らないのかと。あっと気がついた。黒澤明の《羅生門》である。

わたしたち日本人にとって「羅生門」とは教科書でおなじみの、「下人」と「老婆」が登場する芥川の『羅生門』である。しかし、台湾ではクロサワの《羅生門》なのである。黒澤明《羅生門》の原作が芥川の『藪の中』であることは言を要すまい。映画《羅生門》で羅生門や下人は導入部分に登場するだけである。ここまで書いて気がついた。日本語の「藪の中」も芥川の『藪の中』が語源だった。

台湾はハイブリッド社会といわれる。原住民、閩南人《びんなん》、客家《ハッカ》、外省人という四大エスニックグループが混在し、支配者もオランダ、スペイン、清朝、日本、中華民国とめまぐるしく変わった。当然、言語や文化もハイブリッドである。台湾の「国語」は大陸の中国語とは語彙や表現が異なる。この論文集の翻訳を担当したのは、中国語を訳し慣れているメンバーではあるが、正直いって翻訳作業は難航した。辞書にない言葉や比喩、専門用語、法律名、略語——台湾では当たり前のことがわからない。これまで日本語に訳出されていない法律名をどのように翻訳するか、台湾の中でも立場の分かれる女性問題をめぐる意見をどのように盛りこむか、日本側と台湾側の間で交わしたメールは膨大な量になる。台湾側は論文を送ったあとも次々と舞いこむ質問状にさぞ辟易しただろうが、辛抱強くこれに対応いただき、訂正や補足説明、場合によっては大幅な節略にも快く応じてくれた。頭の下がる思いである。

翻訳では日本の読者にとって分かりづらい事項には〔　〕内に丁寧な訳注を入れることを心がけた。団体名や法律名については可能な限り『台湾女性史入門』（人文書院、二〇〇八年）に依拠するとともに、必要に応じて原名と日本語訳を併記した。なお歴史の流れで不明な箇所があれば『台湾女性史入門』の「台湾女性史関連略年表」を参照いただきたい。

本書は、日本学術振興会科学研究費研究　基盤研究（B）19310166「台湾女性史とジェンダー主流化戦略に関する基礎的研究」（研究代表者：関西学院大学　成田静香）の研究成果の一部である。

なお、この本の出版に際しては、台湾・行政院文化建設委員会の出版助成を得た。記して謝意を示しておく。『台湾女性史入門』につづき、この本の企画を初期の段階からサポートしてくださった人文書院の伊藤桃子氏、難しい作業の中でわたしたちを励ましつづけてくださった友人の愛知大学教授・黄英哲氏にも感謝申しあげる。

二〇一〇年三月

野村鮎子
成田静香

執筆者・翻訳者一覧

（掲載順、○は編者）

Ⅰ

陳　昭如　Chen Chaoju　台湾大学法律学系副教授
林　香奈　Hayashi Kana　京都府立大学文学部准教授
張　晋芬　Chang Chinfen　中央研究院社会学研究所研究員
大平幸代　Ohira Sachiyo　関西学院大学法学部准教授
顧　燕翎　Ku Yenlin　元交通大学通識教育中心教授、婦女新知基金会顧問
羽田朝子　Haneda Asako　奈良女子大学大学院人間文化研究科博士課程
洪　郁如　Hong Yuru　一橋大学大学院社会学研究科准教授
范　　情　Fan Ching　東海大学通識教育中心兼任講師
竹内理樺　Takeuchi Rika　同志社大学言語文化教育研究センター専任講師

Ⅱ

游　鑑明　Yu Chienming　中央研究院近代史研究所研究員
坪田=中西美貴　Tsubota=Nakanishi Miki　京都大学文学研究科研究員
李　玉珍　Li Yuchen　清華大学中国文学系副教授
○成田静香　Narita Shizuka　関西学院大学文学部教授
頼　淑娟　Lai Shuchuan　東華大学原住民民族学院民族文化学系助理教授
○野村鮎子　Nomura Ayuko　奈良女子大学文学部教授

Ⅲ

呉　燕秋　Wu Yanchiou　中央研究院人文社会科学研究中心衛生史計画博士後研究人員
中山　文　Nakayama Fumi　神戸学院大学人文学部教授
邱　貴芬　Chiu Kueifen　中興大学台湾文学与跨国文化研究所特聘教授
田村容子　Tamura Yoko　福井大学教育地域科学部講師

台湾《たいわん》女性《じょせい》研究《けんきゅう》の挑戦《ちょうせん》

二〇一〇年四月二〇日　初版第一刷印刷
二〇一〇年四月三〇日　初版第一刷発行

著　者　野村《のむら》鮎子《あゆこ》・成田《なりた》靜香《しずか》

発行者　渡辺博史

発行所　人文書院
〒六一二-八四四七
京都市伏見区竹田西内畑町九
電話＝〇七五・六〇三・一三四四
振替＝〇一〇〇〇-八-一一〇三

印刷　亜細亜印刷株式会社

製本　坂井製本所

Printed in JAPAN, 2010

ISBN978-4-409-24088-5 C3036
http://www.jimbunshoin.co.jp/